L'APPEL DES APPELS

Pour une insurrection des consciences

Sous la direction de
Roland Gori, Barbara Cassin, Christian Laval

L'Appel des appels

Pour une insurrection des consciences

MILLE ET UNE NUITS

Cet ouvrage est le fruit de la collaboration
de la collection « Ouvertures », dirigée par Alain Badiou
et Barbara Cassin, et de Mille et une nuits.

ISBN : 978-2-755-50141-4

I

« Nous, professionnels… »

Qu’est-ce que l’Appel des appels ?

L'Appel des appels

Nous, professionnels du soin, du travail social, de l'éducation, de la justice, de l'information et de la culture, attirons l'attention des pouvoirs publics et de l'opinion sur les conséquences sociales désastreuses des Réformes hâtivement mises en place ces derniers temps.

À l'université, à l'école, dans les services de soins et de travail social, dans les milieux de la justice, de l'information et de la culture, la souffrance sociale ne cesse de s'accroître. Elle compromet nos métiers et nos missions.

Au nom d'une idéologie de « l'homme économique », le pouvoir défait et recompose nos métiers et nos missions en exposant toujours plus les professionnels et les usagers aux lois « naturelles » du marché. Cette idéologie s'est révélée catastrophique dans le milieu même des affaires dont elle est issue.

Nous, professionnels du soin, du travail social, de l'éducation, de la justice, de l'information et de la culture, refusons qu'une telle idéologie mette maintenant en « faillite » le soin, le travail social, l'éducation, la justice, l'information et la culture.

Nous appelons à une coordination nationale de tous ceux qui refusent cette fatalité, à se retrouver le 31 janvier 2009 à Paris.

Le 22 décembre 2008,
Roland Gori et Stefan Chedri.

Charte de l'Appel des appels

Nous, professionnels du soin, du travail social, de la justice, de l'éducation, de la recherche, de l'information, de la culture et de tous les secteurs dédiés au bien public, avons décidé de nous constituer en collectif national pour résister à la destruction volontaire et systématique de tout ce qui tisse le lien social.

Réunis sous le nom d'Appel des appels, nous affirmons la nécessité de nous réapproprier une liberté de parole et de pensée bafouée par une société du mépris.

Face à une idéologie oppressive qui promeut le culte de l'argent et la peur de l'autre,

Face à la souffrance sociale que cette idéologie génère,

Face à la multiplication de prétendues réformes aux conséquences désastreuses,

Face au saccage de nos missions et de nos pratiques professionnelles,

Face à la promotion du prêt-à-penser et de procédures managériales et sécuritaires,

Face à la désignation à la vindicte collective de citoyens toujours plus nombreux,

Face à l'abandon progressif des plus fragiles parmi nous…

Nous entendons lutter contre toute politique qui liquide les principes de droit et les valeurs de notre démocratie, issus des Lumières et du Conseil National de la Résistance.

Avec tous ceux et celles qui nous rejoignent, nous nous engageons à :

– faire le lien entre toutes les réflexions, les initiatives et les mobilisations dans l'esprit de notre appel et les amplifier ;

– constituer un espace public de vigilance vers lequel remonteront les analyses et propositions de professionnels et de citoyens ;

– relayer, par nos comités locaux, notre site Internet et nos actions une parole qui échappe aux processus de normalisation, afin de promouvoir une éthique citoyenne, fondée sur le respect de la dignité humaine comme des libertés publiques et individuelles ;

– construire, en liaison avec les associations et les partenaires qui le souhaitent, un espace d'analyse des politiques fondées sur le culte de la performance et de la norme dont les corollaires sont la peur, l'exclusion, voire l'élimination ;

– donner le plus grand retentissement à tous ceux qui organisent une résistance responsable et non violente aux politiques en cours ;

– soutenir et multiplier les actions visant à dénoncer et combattre les dispositifs de servitude, les atteintes aux libertés fondamentales et la dénaturation de nos métiers ;

– exiger des instances constituées – partis politiques, syndicats, pouvoirs publics – qu'elles s'opposent, par des réponses adaptées, à la démolition des valeurs pour lesquelles nous nous battons.

Décidés à combattre une idéologie de la norme et de la performance qui exige notre soumission et augure d'une civilisation inique et destructrice de l'humain, nous voulons réinventer une société de libertés, de droits, de justice et d'hospitalité.

Naissance d'un mouvement

par Roland Gori*

« Étrange faillite que celle de notre civilisation qui naufrage à l'instant de son triomphe. Cependant dans ses débris et sa poussière, l'homme à tête de nouveau-né réapparaît.
Il est déjà mi-liquide, mi-fleur. »

René CHAR, « Guirlande terrestre pour un ange de plomb »[1] (1952).

Nous assistons ces dernières années à une véritable éclosion de pétitions et d'appels en tous genres qui témoignent de signes de colères et de chagrins, de symptômes de souffrances sociales et psychiques de ce grand corps malade qu'est la société française à l'heure européenne. Il y a eu Sauvons la recherche, Sauvons l'Université, Sauvons les RASED, Sauvons la clinique, Sauvons l'hôpital, La Nuit sécuritaire, etc., et la plus emblématique de toutes Pas de zéro de conduite pour les enfants de trois ans qui a recueilli le soutien de 200 000 signataires refusant que la souffrance psychique d'un enfant de moins de trois ans puisse être considérée comme un signe prédictif de la délinquance. Citoyens, parents et professionnels opposèrent un front du refus à la stigmatisation des bébés par un diagnostic péjoratif risquant de conduire

* Roland Gori est psychanalyste, professeur de psychopathologie à l'Université d'Aix-Marseille.

1. In *Dans l'atelier du poète*, Paris, Gallimard, 1996, p. 661-667, ici p. 665.

à une prophétie auto-réalisatrice, et aussi à la transformation des « travailleurs de la preuve » des sciences médicales et sociales en « instruments d'un pouvoir qui transforme l'homme en instrument » (Georges Canguilhem). Dans cette médicalisation extrême des souffrances psychiques et sociales se révèle l'effondrement d'une société qui n'est plus à même de voir dans les « maladies mentales » de ses membres la substance éthique de ses propres valeurs et de ses idéaux[1].

Dans la foulée de la pétition citoyenne de Pas de zéro de conduite…, de ses actions et de ses travaux[2], de l'émergence d'un collectif, il apparut évident à plusieurs d'entre nous que le temps des pétitions et des appels était dépassé, que le temps des réactions était révolu. Et sans aucun doute l'Appel des appels est un « enfant » de Pas de zéro de conduite… grandi sous le « soleil noir » d'une civilisation haïssant toujours davantage la culture et la pensée.

Comment ne pas voir dans toutes ces pétitions les signes multiples et convergents d'une maladie de civilisation qu'il convient de diagnostiquer et de traiter au-delà de ses symptômes ? Comment penser cette crise des valeurs dans la tradition d'opposition sociale et culturelle des consciences qui se révoltent contre l'inique et l'absurde d'une culture du court terme ou « le passé n'éclairant plus l'avenir, l'esprit marche dans les ténèbres[3] ».

C'est sur la base de cette analyse qu'avec Stefan Chedri, nous avons le 22 décembre 2008 rédigé le Manifeste de l'Appel des appels. Nous l'avons proposé au départ à la signature d'une centaine d'amis et de collègues en vue de le publier dans les médias afin d'alerter l'opinion et les pouvoirs publics sur ce qui nous paraissait constituer une véritable crise de civilisation.

Nous avions alors le désir d'initier un mouvement d'analyse et de réflexion transdisciplinaire et interprofessionnel qui ne se réduirait pas à une pétition de plus. Avec Stefan Chedri, nous partageons la

1. Roland Gori, Marie-José Del Volgo, *La Santé totalitaire. Essai sur la médicalisation de l'existence* (2005), Paris, Flammarion, coll. « Champs Essais », 2009.

2. Notamment les deux ouvrages suivants : Le Collectif, *Pas de 0 de conduite pour les enfants de trois ans*, Toulouse, Ères, 2006 ; *Enfants turbulents : l'enfer est-il pavé de bonnes préventions ?* Toulouse, Ères, 2008.

3. Alexis de Tocqueville, *De la démocratie en Amérique*, tome 2 (1840), Paris, Flammarion, 1981, p. 399.

conviction qu'il ne faut pas rester entre « psys » ou entre universitaires, car c'est bien l'ensemble des corps intermédiaires participant à la construction de l'espace public qui se trouve confronté à une authentique crise sociale et culturelle. Du cœur de leurs métiers, les professionnels de ces secteurs – du soin, de la recherche, du travail social, de l'éducation, de la justice, de l'information et de la culture –, se révoltent contre des réformes gouvernementales révélant toujours davantage la dimension politique de leurs pratiques et des concepts qui les fondent.

Très vite, ce texte a été diffusé par mails. Au-delà des 200 premiers signataires que nous avons personnellement contactés l'un ou l'autre, nous avons décidé de mettre l'Appel des appels en ligne. Les 200 premiers signataires constituent pour nous l'instance morale et scientifique sur la base de laquelle le mouvement pouvait légitimement être lancé. Ce fut une déferlante. Et ce, d'autant plus que les médias eurent rapidement le pressentiment que cet Appel des appels répondait dans la population à une demande sociale et culturelle. On aurait pu dire avec René Char que « les mots qui vont surgir savent de nous ce que nous ignorons d'eux ». Nous avions trouvé les mots justes ou plus exactement ce sont les mots justes qui nous avaient trouvés pour dire ce malaise de la société du mépris. *L'Humanité* du 22 janvier 2005 lançait la mobilisation avec un entretien que je donnais sur le refus des nouvelles servitudes. Ce fut aussi la une de *Libération* le 23 janvier puis des articles dans *Le Monde*, *Le Nouvel Observateur*, *Marianne*, *Politis*, *Les Inrockuptibles*, *La Vie*, *La Marseillaise*, encore et à nouveau *L'Humanité* et *Libération*, les sites Mediapart et Rue89, La République des lettres, etc. Un des derniers en date, *Le Nouvel Économiste* du 7 mai 2009, titrait dans sa une « La révolte des hussards », insistant à nouveau sur le lieu d'où nous parlions : nos professions.

Cette centralité des professions intermédiaires dans la construction d'un espace citoyen et collectif s'avère essentielle pour comprendre à la fois le succès de l'Appel des appels à mobiliser des praticiens de secteurs sociaux et culturels si différents et la réception favorable que nous avons reçue de l'opinion et des médias. Très vite également les radios locales et nationales, telles que Radio France International, France Inter, France Culture, Radio Aligre, etc., ont donné un large écho à nos analyses et ont suivi de près nos manifestations, comme parfois aussi les télévisions, notamment

France 3 et Canal+. La revue *Cassandre* a consacré son numéro du printemps 2009 à l'Appel des appels en l'intitulant opportunément « Le temps des alliances[1] ».

Le 23 janvier 2009, *Libération* annonçait 20 000 signataires en moins de quinze jours et nous voici 76 000 en cette fin du mois de mai et après deux journées nationales tenues le 31 janvier au Centquatre à Paris et le 22 mars à La Parole errante à Montreuil. Au temps des signatures pétitionnaires a fait place le temps de l'analyse et de l'action qui se manifeste par la création de multiples comités locaux à Strasbourg, à Bordeaux, à Toulouse, à Marseille, à Montpellier, à Nancy, à Caen, à Paris, à Lyon, etc. Cette organisation de l'Appel des appels en comités locaux témoigne que nous n'avons pas affaire seulement à une pétition comme une autre, mais bien davantage à un mouvement avec sa charte, son site et ses réseaux.

Comment expliquer cet écho d'un message d'opposition sociale et culturelle, lancé dans l'inquiétude de la déliaison et la colère que suscite une civilisation faisant l'éloge du court terme et du rentable, transformant l'humain en marchandise et réifiant ses vulnérabilités ?

Au cours des toutes premières journées et des premières réunions, l'ensemble des professionnels des secteurs concernés a souhaité établir le cahier des doléances, enregistrant ce qui ne va pas depuis plusieurs années dans leurs pratiques et dans les conceptions qui les justifient. Ils souhaitent partager leurs expériences professionnelles et les souffrances qu'aujourd'hui elles occasionnent tant chez les personnes qu'ils prennent en charge qu'en eux. Cette centralité du travail comme fondement identificatoire des existences est caractéristique de la modernité. C'est même pourquoi, comme le notait déjà Hannah Arendt, dans une société où le travail a pris une telle place dans la construction des valeurs collectives et singulières, les masses de « travailleurs sans travail » sont si terriblement éprouvées et éprouvantes. Or dans l'ensemble des secteurs concernés par l'Appel des appels, les professionnels ne s'en sont pas tenus à un énième mouvement de revendications catégorielles ; ils ont cette fois-ci eu l'intuition que leurs pratiques sont attaquées et transformées en fabriques de servitude et en dispositifs de contrôle social des masses endolories et des groupes précaires. Naguère, ils se mobilisaient pour *défendre* l'institu-

1. *Cassandre/Horschamp*, n° 77, 2009.

tion. Désormais, au cœur de leurs professions, ce sont les valeurs éthiques construisant l'humain qui se trouvent remises en cause et ce, bien au-delà des hommes politiques qui actent des réformes désastreuses parce qu'ils se sont convertis à la religion néolibérale. Cette vision du monde n'est pas seulement le fait de quelques politiciens aux affaires qui sont autant les acteurs que les victimes de cette matrice de civilisation de la servitude, de la haine et de l'indifférence. En effet, c'est au milieu des années 1980 et au moment même où la gauche était au pouvoir que le marché est devenu le Maître anonyme de toutes nos servitudes et que l'idéologie d'un « homme économique[1] » s'est imposée sans pudeur et sans retenue.

Avec l'Appel des appels, on ne saurait se contenter d'une pétition supplémentaire, si symptomatique de notre « Google civilisation[2] ». Il s'agit maintenant de passer du traitement des symptômes au diagnostic de cette maladie sociale et éthique qui se manifeste en différents lieux de souffrance du corps social. Répétons-le, encore et encore, il convient maintenant d'établir un véritable cahier des charges, un véritable cahier à charge de ce qui ne va pas aujourd'hui dans cette « politique de civilisation[3] ». C'est le fondement même du vivre-ensemble qui devient aujourd'hui le point critique pour l'action publique et nous cherchons désespérément de nouveaux fondamentaux du lien social. L'ambition affichée depuis quelques années de transformer l'État selon une conception d'entreprise n'est que le cache-misère de ce malaise dans la culture. Les hommes politiques eux-mêmes ne sont que les symptômes de cette civilisation qui recode notre quotidien dans la langue du capitalisme financier : mobilité, flexibilité, profit, contingence, compétition et cynisme... Nous l'avons appris de Michel Foucault, les hommes politiques n'échappent pas eux-mêmes à cette nouvelle logique du marché fondée sur le crédit de l'opinion, car le pouvoir ne se possède pas, il s'exerce.

L'Appel des appels a pour vocation de mettre en commun des expériences multiples et variées, de repérer aujourd'hui les exigences

1. Christian Laval, *L'Homme économique. Essai sur les racines du néolibéralisme,* Paris, Gallimard, 2007.

2. Barbara Cassin, *Google-moi*, Paris, Albin Michel, 2007.

3. On se souvient que dans ses vœux du 31 décembre 2007, le président Nicolas Sarkozy avait emprunté l'expression à Edgar Morin.

qui s'imposent à des existences hantées par le spectre de la précarité et de la contingence, de reconnaître les nouvelles géographies des processus de normalisation sociale.

C'est pour cela que l'Appel des appels s'adresse à l'ensemble des citoyens, quand bien même ce sont des professionnels qui le lancent. Et ce point doit être sans cesse répété : nos professions s'enracinent dans l'épaisseur d'un milieu où les droits sociaux du travail et les soins apportés aux travailleurs sont consubstantiels d'une construction du collectif et de la citoyenneté[1]. De ce fait l'Appel concerne tous les citoyens.

Nous avons l'ambition d'extraire la logique sous-jacente aux symptômes de cette souffrance sociale et de dégager la structure de ce malaise de société. Au moment où notre civilisation, formatée par les valeurs du capitalisme financier, manifeste de la haine et du mépris envers la pensée, le travail de la culture, le temps nécessaire pour comprendre les développements durables de toutes sortes, nous voulons remonter le courant de cette civilisation qui nous entraîne vers les chutes de l'humain.

Nous voulons nous donner le temps d'une réflexion politique, le temps de penser nos actions, de dépasser les moments de réaction, d'hyperactivité pathétique et spectaculaire. Nous voulons retrouver le goût de la parole perdue, du collectif sinistré et des pluriels singuliers malmenés. Nous voulons retrouver la possibilité de penser dans l'indépendance, hors des dispositifs de conformisation sociale et culturelle. Nous voulons retrouver la possibilité de travailler et de vivre selon les valeurs humanistes de notre culture, notre civilisation des Lumières, qui furent à l'origine des conceptions modernes du soin, de la justice, de la culture, de la recherche, de l'éducation et de l'information.

Nous voulons vivre ensemble dans un monde habitable par tous, à distance des ségrégations et des stigmatisations. Nous voulons vivre, humains, dans un monde où la logique des choses ne prévaut pas sur la dignité des hommes, sur leur vulnérabilité, leur défaillance, leur faiblesse, lesquelles constituent la grandeur de l'espèce.

---

1. Robert Castel, *La Montée des incertitudes : travail, protection, statut des individus*, Paris, Le Seuil, 2009.

Nous ne voulons pas vivre dans un monde en avance sur ses excréments, qui s'arrête à l'ornière de ses résultats au risque d'une politique des choses qui détruit la nature et l'humain.

Au nom de la rationalité technique, au nom de la raison, nous sommes devenus déraisonnables. Au nom d'une idéologie du profit, de la rentabilité et de l'efficacité qui tend à transformer l'humain et la nature en marchandises, nous risquons d'anéantir l'humanité dans l'homme.

Au nom de la science, nous finissons par croire à la magie des chiffres comme d'autres civilisations ont cru aux esprits. À force de vouloir tout contrôler et tout prévenir pour mieux gérer techniquement le monde, nous l'avons rendu malade. Nous avons rendu malades aussi ses habitants en voulant standardiser leur conduite, en contrôlant toujours davantage les replis de leur intimité. En oubliant leurs histoires et leurs dialectes, nous avons raboté les singularités et appauvri le patrimoine de l'espèce.

À vouloir être transparents, nous nous sommes perdus de vue. Nous nous sommes perdus de vue dans une société du mépris où nous ne nous voyons plus les uns les autres, tout juste bons que nous sommes à nous entre-surveiller dans l'indifférence et le soupçon. En prétendant administrer scientifiquement, techniquement et de manière comptable le vivant, nous avons aboli le politique qui fut à l'origine même de notre civilisation et de ses formes de pensée, le monde, les autres et nous-mêmes. Nous avons fait de la science, de la technique et de la gestion, qui sont en elles-mêmes des disciplines formidables, les guides normatifs de nos conduites avec pour seule logique le profit calculé et la rentabilité à court terme.

Nous cherchons dans les gènes de la nature les racines de notre maladie de civilisation et faisons porter à nos enfants la charge organique de nos organisations sociales. Nous avons transformé les sciences du vivant qui sont des disciplines scientifiques formidables en techniques de gouvernement de l'humain. Nous avons transformé le savoir qui naguère nous avait affranchi en dispositif d'asservissement social.

La recherche qui fonde le savoir et la connaissance a été transformée par la logique actuelle du marché des publications en une foire d'empoigne qui met aux prises cynisme et imposture. L'idéologie de l'expertise prescrit socialement une concurrence féroce et une servitude volontaire des chercheurs au nom d'une évaluation prétendument objective de leurs travaux. À force de dénombrer les publications, plus rien ne compte de la valeur d'une recherche que la marque de la revue dans laquelle les travaux sont publiés. L'évaluation des chercheurs et de leur pratique scientifique est socialement légitime, mais les moyens par lesquels elle opère aujourd'hui se révèlent scandaleusement inappropriés, au moins dans certains domaines de la connaissance. Pour inappropriée que soit cette évaluation, elle assure une hégémonie culturelle des modèles anglo-saxons, des marchés où ils s'éditent et de leurs réseaux d'acculturation. C'est une réussite idéologique et un ratage social, politique et méthodologique.

De plus, là comme ailleurs, à force de devoir justifier formellement tout ce que l'on fait, on passe plus de temps à justifier qu'à faire. Dans nos professions, le contrôle social a pris le pas sur les finalités qui les fondent. Le retour de la charité méritante éclipse le soin et inféode les individus aux pouvoirs. Les nouvelles servitudes conduisent les hommes à se mesurer comme des choses, à se rendre commensurables et à perdre leur dignité : « Il ne faut pas dire qu'une heure [de travail] d'un homme vaut une heure d'un autre homme, mais plutôt qu'un homme d'une heure vaut un autre homme d'une heure. Le temps est tout, l'homme n'est plus rien ; il est tout au plus la carcasse du temps[1]. »

La justice dont la vocation consiste à mettre les hommes en égalité devant la loi étend aujourd'hui, au dépens des décisions et jugements rendus par des magistrats, l'usage de dispositifs de répression, de séquestration ou de standardisation sociales. Par le quadrillage des populations, par le contrôle pointilleux des individus évalués au ras de leurs conduites les plus intimes, nous devenons tous des « exclus de l'intérieur[2] ». L'inclusion de tous dans des systèmes de surveillance à vie, qui suivent à la trace les comportements, constitue la forme moderne de l'exclusion sociale. La justice qui fait des hommes les fils de la même Cité les rend ainsi orphelins du lien social, et ce, d'autant plus que la concentration

1. Marx cité par Georg Lukács, *Histoire et conscience de classe. Essai de dialectique marxiste (1919-1922)*, Paris, Éditions de Minuit, 1960, p. 117.

2. Roland Gori, Marie-José Del Volgo, *Exilés de l'intime. La médecine et la psychiatrie au service du nouvel ordre économique*, Paris, Denoël, 2008.

des pouvoirs tend à rendre les magistrats eux-mêmes dépendants du système.

L'éducation permet l'apprentissage de savoirs et l'initiation aux valeurs éthiques qui visent l'épanouissement de chacun, dans l'intérêt de tous. L'éducation constitue la mise au monde d'un sujet dans une Cité. Une éducation qui ne repose que sur la crainte et la manipulation des conduites, qui ne trouve sa légitimité que dans la prédestination de la nature pour organiser ses dispositifs, se désavoue elle-même et trahit les idéaux qui en fondent le principe. Faire de l'éducation un pur apprentissage des schémas cognitifs et des programmes de comportement la vide de sa substance tant éthique que savante au profit d'un pur formatage des esprits. Non sans conduire les enfants qui en subissent la charge à se faire eux-mêmes les instruments d'un monde perçu comme une marchandise et découpé en parts de marché. Cela se nomme « réification » et conduit à toutes sortes de pathologies, dont on pourra au microscope déceler les origines prétendument moléculaires.

Le soin est le souci de l'humain qui honore son semblable en état de détresse, de vulnérabilité et d'angoisse. C'est à la manière dont une société traite les plus vulnérables de ses enfants que se révèlent la substance éthique de ses valeurs et de son lien social. Une société qui ne mesure l'acte de soin qu'à la toise de sa rentabilité et de sa tarification fait de la santé une marchandise, et du patient un client auquel l'acte de soin rend un service commercial comme un autre. Le soin y perd sa valeur spécifique et le soignant son honneur professionnel. Lorsque les directeurs d'hôpitaux sont transformés en managers, recrutés et formés selon le modèle de l'entreprise, les soignants n'ont plus qu'à obéir au chef, et non à l'ordre déontologique. C'est la revanche du programme administratif sur le projet thérapeutique.

La culture est le travail par lequel l'esprit se forme dans l'héritage des œuvres et des auteurs que le citoyen reçoit sans testament et en partage avec ses semblables. Lorsque la culture est réduite à une uniformisation des esprits dans une même manière de dire et de faire qui s'apparente à la mode, elle est très vite dépassée, désuète comme le sont les marques de courtisanerie. Et si, aujourd'hui, la culture se cherche dans le dépassement incessant du spectacle, c'est bien parce qu'elle n'a pas su exister dans la durée, comme présent, qu'elle est incapable d'assumer l'héritage du passé et de se projeter dans l'avenir. Alors, si la culture doit être consommée dans l'instant et évaluée à sa valeur marchande, elle est ravalée, au mieux, au rang d'arbitre des élégances et des classes sociales, au pire à un *tittytainment*[1] qui démobilise les esprits et abolit la pensée critique. *Tittytainment* est un mot-valise qui condense *entertainment*, signifiant « divertissement », et *tits*, les « seins » en argot américain. Mot forgé par l'ancien conseiller de Jimmy Carter, Zbigniew Brzezinski, le *tittytainment* consiste en un « cocktail de divertissement abrutissant et d'alimentation suffisante permettant de maintenir de bonne humeur la population frustrée de la planète[2] ». La culture comme industrie de distraction se consomme pour démobiliser les esprits, la pensée critique, et non les cultiver.

L'information a permis aux humains de connaître l'état de l'opinion, l'existence des événements, les ressorts de cette matérialité organique et sociale dont ils sont aveuglément solidaires dans l'ignorance des obéissances aux puissances de la nature et à celles des souverains. L'information participe des Lumières qui ont permis l'affranchissement des puissances tutélaires des dispositifs de soumission. Lorsque l'information fabrique l'opinion davantage qu'elle ne la révèle, lorsqu'elle court immodérément vers le scoop et le fait-divers dans une concurrence acharnée à l'audimat qui expose l'informateur à la précarité d'un succès qui ne tient sa consistance que de l'éphémère, que le temps est celui du scoop et non de la durée de l'analyse et de la réflexion, nous sommes alors en présence d'une nouvelle forme de censure sociale. Cette censure sociale opère par la mise en concurrence des informations dont l'abondance permet d'éviter l'analyse et la mise en relief critique. L'information fournit à la politique du fait-divers le temps de la réaction pour éviter celui de l'analyse et de la réflexion.

Dans tous ces domaines, soin, éducation, justice, recherche, information, culture, etc., le contrôle social a pris le pas sur les finalités spécifiques des professions qu'elles avaient fondées.

Partout, au nom de l'expertise objective et de la logique comptable, le formatage des conduites a devancé l'esprit et la substance des actes. Partout, le profit à court terme ouvre à la guerre de tous

1. Jean-Claude Michéa, *L'Enseignement de l'ignorance et ses conditions modernes* (1999), Paris, Climats, 2006.

2. Zbigniew Brzezinski cité par Jean-Claude Michéa, 1999, *ibid.*, p. 42.

contre tous, dans une société de la dissociation où l'individu est d'autant plus sacralisé et déclaré autonome qu'il est abandonné à sa solitude totale et à la dépendance de dispositifs de contrôle social qui enserrent son existence.

À relire aujourd'hui Montesquieu qui fait de l'honneur le principe d'éducation et de gouvernement de la monarchie, de la crainte le principe d'éducation et le gouvernement des états despotiques, de la vertu le principe d'éducation et de gouvernement de la République, à réfléchir sur ces principes de gouvernement, il s'avère légitime de se demander dans quel régime nous sommes.

R. G.

Pour une éthique du sujet

Entretien avec Stefan Chedri*

« Nous menons cette réflexion sur l'altérité, en rappelant ce message de la Torah : "Souviens-toi que tu as été un étranger." »

Rabbin Delphine HORVILLEUR[1]

Pourquoi l'*Appel des appels* ?

Quand Roland Gori m'a téléphoné en décembre pour me proposer de soutenir l'initiative d'une convergence des mouvements d'opposition épars, il soulignait, à juste titre, le constat d'une même souffrance dans tous les secteurs de la société civile. Mon engagement en tant que psychanalyste et citoyen, c'est l'affirmation de l'éthique comme logique transversale à toutes les résistances.

Quelle a été votre démarche ?

Il faut commencer par le début : mon activité professionnelle au sein de notre société. Je suis psychanalyste, membre d'Espace analytique.

* Stefan Chedri est psychanalyste, membre espace analystique et euro-psy.

1. In *Le Monde des religions*, p. 42 , n° 36, juillet-août 2009.

L'accueil d'un nouveau-né dans une société humaine est porté par des règles, des rites qui l'introduisent dans l'ordre culturel et lui donnent une place dans le corps social. Implicitement s'opèrent une reconnaissance et une identification humaine primordiales de celui qui vient au monde : quelqu'un existe. Le nouveau-né est plus qu'un simple être vivant, c'est un être singulier, animé par le désir de vivre, d'exister, porté par un désir de soi. Il connaît un processus continu de subjectivation et d'individuation, jamais acquis car inscrit dans le temps, un "se faire-Soi" avec les autres en situation concrète, à l'opposé d'un processus d'objectivation. La dignité humaine est, donc, une réalité première. On accueille le nouveau-né comme sujet à part entière.

Il y aurait donc une éthique du nouveau-né ?

Non, de l'existant.

Je questionne l'éthique à partir du nouveau-né car il nous met en rapport avec le surgissement de l'altérité absolue d'un existant – personne ne l'a connu avant.

L'accueil du nouveau-né est soutenu par le désir de donner vie à un autre être humain et d'en soutenir la responsabilité. Et cela d'autant plus que le nouveau-né est dans une dépendance primordiale. Son droit d'exister, sa reconnaissance comme sujet reposent sur la "volonté éthique" d'autres humains. L'accueil est une expérience éthique immédiate : l'autre est un "je", digne d'humanité autant que je le suis. On peut parler d'une disposition intentionnelle éthique primitive.

Comment qualifieriez-vous ce sentiment éthique ?

Ce sentiment est indépendant, à la fois, d'un relativisme culturel et d'un droit naturel. En ce sens, il se caractérise, paradoxalement, par :

– son *universalité* : il transcende l'expérience finie, les conditions empiriques (caractéristiques génétiques, ethniques, barrières culturelles, croyances, conventions sociales, etc.) pour s'ouvrir sur l'altérité et l'infini du sujet. Il est, par là, un point d'appui pour une universalisation de l'éthique au niveau de l'humanité.

– sa *singularité* : dans le sens où il n'y a pas de sujet universel mais des sujets singuliers. Ainsi, ce sentiment éthique immédiat est sans rapport avec un idéal de conduite, c'est-à-dire une orientation des actes de l'homme en fonction d'une loi morale. Il n'impose, donc, aucune norme, aucun devoir. Il ne garantit aucun droit pour l'autre. Ce qui fait que ce sentiment primitif à l'égard d'autrui peut basculer de la sympathie à l'antipathie (la violence).

Il est le plus proche et le plus voilé, occulté, refoulé, tant par ce qui relève de l'histoire individuelle que par ce qui relève des situations historico-sociales et politiques. Cependant, ce sentiment éthique vécu nomme le Souverain Bien dans le nom donné au nouveau-né : la dignité humaine de quelqu'un et son devenir-sujet. La dignité humaine est une vérité pour tous. L'éthique est, ainsi, une éthique de la vérité dont la visée essentielle est le processus, infini en droit, de subjectivation par rapport aux savoirs et pouvoirs établis. Elle porte un projet œuvrant contre toute objectivation d'un Autre-humain, ou dévalement du sujet en objet.

Pourriez-vous nous donner un exemple de la mise en péril de cette éthique du sujet que vous défendez ?

Prenons ensemble l'exemple de l'évaluation chez les enfants.

Importer dans l'Éducation nationale les techniques de l'entreprise qui ont fait leur preuve, ce n'est ni nouveau, ni l'apanage de la droite libérale. Il y a quinze ans, Lionel Jospin, alors ministre de l'Éducation nationale, a proposé l'évaluation à l'école. À l'époque, il avait mis en place quelque chose d'étonnant, le carnet d'évaluation.

Il est intéressant de revenir à ce livret scolaire de compétences qui devait suivre les enfants de la petite section de maternelle – dès deux ans –, jusqu'à la classe de troisième, si je me souviens bien. Un objet épais, avec pleins d'items à cocher : « fait ses lacets », « lève la main », « respecte les règles de politesse »… À l'époque, l'évaluation de l'enfant concernait principalement les acquis dans les disciplines telles que les mathématiques, ou l'expression écrite. Mais déjà cela dérapait sur le comportement.

Comme si l'on pouvait repérer des signes et prédire. Avec cette idée socialiste : c'est pour le bien de l'enfant. Aujourd'hui, nous avons la variante sarkozyste de la dangerosité.

L'objectif de ce livret scolaire était prétendument de lutter contre l'échec scolaire. Pour moi, c'était un système de contrôle. Destructeur et mortifère. Car le danger, c'est de figer des choses chez un enfant qui est en pleine dynamique de construction. Si l'on fige, on arrête le temps, et l'on fabrique du faux. L'évaluation tue le temps et tue l'espace. Non pas l'espace euclidien et le temps de l'horloge, qui dans l'évaluation servent à mesurer et à quantifier ou l'espace et le temps de l'existence, que l'on ne peut justement pas évaluer. Cela ne rentre pas dans les protocoles. Et c'est cette démarche qui casse la subjectivité. Les socialistes ont amorcé cette volonté de contrôler l'individu ; une société où l'on gère les individus de manière arithmétique, où l'on contrôle l'espace et le temps afin qu'il n'y ait plus d'imprévisible, et donc plus d'avenir. Qu'il n'y ait plus de sujet.

L'évaluation serait donc un piège, voire une menace ?

Pour faire de l'évaluation et du protocole, il faut pouvoir quantifier. Pour pouvoir quantifier, il faut passer à un niveau de comparaison entre individus. Le coût de cela, c'est la singularité et la subjectivité du sujet qui sont évacuées. On ne s'intéresse alors qu'au particulier, le particulier étant ce que l'on peut déduire d'une règle universelle. Le singulier, c'est ce qui échappera toujours : la subjectivité, le temps de l'existence et l'espace de la socialité.

La socialité renvoie à la question de la société civile, qui est un rapport de singularité entre un sujet et un autre sujet, un rapport d'éthique qui implique un espace-temps *existential*, non quantifiable. C'est pour cela que la société civile est imprévisible et que l'État qui contrôle ne la supporte pas. On ne veut donc que des êtres particuliers. Ce que l'on compare, ce que l'on évalue, ce sont des cas particuliers dont les attributs sont bien identifiés et peuvent entrer dans des cases. Mais tout ce qui est de l'ordre de l'espace de la qualité, qualifié affectivement ou subjectivement, n'entre pas dans le protocole. On veut pouvoir contrôler le coût de l'existence, donc : pas de place à l'imprévisible. Mais l'être humain, la société civile sont par définition imprévisibles.

Si on s'intéresse à un individu, à son histoire et à sa famille, on entre dans du singulier, et on ne peut pas le mettre dans une échelle de comparaison, ni faire une projection dans le temps. Quand on cherche à faire une déduction de la situation d'un enfant, on fait abstraction de tout ce qui est de l'ordre de l'imprévisible dans une existence. Et on nie la possibilité pour cet enfant et sa famille qu'il puisse avoir un véritable temps. On chosifie donc : au lieu de l'existant dans sa temporalité et sa dynamique, on met un quelque-chose plein d'attributs. Pas de rencontres, pas de changements, pas de remaniements psychiques, pas d'altérité, pas de temps, pas d'existence : c'est la fabrication d'un particulier déductible, mathématisable. Ni avenir, ni à-venir imprévu. L'évaluation, c'est pour éviter l'imprévu. Comme l'avait fait Jack Lang avec son plan dyslexie à l'école dès trois ans ! – dépister et prévenir. C'est un contrôle de l'humain assez curieux qui oblige à chosifier et nier la temporalité des individus.

Pour quel résultat ? Faire des courbes ? Alimenter une bureaucratie ? Élaborer un outil de communication ? Mais entre les chiffres et la réalité, on ne sait plus de quoi l'on nous parle. On nous dit par exemple qu'il y a 15 % d'échec scolaire, donc qu'il faut lutter contre l'échec. Pour lutter contre l'échec, on supprime les RASED ! Mais 15 % d'échec, c'est 85 % de réussite. Et qu'est-ce que ça veut dire « échec » ? Car à l'intérieur de ces 15 %, il y a des enfants qui avancent à leur rythme. Il faudrait une analyse qualitative de ce pourcentage un peu plus fine.

Et si l'on fait une cartographie de ces enfants qui sont dits en échec scolaire, on retrouve toujours, pour une grande part, le même profil : enfant carencé socio-culturellement, d'un certain niveau social. L'échec, et cela n'a pas beaucoup changé, est un problème social. Pour y remédier, il faut rompre la filiation de la pauvreté et de la misère. Quand l'enfant est en échec, il est en souffrance et perturbe la classe. Cela n'a rien à voir avec une future délinquance. Ou bien il s'inhibe, s'efface, là il ne pose pas de problème et devient indétectable à toute « prédiction délinquante ». En fin de compte, nombre de difficultés rencontrées par les enfants sont la répercussion d'une société injuste. Or, aujourd'hui, on nous dit que les comportements perturbés-perturbateurs sont un attribut de l'enfant, qu'ils relèvent d'une pathologie, voire qu'ils sont dans sa nature. Donc on élimine toute analyse sociale critique. Sarkozy se dit porte-parole de la modernité, mais c'est un retour vers le XIXe siècle. Pour innocenter la société, on construit aujourd'hui l'archétype d'un enfant dangereux.

Les évaluations permettent de construire des néoréalités, avec des chiffres justifiant leur mesure. C'est une dérive de la science, produisant une pseudo-objectivité qui n'a que des visées politiques. Cette néoréalité n'a plus de liens avec le terrain, les professionnels et la société civile. Il n'y a plus de dialogue : il y a l'État, et la société civile est niée. Pour moi, un État sans société civile, c'est une dictature. L'évaluation permettrait ce coup de force, des dérives vers une forme soft de dictature.

Et dans votre expérience à la clinique de La Borde ?

Comment évaluer un sourire dans un traitement thérapeutique, comme dit Jean Oury ? Par exemple, quand on passe une journée avec un psychotique dans le parc, chacun sur sa chaise à dix mètres l'un de l'autre, qu'il nous dit de ces dix mètres : « Ce n'est pas parce que t'es là que tu m'intéresses. » Et ce pendant deux mois, trois mois ? Et un jour, d'un coup, le contact se noue, on arrive à manger ensemble, à discuter. Où est l'acte à quantifier ? Comment va-t-on l'évaluer ? On va me dire que j'ai perdu mon temps. À la suite de la réforme de l'hôpital, dans un établissement psychiatrique de jour, les budgets ne se feront plus à la journée, mais à l'acte. Il faut identifier les actes pour construire les budgets. On casse tout ce qui est de l'ordre de la temporalité de l'existence, de l'imprévisible, de l'inattendu.

Pourquoi soigner quelqu'un serait-il rentable ?

Un enfant autiste coûte cher. Il y a tellement peu de places et de moyens dans les hôpitaux pour les autistes, les établissements ont de telles listes d'attente qu'on assiste à des dérives au détriment de l'enfant. Et comme avec la loi Handicap il est désormais possible d'intégrer les enfants autistes à l'école, on laisse à l'hôpital les plus malades. C'est ubuesque. Évidemment qu'il y a des enfants que l'on peut scolariser, il faut faire du cas par cas. Une politique de générosité requiert le cas par cas. Mais c'est une question de moyens, n'en déplaise à M. Sarkozy. À l'école, il y a de nombreux aménagements à faire pour que leur intégration à la classe se passe correctement.

Il y a toujours de l'imprévisible avec les psychotiques. Ils peuvent être sujet à un acte pulsionnel agressif mais sans intention consciente. Évidemment c'est rare, et l'on peut toujours accuser les soignants. L'imprévisible fait partie de nos métiers. On ne peut pas tout prévoir, évaluer, contrôler. On peut faire le mieux possible, et on le fait. Mais il faut du temps et du personnel. Sarkozy casse le sens du travail dans la psychiatrie ou à l'Éducation nationale.

L'évaluation nie tout le tissu humain sur lequel repose nos métiers, sans lequel nous ne pouvons pas les exercer. La question de l'évaluation dans nos métiers relève de la manipulation, une manière de nous tenir à la gorge.

Le passage du singulier au particulier ouvre la possibilité de l'enfermement. Quelles sont vos positions sur la récidive et la pédophilie ?

Je suis loin d'être un expert dans ce domaine. La pédophilie est très compliquée à comprendre, encore plus à soigner. Évidemment, elle est une construction psychopathologique et non un déterminisme génétique. Il n'y a pas de gênes de la pédophilie. Je ne crois pas qu'il soit possible de traiter complètement par la psychanalyse les pédophiles, je me trompe peut-être. Mais il y a d'autres approches thérapeutiques possibles. Bien sûr, cela ne justifie pas de les réenfermer à la fin de leur peine, ni de les garder en prison à vie. On peut discuter de la question de la récidive des pédophiles, mais pas l'instrumentaliser. C'est aussi cela qui ne va pas dans notre société : il y a des gens véritablement compétents pour traiter cette question, mais le gouvernement ne les sollicite pas, n'a aucun échange avec eux. Or là, il nous faut une vraie expertise et ne pas nous imposer d'emblée un appareil judiciaire.

M. Sarkozy instrumentalise, fait de la communication. Il dit qu'il protège nos enfants, mais il n'a pas tant le souci de la société que celui de son pouvoir. Ses prises de position sont quand même très manichéennes : Je dis qui est le méchant, qui la victime. Et Moi j'interviens. Il n'y a plus de ministre, plus d'État, c'est moi ; j'arrive – je sauve –, Capitaine Courage… J'ai la solution, je décrète la bonne mesure.

Il ne réfléchit pas à ce qu'est un soin, ni à la question de la pédophilie. Il critique, caricature, fait des typologies et propose des mesures sécuritaires et répressives. Il responsabilise un individu caricaturé. Il caricature les choses pour gagner de la lisibilité. Il ne peut ou ne veut entrer dans la complexité, par souci de communication politique.

Le danger, c'est qu'au nom de la lutte contre la pédophilie, on mette en place un système d'appareillage judiciaire et de répression. On commence par les pédophiles…, puis l'appareil de contrôle est en place.

Comment voyez-vous le rapport entre l'Appel des appels et le monde politique ?

Quand l'Appel des appels a été lancé, je ne m'attendais pas à un grand soutien de la gauche. Je voyais bien la fascination qu'exerçait Sarkozy sur elle : Kouchner, Lang, Allègre… J'attendais donc plutôt une réaction de la droite. Que la droite républicaine, gaulliste, ne laisse pas faire n'importe quoi avec l'État. La droite a voté Sarkozy par défaut, cela ne veut pas dire qu'elle est sarkozyste. L'électorat de Sarkozy n'est finalement ni de droite ni de gauche, il est populaire. À peu de chose près, le Président conçoit son électorat comme une masse de consommateurs. C'est comme cela que je comprends l'efficacité de son marketing publicitaire politique. Nicolas Sarkozy s'adresse à eux comme à des consommateurs de politique, de manière très directe, sans intermédiaire. Il a modifié la cartographie politique de la France et joue sur tous les tableaux : le FN, le PC, la gauche socialiste… Il joue et il gagne. Ce que je ne comprends pas, c'est comment et pourquoi la droite se soumet à cela.

Sarkozy s'est présenté comme le Che, porteur d'une modernité, et nous a qualifié d'immobilistes. Il a fait un état des lieux catastrophique et a expliqué qu'il allait nous sauver. Nous serions des obstacles au changement, c'est-à-dire aux réformes en cours, des réactionnaires. On n'avait pourtant jamais vu tous les grands patrons des hôpitaux ou des universités être ensemble contre des réformes qui sont censées leur être profitables. Faire encore et encore de la plus-value, de l'argent, c'est donc cela le projet de société qu'il nous propose ? Quel grand élan de générosité pour les banques ! A-t-on d'ailleurs évalué leurs pratiques, les a-t-on sanctionnées ? Non, l'urgence, toutes affaires cessantes, c'est le service public : on ne touche pas seulement à son porte-monnaie, on touche au sens même de la profession.

L'ADA regroupe des gens très respectables, nous ne sommes pas du tout des révolutionnaires ni des gauchistes, nous sommes des professionnels, avant tout républicains et humanistes. C'est pour cela que nos soutiens peuvent et doivent venir aussi de la droite. L'ADA a une place à prendre, en marge des partis politiques et des syndicats : notre légitimité est professionnelle. Nous sommes la richesse culturelle de la France. Le gouvernement a tout à perdre à se couper de son corps social.

Quelles modalités d'action pour l'Appel des appels ?

Faire du « vrai » avec des faits divers, c'est assez simpliste. Légiférer sous le coup de l'émotion, c'est la porte ouverte à n'importe quoi, aux conséquences terribles. On pense tous avec des analyses au premier degré : les casseurs, les pédophiles récidivistes. Seulement, ce qui se passe, c'est que l'on va laisser mourir des pédophiles dans des centres de rétention, que l'on va emprisonner des jeunes parce qu'ils appartiennent à une bande, qu'ils aient fait quelque chose ou non... Il faut aller voir, au-delà de l'annonce, la loi ou le décret et leurs conséquences, et l'Appel des appels doit participer à cette effort d'analyse et de réflexion. Nous devons le faire très vite, sans attendre. On doit se mettre au diapason du *timing* du président. Il a la franchise de soulever des problèmes qui existent et que la gauche n'a pas su régler. Il apporte des solutions drastiques. Il hache, il casse.

L'Appel doit proposer des alternatives, des contre-propositions, pas seulement des critiques. Il n'a pas une vue corporatiste et ne cherche pas à défendre des acquis pour défendre des acquis, par principe. Nous ne sommes pas une force d'opposition mais de proposition. Nous : la société civile, des professionnels, qui connaissons le terrain et qui voulons aider. Évidemment, actuellement, nous sommes souvent en désaccord avec le régime : le syndicat de la magistrature ne veut pas de ces lois liberticides, l'université et la recherche proposent d'autres alternatives aux réformes, etc.

Nous voulons remettre l'individu au centre du débat, avec tout ce qui le compose : l'imprévisible, le gratuit, le non-quantifiable ; et ne pas laisser lui substituer l'agent économique. La société n'est pas une chaîne de production. Être responsable éthiquement de la singularité pourrait enrayer le cycle infernal de la machine néocapitaliste.

La charte se veut fédératrice. Nous voulons créer des solidarités, des initiatives et défendre le droit à exercer sa profession dans les meilleures conditions. Nous voulons dialoguer, métier par métier. Nous sommes déjà regroupés en comités d'experts : Sauvons la recherche, Sauvons l'Université, Pas de zéro conduite… Nous voulons être un mouvement de convergence. L'ADA se constitue en réseau interprofessionnel : les magistrats discutent avec les psys, par exemple.

Pour l'instant, nous en sommes aux meetings. Les comités locaux se sont mis en place. Demain, il nous faudra inventer de nouveaux moyens d'objection de conscience et de résistance. Nous devons trouver des astuces de contre-pouvoir dans le cadre de la légalité, qui permettent d'enrayer les rouages d'une société inégalitaire. Et nous devons le faire ensemble. Un universitaire ne peut le faire sans mobiliser les psychiatres ou les médecins, entre autres. La société civile gagne de la consistance. L'ADA préfigure ce « tous ensemble » qui manque à la société civile.

Propos recueillis par Victor Legendre.

Les comités locaux, un nouvel éclairage public ?

par Laurie Laufer*

> « Ce qu'on observe maintenant, c'est un recul de l'activité des gens. Et voilà un cercle vicieux. Plus les gens se retirent de l'activité, plus les bureaucrates, politiciens, soi-disant responsables, prennent le pas. Ils ont une bonne justification : "Je prends l'initiative parce que les gens ne font rien." Et plus ces gens-là dominent, plus les gens se disent : "C'est pas la peine de s'en mêler, il y en a assez qui s'en occupent, et puis de toute façon, on n'y peut rien." »
>
> Cornelius CASTORIADIS,
> *Post-scriptum sur l'insignifiance*[1]

Cette phrase de Cornelius Castoriadis, prononcée il y a plus de dix ans, reste d'une actualité brûlante. Il ne faut, bien sûr, pas y lire un propos démagogique, voire poujadiste, attaquant les élites politiques et affirmant que tout un chacun pourrait avoir autorité dans tous les domaines ; c'est bien le contraire : il s'agit de mettre fin au « cercle vicieux » qui entraîne chacun dans

* Laurie Laufer est psychanalyste, maître de conférences à l'université Paris-7 Denis-Diderot.

1. *Post-scriptum sur l'insignifiance, entretiens avec Daniel Mermet*, 1998, Éditions de l'Aube, 2007, p. 21.

un peu plus d'indifférence, qui éloigne les citoyens des affaires communes (au sens grec du *koinon*) et qui conduit à couper les responsables et les élus de celles et de ceux qu'ils sont censés représenter. Plus l'insignifiance – pour reprendre le terme de Castoriadis – étend sa toxicité sur la pensée, plus la précarité intellectuelle et sociale impose sa chape de plomb sur l'analyse critique des choses de la Cité, et plus la soumission et l'adaptation deviennent les armes du gouvernant. Plus le collectif est délité, voire « détissé », et avec lui sa capacité à résister aux normes et aux conformismes, plus la pensée s'obscurcit, et tout élan critique, toute capacité d'agir autrement se trouvent stoppés. Quand nous n'arrivons plus à penser les systèmes idéologiques et politiques dans lesquels nous sommes pris, nous éprouvons de la peur, et la peur paralyse, éteint l'audace des pensées nouvelles, brise les élans. C'est de ce cercle vicieux-là que les signataires de l'Appel des appels tentent de sortir.

Depuis le 9 janvier 2009, date de la mise en ligne de la pétition de l'Appel des appels, près de 80 000 personnes en ont été les signataires. Deux rencontres entre les initiateurs de l'Appel et ses signataires ont été organisées (le 31 janvier 2009, au Centquatre, à Paris, et le 22 mars 2009, à La Parole errante à Montreuil). Nous nous sommes retrouvés entre acteurs de la vie publique, dans le but d'établir ensemble l'état des dégâts que produit une idéologie aux normes offensives et offensantes, et de prendre acte avec dignité de l'indignité des attaques des pouvoirs actuels contre les libertés publiques, contre la solidarité, contre le lien social et ce qui le constitue, c'est-à-dire la culture, la recherche, la liberté de pensée, la justice et les droits de chacun et de tous.

Il était urgent alors que cette énergie, cette capacité de repenser les nuisances d'un néolibéralisme déjà largement critiqué, en leur temps, par Bourdieu, Foucault, Castoriadis et d'autres encore, cette capacité à déconstruire les fondements doxiques actuels qui aliènent et assujettissent toute pensée, prennent forme et se structurent. D'évidence, une constellation de comités locaux est née, dans un grand nombre de villes : Marseille, Toulouse, Rennes, Bordeaux, Strasbourg, Limoges, Paris, Clermont-Ferrand, Nancy, Lyon, Montpellier, Clichy-sous-Bois, etc. La constitution de ces comités se fonde sur le désir d'engagement de ses acteurs. Chaque comité est autonome dans son fonctionnement et ne dépend d'aucunes instances centralisées qui donneraient une ligne de conduite. Le seul point d'appui reste la Charte de l'Appel des appels à laquelle chacun peut se référer. Il revient au comité local de penser sa propre organisation, de ne pas se laisser séduire par les sirènes d'un appareil idéologique, de penser une réalité locale dans tous les secteurs exposés à la destruction de leur pratique, de mettre en place concrètement des actions de défense et de soutien ou d'opposition à des décisions politiques qui ont une influence locale. Décrire les réalités locales, les faire connaître, soutenir les actions les plus urgentes sont parmi les nombreuses actions possibles de l'Appel des appels à un niveau local. Le comité, quel que soit le nombre de ses acteurs, sa forme de réunion ou de rencontre, est le lieu d'un exercice démocratique qui reste vigilant face aux modes d'organisation qui risqueraient de lui faire abdiquer sa liberté critique.

L'exercice est peut-être difficile, mais il est un défi politique. Rester critique, y compris dans son propre mode d'organisation, pour garder sa force de résistance contre les idéologies en place qui détissent le lien social, tel est le pari de ces comités locaux : vivre une nouvelle forme d'engagement collectif afin de retrouver une parole accordée ou dissonante, une circulation de la pensée, une action commune ancrée dans le temps et la durée. Ce qu'a réussi à mettre en place l'idéologie néolibérale et son vecteur qu'est l'opinion, ce sont l'isolement, la peur des représailles à penser différemment, l'idée que le voisin est un obstacle ou un rival, que seul vaut le rapport de domination et d'assujettissement de l'autre, que tout se vaut et que rien ne vaut ? Cette idéologie est bien celle de l'« insignifiance ». Si plus rien ne vaut, alors, bien sûr, tout est permis ; se méfier de l'autre ou l'avilir deviennent le credo de l'impossible rencontre, de l'inefficace partage, de la déshumanisation en marche. Si tout sujet est considéré par l'autre comme un objet, un produit d'échange marchand et utilitaire, alors le « néototalitarisme » s'infiltre dans tous les rapports humains. J'entends « néototalitarisme » dans le sens où la parole et ses effets porteurs de transformation sociale ne sont plus une caution du rapport social : le « lien », si l'on peut encore parler de lien, est construit par l'autoritarisme, l'arbitraire, l'humiliation, la peur et la domination, il est justifié par l'idéologie libérale. On laisse alors aux belles utopies et aux rêveurs le soin de considérer autrement la vie en communauté.

Les comités locaux sont un exercice collectif, un exercice du collectif. Les acteurs des comités locaux sont des citoyens qui sortent de chez eux, de leur espace « privé », pour parler, pour rencontrer, pour se taire aussi et écouter, pour penser, pour être informé de ce qui se passe dans leur ville, dans leur quartier, dans leur rue, dans leur immeuble. Ils sortent pour sortir de l'indifférence, de la résignation et de l'insignifiance auxquelles les réduisent les pouvoirs institués. Ils sont constitués de professionnels qui travaillent, aux impôts, à la Poste, à l'école, en PMI, au lycée, à l'université, dans un tribunal, à l'hôpital, dans tous les secteurs publics qui font et qui fondent notre république : ils constituent une large part du maillage de notre société. Il ne s'agit pas de comités d'« experts » – autre terme de l'idéologie néolibérale qui connaît tant de succès actuellement – imposant un savoir évaluateur et normatif. Ils tentent au contraire un rassemblement qui permet, pour tous, le mouvement de la pensée.

Les comités locaux remettent au travail la pensée de chacun contre la pensée unique de l'insignifiance et de l'inconsistance. Ils entendent éclairer les zones d'ombre dans lesquelles le pouvoir maintient l'opinion afin qu'elle reste contrôlable et contrôlée. C'est donc un vaste « éclairage public » qu'il s'agit de mettre en place aujourd'hui. Ces groupes souhaitent recueillir la parole de tous ceux qui sont maltraités par la gouvernance et le management, ceux qui ont mené une résistance dans leur secteur professionnel et qui se sont épuisés seul à combattre des systèmes dominants. Il existe depuis longtemps des groupements collectifs qui pensent et critiquent les institutions et les appareils d'État (en 1972, par exemple, Michel Foucault initiait le GIP, le Groupement d'information sur les prisons), aujourd'hui de nombreux réseaux associatifs viennent en aide aux plus fragiles et résistent aux politiques destructrices : Réseau d'éducation sans frontière (RESF), Pas de zéro de conduite, Sauvons l'Université (SLU), Sauvons la recherche (SLR), pour ne citer qu'eux. Ce que tentent de mettre en place les comités locaux de l'Appel des appels, c'est une rencontre transversale des professionnels de tous les secteurs, qu'ils soient syndiqués ou non, qu'ils soient membres d'un parti politique ou pas. Toutes les professions et les secteurs, public et privé, ressentent la même nécessité de reprendre une parole confisquée par l'idéologie actuelle, tenant d'une disparition de la pensée et de l'analyse critique.

La parole étouffée reprend donc ses droits et ses devoirs : ceux de ne pas se laisser enfermer dans une soumission sociale, ce masochisme mortifère qui crée un assujettissement aux normes que l'on veut nous faire croire « naturelles » et inéluctables. Réfléchir ensemble à ce qui défait les valeurs collectives des professions et de leurs pratiques revient à favoriser la pensée et l'action collectives. Les témoignages, la circulation de paroles recueillies dans les réunions qui ont lieu en différents points de notre pays, attestent du besoin de chacun de mettre en perspective sa préoccupation quotidienne dans une dynamique de pensée, sans rester figé dans un état de déploration victimaire accablée par la fatalité de la modernité porteuse de tous les maux. On se réapproprie alors le pouvoir de certains mots tels que « pensée », « critique », « réforme », « idéologie ». Les réunions locales tentent aussi d'être le laboratoire d'analyse de ce vocabulaire ; les circulations de mails informent chacun d'un article, d'une action menée, d'une injustice à faire connaître. Le réseau est en marche.

Le comité local est le « rhizome » en acte, pour reprendre un terme botanique utilisé comme métaphore du politique par Gilles Deleuze et Félix Guattari :

« Le rhizome est un système acentré, non hiérarchique et non signifiant, sans général, sans mémoire organisatrice ou automate central, uniquement défini par une circulation d'états. [...] Un rhizome ne commence et n'aboutit pas, il est toujours au milieu, entre les choses, inter-être, intermezzo. L'arbre est filiation, mais le rhizome est alliance, uniquement d'alliance. L'arbre impose le verbe "être", mais le rhizome a pour tissu la conjonction "et... et... et...". Il y a dans cette conjonction assez de force pour secouer et déraciner le verbe être. Où allez-vous ?, d'où partez-vous ?, où voulez-vous en venir ? sont des questions bien inutiles. [...] "Entre les choses"" ne désigne pas une relation localisable qui va de l'une à l'autre et réciproquement, mais une direction perpendiculaire, un mouvement transversal qui les emporte l'une et l'autre, ruisseau sans début ni fin, qui ronge ses deux rives et prend de la vitesse au milieu[1]. »

Sans hiérarchie, acentrée, une puissance du flux réticulaire, une alliance, tel est le pari de cette nouvelle forme d'engagement collectif :

1. Gilles Deleuze et Félix Guattari, *Mille plateaux, tome 2 : Capitalisme et schizophrénie*, Paris, Éditions de Minuit, 1980, p. 32, 36-37.

penser et non pas seulement savoir, partager et non pas seulement utiliser, inventer et non pas seulement condamner.

Pierre Bourdieu disait que ce qui rend ce monde supportable, c'est que l'on peut s'en indigner. La tâche, désormais, est de donner une forme à cette indignation, de refaire surgir une culture du politique là où la politique des pouvoirs actuels, c'est-à-dire la mise en place des cadres de domination et de soumission dépolitise le politique. « L'art politique, c'est l'art qui consiste à supprimer du politique », écrivait Jacques Rancière[1]. Il s'agit de revaloriser la parole contradictoire, critique, voire marginale, de permettre une pensée qui remette en chantier l'ordre social.

La séduction du pouvoir actuel est de prétendre apporter des réponses simples à des questions complexes et ce, dans tous les domaines (comportemental, social, médical etc.). Cette séduction est un anesthésiant. Honoré de Balzac faisait dire à Vautrin, l'un des personnages les plus cyniques et opportunistes de la littérature moderne : « Il n'y a pas de principes, il n'y a que des événements. » Au nom des événements (la crise, par exemple avec son cortège de discours effrayants qui n'ont d'autre objectif que d'effrayer chacun d'entre nous et donc de nous soumettre), il n'y aurait plus de principes : c'est à ce cynisme délétère qu'il s'agit de résister. Les sirènes des passions tristes que sont l'ignorance et l'indifférence sont assourdissantes. Que les comités locaux rhizomatiques fassent taire ces sirènes !

Dans ce nouveau réseau aux mouvements multiformes, nous retrouvons le goût de l'engagement et du collectif militant. Les comités locaux sont là pour faire entendre des voix citoyennes, multiples et polyphoniques. Cette citoyenneté polyphonique est un pari, un style. C'est dans et par cette polyphonie que nous entendons résister. Contre la passion de l'unique, de l'ordre et de la parole simplificatrice, nous appelons aux troubles de la multiplicité. La résistance est dans la marge, dans les intervalles.

L'Appel des appels veut faire l'éloge de la complexité, de la pensée en mouvement, avec ses tours et ses détours. Il veut faire entendre, dans le vacarme du monde, du sens et surtout du discernement ; réapprendre à discerner le sens dans ce vacarme. Roland Barthes, dans sa leçon inaugurale au Collège de France, disait que

---

1. Jacques Rancière, *Aux bords du politique*, Paris, Gallimard, 1998 ; coll. « Folio Essais », p. 34.

le fascisme, ce n'est pas l'empêchement de dire, c'est « l'obligation de dire », un impératif sournois qui fait croire que ce nous disons est notre singularité, alors que c'est seulement la trace de notre aliénation en des discours officiels et institués dont le pouvoir est de nous faire croire que cela vient de nous. Nous avons incorporé une parole qui n'est pas la nôtre. Cette servitude au discours de l'autre est la victoire des pouvoirs en place, parce que la vraie domestication passe par l'autodomestication, l'autoassujettissement.

La résistance, c'est l'acte subversif, un acte qui subvertit le discours officiel et la domination qu'il impose, qui subvertit des normes en place fabriquées par les petits maîtres du monde. Par des actions spécifiques de soutien et de résistance, le comité local peut permettre une résistance collective.

L'Appel des appels est donc un pari. Mais qu'est-ce qu'un pari ? C'est un non-savoir, une position éthique et citoyenne qui va à l'encontre de la passion totalisante et totalitaire de la politique actuelle, celle de tout savoir et d'imaginer tout pouvoir. Cornélius Castoriadis, en 1998, disait déjà :

« En ce moment on sent frémir un regain d'activité civique. Çà et là, on commence quand même à comprendre que la "crise" n'est pas une fatalité de la modernité à laquelle il faudrait se soumettre, "s'adapter" sous peine d'archaïsme. Alors se pose le problème du rôle des citoyens et de la compétence de chacun pour exercer ses droits et les devoirs démocratiques dans le but – douce et belle utopie – de sortir du conformisme généralisé[1]. »

L'Appel des appels et les comités locaux[2], qui en sont la manifestation concrète, ne sont pas une promesse : c'est un pari, une mise collective. Dans le temps qui sera le nôtre, dans ce bon moment, cette belle occasion (que les Grecs nommaient *kairos*), il nous revient de remporter cette mise.

L. L.

1. Cornelius Castoriadis, *op. cit.*, p. 26.
2. Liste au 15 octobre 2009 des comités locaux :
Site de Caen : http://appeldesappels14.blogspot.com/
Site de Lille : http://greve.univ-lille1.fr/index.php?title=Appel_des_appels
Site de Lorraine : http://www.appeldesappelslorrain.org/
Site de Marseille : http://appeldesappels13.blogspot.com/
Site de Toulouse : http://asso.apls.free.fr/appel31/

Les signataires de l'Appel des appels : du virtuel à l'actuel

par Rémy Potier*

À la fin de l'année 2008, le texte de l'Appel des appels commence à circuler parmi quelques centaines de personnes. Parmi eux, des signataires de pétitions ou de mouvements ayant su se distinguer par leur militantisme et l'usage efficace d'Internet pour porter leur témoignage ; pétitions qui ont été autant de signaux d'alerte provenant directement des professionnels dont les missions se trouvent être particulièrement mises à mal par l'homogénéisation fonctionnelle voulu par l'idéologie servie par les réformes. Face à l'offensive normative, la multitude des pétitions qui circulent sur la Toile depuis quelques années est au-delà du témoignage, des cris d'indignation et des forces de résistance. Elles affrontent un projet global cohérent qui se réalise, au mépris des différences et des subtilités auxquelles les professionnels visés dans leur métier ont précisément accès. Nous sommes priés de nous taire, mais le succès de certaines actions militantes qui ont su gagner du terrain, grâce à la diffusion par Internet, est un encouragement à prendre au sérieux la possibilité de contrer cette politique et à tenter de résister encore…

Rappelons-nous qu'au printemps 2006, le collectif Pas de zéro de conduite pour les enfants de trois ans, fort de 200 000 signataires en ligne, obtient le retrait de l'article de la loi sur la prévention de la délinquance, qui préconisait le dépistage des enfants turbulents dès l'âge de 36 mois. En 2008, c'est le collectif Non à Edvige

* Maître de conférences en psychopathologie, Université Lumière-Lyon II.

(Exploitation documentaire et valorisation de l'information générale) qui mobilise les citoyens et qui permet ainsi de lire, au *Journal officiel* du 20 novembre, l'annonce du retrait du fichier EDVIGE 1.0. Ces initiatives n'ont donc pas été vaines. C'est ainsi que des secteurs aussi divers que le soin, le travail social, l'éducation, la recherche, la justice, l'information et la culture ont recours aux pétitions en ligne pour informer du saccage constaté de leur profession et de leur mission en relation avec les usagers. Toutefois, dans un contexte où le corporatisme et l'individualisme règnent en maître, la multiplication des pétitions risquait d'éparpiller les forces et de les laisser se perdre dans l'indifférence et l'épuisement des combats singuliers, hermétiques les uns aux autres. L'Appel des appels a précisément cette force de prendre acte d'événements dans leur diversité et leur simultanéité, et de fonder son identité sur la collaboration de secteurs divers. Comme pétition, l'Appel des appels est une invitation à la rencontre et à la constitution d'un « "nous" raisonnable[1] ».

En tant que webmaster du site http://appeldesappels.org, il me revient la tâche, sans doute délicate, de parler de ce « nous », de tenter de mieux individuer ce collectif, de dire qui sont les signataires. Or il n'est pas souhaitable d'amalgamer les plus de 76 000 signataires de l'Appel des appels, et le risque de gommer les différences au profit des ressemblances de surface est grand. Pourtant certaines idées nous ont réunis, puis des rencontres ont eu lieu. De plus, le texte qui nous rassemble ne cède en rien sur les différences mais invite bien plutôt à s'en nourrir pour en constituer sa force.

Aussi, partant de ce cheminement en commun, je souhaite proposer une réflexion préalable sur ce qui caractérise ce type de pétition, afin de prendre un peu de champ, et donc de recul, sur le média qui porte la pétition, Internet. Les illusions et les désillusions auxquelles une telle aventure confronte permettent de mieux saisir en quoi signer l'Appel des appels doit engager au-delà de la simple consommation politique.

1. Selon la formule de Barbara Cassin, *Cassandre/Horschamp*, n° 77, *op. cit.*

Militer aujourd'hui, sur Internet

L'expansion particulièrement importante de pétitions en ligne, notamment en France depuis quelques années, dont certaines apparaissent comme des exemples par leur réussite à infléchir la gouvernance, mérite d'être spécifiée dans le cas très singulier de l'Appel des appels. L'idée de départ est celle d'une convergence, non pour se substituer aux différentes pétitions dont viennent les premiers signataires, ni pour ajouter une démarche aux démarches. On marque plutôt un temps de réflexion et de rencontre pour proposer autre chose qu'un moment sans lendemain dans le zapping de la consommation hypermédia. Les pétitions dénotent en effet un temps de réaction immédiate, à la manière du fait-divers, et témoignent en ce sens d'un effet de civilisation : le risque demeure bien de se faire prendre au piège de la « consommation du politique ». Or c'est précisément ce que dénonce l'ADA, et ce que les signataires peuvent et doivent revendiquer.

En France, l'usage militant d'Internet est relativement récent, et il est vrai que la prolifération des pétitions l'est formellement davantage encore. Pour penser le politique au sein du virtuel, il est possible de se référer à des textes classiques sur le sujet, que l'on trouve surtout dans la littérature étrangère[1]. Notons tout d'abord que bien des lieux communs circulent à propos du virtuel. D'emblée, je souhaite lever un malentendu fondamental qui consisterait à penser que c'est le média en tant que tel qui induit des difficultés. C'est le fameux : « C'était mieux avant ». André Leroi-Gourhan a bien montré comment les outils techniques participent du processus d'hominisation, et chaque époque, incorporant son progrès, change l'homme en le rendant dépendant des prothèses qui lui ouvrent des possibles. Et ce progrès, comme l'explique Bernard Stiegler, est un *pharmakon*, remède et poison à la fois. La question politique trouve dans ces techniques les ressources pour canaliser

1. Citons quelques ouvrages de référence sur la question : Manuel Castells, *La Société en réseaux*, Fayard, 1998, p. 422 ; Howard Rheingold, *Les Communautés virtuelles*, Éd. Addison-Wesley, 1995 ; Sherry Turkle, *Life on the Screen : Identity in the Age of the Internet*, Éd. Simon & Schuster, 1995 ; et Mark Dery, *Vitesse virtuelle. La cyberculture aujourd'hui*, Éd. Abbeville, 1997.

de grands thèmes, témoignant d'une métabolisation de leur usage dans l'espace public. Il ne faut donc pas s'y tromper, ni en minimisant, ni en exaltant cette nouveauté qu'offre Internet. D'aucuns diront que, en tant que virtuel, ce qui se passe n'a aucun impact ou très peu, d'autres se laisseront bercer par une nouvelle utopie communautaire. Une réflexion étymologique peut nous guider quant à ce que l'on peut ou non attendre de la Toile. Le mot « virtuel » vient du latin *virtualis*, qui provient lui-même du mot *virtus* signifiant la puissance et la disposition à une activité. Le virtuel s'oppose à l'actuel comme l'acte en puissance s'oppose à l'acte réalisé. Ce qui est en puissance n'est pas une certitude pour autant et n'advient que si certaines conditions favorables sont réunies. Cette idée fait signe vers ce qu'est la pétition : un moment virtuel en attente d'une actualisation. En effet, il faut partir de l'assertion de Gilles Deleuze, qui rappelle que « le virtuel ne s'oppose pas au réel, mais seulement à l'actuel. Le virtuel possède une pleine réalité, en tant que virtuel. [...] Le virtuel doit même être défini comme une stricte partie de l'objet réel – comme si l'objet avait une de ses parties dans le virtuel, et y plongeait comme dans une dimension objective[1] ».

Signer l'Appel des appels témoigne de la réalité d'un malaise ressenti dans le cadre de l'expérience professionnelle des citoyens, qui ont fait acte de se rencontrer et d'actualiser les liens naissants que le texte a su agencer. Pour n'être pas qu'une « banque de la colère », l'Appel des appels ne pouvait s'arrêter à ce premier moment de la pétition. L'Appel en est un lancé à des amis proches et lointains qui se reconnaissent dans ce qui y est à la fois dénoncé et revendiqué. Sortir de l'isolement et de la logique de l'ego pour reconstruire du lien social en faisant que la différence nous concerne est d'une urgence si concrète que rien de plus actuel ne peut être revendiqué.

Qu'en est-il donc de cette possibilité d'actualiser ces liens, de rendre concrète la démarche qui passe par l'adhésion à une pétition ? Quels en sont les espoirs et les écueils ?

1. Gilles Deleuze, *Différence et répétition*, Paris, PUF, 1968, p. 269.

L'avenir d'une illusion, laquelle ?

Le militantisme sur Internet est investi d'une responsabilité par rapport à la liberté dont jouit cette forme de communication. Pour Howard Rheingold[1], les communautés virtuelles peuvent contribuer au renouveau de la démocratie, mais elles peuvent aussi servir à nous « vendre » un substitut factice et marchand du discours démocratique. Désormais, la politique est une marchandise et les citoyens sont devenus des consommateurs ; aussi les grandes questions sont-elles tranchées par des discours creux et des mises en scène spectaculaires. Certains espèrent de l'avènement d'Internet une sorte de rédemption de la politique spectacle, comme si le nouveau devenait la panacée, la solution attendue comme par magie. Selon James Carey, en dépit de l'échec manifeste du progrès technique à résoudre les principaux problèmes sociaux du siècle, les intellectuels contemporains continuent à voir régulièrement dans chaque nouveau gadget technologique un potentiel révolutionnaire transcendant les logiques historique et politique. La libération par le progrès nous annoncerait, selon eux, de manière insistante, un nouvel âge postmoderne de la démocratie instantanée par votes et sondages électroniques.

Si l'utopie progressiste fait recette, je ne pense pas qu'elle soit partagée par ceux qui se sont impliqués dans l'Appel des appels. Sans tomber dans le misonéisme, cette peur qui pousse à rejeter toute innovation, ni verser dans l'illusion béate, il est pourtant possible de défendre l'idée d'un élargissement de la démocratie par l'Internet et d'influer par ce medium sur le cours des événements, à condition de tenir précisément compte des critiques. La force de l'idée de démocratie électronique c'est que la puissance des technologies de communication peut aider les citoyens à contourner la logique de la diffusion qui les fait dépendre des options des grands médias. Sa faiblesse, en revanche, tient au fait qu'elle est happée par le mouvement de réification des idées « vendues » comme des produits. La commercialisation et la réification du discours public ne constituent qu'une facette des dangers

1. Howard Rheingold, *Les Communautés virtuelles*, *op. cit.*

présentés par la sophistication croissante des moyens de communication.

Aussi, pour que la démarche de l'Appel des appels existe et persiste, malgré tous les obstacles, ses partisans ne devront-ils pas seulement s'appliquer à éviter les erreurs, ils devront aussi considérer les réseaux informatiques comme des outils politiques et se donner les moyens de réaliser le potentiel dont le collectif a la charge. Dans plusieurs de ses livres, Jean Baudrillard analyse l'évolution de plus en plus artificielle de la civilisation technologique et la corruption de nos systèmes symboliques. La civilisation est passée par trois grands stades, marqués à chaque fois par une mutation du sens investi dans nos systèmes symboliques. Baudrillard décrit les relations évolutives entre *signifiants* et *signifiés*. La troisième phase vient de débuter et témoigne de notre passage dans l'hyperréalité ; nous sommes à une époque où les signifiants commencent à servir à masquer l'absence de réalité et nous aident à faire semblant qu'il y a du sens. Si l'espoir est encore permis, s'il est encore possible de faire reculer ce qu'annonce Baudrillard, c'est aussi, mais pas seulement, que nous aurons réussi à voir le progrès technologique sous un jour nouveau. Plutôt que de tout accepter sans esprit critique ou de tout rejeter sous prétexte que les nouvelles technologies seraient des instruments à fabriquer de l'illusion, nous devons nous pencher sur celles-ci et nous demander comment elles peuvent aider à défendre des projets plus forts et plus humains, en même temps que nous devons circonscrire en quoi elles peuvent être un obstacle à ce projet. Aussi, la temporalité nécessaire à la maturation de la pensée et de l'action concertées requiert un temps autre que celui de l'immédiateté du lien hypertexte et de la signature électronique. Cette prise de conscience essentielle est sans doute la condition de la maturation du collectif en tant que tel.

Vers la constitution d'un « nous raisonnable »

L'une des idées phares et concrète de l'Appel des appels est de se constituer en un observatoire de la pensée contemporaine en réseau, pour réfléchir aux problèmes concrets que pose le processus de normalisation des pratiques au nom d'un modèle simplement quantifiable. En sortant du corporatisme, du cloisonnement social, une nouvelle forme de pensée collective peut se faire jour. Il s'agit de se défaire de ce qui nous asservit dans nos pratiques et, pourquoi pas, de témoigner de la façon dont cette émancipation peut être effective au cas par cas et secteur par secteur. L'inspiration des uns comme inspiration des autres, projet concret et modeste à la fois qui s'inscrit dans la durée. Signer l'Appel des appels c'est, pour beaucoup, avoir l'occasion de se rencontrer et de penser ensemble.

Lors des rencontres du 31 janvier et du 22 mars 2009, il est apparu primordial de témoigner et de lier nos expériences sans céder sur la complexité à laquelle nous sommes tous effectivement confrontés dans nos missions. Dès lors, ce rassemblement, représentatif de tous ceux qui lui succèdent, est un acte. Acte de penser ensemble, acte de résistance à l'isolement dans lequel nous étions tenus de rester poliment. Le temps de l'échange est ce temps nécessaire à la création dont résulte notre désir de démocratie.

Lorsque Roland Gori m'a demandé de mettre en place le site de l'Appel des appels, c'est fort de cette idée porteuse : construire une interface sur laquelle nos échanges pourraient se poursuivre. Aujourd'hui, le site est fréquenté quotidiennement par 250 personnes en moyenne, qui viennent essentiellement s'informer grâce aux différents « posts » et messages proposés et pour se donner les moyens de se rencontrer localement autour du projet. C'est sans doute la valeur donnée au terme de « travail », portée par les professionnels eux-mêmes, depuis leur métier, qui explique l'intérêt pour ce qui se passe au sein de l'Appel des appels. Quelle conception du travail ? Il s'agit au fond d'exhumer une idée que les philosophes ont su bien souvent exprimer et que la politique actuelle voudrait enterrer un peu vite. Nietzsche écrivait il y a un siècle :

« Dans la glorification du "travail", dans les infatigables discours sur la "bénédiction du travail", je vois la même arrière-pensée que dans les louanges adressées aux actes impersonnels et utiles à tous : à savoir la peur de tout ce qui est individuel. Au fond, on sent aujourd'hui, à la vue du travail – on vise vérifier la citation SVP toujours sous ce nom le dur labeur du matin au soir – qu'un tel travail constitue la meilleure des polices, qu'il tient chacun en bride et s'entend à entraver puissamment le développement de la raison, des désirs, du goût de l'indépendance. Car il consume une extraordinaire quantité de force nerveuse et la soustrait à la réflexion, à la méditation, à la rêverie, aux soucis, à l'amour et à la haine, il présente constamment à la vue un but mesquin, et assure des satisfactions faciles et régulières. Ainsi, une société où l'on travaille dur en permanence aura davantage de sécurité : et l'on adore aujourd'hui la sécurité comme la divinité suprême[1]. »

Le philosophe parle ici du travail médiocre, celui précisément que « nous » refusons et qui est à distinguer du travail authentique, qui manifeste notre pouvoir de création. L'idée du travail à laquelle nous serions censés nous soumettre et selon laquelle il nous faudrait exercer nos activités se réduirait à une intention utilitaire unique : à satisfaire nos besoins immédiats, forcément financiers. Ainsi, au moment où notre civilisation manifeste de la haine et du mépris pour la pensée, elle se refuse le temps nécessaire à l'intelligence et valorise l'action vide de sens. Le travail et la culture sont précisément de ces valeurs avec lesquelles il n'est pas possible de transiger. *In situ*, les signataires de l'Appel rendent compte de l'impossible auquel ils sont tenus par l'application de l'idéologie en vigueur. C'est pour cela que « l'Appel des appels souhaite remonter le courant de cette civilisation qui nous entraîne vers la chute de l'humain[2] ».

Cet effort fédère les signataires de l'Appel des appels. Il est sans autre prétention que de poursuivre les rencontres et de favoriser des réflexions et des actions communes. Et ce travail requiert du temps, bien différent de l'immédiateté d'une adhésion à une pétition ; il est alors important qu'il se poursuive collectivement. Restaurer les forces créatrices de ce qui est « complexe », contre la normalisation que nous dénonçons, constitue le mode concret de résistance que les comités locaux ont commencé à prendre en charge. Au sein de notre capitalisme occidental, il convient de faire preuve d'endurance contre les deux tendances normatives particulièrement efficaces qui visent à nous assujettir à la temporalité aliénante d'une conception déshumanisante du travail : la norme hiérarchique-bureaucratique, et l'argent. Ces deux normes, épinglées par Cornelius Castoriadis, ont pour effet de fonder le système social sur un mode de productivité maximale, avec pour consé-

1. Friedrich Nietzsche, *Aurore*, livre III, aphorisme 173.

2. Roland Gori, allocution à la journée du 31 janvier 2009 au Centquatre, première rencontre de l'Appel des appels.

quence de détruire la responsabilité. Règnent dès lors les attitudes conformistes, la compétition pour elle-même, l'irresponsabilité et la passion pour le divertissement. Le souci de soi et de l'autre se vit au sein des cœurs de métier, dans le refus de la servitude à une mentalité exclusivement acquise à la consommation, qui incite au désinvestissement des affaires communes. Investir les affaires communes, précisément, c'est créer ces espaces d'échange et de discussion, détourner la technique de son application normative pour permettre aux rencontres d'avoir lieu. S'il s'est passé quelque chose autour de l'Appel des appels, c'est aussi parce qu'il est urgent de restaurer dans nos professions ce qui est propre à l'humanité de l'homme nous taraude d'une façon lancinante.

R. P.

Métamorphoses du travail, métamorphoses des alliances dans le mouvement social ?

par Daniel Le Scornet*

« Nous, professionnels de… » Ainsi commence l'Appel des appels. Cette insurrection transversale des métiers et des pratiques professionnelles s'inscrit soudainement dans un paysage social qui pourrait sembler saturé de revendications.

Les formes de mobilisation existantes sont nombreuses, plus ou moins classiques. Dénonciations, protestations, luttes ne manquent pas contre les réformes dites « modernisatrices », qui toutes reposent sur la norme de l'efficacité gestionnaire, et sont marquées par la fébrilité gouvernementale de les mettre en œuvre. Les mobilisations syndicales et celles des associations et collectifs, plus ou moins informels, animent le « jeu » social et politique actuel. Toutes ces mobilisations témoignent du caractère désastreux des effets qu'a produit ce type de réformes et que ne manqueront pas d'aggraver les nouvelles. Elles dénoncent leur empilement à la-va-comme-je-te-pousse, la persévérance qui est mise par le gouvernement à exciter, à énerver, à embrouiller volontairement le « corps social », à le pousser dans ses derniers retranchements. Et, parallèlement, la lenteur des mobilisations, leurs faibles résultats concrets au regard des ravages provoqués exaspèrent une fraction importante de la popu-

* Daniel Le Scornet, vice-président de l'Appel des appels, est l'initiateur de la Fraternelle de recherches et de propositions (Maison des métallos, Paris), administrateur mutualiste et du Conseil des entreprises employeurs et groupements de l'économie sociale (CEGES).

lation et des professionnels. Il y a longtemps que le sentiment d'urgence sociale – non pas celui qui est agité par les pouvoirs publics – est usé. On a bien souvent dépassé ce stade, il faut le dire, pour tomber dans la résignation ou le désespoir. La réprobation, l'indignation devant ces réformes sont toujours là, mais, appliquée systématiquement dans les politiques, la logique du mépris, du déclassement, de la désaffiliation, de l'inégalité tous azimuts, de la souffrance au et hors travail frappe et atteint profondément un « corps social » déjà gravement malade, dont les défenses, pour filer la métaphore médicale, sont très affaiblies. Il suffit de songer à la faiblesse du syndicalisme dans les entreprises du secteur privé ou de considérer la démoralisation de la classe ouvrière, analysée notamment par les sociologues[1].

Un diagnostic commun

Le paysage social apparaît comme un champ ravagé, dont une proportion croissante n'est constituée que d'individus isolés, désagrégés, comme suspendus dans le vide, vivant sans aucun continuum social sensible. Cette crise sociale est une crise de l'espérance. Le chômage, la mise en retraite prématurée, mais aussi l'emploi précaire sous-qualifié détruisent l'espoir de toute « nouvelle chance » comme de tout retour possible à une situation relativement sûre. La difficulté d'accès à un emploi correspondant au potentiel et aux diplômes d'un salarié concerne des millions de personnes, et notamment les jeunes. C'est l'ensemble de la jeunesse, certes avec quelques différences selon les milieux sociaux, qui est placée pendant des années en situation de dépendance et de dressage à la flexibilisation, à qui l'on inculque l'habitude de ne pas prendre d'habitudes, que l'on contraint à se soumettre à des techniques de soi conformistes et opportunistes, qui sont autant d'obstacles à l'autonomisation. L'entrée sur le marché du travail se fait dorénavant très majoritairement par des contrats précaires : cette donne transforme de l'intérieur la société salariale stable, celle du contrat à durée indéterminée, encore majoritairement dominante,

1. *Cf.* Stéphane Beaud et Michel Pialoux, *Retour sur la condition ouvrière*, Fayard, 1999.

en une société du « précariat[1] » subjectivement intégrée par tous. On compte déjà 13 % de salariés dans des « formes d'emploi atypiques » (intérimaires, CDD, stagiaires, contrats aidés), mais 60 % des premiers emplois sont sous la forme de contrats précaires. Aucun secteur n'est épargné. Proportionnellement, la précarité est plus importante dans le public que dans le privé.

La pauvreté non seulement relative mais absolue revient. Les inégalités, qui n'ont jamais disparu, explosent et apparaissent dans toute leur obscénité. Comme l'écrit l'économiste Jean Gadrey à propos des revenus en France, « depuis 1982, les écarts se sont creusés sous l'effet conjugué de deux tendances contraires. En bas de l'échelle, les faibles revenus décrochent sous la double influence de l'extension du travail partiel et de la baisse relative du pouvoir d'achat des minima sociaux. Au sommet de l'échelle, les très hauts revenus augmentent de façon spectaculaire[2] ». Des millions de travailleurs et notamment de travailleuses, et leurs enfants, sont désormais catégorisés comme des pauvres (*working poor*) dont le salaire, à temps partiel subi ou à temps intermittent, voire à temps plein, ne permet plus, sans l'aide sociale – Ah, le fameux RSA ! –, de vivre de façon autonome. Près de 40 % des actifs en temps partiel ont des revenus inférieurs au seuil de pauvreté. Quant aux rémunérations des salariés les mieux payés, elles ont tendance à évoluer plus vite que le salaire médian. Et si l'on compare le niveau du SMIC avec l'évolution de la rémunération des patrons, l'écart devient exorbitant.

L'incompréhension, le sentiment d'être méprisé et nié dans son travail, la dévalorisation ressentie au plus profond de soi-même se répandent. La souffrance au travail, selon une formule désormais consacrée, tient d'abord aux mille empêchements de mettre en œuvre pleinement ses compétences et ses savoirs. La pression exer-

1. Le « précariat », selon Robert Castel (*cf. La Montée des incertitudes : travail, protections, statut de l'individu*, *op. cit.*), désigne une transformation profonde de la condition salariale, un régime de travail qui tend à s'installer comme un état normal et non plus comme une situation éphémère et marginale. L'emploi « classique » à plein temps, programmé pour durer (CDI), encadré par le droit du travail et la protection sociale, reste majoritaire pour l'instant mais tend, sur le long terme, à perdre sa prédominance.

2. In *En finir avec les inégalités*, Mango, 2006, p. 21-22.

cée sur le salarié pour qu'il soit toujours plus performant et compétitif, selon une conception étriquée de la performance qui se révèle souvent absurde et contreproductive, s'accroît dans une proportion telle que quelques-uns en viennent à se suicider sur le lieu même de leur travail[1]. La tradition artisanale et ouvrière du travail « bien fait » est souvent bafouée par les managers.

Quand on porte atteinte au métier, la désorientation du travailleur est forte, qui perd tout sens de la finalité du travail demandé dans ces situations d'incertitude. La peur généralisée du chômage, de la délocalisation des productions, de la fermeture des filiales de firmes multinationales diffuse dans tout le salariat le sentiment d'une insécurité sociale chronique et renvoie chacun à la menace de l'exclusion, à l'angoisse sourde de « n'être pas à la hauteur », à l'isolement[2]. Plusieurs syndicats ont pris conscience de cette montée de l'angoisse professionnelle : Sud-PTT et la CGC ont mis en place un observatoire du stress à France Telecom ; la CFDT a obtenu un fonds d'investissement social national doté théoriquement de 1,5 milliard d'euros ; la CGT propose un statut national de base du travail salarié et une Sécurité sociale professionnelle.

Le diagnostic ne fait plus guère l'objet de contestation. Non seulement on s'accorde sur lui, mais il est aussi conforté de toutes parts, presque jusqu'à l'écœurement, aucun secteur n'étant exempt des symptômes décrits. Du coup, et ce n'est pas le moindre paradoxalement, c'est un véritable marché qui s'est constitué sur ce terreau : études académiques, ouvrages, consulting et audits tous azimuts pour les entreprises, coaching, thérapies comportementales sans limites florissent. Cette surabondance même se transforme en une quasi-« naturalisation » de la nosologie contemporaine. La « dépression » est déclarée le mal du siècle, sans causes ni responsables. La souffrance et la victimisation tendraient même, défensivement, à devenir la dernière assignation subjective, l'ultime identité sociale, la seule place disponible dans la communauté des hommes. N'est-ce pas un terrain propice et dangereux pour le déploiement des irresponsabilités collectives ?

---

1. *Cf.* Patrick Coupechoux, *La Déprime des opprimés. Enquête sur la souffrance psychique en France*, Le Seuil, 2009.

2. *Cf.* Richard Sennett, *Le Travail sans qualités. Les conséquences humaines de la flexibilité*, Albin Michel, 2000.

Mais n'est-ce pas en *retournant* ce statut de victime que les victimes prolétarisées de l'industrie se sont dotées dans l'histoire de formes d'organisations collectives ? La reconnaissance collective de leur statut d'exploités, de victimes, d'aliénés a joué un rôle formidablement critique et offensif dans toute la longue période historique où le travail, l'amour du métier, l'attachement au bel ouvrage constituaient non seulement le support d'une affirmation positive de soi, mais aussi une valeur qui pouvait être transmise aux nouvelles générations, lesquelles pouvaient à leur tour s'affirmer. Ce qui n'a pas été sans effets problématiques : les dominés ont parfois ainsi transformé en valeur positive leur condition imposée de travailleurs exploités. La mystique du travail, le désir d'emploi à tout prix, à n'importe quel prix, se comprend aisément dans une société qui fait tout dépendre, pour le travailleur, du rapport salarial, en premier lieu sa survie économique.

Plus encore que l'évolution socio-technologique, le partage du travail est devenu l'objectif du combat. Le contre-pied a été majeur lorsque la « centralité du travail », inséparable du type de société dans lequel nous vivons, a commencé à être sapée par la montée du chômage. L'emploi sous sa forme salariée est encore en extension nationalement (91 % de l'emploi), pour ne pas dire mondialement, ce qui ne l'empêche pas d'être devenu une denrée rare. Rareté qu'aucun décrochage démographique, pourtant manifeste en Europe, ne peut, sous cette forme du moins, dissoudre. Car tel est bien le paradoxe, déjà souligné en son temps par Hannah Arendt, de vivre dans une société fondée et centrée sur le travail salarié, mais qui ne cesse de multiplier des « inutiles » et des « surnuméraires » qui en sont exclus : « Ce que nous avons devant nous, c'est la perspective d'une société de travailleurs sans travail, c'est-à-dire privés de la seule activité qui leur reste. On ne peut rien imaginer de pire[1]. » Ainsi sous le terme générique de « travail » se trouvent enfermées des acceptions bien différentes pour la subjectivité des personnes, expliquant les malentendus qui se révèlent aux moments cruciaux de la recherche d'alliances, entre les syndicats et autres

1. Hannah Arendt, *Condition de l'homme moderne*, Presses Pocket, coll. « Agora », 1988, p. 38. On pourra se référer également aux réflexions d'André Gorz sur « l'invention du travail », in *Métamorphoses du travail, Critique de la raison économique*, Gallimard, coll. « Folio », 2004, p. 29 et *sq*.

organisations, qui ont intégré toutes les équivoques et les contradictions de la « valeur travail ».

Aujourd'hui, ces tensions qui ont traversé le mouvement ouvrier sont peut-être en passe d'être surmontées. La *convergence intellectuelle* sur l'analyse des causes et des effets de l'insécurité sociale semble créer une situation favorable au rassemblement des salariés. Plus encore, les « intellectuels spécifiques », selon l'expression de Michel Foucault, sont désormais soumis à leur tour à l'avancée rapide du précariat dans leurs métiers autrefois relativement protégés. Que doit-on faire dans cette situation inédite et rare où la *question sociale* semble se poser de façon quasi identique à tous les salariés dans tous les secteurs à la fois ? Le caractère général de cette « guerre de tous contre tous » donne-t-il une chance et une base suffisante à l'union des luttes ? Et que faudrait-il sur le plan de la pensée et de l'organisation pour aller au-delà du constat commun et de la déploration collective ? Que nous manque-t-il pour sortir des luttes défensives et affirmer l'unité d'un combat ? Car la conflictualité n'est pas en baisse, contrairement à ce que l'on dit trop souvent, mais elle peine à s'affirmer comme valeur, comme nécessité, comme espoir.

Convergence contre le biopouvoir

Soit donc l'Appel des appels qui trouve sa raison dans la nécessité de rassembler tous les appels à « sauver » isolément tel ou tel champ de l'activité humaine. Le point de ralliement qu'il constitue répond à l'étouffement éthique qu'opère sur ces métiers l'application obsessionnelle du paradigme managérial. Mais pour rallier les professionnels, cet Appel se doit de penser les alliances.

Des dizaines de milliers de *professionnels,* en signant l'Appel des appels, ne s'engagent pas pour tel secteur ou métier particulier. Ils engagent leur responsabilité librement *professée,* pour reprendre le terme de Jacques Derrida : « L'idée même de profession suppose qu'au-delà du savoir, du savoir-faire et de la compétence, un engagement testimonial, une liberté, une responsabilité assermentée, une foi jurée oblige le sujet à rendre des comptes devant une instance à définir. » Ces professions ont occupé une place très particulière dans l'ordre de la division du travail, dans une certaine indépendance et dans les seules limites des règles de l'art : les professionnels étaient redevables devant leurs pairs. Voilà ce qui change : ces métiers ne sont plus préservés de ce qui va en gêner considérablement leur exercice. Ces professions font l'objet aujourd'hui d'une normalisation qui, sous le couvert de l'avancée des sciences et des techniques, au prétexte brandi de la « démocratisation » et de la « transparence », sous la poussée des notions de sécurité, de prévention, de santé publique, d'économies de moyens, d'excellence, de performance et de résultats, est en train de les transformer profondément. Ces professions sont appelées, non par des lois mais par des normes dites d'efficacité, à devoir nous classer, à devoir informer les « autorités » de certains des signes qui nous attestent, à devoir trier parmi nous celles et ceux qui seront traités automatiquement ou semi-automatiquement et celles et ceux, plus rares, qui pourront encore avoir accès à un traitement singulier. Cette normalisation touche tous les domaines de la justice, de l'éducation, de la santé, de l'information, de la culture, de la recherche, des domaines à qui l'on se confie à un moment ou à un autre de sa vie, à qui l'on accorde sa confiance souvent en situation d'ignorance, de faiblesse, de détresse, de vulnérabilité.

Une telle normalisation constitue un changement majeur, épistémique, politique, éthique. Elle remet en cause le régime démocratique et l'humain en tant que tel. Elle fait en tous lieux, en tous ordres, de la dimension poïétique et tragique de l'humain une quantité, un moyen, un exemplaire interchangeable, une chose usinée par traitement automatique selon une rationalité économique et financière. Le management des « ressources humaines » pourrait bien devenir l'idéal-type de la gestion normée de la société économique sécurisée et de pleine activité ! Ce que Michel Foucault avait appelé le *biopouvoir*, soit l'emprise du pouvoir dans les domaines de l'existence individuelle et collective, prend une forme particulièrement redoutable avec la quantification généralisée des activités et la mobilisation des moyens les plus performants de la surveillance et de l'enregistrement des comportements des individus.

Contre les destructions produites par le biopouvoir managérial, qui agit de manière « maniaco-précipitative », il faudrait donc mener des luttes communes, capables d'entraîner dans leur sillage ceux qui ne sont guère enclins à se mobiliser. Les choses ne sont cependant pas si simples. La société salariale tout entière se transforme. Les situations contraintes ou parfois recherchées d'intermittence, de free lance, de pige, de gré à gré, de « multi-activité », de travail gratuit sont déjà des obstacles au rassemblement. Les formes de travail qui mènent hors du salariat traditionnel expérimentent en grandeur nature les régimes dominants à venir. La marge devient le centre. L'alliance entre les différents types de travailleurs, d'acteurs dans et hors travail n'ira pas de soi. Il faut partir des convergences autant que de ces divergences pour créer un nouvel alliage.

C'était déjà l'une des problématiques des syndicats ; l'Appel des appels ouvre plus largement encore la question de la défense du sujet en la personne du travailleur, du salarié, de sa place dans la vie économique. Elle est par là « l'hétérogène » des mobilisations syndicales, le « reste » impensé, et témoigne du travail propre du subjectif dans le domaine économique et social. Toutefois, autour de cette question, il n'y aurait pas là à opérer une division du travail : aux syndicats, le monopole du social, aux autres, le monopole de l'éthique. Les premières relations entre les syndicats et l'Appel des appels au niveau national témoignent que le syndicalisme, à un moment pourtant où il est confronté à de nouveaux critères de représentativité et à une institutionnalisation plus forte, reconnaît qu'il ne peut seul embrasser complètement « son » objet. Et que, renonçant à la position de surplomb qui jusqu'à présent le caractérisait vis-à-vis du social et du travail, le monde intellectuel s'attaque intensément à ce « reste » de l'action collective aujourd'hui.

Chaque partie de ce dialogue naissant prend au sérieux le fait de savoir si l'on peut parler ensemble de certaines notions telles que le malaise dans la civilisation, ou des régimes nouveaux des processus de domination. La véritable question tient à la position du syndicalisme face au travail.

Les conditions d'une « alliance » longue, modifiant dans son cours même les positions et les postures des différentes « parties prenantes » deviennent nettement plus délicates sur ce terrain. De nouvelles relations, de nouveaux principes doivent naître. Seuls les principes de générosité entre personnes et entre organisations, seuls les principes de fraternité entre champs et entre ordres différents, seule la règle générale de la réciprocité « sans condition » dans la différence des ordres d'intervention et des formes d'organisation, peuvent permettre de ne pas toujours revenir au même dans la formulation des alliances, dans la répétition morne des désalliances. Car nos formes de lutte et d'organisation ressemblent bien trop à ce que nous prétendons combattre pour ne pas transformer nos victoires en défaites. Les logiques de séparation, de cloisonnement, d'isolement, de méconnaissance et de mépris de l'autre, surtout de l'autre le plus proche de soi qui est donc le plus susceptible d'entrer sur son terrain d'élection, triomphent partout. Nous sommes pour une part responsables de nos défaites et de nos faiblesses. La longue histoire des mouvements sociaux en France, en Europe et dans le monde, en témoigne. Jusqu'à présent, les résistances se sont constituées à l'image de l'État, ont formé de petits États, des micro-souverainetés séparées, des territoires étanches et protégés par des discours clos, en concurrence absolue entre elles. La logique infernale de l'échec est enfermée dans la matrice des pouvoirs et des contre-pouvoirs. Elle fonctionne à plein pour produire, même de façon inversée, du *même* des deux côtés.

Cette relation en miroir doit être brisée si nous voulons *passer de l'autre côté du miroir* et trouver enfin une *alternative* véritable. Alliance et alternative s'en trouvent liées : il nous faut un *autre* régime d'alliance. Dans une situation nouvelle mais encore chargée des impensés de l'histoire, il convient d'attacher une importance particulière au travail difficile et délicat des alliances, c'est-à-dire au travail nécessairement symbolique qui consiste à pratiquer une autre façon de fraterniser, de faire lien entre les différents champs des activités humaines. En ce sens, il y va, non de la politique, mais du politique, de la capacité à reconfigurer l'espace-temps des interventions humaines. Le premier pas ne réclame que de la générosité tant les problèmes de méconnaissance réciproque sont vastes. C'est beaucoup et peu à la fois. De ce point de vue, un certain nombre de *bougés* ont déjà eu lieu.

Unité

Dans les circonstances d'une montée de la colère sociale, les organisations syndicales présentent un front délibérément uni et s'ingénient, comme jamais elles ne l'ont fait jusqu'ici, à faire vivre leurs divergences et concurrences dans un périmètre unitaire probablement durable[1]. Mais cette unité, non de façade mais de fonction, n'épuise pas la nouvelle question sociale du travail, des métiers, de la culture. Surtout dans une période où le chômage, le désœuvrement, le déclassement vont augmenter considérablement et où le capitalisme pourrait prendre des formes nouvelles.

L'une des questions stratégiques réside dans la possibilité d'insérer de *l'hétérogène* dans le front unitaire du syndicalisme. Le syndicalisme a, du fait de sa position dans la structure sociale, une double face : c'est un instrument de lutte et un « partenaire social » contraint par les règles du système. De ce fait, s'il reste un moyen incontournable de défense des intérêts matériels et moraux des salariés, il ne s'est pas suffisamment montré en mesure d'inquiéter toutes les formes d'aliénation, d'oppression, de division que subissent les différentes fractions du salariat. C'est qu'il est une institution qui exprime et norme en même temps les revendications des salariés pour les rendre compatibles avec un système qu'il prétend néanmoins combattre, et que, pour une part, il conforte ainsi. C'est en ce sens que l'on peut dire que le syndicalisme ne se suffit pas à lui-même, qu'il a besoin d'« hétérogènes » qui, pour ne pas avoir à assumer les grandeurs et les servitudes de l'action syndicale, doivent accomplir une fonction moins impliquée dans la formation des compromis. Telle est bien la fonction à laquelle peut postuler, entre autres, l'Appel des appels.

Le monde syndical, encore largement fédéré à partir des corporations et des métiers, ne suffit-il donc pas ? Les faits semblent avoir tranché. Le succès pétitionnaire, symptôme de l'attente d'un geste inédit, a permis d'établir des liens inédits avec le mouvement syndical. Les deux principales confédérations syndicales, la CFDT et la CGT, la fédération la plus représentative des champs concernés, la FSU, et le nouvel entrant syndical, Solidaires, loin de manifester de la défiance a priori à l'égard du mouvement, ont répondu au plus haut niveau de leurs instances nationales par une première rencontre publique et par la poursuite de discussions qui devraient déboucher sur l'organisation commune d'un colloque au printemps 2010. Les termes de ce colloque possible ne sont pas à leur heure

1. Concurrences puissamment avivées par les dispositifs légaux nouveaux qui déterminent, branches par branches, entreprises par entreprises, la représentativité – et pour une part l'existence même – de chacune d'entre elles.

où nous écrivons pas définitivement arrêtés, mais le thème devrait en être « l'évaluation des évaluations ». Il s'agira ensemble d'analyser et de critiquer la manière dont le travail humain, que ce soit dans le champ privé ou dans le champ public, est désormais soumis à des techniques et des dispositifs de pouvoir qui ont d'ores et déjà donné des résultats catastrophiques sur le plan humain dans le secteur privé. Les organisations syndicales ouvrières ont une longue expérience des tentatives qui, au nom de la sortie du taylorisme et du travail en miettes, ont prétendu réhabiliter la performance individuelle et collective par toutes sortes de démarches censées promouvoir la « qualité », les « projets », viser une réduction des lignes hiérarchiques, etc.

Il serait vain d'attendre pour agir une improbable unification globale des champs, une théorie politique générale, une grande organisation unique. L'harmonie ne va pas sans l'irréductible dissonance. Les lois de la physique, pour ne rien dire du rythme musical de ce monde, s'accommodent bien de cette absence de l'Un. Cette situation n'empêche pas le magnétisme et la gravité de splendides symphonies. Agir dans les unités de nos différences, voilà ce à quoi nous sommes convoqués. Voilà à quoi nous engage cette *profession de foi* « avec une liberté inconditionnelle de questionnement et de proposition, voire, plus encore, le droit de dire publiquement tout ce qu'exigent une recherche, un savoir et une pensée de la vérité ».

D. L. S.

L'engagement des psychanalystes : une certaine idée de l'homme et du lien social

par Laurent Le Vaguerèse*

L'un des aspects qui a sans aucun doute dû surprendre plus d'un observateur concerne la profession des initiateurs de l'Appel des appels, ainsi que la présence massive des psychanalystes au sein des comités le constituant. Quelle mouche les a donc piqués, eux que l'on disait pourtant frileux à tout engagement public, et plus encore à tout engagement politique ? Qu'est-ce qui a donc pu pousser deux psychanalystes, Roland Gori et Stefan Chedri, le premier par ailleurs professeur de psychopathologie et le second également enseignant à l'université et en lien étroit avec le mouvement de Psychothérapie institutionnelle, à lancer l'Appel des appels ? Par quels détours ou par quel égarement ont-ils été conduits hors de leur base, en rupture apparente avec une tradition de non-engagement bien établie ? Quel coup de folie les a donc pris de se mettre ainsi en avant, d'engager une bataille dans laquelle il y a plus de coups à prendre que de fleurs à recevoir ?

On ne peut en effet qu'être étonné, surtout si l'on se réfère à l'histoire du mouvement psychanalytique, en France notamment. Cette position de non-engagement a en effet été maintes fois réaffirmée et n'a, depuis la guerre, connu que de très rares exceptions. Elle dépasse les clivages – nombreux comme on le sait – existant entre ses différents courants et constitue même un des rares points

* Laurent Le Vaguerèse est psychiatre, psychanalyste, compétent en psychiatrie de l'enfant et de l'adolescent. Responsable du site œdipe.org.

d'accord persistant jusqu'à ce jour entre les psychanalystes toutes tendances confondues. Elle repose sur un certain nombre d'arguments qui demeurent parfaitement valables aujourd'hui. Le point essentiel est la volonté des psychanalystes de ne pas apparaître comme enfermés dans une idéologie quelle qu'elle soit et d'échapper ainsi à la critique d'un possible endoctrinement des patients par les effets de la cure. On sait la dépendance que crée le transfert dans la cure et au-delà de la cure même. Cette dépendance transférentielle n'est d'ailleurs pas réservée aux psychanalystes et est largement utilisée comme moyen de manipulation, notamment par les groupes sectaires ; l'identification au chef, au leader, à toute figure représentant le pouvoir a depuis longtemps fait l'objet d'études nombreuses, notamment celle de Freud bien sûr (*Psychologie collective et analyse du moi*), mais aussi de bien des sociologues (*La Psychologie des foules* de Gustave Le Bon).

Mais précisément parce qu'ils sont conscients de ce risque, les analystes sont plus que tous les autres avertis de ses dérives possibles, y compris en ce qui concerne les effets de suggestion. Par ailleurs, il revient à chaque psychanalyste d'être ouvert à toute parole d'où qu'elle surgisse et quelle que soit la conviction profonde des patients qu'il reçoit, tant en ce qui concerne leurs croyances religieuses, politiques ou autres. Se porter caution d'une religion ou d'une idéologie ouvre la voie à l'idée que la cure est une affaire qui se résume à convaincre le patient du bien-fondé des choix supposés supérieurs du psychanalyste et qu'il s'agit moins dans le décours de la cure d'une ouverture à la parole inconsciente du patient que d'une identification de son moi à celui idéalisé du psychanalyste. On voit qu'une telle option déboucherait sur la fin pure et simple de la psychanalyse.

Ce qui a changé

Les tournants de l'histoire se repèrent après-coup. Il a fallu sans doute un temps certain aux historiens pour faire commencer le XXe siècle à l'orée de la guerre de 1914-1918. Contre toute attente, le XXIe n'a pas débuté le 1er janvier 2000, comme ont pu le croire ceux qui se fondaient sur un fétichisme du nombre et la croyance millénariste persistant en dépit de toute raison, mais sans doute avant cette date, au moment de la chute du mur de Berlin, en novembre 1989, ou un peu après, lors de la destruction, le 11 septembre 2001, des tours du World Trade Center à New York. S'il est habituel que les oracles annoncent la fin d'une époque, on peut dire aujourd'hui que chaque jour confirme que nos repères fondamentaux sont en train d'être modifiés de façon considérable. C'est à l'aune de ces changements qu'il faut situer les prises de position nouvelles d'un nombre croissant de psychanalystes. Une fois n'est pas coutume, un tel changement témoigne de l'actualité de la psychanalyse et de son lien effectif au monde tel qu'il va.

Ainsi donc, ce qu'il est convenu d'appeler la mondialisation semble précipiter l'homme tragique dans la banalité dépressive qui accompagne un consumérisme sans idéal. Tout semble se dissoudre dans un quotidien où les questions ontologiques prennent la forme apparente et simpliste du biologique en tant qu'il se réduirait non à l'interrogation persistante de l'origine de la vie – cette quête sans fin d'une vérité toujours fuyante et toujours à venir –, mais dans le simplisme d'un déterminisme bi-univoque supposé répondre à toutes les interrogations de l'homme moderne. La maladie même ne serait plus celle d'un être souffrant posant la question de son existence et du sens de sa présence au monde et à la mort, un être en relation avec ceux qui le soignent, mais pourrait se réduire à la simple gestion des populations par formules comptables et données prévisionnelles et statistiques. On sait à quel point cette attitude a pu engendrer de tragédies, et a fait le lit des idéologies comme le nazisme et sa sous-traitance vichyste. L'homme réduit à des chiffres et des aiguillages, conduit à la mort dans des wagons de bestiaux. Le psychanalyste est le guetteur solitaire du désarroi qui s'empare de l'homme dans sa solitude et son rapport à une parole qui jaillit de lui sans qu'il sache même d'où elle lui vient. Témoin de la dérive actuelle et du désespoir qu'elle engendre, on voudrait non seulement lui faire assister à cette débâcle mais lui faire prendre place dans la cohorte de ceux à qui est dévolue cette gestion administrative des corps et des êtres. Qu'il s'en récuse est bien le signe que la psychanalyse, quoi qu'on en pense, n'est pas morte.

Le psychanalyste est-il un intellectuel ?

Sans nier la spécificité du psychanalyste, qui fait sa singularité dans le monde d'aujourd'hui, il se trouve associé à nombre d'hommes et de femmes mobilisés contre cette dérive avilissante et dont il partage les préoccupations. Le mouvement de l'Appel des appels est d'abord celui de professionnels bousculés dans l'exercice de leur pratique, qu'une certaine évolution voulue par le pouvoir tente de vider de son contenu et de tout ce qui en fait la valeur : médecins, enseignants, chercheurs, artistes… Tous y voient une menace contre ce qui fonde le choix de leur métier. S'ils sont aujourd'hui en première ligne, ils viennent après bien d'autres, classes moyennes ou laborieuses, artisans, agriculteurs, ouvriers ballottés et manipulés, dont le métier est vendu et transformé au gré des lois sauvages du marché. Prenant prétexte d'une menace incarnée par la montée en puissance du tiers-monde et des pays émergents affrontant la concurrence effrénée à laquelle se livrent les nations au sein de ce que l'on appelle la mondialisation, les gouvernants de droite et de gauche ont voulu passer au-dessus de toutes les professions et en particulier de celles fondées sur la pensée, le savoir, la culture et gérer directement tout ce qui semblait jusque-là en dépendre. Un seul mot d'ordre : « rationalité », qu'il faut entendre uniquement comme un terme purement économique, celui de la loi du profit maximum, et non comme le triomphe de la raison. Choisissant à l'avance, afin de leur éviter de dangereux égarements, pour le juge ce qu'il doit décider, pour l'historien ce qu'est la vérité historique, pour le médecin ce qu'il doit prescrire, pour l'intellectuel ce qu'il doit penser. Ayant déjà anéanti une bonne part de la culture populaire, celle issue du travail manuel et du travail des artisans, ce mot d'ordre s'attaque aux classes moyennes et aux professions libérales et s'en prend aux enseignants, aux chercheurs, aux artistes et aux intellectuels de tout poils.

L'ouverture sur les autres disciplines

L'un des éléments qui permettent de comprendre la soudaine irruption des psychanalystes dans la contestation sociale est la profonde transformation de la composition sociologique de leur corps. D'une cinquantaine après-guerre, les psychanalystes sont en France aujourd'hui plus de 5 000. Dominés dans les années 1950 par la présence massive de psychiatres formés à la psychanalyse et exerçant en cabinet privé, ils sont aujourd'hui pour la majorité formés à la psychologie à l'université et associent très souvent une pratique privée et un exercice de consultation ou de supervision dans diverses institutions de soins (hôpitaux généraux, dispensaires, hôpitaux psychiatriques et institutions s'y rattachant), ainsi que dans des lieux aussi divers que les prisons, les écoles, les centres d'accueil pour les sans domicile fixe, ou une pratique d'enseignant à l'université, notamment au sein des départements de psychopathologie.

Médecins formés pour les meilleurs à une culture classique humaniste, les psychanalystes, en grande partie grâce à l'enseignement de Jacques Lacan, se sont progressivement confrontés aux travaux des historiens, des sociologues, des linguistes, des mathématiciens, à toutes les sciences auxquelles celui-ci s'est référé, qu'il a même, diront certains, cannibalisées.

C'est, faut-il le rappeler, sur cet accent, sur cette ouverture tous azimuts à la culture et à la science que le choix s'est fait, dans les années 1970, pour beaucoup de futurs psychanalystes, de s'orienter vers ce qui apparaissait alors comme une discipline vivante permettant d'associer une pratique clinique, un travail sur soi, une réflexion philosophique, la prise en compte des recherches scientifiques, tant biologiques que mathématiques.

Cette histoire est bien aussi celle de l'enseignement de Jacques Lacan, tenant d'abord son séminaire à Sainte-Anne devant un parterre composé essentiellement de psychiatres, puis trouvant refuge dans les locaux de l'École normale supérieure de la rue d'Ulm où viendront l'écouter et le rejoindre de nombreux élèves de cette école prestigieuse (Jacques-Alain Miller, Claude Rabant, Jean-Claude Milner), et après de nombreuses péripéties, se déplaçant enfin à la Faculté de droit, rue Saint-Jacques (!), où devant une foule compacte d'auditeurs se tiendront les derniers séminaires.

Se nourrissant dès lors autant de textes psychanalytiques que de lectures allant de Hannah Arendt à Ferdinand de Saussure en passant par Dumézil, Hegel, Descartes et Spinoza, les psychanalystes ont effectivement pris leur place au sein des intellectuels français sans pour autant que, parmi eux, se fassent jour des figures d'intellectuels engagés[1].

De ces lectures et d'une pratique plus ouverte sur la diversité du monde et sa complexité est née une psychanalyse qui a évolué tant dans sa pratique clinique que dans sa théorie, faisant progressivement une place plus grande à l'entrecroisement des effets de l'Histoire collective et de l'histoire individuelle, ainsi qu'aux impacts des antécédents biographiques de la famille et de la névrose de l'entourage sur la structure propre au sujet, fût-il sujet de l'inconscient.

Sans entrer dans le détail, on peut cependant noter qu'au cours des années ayant suivi les bouleversements engendrés par la révolte de Mai 1968, certains psychanalystes, sans s'engager directement dans les partis politiques, ont participé aux mouvements sociaux déclenchés, en particulier, dans le champ ouvert largement par les travaux de Michel Foucault (actions sur les prisons et création du GIP, Groupe d'intervention sur les prisons), en lien avec les hôpitaux psychiatriques (revue *Garde-fou*), le domaine social (naissance de la revue *Champ social*), et même la place du corps et du sport dans la société (naissance de la revue *Quel corps ?*). Certains s'intéressèrent aussi aux mouvements centrés sur les questions d'identité sexuelle ou/et du choix d'objet sexuel (mouvement de libération homosexuelle, mouvement de libération des femmes, loi sur l'avortement). On retrouvera dans tous ces mouvements sociétaux un certain nombre de professionnels, notamment concernés par ce que l'on appelle la psychothérapie institutionnelle, dont l'un des lieux de fondation fut la clinique de La Borde.

Les développements conduisant à un retour des psychanalystes sur la scène publique étant ainsi trop rapidement posés, il reste à comprendre comment l'implication des psychanalystes s'est progressivement développée et comment leur présence au sein de l'Appel des appels a pu s'affirmer.

De l'amendement Accoyer à l'Appel des appels

Au cours du mois de janvier 2003, le député Bernard Accoyer fait voter à l'Assemblée nationale, à une heure avancée de la nuit, un

1. À l'exception notable sans doute de Jacques Hassoun.

amendement visant à définir un statut professionnel pour les psychothérapeutes. Jusqu'à cette date, et malgré de multiples tentatives dans ce sens, la profession de psychothérapeute, pas plus d'ailleurs que celle de psychanalyste, n'était réglementée. Chacun pouvait à sa guise se prétendre tel et ouvrir boutique sous cette appellation sans enfreindre la loi. Cet amendement qui s'inscrivait dans le cadre d'une campagne européenne a rencontré de façon fortuite la préoccupation du député Accoyer, lui-même médecin, inquiet, pour des raisons personnelles, de la prolifération des sectes en France. Ce dernier, convaincu par les tenants d'une réglementation de la profession de psychothérapeute, pensait alors avoir trouvé, par le biais d'une légitimation universitaire, la garantie nécessaire à l'exercice de cette pratique dont on a vu les risques de manipulation qu'elle induit. Assez rapidement, les associations de psychanalyse se sont inquiétées de cette volonté de légiférer dans un domaine qui, plus que tout autre, les concerne, celui de l'intime. Beaucoup dénoncèrent alors le peu de valeur de la protection voulue par le pouvoir législatif et commencèrent à réfléchir très sérieusement à la place que devraient prendre les psychanalystes et leurs associations dans l'éventualité où un tel projet aboutirait. Certains, comme Serge Leclaire, avaient certes pris les devants et posé le cadre d'une telle réflexion, mais ils s'étaient heurtés à une vive opposition des associations psychanalytiques. Leur travail s'était ensuite poursuivi de façon plus discrète sous la houlette de l'APUI (Association pour une instance) par une réflexion menée, notamment après le décès de Serge Leclaire, par Jacques Sédat et Danièle Lévy.

Les prises de position se multiplièrent, témoignant de l'émoi et de l'effervescence engendrés par cette loi et ses conséquences, les uns tentant de dialoguer avec le gouvernement pour négocier une place à part pour les associations psychanalytiques, les autres s'opposant au principe même d'une telle entreprise. Parmi les plus engagés dans ce combat apparaît alors la figure de Roland Gori, président du syndicat des enseignants de psychopathologie à l'Université, le SIUEERPP (Séminaire inter-universitaire européen d'enseignement et de recherche en psychopathologie et psychanalyse) au sein duquel est regroupée la quasi-totalité des psychanalystes qui occupent un poste d'enseignant à l'Université. Sans entrer dans le détail d'un processus législatif qui dure encore aujourd'hui, on peut noter que les discussions ouvertes à propos de cet amendement et de ses succédanés ont véritablement mis la communauté analytique dans toutes ses composantes au travail, l'obligeant à se situer socialement et politiquement, à définir ses formes d'engagement et à porter une attention soutenue aux débats législatifs en rapport avec le vote de cette loi[1].

Dans un manifeste intitulé « Pour la psychanalyse » regroupant une part importante des opposants à ce projet, ainsi qu'à ses multiples succédanés, trois psychanalystes membres de l'association Pratiques de la folie, Franck Chaumon, Roger Ferreri et Vincent Perdigon, ont bien résumé le problème tel qu'il se pose sur le fond :

« Si la psychanalyse se tenait jusqu'ici dans les territoires protégés de l'espace privé, la voici exposée à présent que les pouvoirs s'investissent de plus en plus dans la réglementation des rencontres humaines. Évaluer, garantir, contrôler ce qui se passe entre les hommes au titre des "relations" fait partie des nouveaux modes de gestion. [...] Le développement considérable des techniques psychologiques est devenu un enjeu de pouvoir. [...] Si l'on prend la mesure du fait que les conflits dans la famille, l'école, le travail, la prison ont été progressivement changés en troubles psychologiques, il ne faut pas s'étonner que leur traitement devienne une affaire d'État. C'est-à-dire affaire de gestion soumise à évaluation. L'idée d'un empire de la gestion des hommes étendue à leur intimité correctement évaluée peut faire frémir, mais elle est déjà en marche. »

La suite des événements allait rapidement confirmer cette analyse. Au fur et à mesure des évolutions de l'amendement devenu article de loi et des tentatives de publication des décrets attenant à sa mise en application, est apparue la volonté de remplacer la trop incontrôlable psychanalyse par une technique plus adaptée au contrôle social : le comportementalisme. Plus encore, s'est fait jour la volonté du pouvoir de dire le vrai sur ce que devrait être la bonne psychothérapie. Cette volonté devait affronter une véritable bronca menée de concert par les psychanalystes, et notamment par ceux regroupés au sein de l'École de la cause freudienne autour de Jacques-Alain Miller, soutenus par bon nombre de psychanalystes venus de tous horizons, des enseignants du SIUEERPP et de divers milieux intellectuels qui avaient un lien personnel avec la psychanalyse.

1. On peut retrouver l'essentiel de ces débats sur le site oedipe.org dans le forum « Une politique pour la psychanalyse ».

Quelques étapes de la mobilisation

En février 2004, un rapport de l'INSERM intitulé « Psychothérapie, trois approches évaluées » suscite un nouveau tollé. La psychanalyse y est dénoncée au travers d'une collecte de travaux essentiellement d'origine anglo-saxonne. La volonté de convaincre de la scientificité de la rhétorique qui s'y déploie ne fait que mettre au jour la détermination des pouvoirs publics et d'une partie des universitaires d'en finir avec la psychanalyse. Toutes tendances confondues, ce rapport apparaît bientôt aux yeux des psychanalystes comme une claire volonté d'affrontement en vue de réduire l'influence de leur pratique au sein de la société. Toutes les demandes d'évaluation ultérieures participeront d'ailleurs, sous couvert de recherche, de cette même volonté.

En août 2005, faisant suite à ce rapport, c'est la publication du *Livre noir de la psychanalyse*[1] qui contribue à cette entreprise de destruction de la psychanalyse. Comme l'écrit alors Élisabeth Roudinesco à propos de cet ouvrage : « Les chiffres sont faux, les affirmations inexactes, les interprétations parfois délirantes. Les références bibliographiques sont tronquées et l'index est un tissu d'erreurs [...]. Freud est le plus attaqué : menteur, faussaire, plagiaire, misogyne, drogué à la cocaïne, dissimulateur, propagandiste, père incestueux, il est présenté comme une sorte de dictateur ayant trompé le monde entier avec une doctrine fausse. En somme, cette doctrine n'aurait pas d'existence (elle est une "théorie zéro") puisque l'inconscient existait avant Freud, lequel aurait séduit une humanité crédule en se prenant pour un nouveau messie. »

Devant une telle attaque, les plus placides parmi les psychanalystes ne pouvaient pas rester indifférents d'autant que cette publication s'est alors accompagnée d'une intense campagne médiatique impliquant une publication supposée « de gauche » : *Le Nouvel Observateur*, pourtant plutôt favorable, et ce depuis des lustres, à la psychanalyse.

Nombreux furent les psychanalystes à être profondément choqués par la démagogie et la reprise de propos éculés, la pauvreté des arguments avancés et au total par le recul général de la pensée

1. Sous la direction de Catherine Meyer, Les Arènes, 2005.

auquel la publication de cet ouvrage venait apporter une nouvelle pierre. À quoi s'ajoutait une attaque contre la culture et contre tous les lieux qu'ils avaient peu à peu investis.

En septembre 2005, l'INSERM publie un rapport sur les troubles spécifiques des apprentissages qui s'attire la réponse du collectif Pas de zéro de conduite pour les enfants de trois ans, dont la pétition allait recueillir pas moins de 200 000 signatures.

Si les précédentes initiatives avaient réuni essentiellement les professionnels directement concernés – psychologues, psychanalystes psychiatres et les psychothérapeutes de différentes obédiences –, cette fois la mobilisation, tout en rassemblant à nouveau ces acteurs, allait s'étendre bien plus largement et toucher une couche significative de la population. Une confusion volontaire entre la prévention et le dépistage transparaissait de façon grossière à la lecture de ce document supposé provenir des plus hautes instances scientifiques du pays. La prévention, contrairement au dépistage, implique des actions en profondeur au sein des populations les plus fragiles. Prétendre substituer l'une à l'autre est sans doute l'une des pires erreurs qu'un pouvoir puisse commettre en matière de santé publique.

Tout naturellement, les conclusions de ce rapport provoquent l'irritation, voire la révolte, des parents et des professionnels en contact avec les enfants. Les auteurs de la pétition pouvaient dès lors à bon droit s'interroger de manière quelque peu ironique : « Faudra-t-il aller dénicher à la crèche les voleurs de cubes et les babilleurs mythomanes ? Les exemples venus d'Amérique du Nord et tout particulièrement du Québec donnaient une illustration grandeur nature du risque potentiel auquel se trouveraient exposés les Français si le pouvoir décidait de s'appuyer sur les conclusions de ce rapport pour en faire l'axe de sa politique en matière de protection de la petite enfance. Comme le soulignait au cours d'un colloque le Pr Parazelli de l'université de Montréal, dans cette province canadienne, “le fichage systématique des populations défavorisées y est monnaie courante”. Celles-ci doivent se soumettre à un contrôle accompagné d'exercices éducatifs et de fiches d'apprentissage. La transmission intergénérationnelle y est ainsi remplacée par un conditionnement normalisateur. »

Ce fut ensuite, en juillet 2007, au tour des universités de se voir visées par une action concertée tendant à écarter progressivement les psychanalystes des charges d'enseignement qu'ils y assuraient depuis de nombreuses années. La technique utilisée cette fois fut celle de contournement, consistant à éliminer systématiquement des organisations qualifiantes tous ceux qui se réclamaient de près ou de loin de la psychanalyse. Cette technique avait fait depuis longtemps ses preuves en psychiatrie où ceux qui prétendent se référer à la clinique sont en effet depuis plusieurs années systématiquement écartés des postes d'enseignement. Il en résulte que la formation reçue par les étudiants en médecine fait désormais l'impasse sur toute approche fondée sur la clinique et sur la connaissance de la psychopathologie. Cette politique visait donc maintenant à s'étendre aux départements de psychopathologie. Afin de s'y opposer, une nouvelle association était créée, toujours à l'initiative du SIUEERPP et de Roland Gori : Sauvons la clinique, laquelle faisait à nouveau appel aux citoyens de ce pays par l'intermédiaire d'une pétition lancée sur Internet.

Le triomphe de l'évaluation

Devant cette levée de bouclier, le pouvoir réagit en sortant de son chapeau un mot qui devait faire plier tout un chacun devant l'évidence incontestable de sa supériorité : l'évaluation. Tout, absolument tout doit pouvoir se mesurer, se comptabiliser et donc se comparer et s'évaluer. De la sorte, on prétend atteindre à l'objectivité et sortir du corporatisme qui veut que seuls les gens compétents sont à même de juger de ce qui ressort de leur discipline. Cette folie évaluatrice s'insinue partout. À l'hôpital comme dans les collèges, dans les crèches comme dans les écoles primaires, partout le temps consacré à la relation et au travail lui-même se perd en procédures consistant à remplir des cases et d'interminables formulaires évaluatifs. Les institutions sont visitées par des personnages aux allures inquiétantes dont on finit par se demander de quel titre et de quelles compétences relève leur recrutement.

Face à ces attaques concertées, que le présent ouvrage liste bien qu'il soit loin d'être exhaustif, la multiplication et l'éparpillement des pétitions ne suffisaient plus à rendre manifeste la logique qui s'y trouve à l'œuvre. Aussi le lancement en janvier 2009 de l'Appel des appels a-t-il correspondu à une nécessité. Beaucoup de psychanalystes ont alors reconnu dans l'appel de Roland Gori et de Stefan Chedri la poursuite logique des combats qu'ils avaient menés précédemment. Ils y ont trouvé, comme beaucoup, l'écho d'une légitime inquiétude, une approche respectant la complexité et s'écartant des habituelles litanies de la plainte. Ils se sont engagés à défendre, contre tous ceux qui voudraient raser de près la démocratie, la complexité contre le simplisme, la réflexion et l'argumentation contre l'évaluation, le fond contre la forme, la division du sujet contre l'homme réduit à son moi, la dimension tragique de la vie contre la société du spectacle.

L. L. V.

II

Des réformes qui aggravent

La Justice et l'Appel des appels

par Serge Portelli*

Parmi tous ceux qui, en France, tentent de résister aux dérives de la démocratie et défendent les idéaux de liberté et d'humanisme, beaucoup sont issus des professions qui composent le monde de la justice et du droit : avocats, juges, greffiers, éducateurs, experts… Comme tous, ils assistent depuis quelques années à la dénaturation du service de la justice et au déclin des libertés. Plus que d'autres, ils les dénoncent, car ces évolutions se passent sous leurs yeux et ils peuvent en voir chaque jour les effets désastreux. Mais tous les citoyens sont concernés, pas simplement les professionnels. La justice est un service public et, comme tous les services publics, elle subit de plein fouet une réforme, qui, sous le prétexte creux de « modernisation », aboutit à un abandon des missions premières de l'État, à un éloignement du justiciable et à une déshumanisation de l'appareil judiciaire dans son entier. Derrière cette dérive, on retrouve les mêmes ressorts destructeurs que dans toutes les autres réformes touchant à la fonction publique dans son ensemble, à l'Éducation nationale, à l'hôpital, aux universités… Il est temps de réhabiliter d'autres valeurs que celles de la performance, de l'efficacité, du résultat statistique, d'autres valeurs autour desquelles se mobilisent les signataires de l'Appel des appels.

---

* Serge Portelli est magistrat, vice-président au tribunal de grande instance de Paris et membre du Syndicat de la magistrature.

Le déclin des libertés

En très peu d'années, les libertés ont fortement régressé en France. Ce recul s'opère sous l'impulsion du gouvernement mis en place par Nicolas Sarkozy, mais il correspond à un mouvement plus ancien et plus profond, habilement capté et exploité par le pouvoir actuel. Si les avocats ont bataillé pour préserver les droits de la défense et si les magistrats ont tenté de rester les gardiens des libertés, conformément à la mission que leur assigne la Constitution, force est de constater que le bilan est catastrophique.

Des gardes à vue en surnombre

L'explosion du nombre de gardes à vue en France est le signe le plus patent de cette dérive. Elle est le fruit d'une politique affichée sans ambiguïté par les pouvoirs publics. Politique du résultat imposée aux services de police et de gendarmerie pour faire croire à une maîtrise de la délinquance. La police est devenue une police d'interpellation, jugée notamment sur le nombre de gardes à vue.

L'augmentation est édifiante.

Tableau de la progression des gardes à vue (1999-2008)

Année	1999	2000	2001	2002	2003	2004	2005	2006	2007	2008
Total GAV	426 851	364 535	336 718	381 342	426 671	472 064	498 555	530 994	562 083	577 816
Augmentation		-62 313	-27 817	+44 626	+45 329	+45 393	+26 491	+32 439	+31 089	+15 733

Source : statistiques du ministère de l'Intérieur.

Ces objectifs chiffrés donnent lieu à de nombreux abus, dont un nombre non négligeable de gardes à vue injustifiées, régulièrement dénoncées par la Commission nationale de déontologie de la sécurité (CNDS). Et encore ces statistiques ne tiennent-elles pas compte des gardes à vue ordonnées en matière d'infractions à la sécurité routière : il faudrait, à ces chiffres déjà alarmants, ajouter encore une bonne centaine de milliers de cas. Les conditions dans lesquelles se déroulent les gardes à vue – locaux en mauvais état, présence purement symbolique de l'avocat – rendent cette dérive inadmissible. Les procureurs à qui la loi donne la mission de contrôler ces mesures, ont, en l'espèce, failli à leur tâche, incapables qu'ils ont été de freiner un mouvement et de s'opposer à une volonté purement politique.

L'extension indéfinie du fichage

Chacune de ces gardes à vue, si elle n'aboutit pas forcément à l'arrestation de l'auteur présume des faits reprochés, contribue au moins à alimenter un système de fichage, lui aussi en accroissement exponentiel. Que des fichiers soient nécessaires, y compris dans une démocratie, personne ne le conteste, même s'il faut garder présents à l'esprit les terribles usages faits d'eux que l'histoire du XXe siècle nous rappelle à foison. Les fichiers se sont donc multipliés à grande vitesse depuis plus d'une décennie. Beaucoup d'entre eux, comme le soulignait récemment une mission parlementaire, n'ont même pas d'existence légale. Le plus grand (par le nombre) est le STIC (Système de traitement des infractions constatées) géré par la police. Là encore, le contrôle des procureurs de la République s'est avéré totalement défaillant. En effet, ce fichier gigantesque concerne aujourd'hui environ 5,5 millions de personnes mises en cause et près de 29 millions de victimes. Or son taux d'erreurs est terrifiant, taux connu de tous puisque la Commission nationale de l'informatiques et des libertés (cnil), chargée de sa surveillance, a calculé que 17 % seulement des fiches de personnes mises en cause qu'elle contrôlait étaient exactes.

Un autre fichier s'est mis en place en 1998, le FNAEG (Fichier national automatisé des empreintes génétiques). Depuis 2003-2004 la quasi-totalité des délits donne lieu à la prise d'empreintes génétiques. Nous en sommes, début 2009, à plus d'un million de personnes ainsi recensées. Si ce fichier est nécessaire et a donné des résultats déterminants pour plusieurs affaires graves, les risques d'un accroissement si rapide ne sont pas sans causer quelques difficultés. Faut-il conserver les empreintes d'une personne suspectée d'un simple vol pour une durée de vingt-cinq ans ?

Le pire en la matière a été la tentative de création du fichier EDVIGE (Exploitation documentaire et valorisation de l'information générale) que le gouvernement a tenté de mettre en place en catimini pendant l'été 2008. Il devait permettre de ficher dès treize ans les enfants « susceptibles » de porter atteinte à l'ordre public. Mais surtout il aurait permis de répertorier tous les citoyens qui pouvaient gêner le pouvoir. L'habillage était habile. Il autorisait le fichage de toute personne jouant un rôle « significatif » sur le plan institutionnel, économique, social ou religieux. Bref, mieux valait ne jamais s'intéresser à la chose publique ou être un citoyen actif ou engagé si l'on voulait échapper à la curiosité policière et à celle du pouvoir. Le gouvernement a provisoirement reculé mais il prépare un autre fichier du même type.

On assiste de fait à une sorte de pathologie du fichage dont souffre le pouvoir. Dès qu'un problème surgit, il lui faut créer un nouveau fichier : fichier des bandes, fichiers des hospitalisations d'office… Oubliant que la fiche n'est qu'une photographie, qu'elle permet certes des rapprochements dans des affaires judiciaires mais en nombre limité, et qu'elle ne remplace en rien un vrai travail d'enquête. Nous ne sommes, hélas, si aucune résistance à cette funeste tendance ne s'organise, qu'au début d'une période de fichage généralisé où pourront être croisées toutes les sources possibles (ce projet a déja un nom, Périclès[1]) et qui ne prendra fin qu'une fois tous les citoyens fichés.

Une politique effrénée d'enfermement

Toutes ces dérives ne peuvent qu'aboutir à une répression toujours plus sévère, et notamment à un recours accru à la prison. D'autant que l'emprisonnement est, là encore, présenté comme la panacée et paré de toutes les vertus. Il est censé être dissuasif, ce qu'il n'a évidemment jamais été.

La législation sur les peines planchers qui instaure une peine minimale d'emprisonnement très élevée en cas de récidive a ainsi

1. *Cf.* l'article paru dans *Le Figaro*, le 24 juin 2009, « Le logiciel Périclès recoupera tous les fichiers existants » : il s'agirait d'autoriser des agents habilités à procéder, par l'intermédiaire de ce logiciel, à l'interconnexion et au croisement des fichiers policiers, mais aussi du fisc, des banques, des opérateurs de téléphonie, etc., dans le cadre d'enquêtes judiciaires pour des crimes et délits passibles de plus de cinq ans de prison.

été présentée comme le moyen de faire baisser la récidive. Deux ans après sa mise en vigueur, la démonstration n'a toujours pas été faite du moindre progrès en la matière, mais les prisons se remplissent comme jamais. La pression exercée sur les juges par les procureurs de la République agissant sur ordre de leur ministre est énorme. Les peines planchers sont systématiquement requises et il est relevé appel dès lors que le juge n'a pas motivé suffisamment la non-application de ces peines. Celles-ci sont, en définitive, appliquées dans la moitié des cas. La résistance existe, mais elle est faible. Résultat : 63 351 détenus écroués au 1er avril 2009. Huit ans auparavant, la population pénitentiaire était de moins de 48 000 personnes.

Évolution de l'emprisonnement (1999/2009)

Année	**1999**	**2000**	**2001**	**2002**	**2003**	**2004**	**2005**	**2006**	**2007**	**2008**	**2009**
Détenus au 1er janvier	52961	51441	47837	48594	55407	59 246	59 197	59 522	58 402	61 076	62 252

Source : Ministère de la Justice, Administration pénitentiaire, chiffres-clés.

Les prisons sont dans un état désastreux. Le constat est fait officiellement depuis dix ans, elles sont la honte de la République. On ne compte plus les rapports en tout genre dressant des tableaux accablants. Il n'y a aujourd'hui que 52 535 « places opérationnelles ». Un nouveau programme de construction de 5 000 places supplémentaires devrait être lancé, mais chacun sait qu'il ne résoudra rien et qu'il ne comblera pas le « retard » pris. Les prévisions de l'administration pénitentiaire sont en effet dramatiques.

La justice et les étrangers en situation irrégulière

S'il est un secteur de la justice où sa connivence avec le pouvoir est le plus clair, c'est bien celui des étrangers en situation irrégulière. Les procureurs de la République sont étroitement associés aux politiques d'arrestations en masse permettant d'aboutir aux reconduites à la frontière, dont le nombre, chaque année plus élevé, est fixé de façon aussi arbitraire que démagogique par le ministère de l'Immigration et de l'Identité nationale. L'appareil policier est fortement mobilisé afin que ses agents respectent ces directives. Les centres de rétention se remplissent tout autant que les prisons. On y retient même des enfants. Cette politique inhumaine nous habitue peu à peu à l'intolérable : à briser des vies, des familles, des êtres à qui l'on ne peut reprocher rien d'autre que d'avoir voulu fuir la misère, la faim, les persécutions ou la guerre. Juges administratifs ou juges des libertés et de la détention tentent de résister à ces pressions du pouvoir, mais lorsqu'un juge des libertés ose ordonner la remise en liberté d'un enfant de quatre mois retenu avec sa famille dans un centre de rétention au motif que cette mesure est « incompatible avec la Convention des droits de l'homme et avec la Convention des droits de l'enfant », il se trouve un procureur de la République pour faire appel de sa décision et une cour d'appel pour infirmer le juge.

Le bouleversement de la rétention de sûreté

Le plus inquiétant pour les libertés est la loi sur la rétention de sûreté du 25 février 2008[1]. Elle consacre dans notre droit la notion de dangerosité : à titre exceptionnel, les personnes dont il est établi, à l'issue d'un réexamen de leur situation intervenant à la fin de l'exécution de leur peine, qu'elles présentent une particulière *dangerosité caractérisée* par une *probabilité très élevée de récidive* parce qu'elles souffrent d'un trouble grave de la personnalité, peuvent faire l'objet à l'issue de cette peine d'une rétention de sûreté selon les modalités prévues par le présent chapitre, à la condition qu'elles aient été condamnées à une peine de réclusion criminelle d'une durée égale ou supérieure à quinze ans pour les crimes, commis sur une victime mineure, d'assassinat ou de meurtre, de torture ou actes de barberie, de viol, d'enlèvement ou de séquestration. Est ainsi permis l'enfermement à vie d'une personne condamnée qui, à l'issue de sa peine, pourra être retenue indéfiniment. Cette notion de « dangerosité » n'a aucune base scientifique. Elle permettra d'enfermer des personnes, non plus en raison des actes qu'elles ont commis, mais de ceux qu'elles pourraient commettre. Comment mesurer cette potentielle intentionalité ? Exercice de divination qui

1. Loi n° 2008-174, du 25 février 2008, relative à la rétention de sûreté et à la déclaration d'irresponsabilité pénale pour cause de trouble mental.

autorise tous les abus. Même si cette loi – du fait de son absence de rétroactivité – n'entrera réellement en vigueur que dans une quinzaine d'années, elle consacre une notion totalement étrangère à notre culture et à nos traditions. Se trouvera-t-il des « experts » prêts à dévoyer leur discipline pour aboutir au résultat escompté ? Qui oserait dire qu'un individu, surtout s'il est déjà passé à l'acte dans une affaire grave, n'est pas potentiellement dangereux ?

La destruction du service public de la justice

C'est dans sa structure même que l'appareil judiciaire est attaqué. Les réformes appliquées sont dans le droit fil de toutes celles appliquées partout ailleurs. Leur spécificité est de porter atteinte à des valeurs qui sont propres à la justice et notamment à son indépendance.

Appliquer les normes de l'entreprise privée à l'administration, transformer l'appareil d'État en une grande société anonyme où l'esprit de performance, le souci de l'excellence, la recherche de l'économie maximum (à défaut du profit maximum), la promotion du mérite, la culture du résultat seront les règles permanentes applicables à des fonctionnaires, de moins en moins nombreux mais qui se lèveront plus tôt, travailleront plus longtemps en espérant gagner plus… Voilà l'idéal que cherche à mettre en œuvre depuis 2007 la RGPP (Révision générale des politiques publiques). Le slogan de « modernisation » ne trompe personne. Mais il est difficile, ici comme ailleurs, de discuter cette politique souterraine, qui se traduit pourtant par de multiples décisions touchant au fonctionnement même de la justice. C'est sous ce prétexte, par exemple, qu'était proposé de réformer la procédure de divorce en la confiant, dans les cas prétendument les plus simples, aux notaires. Ou, en matière de sécurité routière, le remplacement de sanctions judiciaires par de simples sanctions administratives. Ou encore le « recentrage » de la direction de la Protection judiciaire de la jeunesse sur les seuls mineurs délinquants… Toutes mesures dont le soubassement idéologique est parfaitement clair.

La réforme de la carte judiciaire

La réforme la plus destructrice, dont la mise en œuvre ne fait que commencer, est celle de la carte judiciaire, menée par la garde des Sceaux Rachida Dati avec une brutalité sans égale, sans la moindre concertation. Après avoir créé un « comité consultatif de la carte judiciaire », la ministre ne l'a plus jamais réuni. Elle s'est engagée, en revanche, dans un tour de France houleux pour faire connaître ses choix malgré l'opposition déterminée non seulement d'une bonne partie du monde judiciaire mais de la population et des élus concernés. Les suppressions de juridictions de toutes sortes ont donc été décidées sur des critères plus que douteux. Les effets désastreux de cette politique se feront sentir progressivement. Lorsque la distance entre la justice et le justiciable ne fait que croître, réduire le nombre de lieux de justice est déjà un non-sens. Outre la désorganisation des tribunaux et son coût, cette réforme éloigne encore plus le justiciable d'un service public indispensable, accroissant l'isolement de nombre de citoyens, privés progressivement de leur école, de leur hôpital, de leur bureau de poste…

La mise au pas de la magistrature

Ce ne sont pas seulement les murs qui changent, mais l'intérieur même de la justice. La volonté de reprise en main de la justice est plus évidente que jamais. Cette partie de la magistrature qu'est le Parquet, soumis à une hiérarchie, mais jouissant jusque là d'une certaine autonomie, se voit désormais traitée comme un corps de fonctionnaires ordinaires. Le ministre se proclame « chef des procureurs » et exige d'eux une application sans faille de la politique du gouvernement. Les rappels à l'ordre des procureurs trop « mous » sont sévères. Les nominations aux plus hauts postes de la magistrature n'ont jamais été aussi politiques. La garde des Sceaux affirme sans hésitation que l'indépendance des juges n'est plus un « dogme ». Elle se mérite, elle aussi. Les magistrats se voient sommés de faire fonctionner ce que l'on appelle désormais une « chaîne pénale ».

Déshumanisation

Lors de la publication du rapport Guinchard sur la justice, le 30 juin 2008, portant sur la répartition des contentieux et proposant 65 mesures en faveur d'un allègement procédural, la ministre se réjouissait de proposer, dans certains cas, une justice « sans audience ». Le contact avec le justiciable semble gêner. Comme si le lien humain était une perte de temps. Même au pénal, le système de la visioconférence est désormais préconisé avec ferveur, au nom, là encore, d'une logique budgétaire. Comprendre le délinquant, l'écouter vraiment, devient non seulement un luxe, mais une faiblesse. La justice des mineurs, trop occupée de la personne de l'enfant, est sans cesse décriée. L'idéal des peines planchers est dans cette justice-là : la plus automatique possible, poussant le juge à choisir la prison et lui imposant de motiver sa décision uniquement lorsqu'il choisit d'être moins répressif. Les magistrats sont incités en permanence à rentabiliser leur activité, à juger rapidement, à éviter les renvois, quitte à fermer les yeux sur telle expertise, telle enquête de personnalité qui prendrait trop de temps. La justice se déshumanise ainsi peu à peu.

Réformes inquiétantes, valeurs oubliées

Comme si le tableau n'était pas déjà suffisamment sombre, de nombreuses réformes, encore plus inquiétantes, sont sur le point d'être examinées par le Parlement. Toutes visent déjà à renforcer les pouvoirs des procureurs de la République qui sont devenus, objectivement et souvent à leur corps défendant, les fidèles serviteurs de la politique du moment. Il s'agit de réduire encore plus la marge de manœuvre des juges. La suppression programmée du juge d'instruction s'inscrit dans cette stratégie. Décrétée d'urgence par le président de la République, elle n'a d'autre objectif que d'éliminer un gêneur. Même si leurs pratiques sont grandement à améliorer, les juges d'instruction demeurent, aujourd'hui, l'un des principaux contre-pouvoirs, susceptible de mettre à mal le personnel politique ou quelques hommes d'affaires puissants.

La réforme de la justice des mineurs vise à aligner autant que faire se peut cette justice pourtant exemplaire sur la justice des majeurs. Le scandaleux abaissement de la majorité pénale à douze ans a été provisoirement écarté, mais cette réforme à venir est encore grosse de nombreux reniements.

Quant à la loi pénitentiaire qui n'en finit plus de ne pas être votée – bien qu'elle ait fait l'objet d'une procédure d'urgence ! –, le peu qu'il en reste ne modifiera en rien la condition pénitentiaire et n'est pas prêt d'effacer cette honte du front de la République. L'encellulement individuel, par exemple, qui aurait dû être une mesure phare, a été tout simplement écarté.

Beaucoup plus pressées sont les lois de répression, comme le projet de loi sur les bandes organisées – projet de loi confié à Christian Estrosi en mars 2009, à la suite de l'irruption et d'agressions de plusieurs personnes dans un lycée –, loi qui s'annonce comme démagogique et inutile par excellence, si ce n'est pour fournir au pouvoir un instrument idéal de répression des mouvements sociaux.

Si l'Appel des appels a réuni très vite la signature de plusieurs acteurs du monde judiciaire et du Syndicat de la magistrature, c'est qu'il partait du constat que les valeurs à la base de la politique actuelle dénaturent la justice et nos pratiques professionnelles, comme elles corrompent celles de multiples métiers travaillant sur l'humain. Fantasme d'une société sans risque, d'une tolérance zéro, promotion de la performance, de la rentabilité, du mérite, culture du résultat, exploitation de la peur, de toutes les peurs, cette idéologie-là, nous n'en voulons pas, même si la plupart des médias tentent de nous l'imposer à longueur d'images et de discours. Nous refusons ce langage qui n'est pas le nôtre, ces mots que l'on pervertit, ces idéaux que l'on falsifie.

En matière de justice, comme ailleurs, les valeurs républicaines que nous avons toujours défendues sont plus que jamais vivantes et fécondes. Il ne s'agit pas seulement de dénoncer une idéologie de la peur, un antihumanisme, mais de rappeler ce pour quoi nous nous battons inlassablement : la primauté de l'humain, le respect scrupuleux des libertés, l'équilibre des pouvoirs, l'indépendance professionnelle.

S. P.

Malaise dans l'hospitalisation

par Didier Dreyfuss, André Grimaldi
et Marie-José Del Volgo*

Malgré des problèmes dramatiques récents (décès médiatisés de deux enfants suite à une erreur d'administration de médicaments[1] ; décès d'un patient adulte pour qui une structure de réanimation adaptée à sa pathologie n'avait pas été trouvée[2]), la population semble continuer de plébisciter son hôpital public : plus de 80 % de satisfaits d'après les derniers sondages[3]. Aurait-elle tort ? Ce système longtemps considéré comme l'un des meilleurs du monde, à en croire l'Organisation mondiale de la santé, ne le restera pas longtemps si l'on poursuit la politique actuelle de restriction économique sans réel projet sanitaire. Quels sont les objectifs des discours qui tendent à disqualifier un système que l'on prétend réformer ? L'adapter aux progrès de la

* Didier Dreyfuss est professeur des Universités à l'UFR de médecine Paris-7 Denis-Diderot, chef du service de réanimation médicale de l'hôpital Louis-Mourier de Colombes. Il est chercheur associé dans l'EA 35-22 : « Centre de recherches psychanalyse et médecine » (Université Paris-7 Denis-Diderot).

André Grimaldi est professeur des Universités à l'UFR de médecine Pierre et Marie Curie, chef du service de diabétologie au CHU Pitié-Salpêtrière.

Marie-José Del Volgo est maître de conférences à la faculté de médecine d'Aix-Marseille 2, praticienne hospitalier au CHU-Nord de Marseille et directrice de recherche dans le laboratoire de psychopathologie clinique et psychanalyse à l'Université d'Aix-Marseille.

1. Voir *Le Figaro*, 26 décembre 2008 et *Le Monde*, 3 janvier 2009.
2. Voir *Le Figaro*, 30 décembre 2008.
3. Voir le sondage TNS-Sofres paru dans *Le Parisien*, 3 mars 2009.

médecine, aux besoins des populations et aux nouvelles conditions d'exercice professionnel, ou plutôt le démanteler au profit du système privé ?

Le nombre de passages aux urgences subit une augmentation vertigineuse : de 7 millions en 1990 à 14 millions en 2004. Des équipes infirmières et médicales débordées font en permanence face à des afflux de patients parmi lesquels il faut distinguer l'urgence ressentie de l'urgence réelle, le problème médical du problème social, et tenter de répondre au mieux, ou au moins mal, à chacun de ces problèmes. La rigueur hivernale 2008-2009 est probablement, si l'on en croit l'Institut de veille sanitaire, à l'origine d'une crise sanitaire majeure qui a vu une augmentation considérable de la mortalité des personnes les plus fragiles, au premier rang desquelles les personnes âgées. Des patients passent la nuit sur un brancard aux urgences faute de place dans les services d'hospitalisation. Certains mêmes y décèdent, non d'une erreur médicale, car le décès était inéluctable dans leur cas, mais dans des conditions indignes d'une nation civilisée.

Que le système de santé français ait besoin de réformes est une évidence. Pour le rendre plus performant, plus humain, plus économe. Cela ne se fera ni par des propos alarmistes, ni en commençant par des coupes sombres dans les budgets. Les nouvelles dispositions de la politique de santé du gouvernement visent à aligner les tarifs de l'hôpital public sur ceux des cliniques commerciales, réputées plus efficientes. C'est oublier les dépassements d'honoraires à la charge des patients. C'est faire peu de cas du fait que le système public ne « sélectionne » pas les cas qu'il traite, et particulièrement ceux qui ne seraient pas pris par d'autres structures, car jugés trop à risques ou pas assez « rentables ». C'est également oublier le rôle de mission de recours du système public, notamment pour la précarité et la vulnérabilité. La gestion de ces situations n'est pas rentable au plan financier et c'est l'honneur, jusqu'à présent, de notre pays et de son système de santé de ne pas l'avoir remise en cause. Néanmoins, la tentation reste grande pour ceux qui nous gouvernent (intérêts économiques et hommes politiques) de céder à la thèse en vogue de la « rentabilité hospitalière » ou de l'hôpital entreprise, dont les conséquences peuvent s'avérer dramatiques[1].

1. André Grimaldi, *L'Hôpital malade de la rentabilité,* Fayard, 2009.

Le système de santé français, forces et menaces

Ce système permet l'accès de tous, y compris les plus démunis, à des soins de qualité. Même si, comme tout classement, celui établi par l'OMS doit être envisagé avec prudence, le fait que le système français y ait été décrit comme l'un des meilleurs du monde est un gage de qualité indéniable. Sans entrer dans des comparaisons hasardeuses, il suffit de se rappeler que notre pays se situe dans le peloton de tête quant aux grands indicateurs de santé publique tels que l'espérance de vie, la mortalité infantile, la mortalité maternelle péri-obstétricale, « au prix » d'un investissement de l'ordre de 10 à 11 % du PIB. Le système des États-Unis de son côté investit environ 15 à 16 % de son PIB pour des résultats extraordinairement inégalitaires puisque 47 millions d'habitants n'ont accès à aucune couverture maladie et des indicateurs de mortalité infantile et péri-obstétricale plus proches de ceux observés dans des pays en voie de développement. La capacité du système français à assurer, et ce parfois au sein de la même institution, la prise en charge d'un patient pour une greffe cardiaque et celle d'un patient SDF en grande misère physique et psychique, est probablement une des clés de cette qualité, avec celle de son financement.

C'est précisément ce premier point qui est remis en question, entre de nombreux autres, dans le rapport rédigé à la demande de la ministre de la Santé Roselyne Bachelot par le professeur Guy Vallancien, qui écrit à ce sujet : « Assurer à deux heures du matin une greffe de cœur dans un bloc opératoire ultra-sophistiqué au deuxième étage tout en accueillant au rez-de-chaussée le clochard qui vient chaque semaine frapper à la porte des urgences pour se remonter le moral n'est plus acceptable[1]. » Et pour justifier un propos aussi effrayant, on y lit que « la vision charitable de l'hospice qui accueille toute la misère du monde quelle que soit l'heure, le jour ou la nuit, ne correspond plus aux impératifs de qualité et de sécurité des soins[2] ». Cette phrase résume tout le projet actuel des gouvernements quant à l'hôpital public : en assurer la casse au nom

1. Guy, Vallancien, http://www.sante-sports.gouv.fr/IMG//pdf/Rapport_vallancien_gouvernance_version25_08_08.pdf.

2. *Ibid.*

de grands principes. On est proche des arguments donnés pour le démantèlement des autres services publics avec les résultats qu'on a vus ou que l'on commence à voir. Ceux qui ont pris la garde d'interne aux urgences de l'hôpital public savent les pièges diagnostiques redoutables qui peuvent se cacher derrière la présentation apparemment « de cuite » d'un SDF : méningite à pneumocoque, hématome traumatique intra-crânien ou hémorragie sur rupture de rate après une chute. Toutes pathologies extrêmement graves et potentiellement rapidement mortelles. C'est toute la fierté de l'hôpital public que d'intégrer cette prise en charge, sans discrimination, dans ses missions. Qu'adviendra-t-il des malades « non présentables » dans le système qui nous est proposé ? Ceux que l'on jugera « indigents » mourront à cause d'un diagnostic non fait ou d'une prise en charge trop tardive, parce qu'adressés d'abord dans une structure « adaptée ». Que dire également de certaines propositions de loi visant à compliquer, voire limiter, la possibilité d'accès à la couverture maladie des étrangers en situation irrégulière[1] ? Outre l'abjection d'une telle pensée, on peut en mesurer la dangerosité : le patient non pris en charge risque, s'il est atteint d'une pathologie infectieuse (tuberculose notamment, ce qui est loin d'être rare chez des étrangers en situation d'extrême précarité) de contaminer d'autres personnes (en situation régulière…) s'il n'est pas pris en charge de façon adaptée. En notre période de grande peur épidémique, on mesure les conséquences d'une telle politique. On verra plus loin qu'il n'est pas besoin d'exemples aussi extrêmes pour s'alarmer des conditions de prise en charge des pathologies « non rentables » que nous prépare la réforme actuelle du système de santé.

Le système de santé français, à travers son financement et son organisation, repose essentiellement sur la solidarité nationale. Il a un coût, jugé trop important par ceux qui veulent le bouleverser. Bien sûr, beaucoup de choses doivent y être réformées, notamment la répartition de l'offre de soins : pléthorique dans les zones riches et ensoleillées, problématique dans les zones les plus défavorisées. Nul doute qu'il faille organiser une péréquation. Néanmoins, on

1. Voir les prises de position du groupe de sénateurs CRC (communistes, républicains et citoyens) ou Verts contre ces initiatives : http://www.groupe-crc.org/article.php3?id_article=573 et http://alima-boumediene.org/spip.php?article154]

pourrait remarquer qu'il est difficile d'attirer un (ou une) médecin dans un village où l'on a supprimé le bureau de poste et l'école primaire, ou à proximité d'une ville où l'on supprime le tribunal d'instance... pour commencer. Il pourrait être amusant de constater que c'est au moment où l'on découvre (enfin) la catastrophe du libéralisme économique à tous crins, à travers la crise des *subprimes* et ses conséquences désastreuses sur le système financier et industriel, qu'on veut dans notre pays en appliquer les recettes. C'est au moment où le nouveau président des États-Unis souhaite s'inspirer de certains modèles européens d'organisation de la santé, dont le français, que l'on souhaite calquer le nôtre sur celui des États-Unis ! Tout cela au nom des économies, et soi-disant de la qualité. Que le système doive être économe, c'est une évidence, qu'il doive être rationné est une autre chose. Ce qui compte pour notre système est que ce qu'il dépense le soit à juste titre : des milliers d'euros pour sauver une vie ne doivent pas se discuter ; dix euros pour une prescription inutile doivent être évités. Ce n'est certainement pas en étranglant l'hôpital, jugé trop cher par rapport au privé, qu'on y arrivera, ainsi qu'on le discute au paragraphe suivant. L'exemple de la consommation d'antibiotiques en France est révélateur. Un article vient d'être publié par une équipe française dans une prestigieuse revue médicale nord-américaine, *PloS Medicine*[1], sur les effets de la campagne médiatique « Les antibiotiques, c'est pas automatique » qui, grâce au travail de pédagogie, a entraîné l'adhésion tant des praticiens que des patients. Le résultat est remarquable : baisse importante de la consommation (ce qui est fondamental dans la lutte contre le risque de voir les microbes devenir résistants) ; les économies générées couvrant largement les frais de la campagne de communication, ainsi que le souligne l'éditorial qui félicite la France pour ce travail. Il ne s'agit pas de se lancer des cocoricos, mais simplement de montrer ce qu'un travail pédagogique peut faire. Dans la mentalité actuelle de nos gouvernants, on pourrait craindre une campagne répressive, accompagnée d'incitations financières négatives pour les « délinquants », des déremboursements, etc.

1. Elifsu Sabuncu, *et al.*, « Significant Reduction of Antibiotic Use in the Community after a Nationwide Campaign in France, 2002-2007 », *PLoS Medicine*, June 2; 6(6), 2009.

Ce qui n'est jamais dit par ceux qui trouvent le système français coûteux et qui ressassent à l'envi le « trou » de la Sécurité sociale (le déficit de la Sécurité sociale atteindra les 24 milliards d'euros en 2009 et devrait franchir la barre des 30 milliards en 2010), c'est que ce déficit est bien plus le résultat d'un défaut de recettes que d'un excès de dépenses. Sans compter les effets du chômage qui réduit le nombre de cotisants, il faut prendre en compte les exonérations de charges sociales des entreprises que l'État ne rembourse pas à l'Assurance maladie, la fraude à l'Assurance maladie de certaines entreprises, la non-soumission des stocks-options aux cotisations sociales[1]. Chacune de ces non-rentrées d'argent représente plusieurs milliards d'euros, de quoi rendre la « Sécu » bénéficiaire !

Une accumulation de réformes (délibérément ?) désastreuses

La population française, nous l'avons dit, plébiscite son hôpital public (dans lequel est inclut le système privé non lucratif participant au service public). De fait, qui était là au moment de la canicule ? Qui a déjà fait la preuve de sa capacité de réaction au moment de l'émergence d'une nouvelle maladie comme le Sida ? Qui sera là en cas de grande catastrophe sanitaire de type épidémie meurtrière de grippe ? L'hôpital, naturellement l'hôpital. Parce que justement sa mission n'est pas la rentabilité, mais la sécurité. La population le sait bien et les politiques s'en glorifient lorsqu'ils veulent montrer leur réactivité en cas de crise sanitaire. Un certain nombre n'en préparent pas moins sa liquidation au profit du privé.

Cela fait plus de trente ans que l'accumulation des réformes (une tous les cinq ans), de droite comme de gauche, n'a fait qu'organiser cet affaiblissement. On pourrait dire, pour résumer, que la droite n'aime pas les malades de l'hospitalisation publique parce qu'ils coûtent cher et qu'une certaine gauche n'aime pas les médecins, en particulier hospitalo-universitaires, parce qu'ils seraient des « mandarins » – terme tellement rabâché qu'il devient difficile de savoir ce qu'il recouvre. Tout a commencé avec le *numerus clausus* drastique dans les études médicales imposé dans les années 1970 (du

1. Frédéric, Pierru, *Hippocrate malade de ses réformes*, Bellecombe-en-Bauges, Éditions du Croquant, 2007.

temps d'un régime de droite). Plusieurs raisons à cela : le désir d'une certaine frange de la médecine libérale de conserver, voire d'accroître, sa part de gâteau, et puis surtout une incroyable incapacité prévisionnelle de la part de nos grands décideurs (relevons que, lorsque les conséquences désastreuses de ces réformes se font jour, les décideurs ne sont plus là pour rendre des comptes). Ils partaient de l'idée que l'état de santé de la population allant en s'améliorant, celle-ci dépenserait moins pour se soigner. C'est exactement l'inverse qui s'est produit. Le vieillissement de la population permet à de nombreuses maladies chroniques de prospérer (hypertension artérielle, diabète, nombre de cancers et Sida que les progrès extraordinaires de la médecine ont transformé de maladies mortelles à très court terme, et donc peu coûteuses, en maladie de longue durée que l'on ne guérit pas mais qu'on stabilise pendant des années au prix de thérapeutiques innovantes donc chères). Ils tablaient sur l'activité des médecins telle qu'elle se pratiquait à l'époque : profession essentiellement masculine exercée sans compter son temps. Tout faux, là encore : d'une part, et c'est un grand bien, la profession s'est féminisée et les jeunes femmes médecins souhaitent naturellement avoir une vie de famille ; d'autre part, les hommes médecins, pour qui la sacralité de la profession n'est plus exactement la même ne sont plus désireux de lui consacrer autant de temps. Il en résulte une pénurie extraordinaire de médecins qui, jointe aux incroyables disparités de salaire entre la plupart des médecins hospitaliers (les 90 % n'exerçant aucune activité libérale à l'hôpital) et certains médecins libéraux qui ont choisi les filières les plus rentables – car en déficit numérique particulièrement important et les plus pratiques à exercer car faites d'actes techniques très codifiés – se ressent particulièrement à l'hôpital. Il en va ainsi de l'ophtalmologie, de la radiologie, de certaines spécialités chirurgicales, de l'anesthésie entre autres.

Quelle est la réponse des pouvoirs publics qui sont incapables ou non désireux de limiter à un niveau raisonnable les revenus de ces praticiens, de façon à équilibrer un peu mieux les incitations financières entre public et privé ? Elle consiste en l'importation d'une population de médecins à diplôme étranger, qui n'ont pas le droit d'exercer en ville (donc ne font courir aucun risque concurrentiel à la médecine libérale), qui ont des statuts précaires à l'hôpital et qui, enfin et surtout, font cruellement défaut aux pays qui en ont payé la formation : le rêve, avant l'heure, de l'immigration choisie chère à nos actuels gouvernants. Il est dès lors facile au privé de pratiquer d'incroyables dépassements d'honoraires et de les justifier, comme le fit le président du Syndicat des gynécologues obstétriciens libéraux qui déclara que si ces dépassements d'honoraires ne leur convenaient pas, les femmes n'avaient qu'à aller se faire soigner à l'hôpital par des médecins à diplôme étranger[1] !

Après cette première bombe à retardement lancée sur l'hôpital par la droite, la gauche se saisit du problème et considéra, suivant en cela l'analyse de deux de ses éminents spécialistes (passés depuis avec armes et bagages dans le camp des néolibéraux), Jean de Kervasdoué, qui fut directeur des Hôpitaux et Gilles Johanet qui fut directeur de cabinet de Pierre Mauroy puis de la Sécurité sociale, qu'en fait c'était l'offre de soins qui en créait la demande. Non seulement on ne leva pas le *numerus clausus* mais, en plus, on réduisit le nombre d'infirmières en formation et on restreignit les autorisations d'implantation d'équipements lourds, notamment dans les hôpitaux (c'est ainsi que l'installation du scanner fut retardé de plusieurs années dans l'hôpital où travaille l'un des auteurs de cet article ; quand on sait que le scanner, outre sa performance directe pour le malade, permet de diminuer le recours à beaucoup d'autres examens, voire à l'hospitalisation dans nombre de cas, on mesure la pertinence de ce type de décision). Ce fut également un gouvernement de gauche qui instaura brutalement et sans concertation les trente-cinq heures à l'hôpital. Que cette mesure, excellente au demeurant (on voit bien d'ailleurs actuellement qu'elle permet de mieux absorber les effets de la crise), ait été appliquée de façon aussi dirigiste à l'hôpital n'a pas peu contribué à sa désorganisation en aggravant la pénurie médicale et infirmière et en créant une situation explosive des RTT[2].

Enfin, gauche comme droite ont construit le socle de la réforme en débat actuellement et qui a suscité tant de protestations : le financement de l'hôpital par la tarification à l'activité (T2A). Avant d'expliquer ce qu'est la T2A et ses conséquences désastreuses pour l'avenir de l'hôpital public, il convient de rappeler que ce financement fut initialement déterminé par le prix de journée : plus le malade restait longtemps à l'hôpital, plus ça « rapportait » ; ce sys-

1. Voir *Le Monde* du 3 septembre 2006.
2. André Grimaldi, *L'Hôpital malade de la rentabilité, op. cit*.

tème fut ensuite remplacé par une enveloppe globale, négociée avec la tutelle et régulièrement dépassée. Enfin vint la mise en place progressive de la T2A qui désormais régit la quasi-totalité de ce financement : l'hôpital est remboursé en fonction de son activité, car il serait grand temps, à entendre les décideurs, que celui-ci soit géré sur le mode d'une entreprise où l'on « produirait du soin » pour le patient devenu « consommateur de soins ».

Une tension paroxystique : la T2A à l'hôpital et le risque de sélection des patients

Le système de la T2A valorise à coup sûr les actes techniques rapides et codifiés au détriment des thérapeutiques médicales de longue haleine mais pas « high-tech » et crée *de facto* des catégories de malades rentables et des non rentables. Donc, logiquement, les activités chirurgicales simples sont bien « valorisées » et « rentables » pour un hôpital. Les choses se compliquent si l'on en cherche la rationalité qui peut très rapidement se trouver en contradiction avec l'exigence de qualité des soins, normale pour les professionnels du soin, avancée comme alibi par les tenants de cette réforme. Ainsi, il est évidemment plus rentable d'amputer immédiatement le pied d'un diabétique qui fait une infection de cette extrémité que de s'acharner à lui prodiguer des soins de qualité qui le feront sortir beaucoup plus tard de l'hôpital, sans qu'il ait reçu de traitement « valorisé » dans ce système de T2A… mais sur ses deux pieds. De même, à quoi bon devant une entorse sévère du genou donner une chance d'éviter l'opération ? Pourquoi ne pas faire d'examen radiologique des artères coronaires (qui vascularisent le cœur) à tout patient qui présente la moindre douleur dans la poitrine et lui poser un dispositif destiné à les élargir (un « stent ») à la moindre anomalie ? Ce système génère une double absurdité : premièrement, au nom de la rentabilité, il pousse à l'inflation des dépenses médicales ; deuxièmement, il ruine la notion éthique du juste soin au juste prix en faisant du médecin, non plus le meilleur défenseur du malade, mais le meilleur « gestionnaire » de l'activité hospitalière. Cela ne peut aboutir qu'à une aggravation de la situation qui n'est pas sans rappeler ce qu'un ouvrage récent dénommait, sans faire précisément référence au problème de l'hôpital, les « stratégies absurdes » ou comment faire pire en voulant faire mieux[1]. L'auteur de cet ouvrage dénonçait l'absurdité de l'évaluation tous azimuts et la disparition de l'acte désintéressé dont l'efficacité n'est pas seulement morale mais également économique. Plus grave, le sort fait aux pathologies « non rentables » risque d'être sinistre. Comment « valoriser » l'activité de prise en charge palliative des patients en fin de vie ? Il est évident que les hôpitaux risquent de ne voir aucun intérêt à hospitaliser, dans des conditions décentes et pour des périodes éventuellement prolongées, des patients pour qui l'on ne réalise aucun acte technique mais pour lesquels une équipe pluridisciplinaire tente d'élaborer une stratégie globale de soulagement de la douleur physique et psychique, ainsi que de celle de son entourage. Qu'en sera-t-il des situations de fin de vie en réanimation où les recommandations des sociétés savantes, en phase avec la loi, recommandent une approche prudente et réfléchie des limitations de thérapeutiques actives chez les patients que l'on ne peut plus sauver ? faudra-t-il débrancher immédiatement le respirateur pour ne pas perdre de temps et admettre immédiatement un autre malade plus « rentable » ? Qu'en sera-t-il de la psychiatrie lorsqu'on aura expliqué qu'une hospitalisation pour dépression, c'est tant de jours et pas plus, que la prise en charge d'un patient atteint de schizophrénie (quand on sait la difficulté diagnostique de cette pathologie dans bon nombre de cas), c'est tant de consultations et pas plus, de tant de jours d'hospitalisation ? Une terrible ironie de l'histoire fait que l'hôpital où fut ouvert la première unité de soins palliatifs en France, nommé à l'époque Hôpital de la Cité universitaire et devenu depuis Institut mutualiste Montsouris, est celui où exerce le professeur Guy Vallancien, héraut de l'« hôpital-entreprise » et auteur du rapport précité, où l'on voit pointer une haute considération pour les aspects humains de la pratique médicale. Il est vrai que depuis lors, rentabilité oblige, l'unité de soins palliatifs a été supprimée de cet établissement.

1. Maya Beauvallet, *Les Stratégies absurdes. Comment faire pire en croyant faire mieux*, Le Seuil, 2009.

La loi HPST : la réforme qui tue l'hôpital public

La nécessité d'une réorganisation de l'activité médicale est une évidence que l'on comprend si l'on a en tête les problèmes d'inégalité d'accès aux soins et d'inégalité de coût de ces soins évoqués plus haut. La loi Hôpital, Patients, Santé, Territoire (HPST) est théoriquement destinée à remédier à ces problèmes. Entre autres, elle est supposée lutter contre les déserts médicaux, contre l'impossibilité d'avoir accès à certains spécialistes autrement qu'au prix de coûteux dépassements d'honoraires. Curieusement, c'est sur ces points-là que le gouvernement a cédé le plus vite face aux contestations de la loi par les défenseurs du privé, et de la non-régulation de la liberté d'installation et des dépassements d'honoraires. En ce qui concerne le volet « hôpital » du texte, il ne propose rien de moins que de supprimer la notion de service public hospitalier pour parler de missions de service public qui peuvent être assumées tant par le public que par le privé (avec ou sans but lucratif), ainsi que la « convergence tarifaire » entre le public et le privé (les pathologies et actes seraient remboursés de façon identique dans les deux secteurs). Comme on l'a dit, l'hôpital public ne sélectionne pas les pathologies ; il est le recours à la fois pour l'hyperspécialité et pour la précarité. C'est à l'hôpital que les patients les plus graves, ou les moins autonomes, ou ceux qui présentent plusieurs pathologies, viennent se faire soigner et opérer. Les cliniques ne s'en occupent pas. Pas étonnant dans ces conditions qu'il coûte plus cher que le privé : il est dans son rôle. Il est aisé d'imaginer à quoi conduirait l'équivalence des tarifs public-privé : à l'asphyxie financière des hôpitaux ou à leur survie au prix de la perte de leur âme et du sacrifice des malades non rentables dont le privé ne voulait déjà pas et que l'hôpital n'accueillerait plus.

Pour rendre inéluctable cette réorientation de l'hôpital, la loi prévoit le fameux « patron unique » tant réclamé par le président de la République. Ce patron unique aurait tout pouvoir sur le corps médical dont il définirait non seulement les orientations médicales (quelle pathologie sera prise en charge ou non) mais également les nominations et les avantages matériels (l'intéressement aux résultats financiers). Lui-même serait nommable et révocable à tout moment par le directeur de l'Agence régionale de santé (qui remplacerait et étendrait le champ de compétence de l'Agence régionale de l'hospitalisation) sur la base d'un objectif de résultat financier. La boucle est bouclée et la mort programmée. Il n'est pas étonnant, dans ces conditions, d'avoir vu se développer un mouvement de protestation singulier, non seulement par son ampleur (plusieurs dizaines de milliers de manifestants le 28 avril 2009), mais surtout par sa nature : c'est bien la première fois que l'on a vu côte à côte dans la rue les personnels soignants, techniques, médicaux (y compris les chefs de service) unis pour la défense de l'hôpital public et demandant le retrait de la partie « Hôpital » de la loi HPST, ainsi qu'une grande concertation nationale sur l'hôpital. L'avenir va rapidement nous dire si cette loi va être amendée ou si, finalement elle passera peu ou non changée dans une espèce de coup de force institutionnel que constitue la procédure d'urgence qui empêche la navette entre les deux chambres. On voit bien tout l'intérêt des cliniques privées dans cette affaire et elles le proclament haut et fort par la voix du président de la Fédération hospitalière privée, Jean-Loup Durousset qui, après avoir déclaré au *Monde*[1] que « l'hôpital doit admettre qu'il coûte cher à la collectivité » et donné des leçons d'efficience et transparence, se trouve épinglé quelques jours plus tard dans *Le Canard Enchaîné*[2], qui révèle un rapport décapant de la Drass sur la sécurité et l'hygiène dans l'une des maternités qu'il possède.

Il ne s'agit pas de prétendre que l'hôpital n'aurait pas besoin de réformes. Toute personne qui y est soignée le constate : attentes trop longues, parfois sur des brancards, personnel pas assez disponible, médecins pas assez communicants, et bien d'autres exemples encore. Néanmoins, le sérieux et les résultats de l'institution ne sont pas pour autant remis en cause : quelle autre institution pourrait se vanter de tels indices de satisfaction ? Les réformes doivent avoir pour but l'amélioration de la prise en charge des patients, l'optimisation des dépenses, pas la rentabilité.

1. Édition du 15 mai 2009.
2. Édition du 27 mai 2009.

La grande souffrance des personnels de l'hôpital

Les réformes et les menaces sur l'hôpital détaillées plus haut non seulement constituent un danger pour la santé publique mais elles créent également un climat délétère dans l'hôpital. Chaque hôpital essaie de survivre en se réjouissant du malheur du voisin, à qui il est arrivé à « piquer » telle ou telle activité prestigieuse ou « rentable ». Bien souvent les réunions conduites sous l'égide des agences régionales de l'hospitalisation, loin de faire baisser la pression, ne font qu'exacerber les tensions entre établissements car les restructurations proposées se font dans un but d'économie immédiate au lieu de s'établir sur la base d'un projet qui entraînerait l'adhésion de tous au prix d'un certain investissement financier (on met ainsi en concurrence deux hôpitaux distants de quelques kilomètres qui se ruinent dans des efforts de modernisation d'un parc hospitalier vieillissant plutôt que d'en reconstruire un neuf pour accueillir l'activité des deux).

Dans les hôpitaux, tout est fait pour exacerber la rivalité potentielle entre les activités qui vont bénéficier de l'aubaine de la T2A et celles qui n'en bénéficieront pas. Les directeurs, dont la vaste majorité a une haute idée du service public, se voient quotidiennement contraints d'opérer des choix absurdes pour contribuer au redressement de l'équilibre financier. Leur donner un pouvoir de « super patron » ne ferait qu'accroître leur malaise par rapport à un corps médical qui se souderait contre eux alors que la saine habitude de la concertation et de la cogestion fait son chemin.

Les personnels soignants n'en peuvent plus de n'être pas assez nombreux, de ne pas avoir assez de temps pour s'occuper des patients, de voir leur pouvoir d'achat dangereusement réduit pendant qu'on leur explique que l'hôpital pour lequel ils se dévouent coûte trop cher. La logique dominante du pouvoir semble directement inspirée des conceptions d'un consultant pour grandes entreprises qui déclarait dans une interview au quotidien *Les Échos* publiée le 20 mai 2009 que « le sous-travail est un fléau qui gangrène la société française ». Il y explique que les pauses, les conversations avec les collègues, les congés maladie aboutissent à ce que les gens travaillent beaucoup moins que ce pour quoi ils sont rémunérés. Et de dénoncer le sous-travail des fonctionnaires et en particulier des enseignants, et comme remède, l'abolition du statut général de la fonction publique. Propos qui prêteraient à sourire si on ne les voyait déjà mis en œuvre.

La souffrance des soignants provient en grande partie de ce manque de reconnaissance de leur travail et de leur dévouement, de l'irruption continue de la logique budgétaire dans leur travail. Au-delà de la déviation morale qui sous-tend, chez ceux qui en décident, cette mise sous pression, on peut augurer de son caractère totalement contre-productif. Cela est remarquablement discuté dans un article publié en janvier 2009 dans le *New England Journal of Medicine*, souvent considéré comme le plus prestigieux journal de médecine interne[1]. Sous le titre « L'argent et le changement de la culture médicale », les auteurs soulignent l'impasse à laquelle conduit la mise en exergue permanente de la quantité d'argent en jeu dans le système de santé. Décrivant l'exemple d'un médecin déjà très occupé et dont l'avis sur un cas difficile est sollicité à l'improviste par un collègue mais qui néanmoins prend du temps pour en discuter, les auteurs soutiennent que dans un système où le médecin sera évalué par rapport à sa productivité, il consacrera beaucoup moins de temps à éclairer un collègue de ses avis. Pis, les auteurs font remarquer que « nombre de médecins sont si aliénés et courroucés par l'implacable comptabilisation financière de leur journée qu'ils perdent le désir de faire plus que le minimum requis ». On est bien là dans la logique des stratégies absurdes précédemment décrites[2], si ce n'est dans le registre de la prophétie autoréalisatrice.

La situation de l'hôpital est effectivement très inquiétante. Comme le reste des services publics, il est étranglé par une logique comptable qui, *in fine*, ne fait que préparer la transition vers le privé, lequel saura rendre rentable un système qui exclura tout un pan de la société d'un accès décent aux soins, pour le plus grand profit des investisseurs privés qui attendent du marché de la santé les rendements qu'ils obtiennent à l'industrie ou à la finance. Il n'est que de voir l'envolée du prix de l'eau lorsque sa distribution a été privatisée, ou l'annonce des suppressions d'emplois pour cause de non-rentabilité

1. P. Hartzband et J. Groopman, « Money and the changing culture of medicine. » *New England Journal of Medicine*, 8 Janvier 2009, n° 360, p. 101-103.

2. Maya Beauvallet, *Les Stratégies absurdes*, *op. cit.*

à France Télévisions depuis la modification de son financement, pour comprendre ce qu'il adviendra de l'hôpital public si l'idée libérale qu'il coûte cher et qu'il est mal géré l'emporte sur une réflexion sereine et démocratique sur son avenir et sa réforme.

« Nous, professionnels... »

Le « Nous, professionnels... », énoncé dès les premiers mots de l'Appel des appels, convoque les trois auteurs de ce texte, médecins appartenant à des domaines fort différents du soin, celui de la réanimation médicale en région parisienne, de la diabétologie à Paris et des examens complémentaires à Marseille. C'est de cette place de médecins hospitalo-universitaires que nous avons répondu à l'Appel des appels dont la première phrase « Nous, professionnels... » définit à la fois le lieu d'où nous parlons et celui auquel nous nous adressons : les citoyens, l'opinion, les pouvoirs publics. Il y a un an, nous ne nous connaissions pas, ou à peine, et si nous signons tous trois ce texte, c'est pour faire entendre et partager avec d'autres les valeurs qui nous unissent et sur lesquelles nous ne cèderons pas quoi qu'il arrive.

Rose-Marie Van Lerberghe, normalienne, énarque, directrice des ressources humaines chez... Danone pendant dix ans, écrivait en 2007, après quatre années passées à la tête des Hôpitaux de Paris : « Oui, la réforme est possible ! », tout en reprenant avec ferveur le slogan : « L'économique, c'est éthique[1] ». Or c'est bien à cette « idéologie d'un homme économique » et aux réformes qui s'en prévalent que s'oppose l'Appel des appels. Le soutien, souvent dans l'urgence, aux actions et aux pétitions, est nécessaire, mais tout aussi indispensable s'avère le temps de la réflexion et du dialogue entre professionnels de différents secteurs. À partir de ce « pluriel des singuliers » (Hannah Arendt) où nous nous reconnaissons en tant que médecins et enseignants-chercheurs, nous refusons cette idéologie qui exerce ses méfaits bien au-delà de nos propres secteurs et notre mobilisation ne saurait se limiter au malaise dans l'hospitalisation ; avec « Sauver l'hôpital public ! » et l'Appel des

1. Rose-Marie Van Lerberghe, *Oui, la réforme est possible ! Quatre années à la tête des hôpitaux de Paris*, Albin Michel, 2007.

appels, citons, entre autres pétitions, Sauvons la recherche, Sauvons l'Université, ou les emblématiques Pas de zéro de conduite pour les enfants de trois ans et Sauvons les RASED…

Enfin, le « Nous, professionnels… » manifeste notre solidarité entre professionnels et citoyens de tous milieux ou origines, et la nécessité de cesser de stigmatiser les uns par rapport aux autres. Si nous signons tous trois ici, d'autres soignants ou des directeurs d'hôpitaux ou bien d'autres encore auraient pu tout aussi légitimement se joindre à nous. Avec l'Appel des appels, inventons de nouvelles solidarités !

D. D., A. E. et M.-J. D. V.

explicitement normatives, sous un vernis de légitimations scientistes (l'autisme en est l'exemple paradigmatique).

Mais, la folie, dans son noyau énigmatique d'altérité, n'a pas disparu pour autant : elle fait retour dans le crime. C'est au tribunal que l'on se soucie plus que jamais de tracer la limite au-delà de laquelle il convient de rejeter certains et de les maintenir dans des lieux séparés. La folie s'affirme dans le crime, et c'est la prison ou l'hôpital sécurisé qui devraient la garder enfermée. Plus encore, il faut en prévenir la dangerosité et, par conséquent, anticiper le risque et considérer tout malade comme potentiellement dangereux. D'où la vague sécuritaire qui déferle en retour sur un univers soignant prétendument banalisé. Si le fou est un criminel en puissance – le fameux « schizophrène dangereux » –, toutes les mesures de surveillance et de contrainte sont légitimes, au nom d'une sorte de principe de précaution généralisé qui fait porter le soupçon sur chacun – jusqu'au non moins fameux « enfant de trois ans ». Ainsi voit-on réapparaître et se multiplier des mesures de contention et de contrainte (chambres d'isolement, camisoles) qui avaient quasiment disparu. Plus encore, chose inédite, au nom de la prévention de la récidive des actes criminels, on donne un nouveau statut au discours expert, réputé prédictif.

Enfin, le troisième trait du nouveau paysage réside dans l'extension exponentielle d'un champ inédit, le champ « psy », qui regroupe l'ensemble des pratiques dont l'objet est explicitement le malaise subjectif et/ou social, et les techniques d'optimisation du bien-être, « coaching » de la vie privée ou publique. Ce nouveau domaine s'est en premier lieu développé dans le secteur privé, mais il concerne aussi le service public, au titre d'une promotion de la santé mentale conçue comme hygiène et prévention. La mission nouvelle est d'abord celle de l'aide aux victimes. Les cellules d'urgence médico-psychologiques sont ainsi les partenaires privilégiés du SAMU, dont on sait la place dans l'imaginaire social. L'urgence, le « traumatisme psychique » s'imposent au titre des missions de service public et participent d'une demande croissante adressée à la psychiatrie publique, tandis que, simultanément, on accentue la réduction des dépenses hospitalières. Les nouvelles missions – non pas de la psychiatrie mais de la santé mentale – ont ainsi en charge virtuellement l'ensemble des effets subjectifs du malaise social et de la douleur d'exister dans les épreuves de la vie.

Dans la mesure où il ne s'agit pas seulement de soigner mais de prévenir, on conçoit que cet hygiénisme nouveau ne connait pas de limites.

À cette description sommaire, il convient d'ajouter un quatrième élément qui fait cortège à cette nouvelle géographie, à savoir l'organisation parallèle d'une ségrégation sociale. Car le découpage de la folie en troubles mentaux s'accompagne nécessairement de son envers : puisque ne relèvent de la pathologie que les troubles réduits à leur définition ciblée, on ne considérera pas comme étant de l'ordre du traitement le maintien des liens sociaux pour le sujet, spécialement dans les cas de psychose. Puisque les effets de marginalisation, d'exclusion et de ségrégation sont conçus comme phénomènes extrinsèques aux troubles mentaux, ils doivent être désormais gérés par les institutions du social. La conception réductrice de la pathologie, le privilège donné aux réponses courtes et reproductibles repoussent ainsi hors du champ de compétence des praticiens le travail de tissage et de restauration des liens qui jusque-là formait une part essentielle de leur pratique. Le produit de ce nouveau partage est connu et exposé à la vue de tous : son sinistre bilan peut se lire dans les rues de nos villes et derrière les barreaux des prisons, lieux de relégation ultime de la folie !

« **Réformes** » **et choix de société**

Une telle évolution signe une tendance profonde, un changement structural dans la société qu'il s'agit d'analyser. Changement dans l'ordre des représentations et du savoir certes, mais aussi dans celui des pratiques, car la « folie », la « maladie mentale » ou les « troubles psychiques » ne sont pas dissociables des pratiques par lesquelles on les accueille, on les traite ou on les rejette. La place qui leur est faite signe les valeurs de culture et de civilisation d'une société, raison pour laquelle la crise que traverse actuellement le monde de la « santé mentale » ne saurait être réduite à une affaire de spécialistes ou de corporations en mal d'identité.

Ce qui s'y joue touche aux valeurs que la société reconnaît concernant le sujet et le lien social, le statut des personnes et les valeurs de solidarité. Contrairement à ce qu'affirment les discours ministériels, les oppositions ne sont pas celles de la « réforme » (qui serait le fait du gouvernement) et du « conservatisme » (des professionnels, bien sûr), mais bien celles de conflits de valeurs, qu'il s'agit d'élucider.

Sur la toile de fond d'un bouleversement profond du champ psychiatrique opéré au cours des trente dernières années, la crise violente ouverte par la présidence de Nicolas Sarkozy signe la radicalisation d'une politique d'esprit néolibéral et sécuritaire. C'est à cette politique que s'est opposé un mouvement de résistance inédit, tant dans son ampleur que dans ses formes. Certes, le style provocateur et violent du Président a contribué à coaliser un mouvement de résistance inédit, mais il serait réducteur de limiter ce mouvement à une simple posture d'opposition. Car nombreux sont ceux qui découvrent que la gestion n'est pas simple affaire d'organisation incluant accessoirement les mesures de « qualité » des « bonnes pratiques », mais qu'elle organise et structure en profondeur une politique décidée à l'ombre d'un programme de simple efficacité pragmatique.

On peut l'illustrer en quelques mots. Un des traits saillants de la crise ouverte par les politiques publiques et la nouvelle gouvernance hospitalière réside dans la mise en cause de ce que l'on appelle la « psychiatrie de secteur », qui a structuré l'organisation des soins de la psychiatrie publique en France depuis les années 1960. Ce dispositif, articulant divers lieux d'accueil et de soins sur un même territoire, avait été élaboré à partir d'une critique de l'asile, et sa vertu devait être celle d'une continuité des soins, par principe pérenne. La permanence de ce tissu de pratiques prenait acte du fait psychiatrique même, à savoir de la longue durée des traitements de la psychose, à ne pas confondre avec les effets de chronicité induits par la logique asilaire[1]. Cette organisation, le fait n'est pas anodin, fut issue des mouvements critiques développés pendant la Résistance, et elle était dans ses fondements profondément liée à une certaine idée de la solidarité humaine mise à l'épreuve dans ces temps de guerre. Si la « politique de secteur » devint, longtemps après, une organisation « technique » et réglementaire, elle fut dans son départ soutenue par une certaine conception du service public, des soins et des droits.

1. Nous traçons ici le profil d'un modèle idéal. Sa réalisation a été pour le moins inégale selon les lieux.

De sorte que s'en prendre à cette organisation aujourd'hui, c'est attaquer non seulement un « acquis » mais, plus subtilement, c'est s'en prendre à une certaine modalité du lien social, à une certaine idée de la solidarité. Les « regroupements » de moyens, la création de « structures intersectorielles », la création de « pôles d'activités » qui sont aujourd'hui posés par les gestionnaires comme des nécessités d'optimisation de moyens, dénoncent, dans leur formulation même, qu'ils sont le fruit d'une tout autre logique. Plus généralement, les politiques récentes d'organisation du champ de la « santé mentale », qui privilégient la mise en concurrence financière des établissements *via* les évaluations comptables, ont bien sûr de tous autres fondements et impliquent une toute autre conception du sujet et du lien social[1].

Cette analyse grossièrement esquissée permet simplement d'entrevoir à quel point les réformes de structure engagées soulèvent des questions complexes, difficiles et qui méritent le temps du débat et de la dispute pour être dépliées. Car les professionnels, aux prises avec la logique gestionnaire qu'on leur assène comme vérité d'évangile (statistique), ont des arguments à faire valoir, des expériences pour appuyer leur réticence à se conformer à une telle logique unifiante, et des valeurs à mettre en débat. Comme dans d'autres domaines, le vœu d'« États généraux », soutenu par nombre de professionnels, correspond à cette nécessité d'un temps de discussions, de confrontations et d'élaborations dans l'espace public. Car, contrairement à ce dont on les accuse – vouloir préserver leurs rentes de situation –, c'est au nom d'une certaine éthique du travail et au nom de certaines valeurs dans la culture qu'ils résistent aujourd'hui.

Ce désir d'un débat véritable, c'est-à-dire d'une confrontation où les dés ne soient pas pipés à l'avance, est une force du mouvement actuel, qui a su jusqu'à présent créer en son sein l'espace de parole propice à engager ces échanges, et cherche à se donner le temps de la réflexion, malgré l'urgence de l'action. L'avenir du mouvement se jouera sans doute dans sa capacité à maintenir vivant cet espace. Là où la bureaucratie évaluative impose le silence par sa langue de bois assommante, il s'agirait de forcer les portes de l'espace d'un débat public.

1. Il faudrait, bien sûr, un long développement pour le montrer.

Une nouvelle gestion de la consommation « psy »

Une des manières de nommer le changement qui s'est opéré dans la culture est de considérer le nouveau mode de l'offre et la nouvelle gestion qui lui correspond. On ne gère plus le champ de la santé mentale comme on gérait le champ psychiatrique.

Prenons acte tout d'abord du changement d'échelle du phénomène. Certes, les 120 000 malades mentaux hospitalisés dans les hôpitaux psychiatriques dans les années 1970 n'étaient pas quantité négligeable. Mais ce chiffre n'a rien de commun avec les millions de consultations qui sont le fait des consultations médico-psychologiques et des cabinets des praticiens privés aujourd'hui. Si le nombre de lits hospitaliers a diminué fortement, si les structures extra-hospitalières publiques n'ont pas été développées en proportion, entraînant une diminution drastique des accueils, la population concernée s'est largement accrue, tant du fait de la diminution de la durée des séjours que de l'augmentation du nombre de places en cliniques privées et des consultations des psychiatres d'exercice libéral. À cela, il convient d'ajouter que l'explosion du nombre de psychothérapeutes de toutes obédiences est un fait qui manifeste le déplacement du curseur à l'échelle sociale : on ne consulte plus seulement pour la « maladie », mais pour les « troubles » ou la « souffrance psychique », voire pour simplement optimiser son bien-être.

Cette multiplication des réponses se fait sur fond d'un changement de leur nature. En effet, l'offre privilégiée par le discours dominant est celle des réponses brèves, quantifiées et reproductibles. L'offre de « psy » répond à ces critères et se conforme aux règles du marché. La passion de la nouveauté ne cesse de promouvoir aussi bien les dernières techniques New Age que les nouveaux psychotropes ou les mirifiques promesses des dernières techniques exploratoires du cerveau. Quant à la psychanalyse, après avoir été portée par la vague d'une exigence de parole dans les années 1970, elle s'est vue soumise à la même frénésie réductrice. La demande sociale se fait pressante à son endroit et les psychanalystes sont sommés de trouver les formes de psychothérapies « d'inspiration analytiques » qui soient plus conformes aux idéaux de l'époque.

Les diverses techniques « psy », ainsi juxtaposées comme dans une gondole de supermarché, sont mises en concurrence et offertes au client. Chacun est invité à choisir librement pour se faire le gestionnaire de son propre capital santé, au meilleur coût et dans le temps le plus court. Le contrat est la forme d'échange qui spécifie cette nouvelle consommation de « psy », et la langue n'a pas manqué de nous en avertir : les sujets de la santé mentale se nomment des « usagers », c'est-à-dire des individus définis par l'usage d'un produit (ici le « service psy »).

Une nouvelle gestion d'État

On pourrait penser, à en croire l'idéologie libérale dominante, que tout cela se développe selon la loi naturelle d'un marché laissé à ses propres penchants. Selon cette fiction, les techniques les plus efficaces et les moins coûteuses pour le consommateur triompheraient d'elles-mêmes. Or, il est frappant de constater que cette évolution est le fruit d'une intervention pensée, déterminée et impérieuse de l'État, dont la ligne directrice est la financiarisation de l'ensemble du champ.

Ce modèle, dont la forme médiatisée est celle du moindre coût (le trou de la Sécu, le gâchis des agents et des institutions), a par leitmotiv l'équilibre budgétaire, à entendre comme la réduction des coûts par le recours à la concurrence. Cette logique ne s'impose pas d'elle-même, elle est au contraire le fruit d'une réorganisation complète de la gouvernance hospitalière, asservie à la logique concurrentielle.

Les moyens de cette nouvelle gestion sont extrêmement puissants et s'imposent à tous, de l'hôpital – désormais rebaptisé entreprise – à la pratique libérale. Un de ses vecteurs déterminants réside dans la définition même des services dispensés. Ainsi, le découpage des thérapeutiques et actes cotés et évalués implique un délitement de la logique de soins qui présidait à l'organisation d'un service, au profit d'une logique de coûts qui s'attache à choisir les objectifs en fonction du retour sur investissement. Les impératifs financiers s'imposent aux praticiens et empiètent progressivement sur les choix et les orientations de leur travail.

La toute récente loi HPST, dite loi Bachelot, achève de donner aux directeurs – eux-mêmes placés sous la férule des nouvelles autorités sanitaires régionales – tout pouvoir pour réorganiser, fermer et regrouper les services. Très symboliquement, cette loi vient de faire sauter le dernier verrou de l'indépendance de la logique professionnelle des médecins hospitaliers qui seront nommés et affectés à leur poste par le directeur de leur entreprise hospitalière. Quand on sait la puissance historique du pouvoir médical hospitalier, on mesure l'immense bouleversement qu'implique une réforme qui, dans ce domaine comme dans d'autres, se caractérise par la violente mise en cause de la séparation des métiers et des institutions, au profit de la seule et unique logique libérale[1].

La cotation des actes, les définitions des procédures et protocoles, les évaluations des pratiques enserrent peu à peu les actes des praticiens au point de les réduire à un formalisme dévitalisé. L'extraordinaire bureaucratie qui découle de cette « nouvelle gouvernance » est un des phénomènes les plus étranges qui soient, au regard même de la rationalité supposée de l'organisation.

La gouvernance n'est pas neutre

Cette gouvernance s'épanouit également dans le champ de la « santé mentale ». Là aussi, contrairement à l'idée que l'on se fait du libéralisme (mais conformément à la logique néolibérale), l'intervention de l'État est déterminée et précise, visant à organiser et à normaliser l'ensemble du champ. De nombreux plans et rapports ministériels témoignent de la même volonté : il s'agit de coordonner en un ensemble cohérent la myriade d'intervenants publics et privés, en structurant (et évaluant) des « réseaux » de praticiens. Sous la houlette hiérarchique d'un psychiatre le plus souvent, les petites mains du dispositif seront, aux avant-postes, médecins généralistes d'une part (comme prescripteurs de psychotropes) et psychothérapeutes patentés de l'autre (pour effectuer les psychothérapies de durée prédéterminée).

1. Nous n'avons pas voulu ici développer une description précise de l'état de délitement de la psychiatrie française. Il faudrait pour cela de longues pages pour montrer, au-delà de la froideur des chiffres, l'abandon auquel sont condamnés les malades et les équipes, et la violence endémique qui en résulte. Un seul chiffre, symbolique de cette situation : 1 000 postes de médecins des hôpitaux psychiatriques sont actuellement vacants.

Malaise dans la santé mentale

par Franck Chaumon*

« La psychiatrie » n'est plus : les rapports ministériels parlent désormais de « santé mentale », incluant un ensemble de pratiques infiniment plus étendues que celles que circonscrivait jadis l'asile d'aliénés, bâti à l'écart du monde. Aujourd'hui, la santé mentale concerne un immense domaine qui s'étend du soin des « troubles mentaux » à l'hygiène du « développement personnel » en passant par l'ensemble indéfini des « souffrances psychiques » au travail, des « deuils » et des « traumatismes ».

En quelques décennies, le paysage de ce que l'on définissait comme le champ psychiatrique a été profondément transformé, et c'est sur le fond de cette mutation qu'il faut appréhender la crise récente ouverte par le pouvoir. On peut en tracer l'esquisse en quelques traits.

En premier lieu la folie a été banalisée, elle est devenue une maladie comme une autre, réduite à une multitude de « troubles mentaux » ou « psychiques » qui doivent trouver leur réponse adaptée. Sa fonction n'est plus de figurer la limite de la liberté humaine (selon la définition classique de Henri Ey), ni d'incarner l'exception à la Raison commune (ce qu'avait soutenu Michel Foucault). Elle ne pose plus de questions dans la culture, mais appelle des réponses techniques individualisées. Jadis elle affectait le sujet comme tel (sa « liberté »), désormais l'individu « a » des « souffrances psychiques », des troubles définis d'abord par les techniques susceptibles de les réduire. Ces réponses sont le plus souvent

---

* Franck Chaumon est psychiatre et psychanalyste.

La nouvelle réglementation concernant l'exercice de psychothérapeute garanti par l'État s'inscrit dans cette logique. Ce que n'ont pas vu la plupart des associations de psychanalyse, qui ont cru préserver leur territoire en négociant un compromis[1], c'est que la réglementation des psychothérapies fait partie de l'ensemble des codifications et évaluations du travail. La relation d'échange de paroles doit être maîtrisée, de manière à y faire prévaloir la logique coût/efficacité. Là encore, il faut pouvoir compter, évaluer et mettre en concurrence au nom du bien des « usagers ».

Il n'est pas difficile de comprendre que, dans ce système où prime la logique financière, les réponses évaluées, de durée déterminée et d'efficacité immédiate « garantie », seront privilégiées par la mise en concurrence. Des lobbies ont commencé d'exercer leur influence à l'encontre des logiques professionnelles, arguant du conservatisme des corporations et s'appuyant sur l'excellence de leurs propres experts pour faire valoir leurs choix. Un seul fait permettra d'en mesurer la portée : certaines associations de parents, co-gestionnaires d'établissements pour enfants, ont délibérément opté pour des techniques rééducatives évaluées pour leur efficacité rapide supposée (les thérapies cognitivo-comportementales ou TCC) au détriment de la psychanalyse.

Les changements produits par cette nouvelle logique concurrentielle sont considérables, mais passent souvent inaperçus – dans un premier temps au moins – des praticiens eux-mêmes. Il est aisé de constater par exemple que la nouvelle manière de penser les actes, en se pliant à leur définition préalable, a peu à peu transformé le sens même du travail dans de nombreuses équipes. En psychiatrie, on peut voir que les nomenclatures, les définitions cliniques imposées par les autorités gestionnaires impliquent des partis pris cliniques. Ce qui était au départ simple manuel statistique, le fameux

---

1. Il ne nous échoit pas dans ce texte de traiter de la situation de la psychanalyse comme telle dans le moment contemporain. Cependant il convient de souligner l'inclusion *de fait* d'un nombre considérable de psychanalystes dans le réseau des pratiques sanitaires, sociales ou éducatives, où ils sont dores et déjà exposés à la pression d'une demande de réponses normées, évaluées, et garanties. Faute de situer cette demande dans sa dimension structurale d'une nouvelle gestion de l'humain, la politique de négociation de compromis de survie pour « la psychanalyse » relève d'un véritable aveuglement.

DSM de l'American Psychiatric Association – élaboré sous influence des grands laboratoires pharmaceutiques – est ainsi devenu la boîte à outils banalisée de la codification évaluative.

Les praticiens, à leur corps défendant ou non, sont ainsi progressivement entrés dans la machinerie mentale de cette nouvelle logique. Ils ne sont pas les seuls : les « usagers » se conforment, le sachant ou pas, à l'usage qui leur est proposé, et ils courent d'un traitement à l'autre comme ils doivent désormais le faire d'un établissement scolaire à l'autre pour y inscrire leur enfant performant, ou d'un hôpital à l'autre pour « mieux » se faire soigner, en se tenant informés en temps réel du hit-parade des « meilleurs » hôpitaux.

Enfin, mais ceci mériterait à soi seul un développement, la sécurisation fait son chemin dans les esprits. De même que le rejet de l'étranger installe la peur qu'il ne surgisse dans notre monde protégé, de même la peur de l'étranger qui réside en nous-même loge en chacun une menace intime. On en viendra à priver de liberté tous ceux dont la dangerosité supposée (certifiée par des « experts ») menace l'ordre public, et sur le chemin de la prévention généralisée, on en viendra à connecter les réseaux de santé à tous les réseaux et fichiers existants. On connaît l'issue de telles dérives : loin que notre peur s'apaise, elle ne cessera de croître et donc de légitimer de nouvelles surveillances.

Résistances et formes nouvelles

Face à une telle logique, dont nous avons souligné l'ampleur et la durée, les éléments de résistance et d'alternative apparus récemment semblent de peu de poids. Il faut prendre toutefois la mesure du fait que la pensée théorique d'un tel bouleversement – qui se désigne lui-même du nom de néolibéralisme – n'est pas encore parvenue à son terme. On le voit à l'indigence des débats publics sur le sujet et au peu de pertinence du clivage droite/gauche en la matière. On en voudra pour seule preuve – mais elle est de taille ! – que la nouvelle gouvernance hospitalière, fer de lance de la mise en cause actuelle de la logique du service public de santé, a été tout d'abord mise en place par des ministres de gouvernements socialistes.

Il n'est donc pas étonnant que les praticiens qui s'y trouvent pris dans leur exercice même ne soient pas plus à même d'en décoder les ressorts. Mais il arrive qu'ils en souffrent et qu'ils fassent objection, voire qu'ils refusent de s'y plier, au nom des valeurs du « métier » qu'ils estiment bafouées.

Si la politique commence par la mise en commun de l'insupportable, alors nous pouvons dire que quelque chose a commencé à s'ébaucher dans notre champ depuis moins d'un an. La chose est extrêmement récente, et nul ne sait encore quelle en sera la durée et le devenir. Il s'agit ici d'en souligner la nouveauté.

Un des premiers moments où s'est manifesté l'insupportable dans notre domaine aura été la mobilisation lancée par la pétition Pas de zéro conduite pour les enfants de trois ans. La chose est connue, du fait de son ampleur remarquable, et nous n'y reviendrons pas ici. Beaucoup plus récemment, en octobre 2008, un manifeste est venu déclarer l'insoumission de psychiatres et de praticiens divers à la nouvelle loi qui prévoit l'ouverture de centres de rétention médico-socio-judiciaires, où seraient enfermés sans limitation de durée des détenus ayant purgé leur peine, mais déclarés « particulièrement dangereux »[1]. Au nom d'une éthique du soin, ils ont déclaré refuser de participer à cette gestion pénale sous caution psychiatrique. Très rapidement, et à la grande surprise des initiateurs, la plupart des soignants engagés dans les prisons, ainsi que de nombreux praticiens de tous horizons – psychanalystes compris –, ont signé une telle déclaration[2].

Le deuxième temps, celui-ci, déterminant, qui a initié l'ample mobilisation actuelle dans le champ psychiatrique, a été la réaction de quelques-uns lançant « L'Appel des 39 », repris en première page par le journal *Libération*, en réaction au discours sécuritaire de Nicolas Sarkozy, le 2 décembre 2008, à l'hôpital psychiatrique d'Antony. La violence des propos du Président, assimilant les patients à des criminels potentiels, a provoqué l'indignation des praticiens, mais aussi des associations de patients. Fait remarquable, l'initiative de l'appel a été le fait d'un groupe informel, sans structuration ni relais d'organisation syndicale ou associative, vite rejoint par une masse de praticiens de toutes formations et de divers exercices.

1. Voir le texte de Serge Portelli, « La justice et l'Appel des appels », p. 79 et suivante.

2. On trouvera la pétition sur le site : www.pratiquesdelafolie.org.

Le style de ce mouvement et ce à quoi il a donné lieu (au sens fort, au sens de création d'un espace de parole et de dispute) mérite d'être souligné[1]. Il témoigne, semble-t-il, d'un style qui se retrouve dans de nombreux mouvements ou initiatives récentes.

Le premier affect qui a réuni « les 39 » et, au-delà, tous ceux qui ont signé (plus de 25 000 personnes), a incontestablement été la violence des propos du président de la République concernant les patients. C'est au nom d'une certaine idée de l'humain et, partant, d'une certaine conception du métier, que s'est faite l'unanimité du refus. Chose remarquable, ce n'est donc pas d'abord à partir de revendications ayant trait aux conditions de travail que le mouvement s'est rassemblé, mais à partir du sens et de la valeur de l'objet même de la pratique. L'indignité du propos présidentiel frappait les patients, et c'est pour cela que la dignité du métier était attaquée. La revendication d'une certaine idée de la folie et de la culture s'est avérée faire communauté de résistance.

Quant à la forme de la prise de parole, elle a semblé profondément homogène au statut même de la pratique psychiatrique : pas de langue de bois, chacun parle à son tour, à sa façon, selon son temps et de sa place. Pour ceux qui ne l'ont pas expérimentée, la chose paraîtra peut-être triviale ou naïve, mais c'est pourtant un trait reconnu par tous et par lequel chacun s'est opposé en acte à la logique comptable. La valeur de la parole, son statut singulier et dépendant du lieu d'adresse, sa vertu transférentielle, toutes ces convictions partagées par des praticiens qui, dans leur masse, se réfèrent d'abord à la psychanalyse, se sont trouvé réalisées dans l'espace même des forums. Il est peut-être difficile de faire entendre à quel point il était réconfortant de prendre la mesure de l'existence d'une profonde communauté se référant aux mêmes valeurs et trouvant dans l'échange le refus partagé d'une évaluation bureaucratique, qui invalide comme telle la parole singulière.

Enfin, il faut souligner la dimension de (re)trouvailles de ces moments. De nombreux praticiens qui avaient pris des chemins divergents voire conflictuels, se sont retrouvés sur la base d'un même refus. Au-delà des différences, le rassemblement est venu de

1. « L'Appel des 39 », désigné aussi sous le nom de « La nuit sécuritaire », en référence au titre de l'appel, dispose d'un site très complet et régulièrement actualisé : www.collectifpsychiatrie.fr

la reconnaissance que quelque chose d'essentiel était attaqué, qui méritait une réplique commune. Retrouvailles des anciens mais aussi, de manière surprenante et réjouissante, présence active, dynamique et enthousiaste de la jeunesse de la profession, chose résolument nouvelle au regard des trente dernières années.

Pour une culture de la dispute

Nul ne peut prédire l'avenir d'un mouvement aussi récent, mais la profonde similarité avec d'autres ayant émergé au même moment dans d'autres champs – fait qui conforte l'hypothèse d'un « Appel des appels » – invite à penser qu'il se passe quelque chose de nouveau.

Le plus difficile, au-delà de la dynamique remarquable qui s'est d'ores et déjà mise en place, faite de forums d'initiatives diverses et de débats, est sans doute la création d'espaces de nature à permettre de penser à nouveaux frais la situation contemporaine. Car ce n'est pas en faisant appel aux mânes des anciens ou en faisant vibrer la corde de la nostalgie que l'on pourra dégager des perspectives nouvelles, qui ne peuvent être que des perspectives de pensée. Or, ce travail est difficile si l'on n'évite pas de s'affronter au réel de ce qu'ont été les années noires de la psychiatrie depuis un quart de siècle.

On peut en donner quelque idée en évoquant la question de la violence. Disons-le d'une formule : nous vivons le retour de l'asile. La violence subie par les patients, du fait des conditions d'accueil qui leur sont faites, est en constant accroissement. Les diverses formes de contention, chimiques mais aussi physiques, sont en croissance exponentielle. Un fait majeur signe l'évolution de l'époque : le développement du nombre des « cellules d'isolement » dans les services, et la pratique banalisée des contentions physiques. Pour qui a vécu le développement de la psychiatrie des années 1970 où ces pratiques avaient quasiment disparu, il y a là l'indice sûr d'une régression majeure.

Les arguments pour justifier cet état de fait sont bien sûr ceux de toujours, et nous n'en développerons pas ici l'énoncé, démonté et combattu en son temps par les psychiatres qui ont fait dans l'après-guerre la réputation de la psychiatrie française. Certes, c'est bien faute de moyens, dans des services au bord de l'asphyxie, que l'on isole, voire que l'on attache, des patients violents. Certes, la société ne cesse de demander la sécurisation partout, et le président Sarkozy a généreusement distribué récemment des fonds spéciaux, débloqués après un fait-divers dramatique, afin de multiplier cellules, bracelets et caméras de surveillance. Mais le problème, hélas, est que beaucoup de praticiens le réclament. Plus encore, nombreux sont ceux aujourd'hui qui demandent que leur soit accordée l'autorisation juridique de contraindre aux soins les patients hors même de leur hospitalisation. « Ils ne prennent pas leur traitement, il faut bien avoir le droit de les y contraindre ! », tel est l'argument massue de cette requête. On reste confondu et navré de l'indigence, sinon de l'indignité, de tels propos. C'est ici que le réel fait retour : la folie, prétendument évanouie dans la nébuleuse des troubles de l'usager contractant, se révèle être cette chose étrangère qui légitime que la raison (juridico-psychiatrique) puisse l'assigner à résidence et la contenir de force. Comment affronter véritablement, c'est-à-dire sans faux-fuyants, de telles difficultés ? Comment parvenir à en débattre sans concession ? C'est seulement à la condition de créer l'espace d'un débat, vif mais respectueux, que l'on pourra espérer affronter ce qui est aussi le sédiment d'années de dérives et d'absence de confrontations véritables.

Ce fait de la violence est l'indice d'une difficulté patente dans le mouvement actuel, sans doute commune à d'autres secteurs. Les conditions de dégradation des pratiques depuis vingt ou trente ans ont été telles que, progressivement mais inexorablement, les praticiens ont avalé les couleuvres de la négation quotidienne de leurs propres valeurs. Quand on ne peut faire autrement, et surtout quand fait défaut dans le champ professionnel et dans l'espace public la dispute nécessaire sur les valeurs, on finit par incorporer soi-même ce que pourtant l'on rejette. D'où un malaise massif et la perte des débats et disputes éthiques, qui sont caractéristiques des dernières décennies. Parvenir à soutenir une dispute véritable est sans doute une gageure. Mais comment penser sans cette confrontation au réel ? La détermination la plus ferme doit, certes, nous permettre de nous opposer à la violence d'une politique sécuritaire néolibérale qui s'affiche ouvertement. Mais elle ne nous permettra pas de penser l'avenir. Le temps de la réflexion, non asservi à des finalités préétablies, voilà ce qu'il faut exiger pour les pratiques, contre la stérilisation bureaucratique. Il faut se doter, dans le temps même de la mobilisation, du temps et des espaces de pensée pour affronter l'avenir.

À cette condition nous pourrons peut-être, avec d'autres, poser les questions embarrassantes, celles que l'on fait taire sous la logique financière, l'avalanche des biens et l'amoncellement des programmes de santé mentale. Le réel de la folie, quand on le nie, fait retour sur d'autres scènes. Nous l'avons dit, il revient aujourd'hui dans les prisons et dans les marges de nos villes. La peur se déplace, au prix d'une ignorance de son humanité même. Il en va de même des symptômes et des témoignages de la division subjective quand on prétend y répondre avant même d'écouter les questions qu'ils posent. À devancer les questions par les réponses, à prétendre boucher à tout prix toute béance, on exacerbe l'angoisse, en ce qu'elle signe le manque du manque.

Le monde des procédures, celui dans lequel chacun peut savoir à l'avance les conduites auxquelles il doit se conformer puisqu'elles sont prescrites par avance dans le Grand Livre des Normes, est un mode étouffant, un univers bureaucratique angoissant.

Il est aisé de lui opposer la seule alternative consistante qui vaille, celle d'un espace public ouvert à la pluralité des paroles, à leur conflictualité inévitable. Mais c'est une voie difficile, car elle exige de chacun qu'il accuse réception de la question qu'il reçoit, et non qu'il s'en défausse sur un autre, quel qu'il soit, dont ce serait la responsabilité juridiquement établie.

C'est en cela que la logique de la gestion des « ressources humaines » comme nouveau mode de gouvernement de la cité est effrayante : elle offre à chacun l'horizon d'une jouissance généralisée, acéphale.

C'est pourquoi la folie, en ce qu'elle figure la limite de la raison partagée, constitue une mise à l'épreuve de la fiction démocratique. Elle porte à son comble le malaise dans la civilisation, et fait de l'utopie démocratique une épreuve, et non un horizon pacifié.

F. C.

Psychiatrie et prison : une association de malfaiseurs ?

par Pascale Giravalli et Sophie Sirère*

La mission de la prison est d'enfermer les malfaiteurs. Est-elle aussi d'emprisonner la psychiatrie ? La psychiatrie serait-elle en train de devenir une « malfaiseuse » ?

À l'usage, oui, si elle se fourvoie…

L'avalanche de textes législatifs sécuritaires vient questionner les fondements mêmes de la clinique et du soin psychique, interrogeant une nouvelle fois la légitimité du rôle que la société veut faire jouer au psychiatre et à la psychiatrie dans le champ du contrôle social : évaluer, prédire et neutraliser des comportements. La place de la psychiatrie en prison a toujours été, à ce titre-là, un paradoxe. N'y-a-t-il pas ambiguïté entre la position quelque peu voyeuriste de l'expert et celle, toute-puissante, des soignants à soigner n'importe où et à n'importe quel prix ? Le paradoxe ne réside-t-il pas dans l'écart toujours plus grand entre les valeurs et les pratiques ? La clinique psychiatrique et le soin psychique sont-ils finalement solubles dans ce paradoxe ? La psychiatrie peut-elle continuer à répondre toujours davantage à la demande sociétale qui lui est faite, sans perdre le sens même de sa mission, c'est-à-dire soigner un sujet souffrant ?

---

* Pascale Giravalli et Sophie Sirère sont psychiatres des hôpitaux exerçant en Secteur de psychiatrie en milieu pénitentiaire, à la prison des Baumettes, à Marseille.

La prison

La prison prend d'abord le corps, les sens, la tête, les pensées : c'est une odeur à nulle autre pareille, faite d'un mélange de pourriture, de moisissure, d'ordures déversées du haut des fenêtres, qui atteint les narines, odeur mélangée, lourde, qui stagne, qui imprègne, qui uniformise et qui s'impose. Daniel Gonin, dans son livre *La Santé incarcérée*[1], rapporte les propos d'un détenu : « Quand tu ne sens plus cette odeur, c'est que tu l'as adoptée, que la taule t'a fait taulard, que cette puanteur, c'est toi… »

La prison, c'est ensuite des portes, des grilles derrière lesquelles tout est fait pour voir, dans la discrétion : œilleton, judas, caméra. Des couloirs : il faut savoir que l'idéal d'un couloir de prison est d'être vide. Des cellules : lieu de vie contraint de 9 m^2 pour un, deux, trois détenus ou plus.

À la compression horizontale s'ajoute une compression verticale. L'espace carcéral est en fait une mosaïque composée de pleins et de vides : le plein des cellules, le vide des couloirs et des coursives. Voir sans être vu. Où poser son regard ? Le regard est contraint, obligé, amputé. S'amputer de la vue, certains pour revendiquer se cousent la bouche, d'autres les paupières. L'ouïe. Entendre ou écouter, les moindres bruits : serrures, grilles, clés, cris, appels. L'oreille doit repérer, interpréter, percevoir les arrivées, les absences, les irruptions. Le toucher. Anesthésie, hyperesthésie : le froid, le chaud ; le sec, l'humide. « Le froid vient de l'intérieur même. La perte du rapport chaud-froid provoque une sorte d'anesthésie cutanée qui renseigne très mal sur la température extérieure, dont le détenu se désintéresse comme si elle n'appartenait plus qu'au passé[2]. »

Le cadre de la prison est pour tous, soignants compris, celui de la contrainte.

L'incarcération est une « prise de corps » au sens judiciaire, elle s'exerce sur un corps rendu immobile, dépossédé brusquement jusqu'au plus profond de son intime. C'est une contrainte spatio-

1. *La Santé incarcérée : médecine et conditions de vie en détention*, L'Archipel, 1991, p. 18.

2. *Ibid.*, p. 99.

temporelle : un corps emprisonné dans un espace mesurable, limité, confronté au temps de l'ennui qui s'étire, qui s'éternise. L'espace éprouvé au quotidien est un espace clos, fermé qui ne peut être ouvert que par l'autre (le surveillant qui détient les clés) ; un espace subi, figé où l'autre fait intrusion à tout moment (l'œilleton, c'est la métaphore du regard de l'autre auquel on ne peut se soustraire), un espace angoissant où domine le sentiment d'être pris au piège. N'est-ce pas là un contexte expérimental de persécution ? La perte de l'aisance dans la relation aux objets du monde alentour (comme l'analyse Eugène Minkowski[1] dans sa description des modifications de l'espace vécu dans le délire de persécution) et la disparition du hasard (la sécurité prime, donc tout doit être réglé par avance) : la méfiance est généralisée ; les détenus se trouvent sous surveillance visuelle, les soignants aussi. Le phénomène de la rumeur est fréquent, accentuant le sentiment d'être dépossédé de ses pensées les plus intimes.

Soumettre les autres à son propre temps est une forme privilégiée du pouvoir : l'institution carcérale asservit les sujets à sa propre temporalité. C'est une double dépossession du temps : synchronique (l'emploi du temps quotidien est régi par l'organisation pénitentiaire ; au temps intime est substitué le rythme des portes qui s'ouvrent et qui se referment comme pour signaler la monotone répétition des non-événements institutionnels) ; et diachronique (la durée de l'incarcération dépendant du temps judiciaire sur lequel ni l'individu ni le système pénitentiaire n'ont de prise). Cette double dépossession fait émerger un temps éprouvé très particulier : c'est un temps subi, immobile, le temps de l'attente. Paul Ricœur fait cette constatation : « C'est le vécu par le prisonnier du temps de la peine qui devrait être pris en considération[2] » ; au-delà d'une certaine durée, l'horizon (les projets) ne peut plus se dégager du présent qui absorbe alors le temps tout entier : ce présent englué n'est plus un devenir et la dépression souvent émerge. N'a-t-on pas entendu au cours de l'été 2007 les détenus à perpétuité de la centrale de Clairvaux demander désespérément le rétablissement de la peine de mort plutôt que ce temps infini qui tue ?

1. Eugène Minkowski, *Le Temps vécu. Études phénoménologiques et psychopathologiques*, Brionne, Gérard Montfort, 1988, p. 366-381.

2. Paul Ricoeur, « Le Juste », *Esprit*, 1995.

Le suicide en prison

Le rapport de la commission présidée par le docteur Albrand sur la prévention du suicide en milieu carcéral explique : « En milieu carcéral, depuis 1980, le taux de décès par suicide ou taux de suicide, calculé en rapportant le nombre de suicides de l'année à la population moyenne écrouée, n'a pratiquement pas cessé d'augmenter pour atteindre son maximum en 1996 avec 24,4 suicides pour 10 000 personnes écrouées.

» Cette augmentation du taux de suicide se retrouve dans les chiffres du nombre de suicides des personnes écrouées. Elle s'est faite par paliers : jusqu'en 1984, le nombre de suicides annuel ne dépassait pas le seuil de 60, puis jusqu'en 1991, il oscillait autour de cette moyenne. À partir de 1992, le nombre de suicides a atteint, puis dépassé le seuil de 100 par an.

» L'année 1996, avec un total de 138 suicides observés, est l'année où le nombre de suicides a été le plus élevé. Depuis cette date, le nombre de suicides reste à un niveau élevé.

» Parallèlement à cette augmentation, la population écrouée a connu une hausse de 68,6 % (la population générale s'est accrue dans le même temps de 21,4 %). En moyenne mensuelle, elle est passée de 39 562 en 1980 à 66 716 en 2008. Il est de ce fait toujours plus pertinent d'observer le taux de suicide pour une population stable de 10 000 personnes.

» Les évolutions sont moins marquées jusqu'en 2003, année à partir de laquelle les taux diminuent sensiblement. Le nombre de suicides baisse entre 2002 et 2008 alors même que la population carcérale s'accroît sur la période. Le taux de suicide passe ainsi de 21,2 pour 10 000 personnes écrouées en 2002 à 17,2 pour 10 000 en 2008[1]. »

Continuer d'interroger plus avant la question du suicide en prison, comme cela semble être la tendance actuellement dans les médias, c'est accepter de se donner les moyens d'interroger l'amont de la prison : quel est le sens, ou le non-sens, de ce mouvement sociétal qui consiste à incarcérer toujours plus de personnes en grande souffrance sociale et psychique, et pour des temps de plus en plus longs ?

1. Commission présidée par le docteur Albrand, rapport sur la prévention du suicide en milieu carcéral, janvier 2009.

La rencontre

Penser la clinique psychiatrique dans un tel lieu, c'est se demander comment amener du soin malgré les contraintes ; penser la clinique, c'est aussi questionner les possibilités de rencontre de l'autre. L'exercice de la psychiatrie en milieu pénitentiaire est fait de ces rencontres du quotidien.

Si la psychothérapie peut être définie comme une rencontre symbolique, c'est-à-dire laissant chacun différent de ce qu'il était auparavant, et médiatisée essentiellement par l'objet langage, qu'est-ce qui pourrait donc s'opposer à ce qu'il y ait rencontre ? Les contraintes pénitentiaires peuvent à tout moment faire obstacle : la surveillance par le regard, l'intrusion dans le lieu de soin, l'injonction à participer à des commissions pluridisciplinaires de partage d'informations, au nom de notre supposée connaissance de l'intimité des pensées de l'autre, censée pouvoir prévenir la récidive, le suicide et la dangerosité. La commande sociétale incessante d'une régulation sociale et les injonctions judiciaires sont autant d'empêchements à soigner.

Ces injonctions ont depuis longtemps dépassé le seuil des préconisations : à travers une avalanche récente de textes législatifs, elles ont désormais force de loi. Il en va ainsi depuis les lois de prévention de la délinquance de décembre 2005 puis de mars et août 2007 qui définissent sans référence scientifiquement reconnue des thérapies visant à prévenir la récidive et généralisent les obligations de soins pour tout délit ou crime violent, stigmatisant ainsi la délinquance en maladie qu'il convient d'éradiquer.

Une fois de plus, ces lois assignent le psychiatre à une place d'expert qui aurait un savoir absolu et pourrait statuer sur la dangerosité d'un sujet lors d'expertises de prélibération. Ce rôle a été renforcé avec la loi du 25 février 2008 sur la rétention de sûreté et ses décrets d'application d'avril 2008.

Dès juillet 2009, le règlement intérieur du centre médico-judiciaire de sûreté de Fresne a été fixé par un arrêté ministériel : la machine est déjà en marche.

Dans un tel contexte de contraintes et d'injonctions paradoxales, la peur devient un empêchement à soigner.

À ce titre, l'utilisation de la notion de dangerosité est paradigmatique. La psychiatrie ne s'invente pas, chaque rencontre est unique ; le soignant doit pouvoir s'autoriser à se laisser surprendre par l'autre. Travailler ses peurs fait partie intégrante du soin. Penser la peur, c'est pouvoir évaluer les situations de danger ; alors que penser *a priori* le danger empêche la rencontre. Et pour ne pas ressembler aux dindons de la fable de La Fontaine[1] qui tombent dans la gueule du renard à trop le regarder, il est important de garder en mémoire la morale qui clôt la fable : « Le trop d'attention qu'on a pour le danger fait le plus souvent qu'on y tombe » !

Soigner la souffrance psychique, c'est aider le sujet à réinvestir sa vie psychique avec moins de douleur et à se remettre en lien avec son histoire. Soigner dans un lieu privatif de liberté comme la prison ne peut se faire dans la contrainte du sujet et l'asservissement des protagonistes. Le libre consentement au soin est et doit rester, avec la confidentialité du secret médical et l'indépendance technique, la clef de voûte de la pratique psychiatrique en milieu pénitentiaire.

Un espace de soin peut être possible, un espace créé dans la rencontre ; mais cette rencontre ne peut advenir qu'en raison du cadre institutionnel du service de psychiatrie à l'intérieur de la prison, cadre qui permet de secréter du soin psychiatrique au quotidien. L'espace de soin doit être sans cesse réinventé à la fois dans la relation au sujet mais aussi à l'aide d'un travail d'équipe au sein du service (travail de pensée et d'élaboration autour de la clinique du sujet et des institutions à l'œuvre qui permet de nourrir des projets de soins en lien avec le quotidien des patients et des soignants). Cet espace de soin se doit de lutter contre la contrainte de l'espace, du temps et du corps qu'exerce la prison. Une chose aussi simple et banale que la date du prochain rendez-vous de consultation peut permettre une réappropriation du temps vécu. Le sujet a l'impression d'être déshumanisé, infantilisé, humilié, à ne pouvoir maîtriser aucun paramètre de son existence ; son lieu de vie est imposé, il est en attente, à la « disposition » des intervenants (surveillants, assistante sociale, avocat, médecin…) ; il est là, soumis aux tickets de convocation de ces personnes qui l'appellent quand elles le souhaitent. Si bien que le refus du rendez-vous imposé est parfois la seule

1. Jean de La Fontaine, *Fables*, « Le renard et les poulets d'Inde », livre XII.

liberté possible, car la seule maîtrise d'un espace et d'un temps privés, intimes et secrets.

L'organisation des soins

Comment formaliser les soins en prison, dans un lieu qui, par nature, participe à l'aggravation des troubles psychiatriques ?

Les équipes psychiatriques sont venues travailler en prison dans une optique clinique sectorielle afin de proposer un dispositif de soins au plus près de la population, fût-elle captive. L'exercice « limite » de la psychiatrie en milieu pénitentiaire oblige à questionner sans cesse sa légitimité, c'est-à-dire à travailler le paradoxe d'y être ! Les contraintes imposées par le cadre ont toujours incité à réinterroger le sens de la position soignante, mais aussi ses limites, et l'essence même de l'objet de la psychiatrie.

Quelques repères concernant l'organisation des soins en prison : en 1985 est créé, à côté du secteur de psychiatrie générale et du secteur de psychiatrie infanto-juvénile, un troisième type de secteur, celui de la psychiatrie en milieu pénitentiaire sous la tutelle du ministère de la Santé et rattaché à un hôpital de proximité. En 1994, l'ensemble de la prise en charge sanitaire des personnes détenues est confié au ministère de la Santé. Le principe retenu est celui de faciliter l'accès aux soins de toutes les personnes détenues en leur garantissant des conditions techniques et déontologiques de prise en charge équivalente à celle du milieu libre (indépendance technique, confidentialité et secret médical, consentement au soin). Mais[1] :

1°) Rapidement, le dispositif psychiatrique est victime de son succès : on incarcère puisqu'on peut soigner et/ou on incarcère pour soigner. Les soignants qui sont venus en prison pour soigner sont désormais convaincus que leur présence cautionne et justifie celle de malades mentaux ; la morbidité psychiatrique de la population pénale s'est accrue et aggravée au cours des quinze dernières

1. Catherine Paulet, « Les malades mentaux ou comment la prison remplace l'hôpital psychiatrique ». Colloque du Syndicat des avocats de France (SAF) : « Vers quelle justice pénale ? », Marseille, 16-17 mai 2009.

années. Une enquête épidémiologique réalisée en 2004 fait état de 14 % de psychotiques en prison dont 7 % de schizophrènes.

2°) La théorie de la responsabilisation pénale des malades mentaux qui leur restituerait leur part de raison et de citoyenneté se traduit par la réforme du Code pénal (1992-94), mais elle aussi est victime de son succès ! Le nombre d'irresponsabilisations pénales (articles 64 à 122-1 alinéa 1 du Code pénal) baisse pour se stabiliser, représentant 0,45 % des affaires en instruction. Il y a une tendance lourde de la part des experts à retenir l'altération du discernement (article 122-1 alinéa 2 du Code pénal) pour des patients psychotiques en phase processuelle au moment des faits. Mais cela se traduit, quand il s'agit de « juger un fou », par un surcroît de peine par réflexe de défense sociale face à la folie, porteuse d'inconnu, d'incompréhensible et surtout de danger.

3°) À cette théorie inclusive répond une pratique d'exclusion. Il y a un déplacement des malades mentaux de l'hôpital vers la prison par leur responsabilisation (totale ou atténuée) et par leur précarisation et leur criminalisation (comparution immédiate pour petits délits ou même pour des comportements relevant du trouble de l'ordre public). Le risque ségrégatif est majeur : le patient suivi hier par le secteur devient, dès lors qu'il a été incarcéré, un dangereux délinquant. On assiste alors à la création contextuelle d'une nouvelle dangerosité. Il n'existe pas de données chiffrées en la matière. Effectivement, la perception des effets délétères de la stigmatisation actuelle de la dangerosité et du risque à éradiquer se ressent de façon aiguë dans certains lieux comme la prison. L'ambiance sécuritaire actuelle n'aide pas au repérage des conséquences d'une telle politique.

En effet, hors les murs, le concept actuel développé autour de la dangerosité est venu se heurter aux difficultés que traverse la psychiatrie : modification de la clinique du sujet pour une pseudo-clinique de l'objet symptôme, dé-spécification du champ de la psychiatrie appelée à des missions qui l'éloignent de sa mission première, c'est-à-dire le soin du sujet en souffrance autour de la maladie mentale et la psychose, fermeture de structures de soins sans véritable politique d'envergure pour repenser le soin…

Les choses se sont passées ainsi lorsqu'il s'est agi de reconnaître l'augmentation de la morbidité psychiatrique dans les prisons à partir de la fin des années 1990. En effet, lorsque à partir de l'année 1995, les psychiatres travaillant en milieu pénitentiaire ont commencé à percevoir une augmentation des personnes détenues présentant des pathologies psychiatriques avérées et une augmentation de la durée des peines pour ces mêmes sujets, il leur a été impossible de faire entendre et reconnaître l'émergence de ce phénomène. Ce n'est qu'au début des années 2000 avec le rapport des sénateurs sur « le désastre psychiatrique » que, peu à peu, un travail épidémiologique d'envergure, a pu être mené à la demande des deux ministères, Santé et Justice. Les derniers résultats officiels chiffrés datent donc de 2004.

Le contexte sécuritaire actuel

L'évolution des politiques pénales a toujours eu des effets directs sur les pratiques de l'exercice de la psychiatrie en milieu pénitentiaire. Depuis l'abolition de la peine de mort, un processus de substitution s'est enclenché. La durée des peines a été multipliée par deux en vingt ans, phénomène de rallongement qui risque d'être aggravé par les peines planchers. Au début des années 2000 s'amorce une brutale accélération avec, à partir de 2005, une succession ininterrompue de lois dont l'objet est : « comment atteindre le risque zéro et ce, à n'importe quel prix ? » et, de préférence, avec une caution pseudo-scientifique et médicale.

La psychiatrie est ainsi appelée, parfois âprement, à intervenir dans des champs qui lui sont étrangers, en particulier dans celui de la criminologie, quand il lui est demandé de fournir des expertises portant sur l'évaluation de la dangerosité, la prédiction de la récidive. Par ailleurs, la loi Perben 2 octroie une réduction supplémentaire de la peine aux condamnés qui manifestent des « efforts sérieux de réadaptation sociale », notamment en suivant « une thérapie destinée à limiter les risques de récidive » – le but de cette thérapie devant être attestée par un certificat médical. En matière d'expertise, dangerosité et récidive deviennent des nouveaux symptômes cliniques. « Mais lorsque le psychiatre prédit la récidive délinquante, par définition incertaine, aléatoire et multifactorielle, il fait référence non à sa science, mais à son intime conviction[1]. »

1. Catherine Paulet, *ibid.*

Le point culminant a été atteint et la ligne jaune franchie avec la loi sur la rétention de sûreté de 2008 qui permettra de priver de liberté une personne qui n'aura commis aucun acte tangible mais que l'on supposera pour être commis, par hypothèse médicale non scientifiquement fondée, sur la base d'expertises psychiatriques ; la personne sera dite dangereuse, c'est-à-dire susceptible d'avoir l'idée, l'envie ou la pulsion de commettre un acte criminel [article 706-53-13 du Code de procédure pénal : « à titre exceptionnel, les personnes dont il est établi, à l'issue d'un réexamen à la fin de l'exécution de leur peine, qu'elles présentent une particulière dangerosité caractérisée par une probabilité très élevée de récidive parce qu'elles souffrent d'un trouble grave de la personnalité, peuvent faire l'objet à l'issue de cette peine d'une rétention de sûreté… »]. Autrement dit, cela revient à rendre possible l'enfermement d'une personne qui n'aura jamais récidivé.

Le contexte sécuritaire actuel a des conséquences directes sur notre travail. Actuellement, les fondements mêmes d'un soin possible en prison sont en train d'être sacrifiés sur l'autel du principe de précaution et du risque zéro. Petit bout par petit bout, petites exceptions par petites exceptions, le triptyque garant du soin (indépendance-confidentialité-consentement) est mis en cause sous prétexte de rationalisme et pragmatisme. La santé ne serait plus un partenaire, mais un simple prestataire, le pas de deux entre soignants et acteurs pénitentiaires se transforme en un solo qui tente de mettre le soignant à son pas.

Et puis, enfin, c'est sans parler de l'hôpital et de sa gestion marchande : les pôles, la gouvernance, le principe funeste d'associer les médecins à une logique purement comptable telle que, souvent, le soin est soluble dans le pôle et la gouvernance.

Peut-on encore soigner en milieu pénitentiaire ? Ou soigner « tout court » ? Ces questions dépassent largement depuis quelque temps le champ de la prison et questionnent la psychiatrie dans son ensemble. Jusqu'ici, la pédagogie explicative permettait de protéger l'espace du soin. Depuis quelque temps cela ne suffit plus, ici comme ailleurs d'ailleurs. « Mais il ne faut pas céder à l'affaiblissement et à la dilution des concepts : il s'agit de dissocier conceptuellement et pratiquement les couples : dangerosité psychiatrique/criminologique, maladie/délinquance, psychothérapie/guidance éducative, expertise de diagnostic et de pronostic médicaux/expertise d'évaluation et de prédiction criminologique. Il est nécessaire et urgent de revendiquer la clarification des enjeux : soigner/prévenir la récidive, diagnostiquer/évaluer. Il ne faut pas céder à la confusion des rôles[1]. »

Les enjeux actuels sont majeurs : le soin est une position subjective qui ne peut passer par la psychiatrie du symptôme ni celle de la norme puisque, justement, la psychiatrie est l'écart à la norme. Résister, c'est sans doute ne pas se fourvoyer, se dévoyer dans cette nouvelle clinique des troubles, troubles en tout genre, du trouble de l'adaptation aux troubles de la personnalité, qui peut conduire tout droit, non plus à l'échafaud – « nous ne sommes pas des barbares » quand même –, mais à la rétention de sûreté – et c'est la science de la dangerosité qui le dit !

Alors jusqu'où faut-il aller ?

Jusqu'au renforcement des soins psychiatriques en prison, la formation des surveillants à la maladie mentale, à la prévention du suicide ?

Jusqu'au renoncement à questionner l'amont, c'est-à-dire la légitimité et l'opportunité d'incarcérer des personnes souffrant de graves pathologies psychiatriques ?

Jusqu'au risque de créer une filière ségrégative d'exclusion ?

Jusqu'au risque de participer à la justification de soignants « spécifiques », qui sauraient s'occuper de dangerosité ?

Jusqu'à cautionner les stratégies d'élimination du champ social de certaines catégories de la population ?

Le paradoxe de l'exercice de la psychiatrie en milieu pénitentiaire réside dans le grand écart entre les valeurs et les pratiques. En général, lorsque l'écart est trop grand, soit les valeurs changent, soit les pratiques s'adaptent. Rester et résister, c'est continuer à tenir sur les valeurs, prendre le risque de la rencontre, tenir sur la clinique et le soin, développer des trésors d'imagination et de créativité pour poursuivre un travail institutionnel en équipe – et porter inlassablement ces paroles hors les murs.

P. G. et S. S.

1. Catherine Paulet, *ibid.*

Humains traqués, triés, sélectionnés, stockés, expulsés

Immigration : la politique sécuritaire du chiffre

par Laurence Croix*

Les politiques d'immigration ont rarement été douces et humaines, en France comme ailleurs. Mais, en France, tout a changé en mai 2007. Nicolas Sarkozy avait annoncé sa volonté d'en finir avec l'héritage de Mai 68 et avait montré son manque de respect envers des minorités inutiles, qui n'étaient donc pas « choisies » quand il était ministre de l'Intérieur. Dès son élection à la présidence de la République, il a créé le « ministère de l'Immigration, de l'Intégration, de l'Identité nationale et du Développement solidaire ». L'opinion publique, un peu surprise, ne s'en offusqua pas. Certains intellectuels se félicitèrent même de la chute du Front national !

S'imposa alors un véritable ordre du chiffre appliqué à des êtres humains : objectifs chiffrés immédiatement annoncés, résultats chiffrés toujours fièrement dépassés ! Rafles, menottages, mises en examen, rétentions, expulsions : derrière les chiffres, les réalités humaines s'effacent. Les anciens, les enfants, les malades, les gens du voyage, plus personne n'échappe à cette politique sécuritaire du chiffre. De leurs traques et persécutions incessantes, des déchirures et traumatismes irréversibles, seul le gouvernement français est res-

* Laurence Croix est maître de conférences en psychologie et sciences de l'éducation à l'université de Nanterre, psychanalyste à Paris.

ponsable et coupable. Aujourd'hui, Nicolas Sarkozy continue de s'enorgueillir des résultats obtenus et crie haut et fort, jusque sur la scène internationale, sa volonté de sélectionner des êtres humains. Cette politique d'expulsion forcenée, plus que jamais, procède par la sélection des humains selon les principes suprêmes de l'efficacité et de la rentabilité. Certes, cette logique que l'on pourra qualifier de néolibérale n'est pas seule à jouer, tant elle se mélange avec les résurgences d'une politique identitaire beaucoup plus ancienne, mais c'est elle qui caractérise le nouveau cours de la politique migratoire. Comprendre la nouvelle politique d'immigration suppose de montrer les liens entre les pratiques répressives à l'égard des étrangers et la domination des problématiques néolibérales.

Ce nouvel ordre politique, qui n'est pas une pure répétition du même, mais répétition mortifère quand même.

Les limites que peut supporter la démocratie semblent largement dépassées, et pourtant Foucault nous avait prévenu « tout passe », le libéralisme c'est « le laisser faire », qui devient maintenant banal, une banalité du malheur qui n'est pas non plus nouvelle en soi.

La double histoire de la politique de l'immigration

Le nouveau ministère de l'« Immigration, de l'Intégration, de l'Identité nationale et du Développement solidaire » est la création la plus symptomatique de la politique sécuritaire de la France d'aujourd'hui. Quelle est donc sa singularité historique ? N'est-il qu'une répétition historique d'une politique qu'avait déjà connue la France au cours des années les plus sombres de son histoire ? En réalité, aucun ministère de la sorte n'avait existé en France. Ce ministère fait travailler 609 agents de l'État et disposait d'un budget de 632 millions d'euros de crédits de paiement en juin 2008[1].

La problématique identitaire est affichée dans le titre même du ministère. On pourra y voir la récompense offerte à la fraction de l'électorat lepéniste qui s'est reportée sur le candidat Sarkozy. Plus profondément, on pourra y lire la suite d'une longue et sinistre histoire. En juin 1940, peu après l'armistice, la France de Vichy met

1. Pour plus de détails, Association Cette France-là, *Cette France-là, 06 05 2007/ 30 06 2008* vol. 1, diffusion La Découverte, 2009, p. 95.

en place des camps d'internement destinés aux travailleurs étrangers dits en « surnombre » qui, pour la plupart, partiront en Allemagne avec le STO. L'ordonnance allemande du 27 septembre 1940 qui impose le recensement des Juifs de la zone occupée est très rapidement reprise et appliquée à la zone libre par l'État français, qui s'est ainsi distingué pour son efficacité dans toute l'Europe. La France avait effectivement, dès la fin des années 1930, mis en place un système de fichiers à entrées multiples pour la gestion des « étrangers ». La sous-direction des affaires juives au sein de la direction de la Police générale fait preuve d'un grand souci de méthode, constituant ce que l'on a pu nommer le « laboratoire de la modernité bureaucratique[1] ». Le Commissariat aux questions juives dirigé à partir de la fin du mois de mars 1941 par Xavier Vallat développe et met en œuvre un nouveau type d'expertise : l'« anthropologie raciale ». En tout cas, la question de la francisation des Juifs va être au cœur de la justification publique de leur déportation. Georges Mauco, un psychanalyste, rallié tôt à Pétain, dès le début du procès de Blum qui débute en août 1940, affirmait à propos des Juifs que « leur francisation restait superficielle, faute [...] d'avoir senti, au contact de la terre et des paysans, l'atavisme français[2] ».

Vrai Français ? Français légitime ? Français légal ? Français de souche ? Ce sont des questions très françaises qui se retrouvent tout au long du XXe siècle et dépassent largement les clivages politiques, même si l'extrême droite tire depuis longtemps profit de ce qu'elle constitue comme le « problème de l'identité nationale ». Qui est français ou qui a le droit de l'être ? La réponse a toujours été purement administrative[3]. Elle est une affaire d'État. Avec le ministère Hortefeux, elle est réduite à sa pure déclaration administrative, elle-même livrée à l'arbitraire des pratiques préfectorales.

---

1. Jean-Marc Berlière, *Le Monde des polices en France, XIXe-XXe siècles*, Bruxelles, Complexe, 1996, p. 183.

2. Cité par Élisabeth Roudinesco, « Georges Mauco (1899-1988) : un psychanalyste au service de Vichy. De l'antisémitisme à la psychopédagogie », *in L'Infini*, n° 51, automne 1995.

3. *Cf.* les ouvrages fondamentaux de Gérard Noiriel, *Les Origines républicaines de Vichy*, Hachette, 1999, et *Immigration, antisémitisme et racisme en France (XIXe-XXe siècles), discours publics, humiliations privées*, Fayard, 2007 ; Hachette Littératures, coll. « Pluriel ».

C'est en 1917 qu'un décret institua pour la première fois une carte de séjour pour les étrangers âgés de plus de quinze ans résidant en France et créait ainsi l'immigration « clandestine », du fait même de la définition étatique de la légalité ou non de la résidence. La politique d'immigration choisie se développe dans les années 1920 pour « compenser » la saignée de 14-18. Après la Seconde Guerre mondiale, les ordonnances de novembre 1945 rétablissent un statut et des droits aux étrangers, mais l'obsession de la souveraineté nationale, après la drôle de guerre et l'occupation, font revenir à la politique d'immigration choisie des années 1920, avec pour nouveauté, l'apparition du ministère de la Population[1]. L'obsession de la puissance économique et le souci populationniste l'emportent. L'immigration des familles, souhaitée dans une optique démographique, est favorisée, mais l'ordonnance met en place une « double peine » qui donne la possibilité aux magistrats d'expulser les personnes étrangères ayant commis un délit après avoir purgé leur peine. Des nouveautés bureaucratiques font également leur apparition avec l'instauration de trois cartes de séjour d'une durée variable (un, trois et dix ans).

En 1966, avec la décolonisation, la direction de la Population et des Migrations (DPM) est constituée, mais comme une dépendance du ministère des Affaires sociales. Les organismes d'État qui gèrent le « problème » de « l'assimilation » des migrants se différencient. L'immigration devient un problème « social ». Les considérations économiques deviennent désormais prédominantes dans les critères de la politique migratoire. La politique d'« immigration choisie », « inventée par l'État français pendant la Première Guerre, s'impose à nouveau », écrit Gérard Noiriel[2] à propos des années 1960, alors que la France a besoin de main-d'œuvre pour occuper les postes du travail « à la chaîne ». La politique de recrutement des travailleurs étrangers sera ainsi subordonnée à la situation de l'emploi, spécialement quand le chômage de masse va faire son apparition, au début des années 1970. Avec les circulaires Marcellin-Fontanet de 1972, la perte du travail implique la perte de la carte de séjour.

À partir de 1980, l'entrée et le séjour irréguliers deviennent un motif d'expulsion au même titre que la menace pour l'ordre public.

---

1. Gérard Noiriel, *Immigration, antisémitisme et racisme en France*, Hachette Littératures, coll. « Pluriel », p. 495.

2. *Ibid.*, p. 484.

La loi Bonnet prévoit la reconduite de l'étranger expulsé à la frontière et sa détention dans un établissement s'il n'est pas en mesure de quitter immédiatement le territoire. Quant à la loi Peyrefitte du 2 février 1981 (dite Sécurité et Liberté), elle légalise les contrôles d'identité à titre « préventif ».

François Mitterrand avait fait la promesse électorale d'une autre politique en matière de libertés publiques et d'immigration. Dès le mois de juillet 1981, la circulaire du ministre de l'Intérieur, Gaston Defferre, assouplit les conditions d'accès au titre de séjour et à l'asile politique. Il est aussi recommandé de ne pas expulser les étrangers nés en France. En 1984, la création d'un titre unique de séjour et de travail, la « carte de résident », reconnaît le caractère durable de l'installation en France et dissocie le droit au séjour de l'occupation d'un emploi.

Mais avec le chômage et les restructurations industrielles, les tensions se durcissent dans le monde du travail. La logique du bouc émissaire ressurgit[1] de plus belle et, à partir de 1986, on assiste à la progression vertigineuse du Front national. La première cohabitation avec l'opposition RPR-UDF, qui a remporté les élections législatives, est le début d'une production en grande série de lois, arrêts, décrets qui vont organiser, sous l'égide de Charles Pasqua, le rejet « légal » des étrangers et redéfinir une politique d'identité dont l'un des moments importants sera la réforme du code de la nationalité en 1993[2]. La régularisation massive des sans-papiers annoncée par Jospin n'aura pas lieu.

1. En 1984, le licenciement de 2 000 ouvriers immigrés à l'usine Talbot de Poissy marque un tournant. Leur longue grève a été dénoncée et physiquement combattue par les cadres et les contremaîtres qui n'hésitaient pas à crier : « Les Arabes au four ! Nous voulons travailler ! »

2. De la première loi Pasqua à l'élection présidentielle de 2002 qui a permis à Jean-Marie Le Pen de se présenter au deuxième tour, en passant par la deuxième période de cohabitation (1993-1995), où dès le mois de mai 1993 est décrétée une réforme du Code de la nationalité. En août, ce sont les fameuses lois Pasqua... Celle du 10 août facilite les contrôles d'identité et celle du 24 août limite les conditions de délivrance d'un titre de séjour ; elle prévoit le refus et le retrait de la carte de séjour aux étrangers et à leurs conjoints polygames et le retrait du titre de séjour délivré à un réfugié *dans certains cas*. Elle ajoute également de nouvelles conditions au regroupement familial et renforce les mesures d'éloignement du territoire.

La victoire de Jacques Chirac à l'élection présidentielle en 2002 et l'arrivée de Nicolas Sarkozy au ministère de l'Intérieur, marquent une accentuation sécuritaire et une inflexion managériale de la politique de l'immigration. On avait déjà pu observer ici et là des pratiques de sélection des « hommes choisis en fonction de leur qualification[1] ». De plus en plus, le programme politique national vise à aller chercher dans les pays d'origine les hommes « désirés » pour les mettre au service de la France, sans grand cas des conséquences des fuites de « cerveaux » pour les pays d'origine. L'exil devient même une valeur positive lorsqu'il s'agit de personnes qualifiées dont l'économie française a besoin. Dès 2006, « l'admission exceptionnelle au séjour » a remplacé la procédure de régularisation des « sans-papiers » qui justifiaient de dix ans de résidence en France. Cette mesure qui aurait pu se vouloir plus humanisante, puisqu'elle devait réduire le temps de la clandestinité, ne s'est accompagnée d'aucun critère clair de régularisation. L'arbitraire s'est imposé. Pour s'en défendre, Nicolas Sarkozy, en pleine campagne électorale, en appelle à une expertise sous la responsabilité d'Arno Klarsfeld, au nom rassurant. Le déni des questions éthiques semble donner le coup d'envoi à toutes les campagnes de propagande qui se succèdent depuis.

La carte de séjour « compétences et talents » est instituée en juillet 2006 et décrétée en mars 2007. À peine nommé, Brice Hortefeux annonce qu'il expulsera 28 000 résidents de France qui ne disposent pas de titre de séjour. La loi dite Hortefeux en novembre 2007 permet aux préfets de prendre des « ordres de quitter le territoire français » (OQTF) sans aucune justification ! Les trois mesures de cette loi vont dans le sens « d'une plus grande économie de moyens[2] » et engendrent quotidiennement des désastres sur le plan humain. La période est aussi celle du renouveau d'actions citoyennes de résistance : poursuite de l'information donnée aux équipages et passagers de charters où se trouvent des expulsés, solidarité des parents d'élèves et des enseignants avec les élèves et ces familles expulsés, création en juin 2004 du Réseau édu-

1. Dans une circulaire de juillet 1999, le gouvernement demande aux préfets de déroger à la loi en adoptant une procédure d'introduction simplifiée pour les ingénieurs informaticiens.

2. *Cf. Cette France-là, op. cit.,* p. 138-140.

cation sans frontières (RESF), développement des parrainages républicains depuis 2006, soutien plus actif aux détenus et aux résidents en difficulté, avec l'aide d'associations d'avocats, de magistrats, de syndicats.

Dans son mémorandum du 20 novembre 2008, le Conseil de l'Europe dénonce les pratiques françaises en matière d'immigration[1]. Thomas Hammarberg, le commissaire aux droits de l'homme, attire en particulier l'attention « des autorités françaises sur les risques associés à la détermination *a priori* du nombre de migrants irréguliers à reconduire à la frontière ». Il s'inquiète des méthodes d'interpellation utilisées. Il souhaite que « plus aucune interpellation n'ait lieu dans les préfectures et les écoles ». Enfin, il avance un certain nombre de réclamations concernant les conditions de rétention à la frontière ou dans les centres de rétention administrative (CRA). En 2003, il y avait 786 places dans les CRA ; à la fin de 2007, on en comptait 1 700. La réponse du gouvernement à ce rapport accablant relève du déni. Aucune critique n'est reconnue ou traitée, tout est démenti[2].

La construction européenne de la haine

Les politiques d'immigration sont de plus en plus déterminées et coordonnées au niveau européen. L'Italie de Berlusconi ne mène pas une politique très différente de la France de Sarkozy. Sous la pression de l'extrême droite, le gouvernement italien a adopté à l'été 2009 une loi sur la sécurité intérieure qui la place parmi les législations les plus sévères en Europe. Elle crée en particulier un délit « d'immigration et de séjour » clandestins, puni

1. Thomas Hammarberg, commissaire aux droits de l'homme du Conseil de l'Europe, *Memorandum*, Strasbourg, novembre 2008.

2. Sur l'arrestation des enfants, par exemple, on lira le *Memorandum* de Thomas Hammarberg, faisant suite à sa visite en France du 21 au 23 Mai 2008 : « En conformité avec la constitution les *étrangers mineurs* ne peuvent faire l'objet en France de mesures d'éloignement (art. 511-4). [...] Toutefois les *enfants mineurs d'étrangers* en situation irrégulière et [...] ont vocation à suivre leurs parents. » On notera la grossière ruse linguistique de l'inversement entre « étrangers mineurs » et « mineurs d'étrangers ». (lire les paragraphes 96 et 97 relatifs à la présence de mineurs en centre de rétention).

d'une amende de 5 000 à 10 000 euros ; elle rend possible la dénonciation à la justice de tout immigrant en situation irrégulière et elle prévoit la possibilité pour des « associations de citoyens » d'effectuer des rondes dans le but de signaler aux forces de l'ordre d'éventuelles ou supposées atteintes à l'ordre public[1]. « Nous fermons les portes [de l'immigration] et nous ne les entrouvrons que pour ceux qui viennent pour travailler et s'intégrer », a résumé M. Berlusconi. Dans de nombreux pays frontaliers européens, en Espagne par exemple, la main-d'œuvre en situation irrégulière s'agglutine sans ressources dans des bidonvilles, les négriers modernes n'osant plus la faire travailler à cause des sanctions qui menacent les employeurs ne respectant pas la loi.

En 1999, la France et l'Allemagne présentaient un document définissant les grandes lignes d'une politique commune d'asile et d'immigration. Un mois plus tard, la France, l'Allemagne et le Royaume-Uni exposaient, lors d'une réunion des ministres européens de la Justice et de l'Intérieur à Luxembourg, une contribution commune sur la politique d'immigration qui se veut une politique équilibrée, puisqu'elle rejette à la fois « l'immigration zéro » et la « liberté totale d'installation ». Elle invitait une fois de plus à définir une politique de codéveloppement avec les pays d'origine des migrants.

En mai 2002, Nicolas Sarkozy présentait en Conseil des ministres une communication sur la « loi d'orientation et de programmation de sécurité intérieure », dont l'un des volets était consacré à la lutte contre l'immigration clandestine. Les autres volets concernaient la délinquance et la justice des mineurs. Cette même année, à Rome, les ministres de l'Intérieur des quinze États membres de l'Union européenne et ceux des pays candidats à l'élargissement de l'Union, y compris la Turquie, examinaient la mise en place d'un corps

1. Les immigrants réguliers devront payer 200 euros pour obtenir la citoyenneté italienne et il leur faudra encore verser entre 80 et 200 euros pour obtenir le renouvellement d'un titre de séjour. Toutes ces mesures ont pour but d'accélérer la comparution des immigrants en situation irrégulière devant les tribunaux afin de permettre leur expulsion immédiate. Jusqu'à présent, l'Italie ne renvoyait vers leur pays d'origine que quelques centaines d'immigrants « économiques » par an. Elle porte de deux à six mois la durée de rétention des immigrants dans les « centres d'identification et d'accueil ». En mai 2009, l'Italie a, pour la première fois, procédé à des refoulements directs de clandestins, secourus ou interceptés en mer, vers la Libye.

européen de police des frontières. Peu après Nicolas Sarkozy se rendait en Roumanie pour poser les premiers jalons d'une coopération bilatérale en matière de lutte contre l'immigration clandestine et les trafics humains.

L'Union européenne entretient aujourd'hui une Agence européenne pour la gestion de la coopération opérationnelle aux frontières extérieures (Frontex). Elle aide les États à contrôler les frontières extérieures de l'Europe. Elle dispose de navires rapides, équipés de matériel électronique « dernier cri » : attirails d'interception en haute mer, hélicoptères de combat, flotte d'avions de surveillance munis de caméras ultrasensibles et de vision nocturne, de radars, de satellites et de moyens sophistiqués de surveillance à longue distance. Cette « agence » entretient aussi sur le sol africain des « camps d'accueil » où sont parqués les réfugiés de la faim qui viennent aussi bien de l'Afrique subsaharienne que de pays asiatiques. À chaque pays européen ses réformes et sa contribution au Frontex. Un ex-front d'une guerre toujours à faire, semble-t-il.

Quand l'assistance à personne en danger devient un délit

En Italie, depuis mai 2009, le simple fait de louer un logement à un immigrant clandestin ou de l'héberger pourra être puni de peines allant jusqu'à trois ans de prison. En France, des citoyens solidaires ont été arrêtés, mis en examen et parfois sanctionnés par la justice.

Cette résistance citoyenne a un long passé en France et se distingue selon les objets et les époques (laïcité, droit du travail, éducation, santé, etc.). La défense des étrangers est née de la Résistance. Les deux premières organisations, le Mouvement national contre le racisme (MNR) et le Centre d'action et de défense des immigrés (CADI), ont été fondées par des résistants juifs. C'est grâce à ces premières organisations de défense des immigrés qu'ont été promulguées les premières lois assurant défense et protection aux étrangers, ainsi qu'un statut juridique en 1945. Cette tradition s'est perpétuée, notamment avec les mouvements de soutien aux mouvements de lutte contre la colonisation.

Plus récemment, en juin 1996, eurent lieu de grandes manifestations pour la « régularisation des sans-papiers » qui réunirent de nombreux collectifs de différents secteurs professionnels. Depuis lors, de nombreuses associations (Gisti, RESF, la Cimade, DAL, les Amoureux au ban public, etc.) continuent à venir en aide aux sans-papiers, en dépit des pressions et des accusations du gouvernement. Les associations de citoyens solidaires ou de professionnels, particulièrement dans le monde de la justice, sont très actives et ont su renouveler leur mode d'action pour résister aux pratiques gouvernementales. Des citoyens solidaires s'activent dans l'urgence pour arriver dans les écoles avant la police. Une note de la Chancellerie de juin 2008 les désigne comme des « terroristes » et des « anarchistes violents » et demande aux magistrats « d'informer dans les plus brefs délais la section antiterroriste du Parquet de Paris pour apprécier de manière concertée l'opportunité d'un dessaisissement à son profit ».

Le gouvernement n'a pas ménagé ses manœuvres pour déconsidérer cette résistance. Il a ainsi accusé des citoyens solidaires d'être responsables de l'incendie du centre de rétention de Vincennes. Puis, il s'est attaqué à la Cimade, la seule organisation qui apporte de l'aide aux étrangers emprisonnés et qui alerte sur leurs conditions de vie. Il a pu être mis en échec grâce à la solidarité de toutes les associations qui ont refusé de participer à la manœuvre. Le ministère a créé de toutes pièces son association pour contrer l'activité de la Cimade au sein des CRA. Il a lancé en automne 2008 un appel d'offres pour que d'autres associations interviennent. Le gouvernement a rencontré sur son chemin la solidarité de presque toutes les associations pour la défense des sans-papiers qui ont déclaré qu'elles se refusaient à se porter candidates et à mettre en défaut la Cimade. L'affaire n'est pas close à ce jour.

Monsieur Besson a affirmé pendant des semaines qu'aucun citoyen en France n'avait été arrêté pour solidarité envers des « sans-papiers », bien qu'il ait été tourné en ridicule par de nombreux médias (*Libération*, *Charlie-Hebdo*, *L'Humanité*) qui apportèrent les preuves du contraire. Plus aucun garde-fou, les persécutions se poursuivent. Il ne mit pas le holà aux expulsions de collectifs, toujours plus nombreuses et brutales, parfois avec le recours du RAID, police pourtant spécialisée dans l'antiterrorisme et le grand banditisme. Joachim Gatti, réalisateur, y perdra un œil en juillet 2009. En octobre, c'est au tour du réalisateur José Chidlovsky d'être arrêté et mis en examen dans le cadre d'un documentaire sur les sans-papiers.

La chasse à l'homme

La résistance aux politiques sécuritaires ciblées sur l'immigration pose des problèmes généraux. Comment faire face à des propagandes massives, comment combattre des intimidations gouvernementales toujours plus oppressantes à l'égard de ceux qui s'y opposent[1] ? Comment contrer la mise en œuvre de méthodes de surveillance, de fichage, de traçage de la population qui profitent des progrès de la technologie informatique et d'Internet[2] ? Comment défendre la justice et la solidarité quand le gouvernement déclare la guerre aux citoyens à coups de Taser et de Flash-Ball ?

Cette politique pose aussi des questions particulières, à commencer par celle qui porte sur sa logique exacte. On a vu que les méthodes gouvernementales sont justifiées par l'obnubilation du chiffre, de l'efficacité et de la rentabilité. Rien ne semble pouvoir arrêter cette jouissance de l'« encore » et du « toujours plus ». Nous avons affaire à une recherche de performance dans l'immigration « choisie » et la chasse aux inutiles, qui elle-même trouve sa raison dans un souci d'efficacité économique de la population. L'universalisation de l'« homme économique » conduit à se débarrasser de tout ce qui ne serait pas assez utile et performant. Elle participe à sa manière propre à la normalisation des individus et des groupes sociaux : que faire des enfants « sans-papiers » qui ne sont donc « pas comme il faut » ? que faire du délinquant potentiel qui se réunit avec des copains en bas de chez lui et dérange les voisins ? que faire de ces hommes et de ces femmes qui sont venus, pour la majorité d'entre eux, chercher de quoi nourrir et soigner

---

1. Ces menaces s'étendent aux élus. Brice Hortefeux a mis en garde les maires qui accepteraient des parrainages républicains dans leur mairie. M. Besson, devenu ministre de l'Immigration et l'Identité nationale en juin 2009, convoquait toutes les associations pour leur rappeler ce qui était « autorisé et défendu » en matière de solidarité.

2. Le fichier Éloi (comme éloignement) est arrêté et publié au *Journal officiel* le 18 août 2006. Il ne concerne pas seulement les étrangers en situation irrégulière, mais aussi les personnes qui les hébergent lorsqu'ils sont assignés à résidence et celles qui leur rendent visite en rétention, ainsi que toutes celles qui leur manifestent un soutien. Mais pour plus d'efficacité, on instaure des fichiers de contrôle européens (Eurodac, base de données biométriques des demandeurs d'asile ; SIS II Système d'information Schengen, informations sur les visas...).

leur famille, et de ces centaines de milliers de personnes qui sont à la rue, hommes mis au rebut au milieu de nos déchets de consommation ? Que faire de cette masse de marginaux, de vagabonds, de déracinés, de supposés désœuvrés qui ne seraient d'aucune utilité économique et seraient la cause de « troubles » en tous genres ? L'expulsion, qui ressemble fort à la saignée des médecins de jadis, cherche à faire croire qu'en purgeant le corps social des mauvais éléments, la « santé » reviendra. Elle a également pour le peuple un effet disciplinant : « Voyez avec quelle belle fermeté le pouvoir s'empare de ceux qui ne sont pas "en règle". Tirez-en pour vous-même la leçon ! »

Cette politique produit en réalité ce qu'elle prétend combattre. La profusion de réformes et de lois produit « l'étranger dangereux », devenu inéluctablement clandestin, réduit à un objet de jouissance mortifère et sacrificielle. Un certain régime typiquement pervers se met en place, qui a pour objectif d'angoisser l'autre, de le manipuler, de le dominer en vue de sa « disparition » du paysage social, tout en pratiquant un déni systématique de la nature de cette même politique, en nommant par exemple un préfet « musulman » ou des femmes ministres de couleur et/ou d'origine étrangère. On remarquera à cet égard combien la stigmatisation des étrangers passe par la dénonciation des mœurs rétrogrades de populations arriérées sous couvert de démocratie sexuelle. Dès sa campagne électorale, Nicolas Sarkozy définissait l'« identité nationale » à partir des relations des hommes et des femmes : « Les femmes en France sont libres, comme les hommes, libres de circuler, libres de se marier, libres de divorcer. [...] La France mérite d'être aimée, car elle est porteuse de cet idéal. » La seule réelle différence entre les hommes, la plus fondamentale, celle de la différence des sexes, serait-elle « appréciée » à sa juste valeur ? Elle n'est que retournée et détournée. Si Nicolas Sarkozy a toujours revendiqué l'égalité des sexes, c'est pour mieux désigner les hommes étrangers comme des polygames, des brutaux, des tyrans domestiques qui pratiquent le mariage forcé et imposent le voile et la burqa à leur(s) femmes(s). On peut également remarquer que, dans le même temps, les mariages mixtes n'ont jamais été autant persécutés par l'administration judiciaire. Que signifie donc l'utilisation de ces faits-divers et de ces phénomènes marginaux au nom de la « modernité sexuelle » et de la « libération de la femme » ? Elle accompagne et légitime le travail policier de purge de la population française et européenne de ces « corps étrangers ».

Cette dimension, très nettement sexualisée, de la lutte contre l'étranger porteur de mœurs contraires à la modernité, mène le chef de l'État et ses collaborateurs, face à l'angoisse de castration, à brandir l'identité nationale comme un phallus et à faire des succès de sa politique répressive l'équivalent de la puissance sexuelle dans la plus grande « altérophobie » (Stéphane Gatti). Aucun progrès de civilisation n'est à attendre de cette « modernité » haineuse, fondée sur le rejet de l'immigration en tant qu'elle a un sexe[1]. C'est pourquoi, selon les mots de la charte de l'Appel des appels, « nous entendons lutter contre toute politique qui liquide les principes de droit et les valeurs de notre démocratie, issus des Lumières et du Conseil national de la Résistance ».

L. C.

---

1. *Cf. Cette France-là, op. cit.,* notamment le chapitre « Le sexe de l'immigration », p. 108.

L'intérêt supérieur de l'enfant et la protection de l'unité familiale : des lois qui ne veulent plus rien dire ?

Près de 30 000 expulsés pour l'année 2008, ce sont chaque jour depuis mai 2007, dimanche et jours fériés compris, plus de 80 personnes qui sont jetées comme des criminels hors de France ; ce sont, tous les jours et toutes les nuits, des centaines d'arrestations, des dizaines de milliers de personnes qui vivent avec la peur au ventre d'être arrêtées, emprisonnées et expulsées.

En 2007, 242 enfants ont été privés de liberté et placés dans des centres de rétention avec leurs parents dont : 74 enfants de moins de deux ans ; 53 âgés de trois à cinq ans. Les chiffres de 2008 n'ont pas été rendus publics. Combien en 2009 ? Combien seront-ils en 2010 ? Depuis l'arrivée de M. Besson, les chiffres ne cessent pas d'augmenter.

Autour de 800 enfants sont placés chaque année en zone d'attente dans nos aéroports par la Police des aéroports française. Comme d'autres, Djessy et Judelcia (cinq et douze ans), lors de la première semaine qui a suivi sa prise de fonctions par M. Besson.

Et puis, parmi des centaines d'autres, des enfants restés seuls à cause de nos préfets : Osman, deux ans et demi, est resté seul pendant trois jours : son père M. K. était en rétention à Vincennes, sa mère, à l'hôpital, en train d'accoucher.

Cécile, six ans, et sa sœur Sylvie, cinq ans, étaient seules pendant que leurs parents M. et Mme L. étaient en garde à vue au commissariat du XXe arrondissement de Paris.

Jennifer, deux ans, et sa sœur Yasmina, deux mois et demi, sont restées pendant quinze jours sans leurs parents, M. et Mme S. étant placés en rétention, l'un à Vincennes, l'autre au centre de Paris-Cité.

Hang-Paul, seul aussi pendant plus de trois jours parce que ses parents, M. et Mme C., étaient en centre de rétention.

Victor, quatre ans, est resté avec sa maîtresse d'école dans l'attente de la libération de sa mère, retenue en garde à vue par la préfecture de police à Paris, sur l'île de la Cité.

Isunu, cinq ans, n'a plus eu de parents pendant plusieurs jours : sa mère était hospitalisée à l'hôpital Saint-Antoine à Paris quand son père M. E. a été placé en rétention au centre de Paris-Cité.

Joris, onze ans, de nationalité française, orphelin de mère, a été privé de père en janvier 2009 par sa mise en rétention. Etc. etc.

Rien n'arrête cette chasse à l'homme, même les écoles, les hôpitaux et les églises ne sont plus des refuges fiables.

Des hommes, des femmes se suicident pour tenter d'échapper à l'expulsion. Citons le cas, parmi d'autres, d'Elvis Akpa en octobre 2008. Marié à une Française avec qui il a eu quatre enfants, le dernier âgé de deux mois, dans des circonstances semblables à celles de la mort de Chunlan Liu un an avant : E. Akpa est tombé du septième étage, pour échapper à une nouvelle mise en rétention. D'autres se tuent en rétention.

Ils ont souvent moins de seize ans, parfois dix, venus d'Afghanistan, du Pakistan, d'Iran ou d'ailleurs. On les croisera sur nos trottoirs de Paris, de Calais... Ils ne bénéficient d'aucun système de protection des mineurs.

Pour les anciens mineurs qui ont grandi en France, qui ont pour seul pays la France et malgré la régularisation de leurs parents, ils sont (r)envoyés dans des pays qu'ils ne connaissent même pas, où le plus souvent plus aucune famille ne les attend. Parce que le gouvernement actuel veut faire du chiffre et peu importe « l'identité » « en fin de compte » de ces jeunes-là. Et surtout peu nous importe notre dignité.

La liberté, disait Primo Levi, c'est quand on sonne chez vous à six heures du matin et que vous pouvez être sûr que c'est le laitier.

L.C.

Codéveloppement et flux migratoire : l'exemple des Comores

par Samuel Legendre*

Les migrants participent activement au développement de leur pays d'origine : aux Comores, par exemple, les transferts financiers de la diaspora (entre 150 000 et 200 000 migrants établis en France métropolitaine) représentent 24 % du PIB. De ce constat est issue la politique française de codéveloppement : elle vise non seulement à appuyer les migrants dans leurs démarches pour développer les bassins d'émigration, mais également à avoir un impact direct sur les flux migratoires. Le Programme de codéveloppement avec l'Union des Comores (PCUC, 2 millions d'euros de 2006 à 2009), conçu par le ministère des Affaires étrangères et mis en œuvre par le ministère de l'Immigration, de l'Intégration, de l'Identité nationale et du Codéveloppement (ce dernier est renommé « Développement solidaire » en 2008), s'inscrit dans cette orientation chère au gouvernement actuel : « La France est grande [...] lorsqu'elle multiplie les projets de codéveloppement avec le continent africain en mobilisant les crédits de coopération sur les actions ayant un impact direct sur les flux migratoires[1]. »

Le lancement du PCUC a étrangement coïncidé avec la fin de la campagne présidentielle comorienne, comme s'il s'agissait

---

* Samuel Legendre est diplômé de l'ISTOM, École supérieure d'agro-développement international (promotion 2009).

1. François Fillon, Discours de politique générale, 2007, *in Les Orientations de la politique d'immigration*, La Documentation française, SGCICI, décembre 2007, 228 pages.

d'appuyer le candidat soutenu par le colonel Azali Assoumani, le président sortant, pro-français. Ahmed Abdallah Sambi, dont l'opposition à la présence française à Mayotte était un thème de campagne récurrent, a finalement été élu, ce qui contribue à expliquer le retard au démarrage de plus de quinze mois accusé par le projet. Notons que cette opposition, clé de voûte des relations diplomatiques franco-comoriennes, s'appuie notamment sur la position de l'ONU pour qui la présence française à Mayotte « constitue une violation de l'unité nationale, de l'intégrité territoriale et de la souveraineté de la République indépendantes des Comores » (résolution n° 31/4 adoptée le 21 octobre 1976 ; plus d'une vingtaine de résolutions de ce type ont été adoptées contre la France depuis l'indépendance des Comores). Les propos de Brigitte Girardin, ministre déléguée à la Coopération, au Développement et à la Francophonie, illustrent parfaitement cette situation : « Je livre toujours le même message à nos interlocuteurs comoriens : réglons la question de Mayotte et nous reprendrons une coopération normale[1]. »

Ce programme est financé par le Fonds de solidarité prioritaire (FSP), dont l'un des grands principes est « la spécialisation des interventions en fonction des caractéristiques des pays concernés[2] ». Le PCUC demeure pourtant sensiblement identique aux programmes mis en œuvre au Mali ou au Sénégal, sans prise en compte du contexte spécifique des Comores, ce qui donne lieu à des incohérences notables. Preuve en est : le dispositif d'appui aux initiatives économiques du PCUC, qui vise à soutenir les membres de la diaspora dans la création d'entreprises aux Comores (financement des études de marché, des plans d'affaires, etc.), est prévu[3] en complémentarité d'une « aide au retour et à la réinstallation » (de 3 500 à 7 000 euros) octroyée par

1. Brigitte Girardin, Audition du 19 janvier 2006, *in* Rapport d'information sur la situation de l'immigration à Mayotte, Assemblée nationale, n° 2932, 276 pages, 8 mars 2006.

2. Ministère des Affaires étrangères, 2009. Fonds de solidarité prioritaire. [13 mars 2009]. <URL : http://www.diplomatie.gouv.fr/fr/actions-france_830/aide-au-developpement_1060/politiquefrancaise_3024/instruments-aide_2639/fonds-solidarite-prioritaire-fsp_2640/index.html.

3. P. Poli , V. Lucas, M.C. Grossier, C. Metayer, 2005. Rapport de présentation du PCUC (MAE-DGCID), ministère des Affaires étrangères, n° 1021, 64 pages.

l'ANAEM[1]. Au Mali, pays considéré comme modèle[2] de l'approche française du codéveloppement (près de 450 projets de réinsertion appuyés), cet apport financier supplémentaire est considéré comme déterminant pour la réussite des projets[3]. Dans le cas comorien, 90 % des membres de la diaspora présents en France métropolitaine sont français, et ne sont donc, bien évidemment, pas éligibles aux aides au retour de l'ANAEM[4]. Alors que l'objectif de ce dispositif était d'appuyer 130 projets, le résultat atteint six mois avant la fin du programme est sans appel : 3 !

Si le codéveloppement à la française était, à sa création, considéré comme « une alternative aux sans-papiers déboutés de la régularisation massive [circulaire Chevènement, 1997][5] », il n'est plus aujourd'hui question de régularisation mais uniquement d'expulsion, dont les Comoriens en situation irrégulière à Mayotte sont les champions/victimes incontestés, avec un objectif atteint de 17 000 expulsions annuelles – à comparer avec le quota annuel d'expulsions depuis la France métropolitaine, toutes nationalités confondues, qui se situe aux alentours de 26 000. Dans ce contexte, le PCUC apparaît alors surtout comme un instrument de pression au service du ministère de l'Immigration pour que le gouvernement comorien réadmette en masse les clandestins. En novembre 2008, par exemple, un comité consultatif des projets a été annulé à la dernière minute par la partie française, sans qu'aucune explication ne soit donnée. Quelques jours avant, le gouvernement comorien avait

1. Agence nationale d'accueil des étrangers et des migrations renommée Office français de l'Immigration et de l'Intégration en 2009.

2. Pourtant le gouvernement malien refuse toujours de signer l'accord de gestion des flux migratoires concertés qu'essaye régulièrement de négocier le ministère de l'Immigration et qui intègre un volet de codéveloppement.

3. Jacques Alvernhe, Évaluation finale du FSP Codéveloppement Mali, Bamako, 2005.

4. À Mayotte, au contraire, il existe 46 000 membres de l'Union des Comores, donc non français, en situation irrégulière (sur 150 000 habitants), mais les aides aux retours de l'ANAEM ne sont disponibles que dans les départements français. On peut donc espérer qu'elles le seront à Mayotte à partir de 2011, si le dispositif ne change pas d'ici-là.

5. C. Daum, 1998, « Les migrants, acteurs du développement : une reconnaissance qui tarde à voir le jour » [On-line] : *Point de vue et contributions*. 6 p. [2 mars 2009]. <URL : http://www.globenet.org/aitec/contributions/migrants.htm.

refusé de réadmettre les clandestins expulsés de Mayotte[1]. La première proposition du rapport d'information de l'Assemblée nationale sur l'immigration à Mayotte est donc appliquée à la lettre par le ministère de l'Immigration, de l'Intégration, de l'Identité nationale et du Développement solidaire : « Lier directement l'évolution de l'aide au développement fourni par la France à la qualité de la coopération des autorités comoriennes, notamment à Anjouan en matière policière et judiciaire, pour réduire les flux d'immigration clandestine[2]. »

Ainsi, si l'émigration est une chance pour le développement des Comores, l'aide publique au développement est instrumentalisée politiquement comme une aide pour gérer l'immigration. La création d'un ministère de l'Immigration en mesure d'allouer des crédits d'aide publique au développement institutionnalise et diffuse cette tendance au détriment d'une politique de codéveloppement efficace à même de participer, toute proportion gardée, à la réduction de la pauvreté des pays d'émigration.

Pour appuyer les initiatives économiques des membres de la diaspora comorienne de façon efficace, l'un des préalables nécessaires serait de les considérer comme ce qu'ils sont : des Français qui investissent à l'étranger, et non des étrangers, plus ou moins clandestins, à réinsérer dans leurs pays d'origine. La promotion et la protection des investissements français aux Comores serait alors la plus cohérente des politiques de codéveloppement économique. Bien entendu, la vision réductrice de ce qu'il serait plus juste d'appeler le ministère de l'Expulsion, de la Réinsertion et de la Fixation des populations d'Afrique subsaharienne n'est structurellement pas en mesure d'aboutir à un tel constat.

S. L.

1. S. Moussa, 2009, « Le Maria Galanta fait la sourde oreille » [On-line] : [5 avril 2009].<URL : http://www.alwatwan.net/index.php?home=archives_detail.php&actu _id=322.

2. Rapport d'information sur la situation de l'immigration à Mayotte. Assemblée nationale, n° 2932, 276 pages, 8 mars 2006.

La réforme managériale et sécuritaire de l'école

par Christian Laval*

Dans l'école-entreprise, nul n'en fera plus à sa guise : telle semble bien être la volonté silencieuse des nouveaux réformateurs de l'école à l'ère néolibérale et sécuritaire. Ne serait-il pas temps de faire de l'école une machine « efficace », de la soumettre à la saine pression concurrentielle du marché, à l'évaluation généralisée des résultats, à la surveillance numérique des élèves et des professeurs, au dépistage des comportements anormaux ? L'heure n'est plus à la démocratisation de la culture, elle est à la croissance de la productivité des enseignants et à leur mutation en hommes d'entreprise. La raison ultime de la « réforme de l'école », qui prétend à l'exclusivité, a un nom unique : la performance, le nouveau mantra des « modernisateurs ». L'école est désormais soumise à la logique économique globale de la compétitivité, dans ses fins, dans sa justification politique, dans ses catégories pratiques, dans ses formes d'organisation. Un nouveau mode de gouvernement de l'école s'impose, qui touche au cœur du métier d'enseignant, qui affecte directement les rapports pédagogiques, qui modifie le sens des apprentissages et la nature de l'enseignement. Il est régi par un dispositif de concurrence et de surveillance, gage supposé de performance.

En France, ce nouveau mode de gouvernement de l'école n'est pas encore complètement identifié par les professionnels de l'ensei-

* Christian Laval est sociologue, chercheur à Paris X-Nanterre et à l'Institut de recherches de la FSU.

gnement et par les parents, encore moins par l'opinion publique. Qui lit en effet les rapports abscons et monotones des institutions internationales (OCDE, OMC, Banque mondiale, Commission européenne) où sont décrits pourtant avec précision les objectifs et les méthodes de la réforme managériale ? Cette méconnaissance tranche avec la prise de conscience dans des pays plus « en avance », comme le Royaume-Uni ou les États-Unis par exemple, où les conséquences de ces recommandations mises en œuvre sur le terrain et dans les esprits se font sentir depuis plus longtemps[1].

Comprendre la nature du changement en cours n'a rien d'évident parce que nous avons affaire à des tendances dominantes, à des processus complexes et souvent contradictoires, à des réformes ponctuelles et successives, dont la cohérence d'ensemble est souvent masquée par des effets idéologiques anesthésiants. Plus troublant encore, ce nouveau régime scolaire tente de se donner une légitimité par la critique de l'ancien modèle d'école, inégalitaire et bureaucratique, traitant la population des élèves et des étudiants comme une grande masse que l'institution sélectionne, distribue dans des tuyaux étanches et finalement répartit dans des groupes socioprofessionnels remarquablement proches de ceux de leurs milieux familiaux d'origine.

Aux maux de cette école, les néo-réformateurs entendent imposer une solution universelle qui a pour nom « l'école managériale[2] », et qu'on pourrait aussi bien nommer « l'école entrepreneuriale ». Cette dernière n'a pas été toute inventée par les modernisateurs de l'école. Ils ne sont que les importateurs d'une rationalité globale qui a pour norme la concurrence du marché, pour modèle l'entreprise, et pour instrument le management de la performance[3].

Pourtant, la mutation de grande ampleur qui est engagée n'a pas toutes les vertus qu'on lui prête. Elle commence même à faire sentir

1. On pourra se reporter à la description que nous en faisons dans *L'école n'est pas une entreprise*, La Découverte, coll. « Poches », 2004.

2. C'est ainsi que l'ont nommée les sociologues anglo-américains. *Cf.* Sharon Gewirtz, *The Managerial School : Post-Welfarism and Social Justice in Education*, Routledge, 2001.

3. Cette « solution » est préconisée pour toutes les administrations et tous les services publics dans le cadre de la « nouvelle gestion publique ». *Cf.* plus loin, le texte de Pierre Dardot, p. 293.

des effets qui entraînent désarroi, lassitude mais aussi révolte et désobéissance du côté des enseignants. Il ne s'agit pas ici de « dénoncer » le cours nouveau pour mieux embellir l'ancien, mais de proposer un cadre d'analyse apte à rendre compte de ce qu'il a de singulier.

L'école devient une entreprise comme les autres

La logique qui sous-tend la modernisation de l'école est maintenant commune à toutes les institutions publiques. C'est celle de la concurrence et de la surveillance. L'argument qui la motive dans l'enseignement est connu. Les professeurs pèsent sur les fonds publics, accroissent la dette « laissée aux générations futures », cela pour un résultat économiquement peu rentable à l'heure de l'« économie de la connaissance ».

Comment faire pour que les enseignants se centrent désormais sur leur mission principale : produire « des compétences nécessaires à la compétitivité de l'économie française immergée dans la compétition mondiale » ? Cela suppose une révolution symbolique, technique et organisationnelle. La mutation, déjà bien entamée, a commencé dans le champ de l'enseignement par l'usage de la langue économique (offre, demande, marché, compétences, capital humain, calcul des « rendements »). Les professeurs, de la maternelle à l'université, ont été peu à peu regardés comme des salariés d'entreprises scolaires, des techniciens du rapport pédagogique, des opérateurs d'une « ingénierie didactique et pédagogique » élaborée par des experts de laboratoires. Les identités professionnelles des enseignants ont été ramenées à la banalité du travail en entreprise, et ce, au nom de la suppression des « privilèges ». Une immense littérature a répandu l'idée que la seule véritable justification des investissements scolaires résidait dans une formation professionnelle adaptée aux besoins des entreprises et permettant l'insertion professionnelle.

L'État a mis très activement en place les outils nécessaires à la construction d'un marché scolaire. Le changement a commencé dès les années 1980 par une réforme du « pilotage » des établissements secondaires à l'occasion de la décentralisation. La « demande » des familles est alors érigée en principe régulateur du système d'enseignement selon une logique concurrentielle. Le « libre choix des familles » entre écoles est regardé comme une source de transparence, d'émulation et de progrès pour le système scolaire. Le modèle de management par la « pression du client » commence alors à s'imposer dans le service public, favorisant une mutation de ses missions et de ses valeurs. La diversification de l'« offre » de chaque établissement en fonction des publics (les « projets d'établissement » de la loi Jospin en 1989), une dépendance accrue aux financements locaux, la création d'indicateurs de productivité (la « valeur ajoutée des établissements ») qui sont largement diffusés par la presse (les « palmarès annuels des collèges et des lycées ») sont censées donner aux familles les instruments objectifs de leur « choix » dans les meilleurs établissements et les inciter à faire pression sur les équipes pédagogiques et les collectivités locales pour améliorer l'école. La construction du marché scolaire se poursuivra tout au long des années 1990 par l'assouplissement progressif de la carte scolaire et ceci, jusqu'à sa suppression complète annoncée pour 2010[1]. En bref, les gouvernements successifs ont encouragé les comportements guidés par l'intérêt personnel des familles, ce qui n'a pas été pour rien dans le développement des inégalités sociales et des ségrégations ethniques dans le milieu scolaire.

Faire agir la pression de la concurrence suppose de transformer les établissements scolaires en petites entreprises. Comme il y a des outils de la concurrence de marché, il y a des outils du management d'entreprise. C'est là tout l'objet de la nouvelle gestion publique, certes bien lente à déployer tous ses effets dans le monde de l'enseignement public français, attaché au principe d'égalité des usagers devant les services publics et aux valeurs d'intérêt général. Mais des progrès ont été réalisés dès la fin des années 1980, qui ont permis de donner plus d'autonomie aux équipes de direction des établissements, de doter celles-ci de pouvoirs et de moyens de contrôle sur leur personnel plus importants, y compris en matière de recrutement. Des modifications ont été également réalisées dans la mentalité et le comportement des chefs d'établissement.

Quant aux enseignants, leur transformation en hommes d'entreprise est plus lente et beaucoup se disent, en haut lieu, que sans la destruction du verrou statutaire de la fonction publique, on ne

---

1. *Cf.* Choukri Ben Ayed, *Carte scolaire et marché scolaire*, Institut de recherches de la FSU/Éditions du temps, 2009.

parviendra guère à modifier leurs conduites dans le sens souhaité[1]. En attendant ce pas décisif, il convient d'établir, pour compléter les mesures de la performance des établissements et des enseignants, les instruments du contrôle individuel et les incitations personnelles à l'efficacité. Le cadre législatif de la culture du résultat est déjà en place par le biais de la loi organique relative aux lois de finances ou LOLF, les instruments gouvernementaux de la nouvelle gestion publique sont opérationnels à la suite de la révision générale des politiques publiques ou RGPP. Mais il reste encore à installer les dispositifs plus fins et plus concrets permettant de mettre en compétition les enseignants par le biais de la mesure de la performance de leurs élèves, et à faire fonctionner des contrôles plus précis de leur activité par le levier de l'« obligation de résultats ». Des pas importants ont été franchis, en particulier par la généralisation de la référence des objectifs au « socle commun des compétences[2] ».

Le « contrat d'objectifs », qui prend depuis la loi d'orientation et de programme sur l'avenir de l'école d'avril 2005 le relais des projets d'établissement, est l'instrument typique de la nouvelle gestion publique. Il permet de « conduire les conduites » par une triple séquence : la fixation contractualisée d'objectifs-cibles pluriannels, l'évaluation la plus individualisée possible des performances, la distribution de récompenses individuelles au « mérite ».

Contrôler les enseignants n'a pas pour seul enjeu l'intensification de leur charge de travail et la hausse de leur productivité. On n'enseigne pas dans l'optique de l'employabilité de la même manière que dans celle de la culture intellectuellement émancipatrice. Tout se réordonne peu à peu selon la finalité professionnelle des études : définition plus utilitaire des contenus des

1. Du *Rapport sur la redéfinition du métier d'enseignant* de Marcel Pochard (février 2008) au *Livre blanc sur l'avenir de la Fonction publique* de Jean-Ludovic Silicani (avril 2008), un fil court qui accuse le statut de la fonction publique et propose d'instiller une plus grande mobilité et une grande flexibilité dans la condition enseignante. Derrière les bonnes intentions affichées, la banalisation entrepreneuriale de l'école apparaît comme l'objectif principal. Le métier d'enseignant ne doit plus être regardé comme une vocation d'existence mais comme une « expérience professionnelle » parmi d'autres.

2. Le rapport Pochard souligne à juste titre que « la mise en œuvre du socle commun de compétences a été présentée comme une occasion de faire entrer l'école dans un processus d'obligation de résultats ».

formations, établissement d'un « livret des compétences » conçu comme un « passeport pour l'emploi », pilotage des individus vers le monde professionnel par des dispositifs souples d'orientation et d'accompagnement, inculcation de l'esprit d'entreprise, multiplication des stages en entreprise, enseignement présentant une vision « positive » de l'économie de marché et des entreprises.

Produire efficacement le capital humain suppose également un suivi plus individualisé de la construction des compétences, une gamme plus large de choix entre enseignements, une responsabilisation accrue des individus dans un parcours choisi. L'« activation » des conduites propre au gouvernement néolibéral des individus, à savoir celle qui leur enjoint de « se prendre en charge », d'être individuellement « responsables » de leurs échecs comme de leurs réussites, s'apprend dès l'école. L'autonomie est réinterprétée comme capacité de faire les choix les mieux adaptés à ses intérêts mais aussi les plus « payants » sur le marché des formations. L'enseignant est, quant à lui, invité à se transformer en coach diagnostiquant et comblant les compétences défectueuses et guidant l'« apprenant » vers l'emploi. Quant au professionnel de l'orientation, il est invité à se convertir en « courtier en orientation », selon la formule particulièrement éloquente de la Commission européenne[1] : c'est dire qu'il ne lui revient pas d'aider par son écoute un désir à se formuler, mais bien de rationaliser le désir de son « client » en fonction des exigences du marché du travail.

Ainsi, l'institution devient un « quasi-marché » dans lequel les individus doivent « se piloter » en fonction de leurs intérêts et des investissements personnels ou familiaux qu'ils veulent consacrer à leur formation. Il ne s'agit nullement d'imposer partout la vente d'un produit éducatif marchand comme le laisse entendre la dénonciation trop courte de la « marchandisation de l'école », il s'agit de façon plus diffuse et plus générale de réguler le système éducatif selon le modèle du marché, que ce soit pour le choix des établissements ou pour la détermination des cursus suivis. La doctrine qui sous-tend aujourd'hui la réforme du lycée, dans la continuité des transformations de l'université, préfigure cet aspect du régime édu-

1. *Mémorandum sur l'éducation et la formation tout au long de la vie*, octobre 2000, p. 33.

catif néolibéral. L'école finalisée par l'insertion professionnelle se recentre sur l'orientation : « D'appendice du système éducatif, elle doit en devenir la colonne vertébrale », note un récent rapport de Richard Descoings[1], chargé par le Président de mener une concertation en vue de préparer une nouvelle réforme du lycée. L'organisation du nouveau lycée, qui peut séduire au premier abord élèves et parents, consiste à donner aux élèves les outils de « la libre gestion de leur propre parcours », les instruments de « pilotage de leur propre scolarité ». Richard Descoings définit bien l'objectif : il faut des « élèves actifs dans leur orientation, et équipés d'une boussole[2] ». On passe ainsi d'un modèle dans lequel l'institution revendiquait le pouvoir de trier et de sélectionner les élèves à un système de gestion plus « doux » où les individus sont requis d'exercer un libre choix. Mais cela a pour contrepartie de faire reposer sur les épaules de l'élève la responsabilité entière de son destin scolaire et de son employabilité future.

Le sens des réformes en cours

La politique du gouvernement depuis 2007 vise à accélérer la mutation vers ce nouveau modèle scolaire. Son effet le plus probable sera de restreindre un peu plus les quelques marges de liberté que, en dépit de sa hiérarchie et de ses travers bureaucratiques, l'ancienne école laissait encore aux enseignants et aux élèves. Car deux logiques de contrôle vont désormais se croiser : celle qui est liée à la mise en concurrence des établissements et à la « pression du client » qu'elle implique ; celle de la surveillance managériale dotée de nouveaux instruments. Désormais, l'enseignant devra être à la fois un « entrepreneur » soumis à la sanction du marché scolaire et un exécutant de prescriptions professionnelles soumis plus régulièrement à des procédures de contrôle.

---

1. Richard Descoings, *Préconisations sur la réforme du lycée*, juin 2009, p. 35.

2. Pour un exposé de cette conception, *cf.* le rapport d'information parlementaire sur la réforme du lycée (n° 1694, remis le 27 mai 2009) du député UMP Benoist Apparu. Ce dernier affirme vouloir que les lycéens « déterminent librement leur propre parcours » (p. 13).

La campagne pluriannuelle de suppression de 80 000 postes d'enseignants qui s'est ouverte en 2007, sous l'égide de la RGPP, a frappé les esprits : 11 200 postes en moins en 2008, 13 500 en 2009, 16 000 annoncés pour 2010. Faire des économies en taillant dans les effectifs semble une fin en soi. En réalité, cette diminution est aussi un levier pour accroître la productivité et pousser les enseignants à « travailler autrement », selon une « logique de résultats et non plus de statuts ». Le député Benoist Apparu s'est dit « convaincu que la suppression de postes » dans l'Éducation nationale « obligera l'institution à s'interroger sur elle-même et à se réformer ». « Seule la baisse des moyens obligera l'institution à bouger », a-t-il ajouté, laissant voir ainsi la fonction proprement « disciplinante » de la baisse programmée des effectifs[1].

Au nom de l'« efficacité », l'école primaire s'est vue imposer de façon très autoritaire de nouvelles méthodes de lecture et de nouveaux programmes dont la référence est le socle commun des connaissances et des compétences issu de la loi d'orientation d'avril 2005, déclinaison nationale de la politique éducative européenne. Les progrès dans la performance des écoles devront être réalisés avec deux heures de cours en moins par semaine, du fait de la suppression des heures du samedi[2]. Aux maîtres de se débrouiller pour atteindre les objectifs assignés. Il est vrai qu'ils sont désormais strictement encadrés par des prescriptions détaillées en matière de progressions annuelles, spécialement en grammaire.

En septembre 2008, le ministre Xavier Darcos annonce brutalement la suppression massive des postes de RASED (réseau d'aides spécialisées aux élèves en difficulté) qui sont remplacés par deux heures de soutien individualisé apportées par chaque enseignant. Aux maîtres de se débrouiller pour résoudre par eux-mêmes les problèmes posés par les élèves « en situation d'échec ». La combinaison de deux principes se lit comme à livre ouvert dans cette première série de mesures : l'expertise autoritaire sur le mode taylorien qui fait de l'enseignant un opérateur docile du « bureau des

1. *Le Monde*, 30 mai 2009, p. 2.

2. *Cf.* Luc Cédelle, « Réforme Darcos de l'école primaire : des programmes plus resserrés sur des objectifs plus évalués », *Le Monde*, 20 février 2008.

méthodes » ; la « responsabilisation individuelle » des enseignants qui doivent atteindre avec moins de moyens des objectifs qui leur ont été fixés sous peine de sanction.

Il fallait encore mettre en place un autre dispositif stratégique : les évaluations nationales en CE1 et CM2 conçues comme des « outils de pilotage » permettant, comme en d'autres pays, de classer les établissements – mesure nécessaire pour assurer une « compétition loyale » sur le marché de l'école – et d'évaluer les enseignants en mesurant les résultats aux tests obtenus par leurs élèves. Les résistances ont été nombreuses, et les syndicats d'enseignants ont su neutraliser certains des usages les plus immédiatement dangereux en imposant, par exemple, l'anonymat des résultats fournis à l'administration. Toutefois, il est probable qu'une fois ce pas franchi, la « comparaison » entre écoles et entre enseignants sera mise à l'ordre du jour, ce qui permettra de fonder sur des données objectives « la récompense au mérite » sans laquelle les maîtres n'auraient aucun stimulus les poussant à améliorer les résultats de leurs élèves.

Il faut remarquer à cet égard combien massive est la présupposition qui structure le mode de gouvernement néolibéral de l'école : les maîtres ne sont supposés agir que sous le motif de l'intéressement matériel et par peur de la sanction hiérarchique ! De la même façon, tous les progrès sont attendus de procédures techniques et administratives permettant une prescription plus impérative et une surveillance plus étroite des actes professionnels.

Il semble qu'une politique qui reposerait sur la confiance dans les professeurs soit désormais impossible : les valeurs morales et politiques, l'amour du métier, le dévouement professionnel, le goût pour le savoir, une solide formation professionnelle, enfin toutes les manières possibles d'accrocher durablement un désir à un métier ne sont plus que vaines fantaisies. C'est ainsi que l'on peut mieux comprendre la remise en cause de la formation des maîtres à l'occasion de la « masterisation » du niveau de recrutement. Si la suppression de la seconde année de formation professionnelle des fonctionnaires stagiaires trouvait une partie, sans doute grande, de ses raisons dans les économies de postes (le but étant d'affecter désormais sans préparation les reçus aux concours dans les classes), on a moins vu que cette mesure était conforme à la toute-puissance supposée du dispositif de concurrence et de surveillance : en quoi serait-il donc encore nécessaire d'apprendre un métier si l'on peut piloter des « opérateurs » à l'aide d'instruments managériaux de « proximité », c'est-à-dire en agissant sur les motivations des individus auxquels ces instruments sont appliqués ?

L'école du contrôle continu

Ordonner l'institution d'enseignement à la performance implique un changement sensible dans ses finalités et dans ses principes. Cette conception strictement utilitaire de l'école ouvre la voie à une instrumentalisation très directement politique de l'enseignement. La laïcité, l'esprit critique, la formation progressive des intelligences ne sont plus guère prisés dans l'entreprise scolaire et universitaire. Le pouvoir politique, relayant les pouvoirs économiques ou religieux, fait désormais fi des vieilles libertés étrangères à la logique d'efficacité immédiate et mesurable par des chiffres. Nulle limite de principe n'arrête désormais les néo-réformateurs qui, par exemple, entendent modifier de l'intérieur l'enseignement des sciences économiques et sociales dans un sens favorable aux souhaits patronaux. Nulle hésitation à dicter aux enseignants la signification qu'ils doivent donner à certains faits historiques (Résistance ou colonisation, par exemple). Le précepte selon lequel l'enseignement obéit à des principes autres que celui de l'opportunité politique, par exemple celui de la preuve scientifique, est dans la pratique en voie de péremption.

De la même manière, le « socle de compétences » enferme, dès la maternelle, une dimension moralisatrice, voire chauvine particulièrement chère aux tenants de l'ordre social : « l'instruction civique et morale » prônée par Nicolas Sarkozy dans son discours du 15 février 2008 à Périgueux ressemble fort à un endoctrinement nationaliste, en dépit de la dénégation du discours présidentiel : « Ce n'est pas faire du nationalisme que d'apprendre à nos enfants les valeurs du drapeau tricolore, de Marianne, et de se lever à l'écoute de l'hymne national. » Le retour aux fondamentaux (*back to basics*) des courants conservateurs un peu partout dans le monde se marie finalement assez bien avec la conception tout entrepreneuriale des objectifs de l'école. L'entrepreneur, pour l'efficacité, et le prêtre, pour la morale, sont érigés en idéal à suivre par les enseignants[1].

Mais ce n'est peut-être pas dans cette ingérence directe dans les contenus que résident les transformations probablement les plus « prometteuses » en matière de contrôle des comportements. L'école sera de plus en plus le lieu d'expérimentation et de diffusion de multiples techniques de normalisation de la population scolaire. Dans « l'école efficace », l'échec scolaire, le décrochage, l'absentéisme, l'insuffisance des résultats, le redoublement sont autant de coûts à réduire. Plutôt que d'accroître l'encadrement humain, la tentation est forte de pratiquer le repérage informatique des déviances et de confier leur traitement à des dispositifs techniques censés permettre la « gestion des publics fragiles et des zones sensibles » (quand ce n'est pas à des recettes médicamenteuses comme dans le cas de « l'hyperactivité »). Cette école soumise à une logique de productivité est de plus confrontée, certes de manière inégale, à des enfants et à des jeunes dont les manières de se tenir et de parler, les capacités de concentration, les facultés d'apprentissage semblent profondément altérées et difficilement compatibles avec les acquisitions scolaires. Or, loin d'interroger les conditions sociales, politiques et culturelles qui permettent de rendre compte du caractère de plus en plus critique de l'éducation dans une société totalement ordonnée à l'impératif de la performance à outrance et du loisir total, les « modernisateurs » sont incapables d'imaginer d'autres « solutions » que celles qui procèdent des dispositifs de surveillance, des dépistages de troubles de comportements[2].

---

1. Allocution du président de la République française dans la salle de la signature du Palais du Latran, le jeudi 20 décembre 2007 : « Dans la transmission des valeurs et dans l'apprentissage de la différence entre le bien et le mal, l'instituteur ne pourra jamais remplacer le curé ou le pasteur, même s'il est important qu'il s'en approche, parce qu'il lui manquera toujours la radicalité du sacrifice de sa vie et le charisme d'un engagement porté par l'espérance. »

2. *Cf.* sur ces points les analyses de Philippe Meirieu, en particulier dans sa « Lettre ouverte à Xavier Darcos, ministre de l'Éducation nationale », le 27 décembre 2008 sur le site http://www.meirieu.com/nouveautesblocnotes.htm.

Cf. aussi l'ouvrage du collectif Pas de zéro de conduite pour les enfants de trois ans, *Enfants turbulents : l'enfer est-il pavé de bonnes intentions ?, op. cit.*

La constitution d'un fichier individualisé de tous les élèves du primaire (Base élèves premier degré) a été vivement contestée ces derniers mois par de nombreux professeurs, directeurs d'écoles et parents d'élèves[1]. Ce fichier informatisé et centralisé, expérimenté depuis 2004, stocke, sans que les parents en aient été informés et sans que le législateur ait été consulté, les renseignements recueillis lors de l'inscription de chaque enfant dès l'école maternelle (nom, prénom, adresse, nationalité, année de leur arrivée en France, dossier médical ou psychologique, handicap, etc.). Associé à un identifiant personnel attribué à chaque enfant dès la maternelle, ce fichier individualisé pourra être alimenté par toutes les informations collectées par l'administration scolaire sur l'élève. Il permettra de conserver pendant trente-cinq ans des informations sur les millions d'individus passés par l'école. Ces données ne restent pas dans l'établissement scolaire. Elles sont transmises à l'Inspection académique et pour partie aux mairies. Elles peuvent être « interfacées » avec des fichiers d'autres ministères. Il est à remarquer que, sans que les parents en aient été davantage informés, il existe depuis 1995 un dispositif équivalent dans l'enseignement secondaire appelé ScoNet, qui comporte également des données nominatives transférées dans une base de données académique.

Depuis novembre 2008, près de 200 directrices et directeurs d'écoles ont signé un appel à ne pas utiliser Base élèves[2]. Ces défenseurs des libertés font l'objet de sanctions et de retraits de salaires de la part de leur hiérarchie. Soutenus par le Syndicat des avocats de France, plusieurs centaines de parents ont déposé plainte contre X, considérant que Base élèves porte différentes atteintes aux lois et conventions relatives à la protection de la vie privée, aux droits de l'homme et de l'enfant.

---

1. Brigitte Perucca, « "Base élèves" traîné devant l'ONU », *Le Monde*, 27 mars 2009.

2. Le Collectif national de résistance à Base élèves, créé le 8 novembre 2008, a alerté le Comité des droits de l'enfant des Nations unies sur le caractère dangereux du fichage des élèves en France. La Ligue des droits de l'homme, ainsi qu'un certain nombre d'organisations syndicales et de parents d'élèves, ont commencé à s'y intéresser et à interpeller le ministère. *Cf.* le site de la Ligue des droits de l'homme de Toulon, http://www.ldh-toulon.net/.

Le ministre Xavier Darcos a finalement admis, quatre ans après le début des premières expérimentations, le caractère « liberticide » de certains items tout en défendant le principe de son développement au prétexte d'une gestion plus fine des effectifs et d'une rationalisation des postes et des classes.

L'interconnexion de ce fichier central avec toutes les données pédagogiques (notes, appréciations) et comportementales (absences, incivilités) comme avec le « livret électronique des compétences » constitue un moyen particulièrement puissant de contrôle social, en parfaite complémentarité avec d'autres fichiers de police. Il permet ainsi une traçabilité exhaustive de l'élève et constitue le moyen d'un profilage scolaire et psychologique qui pourra servir non seulement pour l'orientation, mais aussi pour la répression des « déviances » comportementales. C'est ainsi que le gouvernement, le 22 avril 2009, a adressé une instruction aux préfets et aux recteurs d'académie leur enjoignant de mettre en place à partir de la rentrée 2009 « une interconnexion des différentes bases de gestion interne pour améliorer le repérage des élèves décrocheurs, ou sortant sans qualification du système scolaire[1] ».

Si ce travail de repérage informatique est prioritairement ciblé sur les lycées professionnels, les centres de formation des apprentis et les « territoires sensibles », il n'en offre pas moins un témoignage particulier sur les évolutions en cours[2]. Le principe structurant de l'employabilité débouche pratiquement sur des techniques de normalisation inédite. Désormais l'échec scolaire, l'absentéisme, le décrochage ne seront plus considérés d'abord comme des déficits à traiter sur le plan scolaire, comme c'était le cas dans l'ancien régime scolaire centré sur l'acquisition des connaissances[3], mais comme des anormalités comportementales ayant valeur de prédiction de la délinquance. On passe progressivement d'une problématique

1. Instruction n° 09-060 JS du ministère de l'Éducation nationale relative à la prévention du décrochage scolaire et à l'accompagnement des jeunes sortant sans diplôme du système scolaire. Paris, le 22 avril 2009.

2. La politique de la ville se donne ainsi pour objectif de « *repérer les jeunes pour lutter contre le décrochage scolaire* » [*sic*] afin de pouvoir les orienter positivement vers un emploi adapté. *Cf.* le site du secrétariat à la politique de la ville, http://www.espoir-banlieues.fr/article.php3?id_article=41

3. *Cf.* GFEN, *Pour en finir avec les dons, le mérite, le hasard*, La Dispute, 2009.

de la déficience scolaire à une problématique de la déviance socio-économique.

On commence même à voir, par ce cas extrême des « décrocheurs », comment la logique économique de la construction des compétences va pouvoir s'articuler à une logique sécuritaire d'observation, de repérage et de contrôle des conduites au regard de la norme de l'employabilité. Plus généralement, on peut mieux comprendre les usages qui pourraient être rapidement faits des fichiers de l'Éducation nationale et du « livret de compétences électronique ». Une sorte de casier comportemental individuel nourri de toutes les informations numériques apportées par les enseignants et les directions d'établissement, pourrait accompagner le jeune durant sa scolarité et même constituer, au-delà de la scolarité secondaire, un moyen d'orientation dans l'enseignement supérieur, voire un nouveau type de « livret de travail » électronique.

On ne s'étonnera pas alors de constater que l'école devient un espace à surveiller de toutes les manières possibles : installation biométrique de filtrage des entrées, caméras de vidéosurveillance, portique de détection, autorisation de fouille des cartables par les enseignants et même création d'une « force spéciale d'intervention[1] ». La surveillance du milieu scolaire relève d'une logique générale tellement puissante qu'elle conduit à confondre les rôles des enseignants et des officiers de police judiciaire. Elle tend même à se substituer à toutes les autres options possibles pour régler les problèmes auxquels sont confrontés les établissements scolaires. La production des compétences humaines exige plus que jamais la mise en œuvre d'un contrôle continu des élèves et des professeurs.

« En conscience, je refuse d'obéir ! » (lettre d'Alain Refalo, instituteur, à son inspecteur)

Il est de la nature des transformations qui affectent l'école de ne pas immédiatement délivrer leur sens : les dispositifs normalisants

1. Le 21 mai 2009, à l'occasion du 90e congrès de la Fédération des parents d'élèves de l'enseignement public (PEEP), à La Rochelle, Xavier Darcos a proposé de créer « une force mobile d'agents » chargés de « missions de prévention et de contrôle » de la violence en milieu scolaire.

les plus décisifs se mettent en place par des branchements de techniques, de pratiques, de mesures qui, prises isolément, ne paraissent pas toutes dangereuses. Nombre de professeurs sont même conduits à devenir dans l'institution les agents actifs de leur propre contrôle sans parfois en avoir la moindre conscience. C'est ainsi que les enseignants sont contraints de faire passer aux élèves les évaluations qui serviront à les évaluer et qu'ils sont invités à numériser toute leur production pédagogique, depuis le cahier de texte jusqu'à leur cours, en passant par le carnet de notes, dans des « espaces numériques de travail » accessibles en permanence à leurs hiérarchies et aux parents d'élèves. Chaque enseignant devient à la fois l'émetteur des informations qui serviront de support au contrôle le plus détaillé et le plus constant qui pourra s'exercer sur lui et le producteur de données qui viendront alimenter le fichier individuel des élèves. Quant aux parents, qui généralement ignorent l'existence même du fichage de leur enfant, ils sont parfois les premiers à réclamer la mise en ligne des informations les plus sensibles sur la scolarité des élèves.

Ce sont ces conditions qui expliquent la forme et le contenu des nouvelles mobilisations qui se mènent aujourd'hui sur le terrain de l'école, avec de plus en plus souvent le soutien des parents d'élèves. Elles ont au moins deux traits majeurs. D'une part, elles cherchent à rassembler sur une base souvent locale et dans un même collectif de parents et d'enseignants les forces d'opposition et de contestation « de la maternelle à l'université ». Tout se passe comme si la généralisation d'une même politique managériale à tous les niveaux conduisait à l'action unitaire de ces « collectifs parents/enseignants » ou de ces comités « sauvons l'école publique » un peu partout en France. D'autre part, ces mobilisations prennent la forme de l'objection de conscience professionnelle[1]. Sans remplacer la lutte revendicative traditionnelle menée par les organisations syndicales, elles posent les questions au niveau le plus radical qui soit, celui de l'éthique du métier d'enseignant[2]. L'insurrection morale et politique des « désobéisseurs », qu'il s'agisse des enseignants qui refusent d'appliquer les faux remèdes des groupes de soutien, en

1. *Cf.* plus loin, Roland Gori, « De l'extension sociale de la norme à l'inservitude volontaire », p. 265.

2. *Cf.* le texte de Daniel Le Scornet, p. 53.

lieu et place des RASED, qui refusent d'appliquer les nouveaux programmes ou qui refusent de renseigner les fichiers, porte un témoignage exemplaire, au risque des sanctions les plus graves, financières ou administratives, d'un mouvement de refus beaucoup plus vaste des réformes et des dispositifs qui asservissent les enseignants et détruisent leur fonction. Comme le souligne Alain Refalo dans sa lettre de novembre 2008[1] : « L'honneur de notre métier est aussi de faire œuvre de raison, de critique et de jugement. » Nombreux sont les enseignants qui sentent aujourd'hui que se joue pour eux l'essentiel, à savoir les significations qu'ils peuvent donner au métier qu'ils exercent, ce qui les anime et les soutient pour affronter les mille difficultés qu'ils peuvent rencontrer dans les classes. Car les enseignants sont particulièrement aptes à juger sur le terrain des effets néfastes du nouveau cours de l'école et de l'impasse à laquelle il mène. Par leur pratique même, ils sentent combien la rationalité gestionnaire, quand elle prétend régir jusqu'à l'acte pédagogique, devient pure et simple tyrannie. Ils peuvent se rendre compte des effets désastreux de la ségrégation sociale et ethnique dans la vie des établissements et de l'inégalité croissante des conditions d'apprentissage et d'enseignement sous l'effet d'un marché scolaire de plus en plus actif. Ils peuvent constater l'inadéquation des « réponses » sécuritaires apportées à des problèmes qui, pour concerner l'éducation et l'enseignement, relèvent pour l'essentiel, quant à leurs sources et leur nature, des transformations de l'économie et de la société. C'est pourquoi on ne peut s'étonner que beaucoup refusent de contribuer à la destruction de leur profession en la réduisant à une prestation de services économiques doublée d'un dépistage des comportements anormaux. C'est cette même révolte éthique qui anime les enseignants-chercheurs contre la loi relative aux libertés et responsabilités des universités (LRU) et contre le décret du 17 novembre 2008 de Valérie Pécresse modifiant leur statut et leur fonction. Comment s'en étonner puisque c'est le même logiciel néolibéral qui fonctionne partout, de la maternelle à l'université ?

C. L.

---

1. « En conscience, je refuse d'obéir ! » Lettre d'un instituteur de Colomiers (31) à son inspecteur, le 6 novembre 2008. *Cf.* http://resistancepedagogique.blog4ever.com/blog/lirarticle-252147-1030669.html

Réforme ou assassinat de la recherche et de l'enseignement supérieur ?

par Isabelle This Saint-Jean et Michel Saint-Jean*

La transformation brutale imposée par le gouvernement à l'enseignement supérieur et à la recherche constitue un bouleversement tel qu'elle menace les conditions d'existence et de fonctionnement de ce secteur. Pierre après pierre, le gouvernement actuel – dans la continuité de ses prédécesseurs – démolit le système antérieur, institutions comme statuts. Avec la mise en place du LMD – réorganisation du cursus universitaire en licence, master et doctorat –, le « Pacte pour la recherche » qui a vu la création des deux agences – l'Agence nationale de la Recherche (ANR) et l'Agence d'évaluation de la Recherche et de l'Enseignement supérieur (AERES), la loi dite LRU (relative aux libertés et responsabilités des Universités), l'attaque contre grands organismes de recherche (CNRS, INSERM, etc.), contre les statuts des personnels et la montée de la précarité dessinent un dispositif institutionnel radicalement nouveau. Cette destruction est d'autant plus inadmissible qu'au cours de l'année 2004, notre communauté, consciente de la nécessité de faire évoluer ses institutions et de résoudre les problèmes que ces dernières connaissaient, avait pendant de longs

---

* Isabelle This Saint-Jean est professeur à l'université Paris-XIII et présidente de Sauvons la Recherche.

Michel Saint-Jean est physicien, directeur de recherche au CNRS.

Une première version de ce texte, coécrite avec Michel Saint-Jean, a été donnée partiellement sur le site de Mediapart, sous le titre : « Enseignement supérieur et recherche : une contre-révolution », http://www.mediapart.fr/

mois travaillé collectivement à l'élaboration d'un nouveau projet pour l'enseignement supérieur et la recherche lors des États généraux de la recherche[1]. Or, les propositions ainsi élaborées[2], soit n'ont pas été prises en compte, soit ont été profondément dévoyées[3]. À la place, nous avons eu une série de « réformes » qui n'ont fait que détériorer encore plus la situation de notre secteur. Ainsi toutes les difficultés que nous avions l'ambition de résoudre ont-elles été aggravées : la question de l'emploi scientifique et de la précarité grandissante dans le milieu académique, celle du financement de la recherche, celle de la valorisation de cette dernière, celle de la coordination entre des institutions multiples et diverses, celle de l'échec des étudiants en premier cycle, de la lourdeur administrative et du manque de personnels, de la démoralisation d'un corps enseignant, etc. Loin de renforcer notre capacité à produire et transmettre des connaissances, loin de l'objectif de démocratisation de l'accès au savoir, les réformes qui ont été réalisées défigurent ce secteur, en imposant des mots d'ordre de rentabilité, de dirigisme, de gestion managériale, de mise en concurrence et de remise en cause des services publics.

Une stratégie en cinq temps

Pour imposer toutes ces réformes, le gouvernement a développé une stratégie en cinq temps, selon une méthode que l'on retrouve à l'identique dans d'autres services publics, comme la justice ou la santé.

Le premier temps est celui de la « pédagogie » de la peur. Le gouvernement nous explique ainsi que la recherche française serait sur le déclin, nos chercheurs les plus compétentes fuiraient, tandis

1. C'est d'ailleurs de cette organisation qu'est née notre association Sauvons la Recherche.

2. Le rapport de ces États généraux est téléchargeable : http://cip-etats-generaux.apinc.org/IMG/pdf/synthese-finale-EG.pdf.

3. Par exemple avec la création de l'AERES, de l'ANR ou des pôles de recherche et d'enseignement supérieur (PRES), mais aussi avec la modulation de services ou l'évaluation. Sur ce dévoiement, voir l'article d'Alain Trautman, Georges Debrégeas et Didier Chatenay, « Pour une vraie réforme de l'enseignement supérieur et de la recherche », 25 février 2009, http://www.sauvonslarecherche.fr/spip.php?article2591.

que les autres se contenteraient de maigres et pâles résultats ; et le danger serait d'autant plus grand que nous serions menacés par les puissances émergentes, plus dynamiques que nous. Selon nos gouvernants, des études « scientifiques », fondées sur des indicateurs quantitatifs (aussi peu satisfaisants que le classement de Shanghai des universités), le prouveraient. Ainsi, alors que la recherche publique française est reconnue et récompensée internationalement (prix Nobel, médailles Field, prix Turing, etc.) et, ce, en dépit de la faiblesse des moyens qui lui ont été alloués ces dernières années[1], alors que l'enseignement supérieur a réussi à faire face, sans moyens suffisants, à l'arrivée massive d'étudiants, Valérie Pécresse déclarait dans le journal *Le Monde* que dans « ce contexte alarmant », « le Pacte pour la recherche a posé les premières fondations du redressement scientifique de notre pays » et que « [la loi dite LRU] est une réforme nécessaire pour nos étudiants, pour nos universités et pour la France » ! Pas en reste, Nicolas Sarkozy, dans son caricatural discours du 22 janvier 2009 – discours qui a joué un rôle moteur dans la mobilisation du milieu universitaire – stigmatisait les scientifiques français pour leur médiocrité, déclarant que les prix Nobel n'étaient rien d'autre que « les arbres qui cachent la forêt »[2].

Dans un deuxième temps, pour diviser et affaiblir la communauté scientifique, le gouvernement a engagé simultanément une multitude de « réformes », chacune étant attachée à un secteur particulier du système et présentée comme une « simple mesure technique ». Un tel « saucissonnage » s'accompagne d'un « enfumage » constitué de pseudo-concertations, de commissions désignées de manière parfaitement *ad hoc*, d'innombrables effets d'annonce et de déclarations mêlant amalgames hasardeux et fausses évidences.

Le troisième temps de cette stratégie a été celui d'une communication omniprésente dans les médias, portée par une ministre qui, dans d'innombrables interventions publiques, a vanté les mérites supposés des réformes engagées, auprès de la population prise à témoin.

---

1. Sur cette question, voir Henri Audier, « Le budget de la recherche raconté à Sarkozy », 8 mai 2008 : http://www.sauvonslarecherche.fr/spip.php?article1878.

2. Voir la vidéo réalisée par un jeune chercheur de ce discours qu'il confronte avec celui tenu par Barak Obama peu de temps après son arrivée au pouvoir. http:www.youtube.com/watch?v=6Tt/Ot4zmj4

Le quatrième temps est celui de la menace directe. Celle qu'on entend, par exemple, lorsque Nicolas Sarkozy martèle dans son discours du 22 janvier 2009 qu'il n'y aura « pas de moyens sans réformes » ; celle qui pèse sur tous les présidents d'université (*via* les négociations sur le budget de leur établissement) et dont on espère ainsi qu'ils se feront les hérauts dociles des réformes.

Enfin, la rhétorique de l'évidence est le cinquième et dernier de ces points. Ces réformes seraient « inévitables » ; s'imposeraient au nom d'un « réalisme » et d'un « pragmatisme » ; seuls des idéologues de mauvais aloi pourraient les contester. La preuve en est qu'elles sont déjà engagées « partout ailleurs en Europe ». Ce même argument est d'ailleurs utilisé dans chacun des pays européens pour faire accepter – au mépris des spécificités qui font la force et la faiblesse de chacun – des réformes en bien des points analogues à celles que nous subissons ; tous étant sommés, depuis la stratégie définie à Lisbonne en 2000, d'adapter leurs universités et leurs organismes de recherche à la « compétition mondiale ».

Une révolte inédite

Face à cela, à travers toute l'Europe, des mouvements de protestations se sont développés ; en Grèce, en Italie et en Allemagne notamment. En France, la mobilisation a pris une dimension historique. Jamais, depuis les années 1960, notre secteur n'avait connu un mouvement d'une telle ampleur. Pendant plusieurs mois, les universités ont été paralysées par une grève des enseignants (événement qui, contrairement aux idées reçues, est tout à fait exceptionnel). On a vu des manifestations réunir à répétition plus de 100 000 personnes dans les rues de toute la France (chiffre jamais égalé dans notre secteur). Cette mobilisation a surpris par l'originalité et la diversité des formes qu'elle a prises : ainsi, à côté des grèves, manifestations, blocages, motions, pétitions, etc., on a vu se multiplier toute une série d'événements, s'efforçant d'attirer l'attention des médias et de nos concitoyens : démissions collectives, refus de réaliser des expertises, cours alternatifs, « Marches de tous les savoirs », lectures publiques (notamment du « best-seller » de l'année 2009 – *La Princesse de Clèves* !), « manips » réalisées dans la rue, divers happenings dont la « Ronde des obstinés » ou « le non-enterrement de l'enseignement supérieur et de la recherche » au Panthéon, etc. Tous ces événements ont réuni des personnels de tous statuts, de toute discipline, de tout âge, de toute sensibilité politique.

Si l'on veut dater le début de ce mouvement, il faut probablement remonter au milieu des années 2000, au grand mouvement des chercheurs qui a débouché sur l'organisation des États généraux de la recherche. Une seconde étape a été franchie à la suite du vote de la loi dite LRU en août 2007, au lendemain de l'arrivée au pouvoir de Nicolas Sarkozy. Porté essentiellement par les étudiants, ce mouvement a malheureusement peu mobilisé les personnels qui n'ont commencé à prendre conscience des problèmes majeurs posés par cette loi qu'au moment où le mouvement étudiant s'essoufflait. Cette mobilisation a rebondi au printemps 2008 lors de l'attaque portée contre les grands organismes de recherche et en particulier le CNRS ; puis le vote du budget à l'automne 2008 – avec la suppression de plus de 1 000 postes – en a assuré la montée en puissance. Mais le mouvement n'a pris véritablement toute son ampleur qu'au début de l'année 2009. Déclenché par deux nouveaux projets de réforme – un texte sur le statut des enseignants-chercheurs et un texte sur la formation et le recrutement des enseignants du secondaire et du primaire –, il a peu à peu gagné l'ensemble de la communauté de la recherche et de l'enseignement supérieur, fédérant tous les acteurs des contestations antérieures qui n'avaient pas trouvé de réponses satisfaisantes. À un sentiment un peu dépressif d'une communauté qui, soit face aux maux dont souffraient nos institutions pensait que « tout valait mieux plutôt que le *statu quo* », soit face à la brutalité du pouvoir pensait que la résistance collective n'avait aucune chance de succès, a succédé brutalement un désir de résistance ; tous, nous avons eu à nouveau espoir dans l'action collective pour essayer de refuser les réformes absurdes et dangereuses que l'on nous imposait, au nom des valeurs que nous partageons.

Un maigre bilan ? Une victoire idéologique !

S'il est trop tôt pour établir un bilan définitif de ce mouvement tant rien ne permet de dire qu'il est achevé, on peut toutefois dresser deux constats importants.

En premier lieu, force est de constater que, comparés à l'ampleur de cette mobilisation, les reculs du gouvernement sont pour l'instant limités. Certes, Nicolas Sarkozy et ses ministres ont apparemment accepté de revenir sur ce qui apparaissait comme un dogme intangible – le non-remplacement d'un fonctionnaire sur deux partant à la retraite – puisque nous avons obtenu la promesse qu'aucun emploi ne serait supprimé pour les deux prochaines années. Certes, les organismes de recherche existent toujours (même s'ils sont fragilisés). Certes, le texte sur le statut des enseignants-chercheurs a, sur certains points, évolué bien qu'il soit toujours inacceptable. Certes, nous avons ralenti le mouvement qui conduisait à un financement de la recherche uniquement par projet. Certes, des instances dont les membres ne sont pas tous nommés ont gardé des prérogatives dans l'évaluation. Toutefois, les deux textes fondamentaux du nouveau paysage institutionnel – la LRU et le Pacte pour la recherche – n'ont été, ni abrogés, ni même simplement réécrits ; la précarité est toujours omniprésente ; la réforme de la formation des enseignants est toujours en cours ; la stratégie nationale de recherche et d'innovation toujours élaborée par quelques commissions entièrement nommées ; le financement sur projets et l'ANR (dont tous les membres sont nommés) joue un rôle de plus en plus central dans le financement de la recherche publique au détriment des crédits de base des laboratoires ; le pouvoir de l'AERES a été réaffirmé alors que nous contestons la réalité de son indépendance affichée (puisque tous ses membres sont nommés par le gouvernement) et sa méthodologie d'évaluation essentiellement basée sur des critères quantitatifs ; la politique de primes est maintenue, et le pouvoir administratif et bureaucratique, renforcé.

Nous avons peu gagné sur ce plan. Il ne faut pas s'en étonner tant la surdité et l'arrogance du gouvernement sont grandes. Comment interpréter autrement, en effet, la déclaration du Premier ministre François Fillon qui, en juin, en réponse à la deuxième « Marche de tous les savoirs » que nous organisions pour rappeler la « fierté » des universitaires et des chercheurs à exercer leurs métiers et à la défense de leurs valeurs, opposait sa fierté d'avoir été « capable de résister » au mouvement social dans les universités tout en tenant bon « sur l'essentiel » ? Les choses sont claires : le mouvement des universités et de la recherche devait servir d'exemple pour les autres secteurs éventuellement tentés de résister aux réformes. À bon entendeur salut : devant la « modernisation » en marche, rien ne sert d'essayer de s'opposer à la virile détermination de nos dirigeants ! Toute proportion gardée, nous devions être les mineurs anglais face à la Margaret Thatcher de la présidence Sarkozy.

Le second constat que l'on peut faire est toutefois plus encourageant. Il semble que, malgré nos gains limités, nous ayons remporté une véritable victoire idéologique. En effet, alors que le gouvernement voulait faire croire par un matraquage incessant que les réformes qu'il a menées sont de simples mesures « techniques », une très grande partie de notre communauté est aujourd'hui convaincue que, non seulement ces réformes ne résoudront en rien les problèmes rencontrés, mais surtout qu'elles sont mauvaises et essentiellement de nature idéologique et qu'elles doivent donc être abandonnées voire au mieux pour certaines profondément reprises.

L'Université et la recherche doivent-elles « s'adapter aux besoins de l'économie » ?

Il apparaît désormais clairement que les valeurs qui viennent structurer ces réformes sont radicalement différentes de celles qui sont les nôtres et qui prévalaient jusqu'alors dans notre communauté. Et il n'est probablement pas excessif de parler de révolution – ou plus exactement de « contre-révolution » – idéologique[1]. Il convient donc de dénoncer la supercherie de ce prétendu apolitisme que le gouvernement avance uniquement dans le but d'anesthésier toute contestation et d'imposer, de manière masquée, des choix de société. Ces « réformes » sont en réalité les déclinaisons d'une seule et même réforme qui a déferlé sur l'Europe et qui cache ses choix idéologiques derrière le concept d'« économie de la connaissance ». De pratiques intellectuelles de compréhension du monde et de transmission des savoirs ayant une valeur en soi, la recherche et l'enseignement supérieur se voient désormais réduits à de simples outils techniques de pro-

1. Valérie Pécresse n'a-t-elle pas elle-même au sujet de l'autonomie des universités parlé de « révolution culturelle » ? Entendait-elle vraiment ce qu'elle disait ?

duction de richesses devant contribuer à la croissance économique[1]. Dans l'esprit de la réforme, la recherche, se confondant avec l'innovation, n'aurait de valeur que par les applications et les retombées économiques que ses résultats promettent dans un court ou moyen terme, et le nombre de brevets déposés. De même, l'enseignement d'une université n'aurait de valeur que par les qualifications professionnelles qu'elle offre aux étudiants, ses « clients » ; les programmes ont donc progressivement été redéfinis autour des « compétences » supposées attendues par le monde professionnel. Il en résulte une formation trop souvent parcellaire, incohérente, rapidement obsolète sur un marché du travail en perpétuelle mutation. L'enseignement supérieur devrait donc renoncer sous la contrainte à sa mission première qui est de permettre à tous, et en particulier aux jeunes, de bénéficier de l'instruction et d'accéder à la culture la plus développée, quelle que soit la situation de fortune de leurs parents. Il n'est donc probablement pas excessif de considérer que ces réformes s'inscrivent dans une dérive idéologique beaucoup plus profonde qui fait que le savoir et la connaissance ne sont plus considérés comme des valeurs en soi.

1. Dès 1998, dans sa déclaration de Bologne, l'Europe adhère à cette idée, tout en continuant à vouloir « apporter une dimension intellectuelle, sociale et technologique à la construction européenne ». 1988 était pourtant l'année où les recteurs des universités européennes signaient la Magna Charta Universitatum qui réaffirmait le principe de « la liberté académique et d'indépendance à l'égard de tous les pouvoirs, la liberté de recherche, d'enseignement et de formation ». Quoi qu'il en soit, deux ans plus tard, à Lisbonne, il ne s'agissait plus que de développer une Europe de « l'économie du savoir », dérive qui conduit Nicolas Sarkozy dans son discours du 28 janvier 2008 à déclarer : « La recherche doit servir la société, elle doit permettre à la société de s'approprier ses découvertes et ses résultats. À moyen terme, elle est incontournable pour alimenter la croissance économique de la France. » Comme en écho, Valérie Pécresse expliquait que « la science ne se conçoit pas à l'écart du monde : elle est d'abord au service de la société » et l'Université et l'éducation doivent « s'adapter aux besoins de l'économie ». Sur l'Europe, http://www.sauvonslarecherche.fr/spip.php?article2537.

Un pilotage serré

Notre communauté a également compris que le gouvernement actuel voulait aller bien au-delà de la simple et légitime détermination de grands objectifs stratégiques et qu'il mettait en place les outils lui permettant un pilotage de plus en plus serré de l'activité de recherche publique et d'enseignement, remettant ainsi en cause l'indépendance des scientifiques à l'égard des pouvoirs politiques et des pressions économiques. De nouvelles structures institutionnelles ont ainsi été créées : l'ANR qui est devenue peu à peu la source prédominante de financements des chercheurs et l'AERES qui, elle, évalue toutes les structures de recherche et d'enseignement supérieur (sauf naturellement les tutelles et leurs politiques !). Au laboratoire dans lequel des chercheurs coopèrent en pleine autonomie intellectuelle doit maintenant se substituer un ensemble de scientifiques « porteurs de projets », dont la tutelle pilotera l'activité en ne la finançant que si elle est conforme à ses « axes stratégiques » (qu'elle prétend pouvoir définir alors que la plupart du temps l'État n'a la maîtrise ni du marché, ni de la logique financière des groupes industriels impliqués). Pourtant, comme pourraient le montrer d'innombrables exemples puisés dans l'histoire des sciences, cet autoritarisme gestionnaire voulu par les pouvoirs publics et imposé aux scientifiques aura l'effet inverse de celui qu'il prétend obtenir et obère l'existence même d'une science et d'un enseignement supérieur de haut niveau. Les contraintes et les modalités de ces agences vont en effet amener les scientifiques à respecter des normes et des usages qui créent structurellement du conformisme scientifique et conduiront à terme à la stérilisation de la créativité de cette communauté. Le financement sur projets, notamment sur projets courts, qui peut être utile ponctuellement pour impulser certaines recherches, devient désastreux dès lors qu'il est prédominant, car il entrave les initiatives et l'exploration de domaines originaux pour ne renforcer que des axes prioritaires devenus thèmes routiniers ; en outre, il met à mal la stabilité et la mémoire collective que réclame la recherche fondamentale. Les progrès de la science exigent au contraire l'indépendance des institutions de recherche et des universités. Ils nécessitent que la détermination des stratégies de recherche et la définition de la meilleure utilisation à faire des moyens affectés soient de la compétence des seuls scientifiques et que l'évaluation de la valeur proprement scientifique des connaissances procurées soit le fait de leurs pairs.

La concurrence : condition nécessaire et suffisante de l'efficacité ?

Notre communauté sait désormais que nos dirigeants sont profondément convaincus qu'il faut introduire dans les institutions publiques de la recherche et de l'enseignement supérieur les modes de gestion du secteur privé. Ces derniers croient en particulier que le meilleur moyen pour garantir l'efficacité des institutions de la recherche et de l'enseignement supérieur est la mise en concurrence permanente de tous, individus, équipes, laboratoires, organismes et universités, afin – selon eux – que les « meilleurs » puissent être identifiés et récompensés et les « mauvais » sanctionnés. C'est ainsi que l'augmentation des crédits affectés à l'ANR et la réduction concomitante de ceux alloués aux laboratoires favorisent ce mouvement, en réduisant le rôle de ces derniers comme structures scientifiques au profit de projets portés par des individus mis en concurrence. De même un système de primes, de rémunération au mérite, de modulation de services et de carrières différentiées, se dessine peu à peu dans un contexte « favorable », c'est-à-dire de forte dégradation du pouvoir d'achat des personnels de la recherche et de l'enseignement supérieur. Mise en concurrence aussi pour les jeunes chercheurs qui, avant d'espérer être embauchés, se voient contraints d'enchaîner plusieurs post-doctorats, l'âge moyen à l'embauche ne cessant de reculer.

Cette concurrence systématique est délétère car, outre qu'elle est génératrice de souffrances individuelles qui se traduisent par une implication moindre de tous, elle engendre un état d'esprit déplorable et est opposée à une démarche coopérative entre chercheurs, qui est la seule pratique scientifique qui fasse sens dans la recherche publique. Sommes-nous concurrents dans les équipes pédagogiques ? Devons-nous être concurrents dans les laboratoires, dans les colloques, avec nos collègues étrangers ? En outre, cette concurrence nécessite des procédures et des institutions kafkaïennes pour opérer, alors même que l'un des arguments fréquemment invoqués pour nous imposer ces réformes est celui de la lourdeur administrative de nos établissements et de la nécessité d'un allègement et d'une simplification de nos institutions. Quand évaluera-t-on le nombre d'heures perdues par chacun afin de remporter des appels d'offres ? Celles passées pour sélectionner les heureux gagnants de ce qui n'est bien souvent qu'un jeu de dupes ? Quand sera rendu public, par exemple, le coût de fonctionnement de l'AERES ?

Les universités doivent désormais se comparer afin de faire valoir leur offre auprès de étudiants et d'obtenir des soutiens financiers publics. Des « pôles d'excellence » sont actuellement définis, dans lesquels des moyens supplémentaires devraient être engagés. Couplé à l'existence des pôles de recherche et d'enseignement supérieur (PRES), on voit ainsi se dessiner une France universitaire à deux vitesses avec deux types d'établissements : d'une part, de grands centres d'enseignement et de recherche pouvant entrer dans les critères de Shanghai – une dizaine –, accueillant toujours des activités de recherche et susceptibles de délivrer des diplômes de master et de doctorat, d'autre part, les universités qui ont vocation à devenir ce que l'on ne veut pas appeler des « collèges universitaires » et qui ne délivreront plus pourtant que des licences et/ou des diplômes strictement professionnalisant. Une telle évolution renforcera les inégalités territoriales et rendra plus difficile encore l'accès de tous (et en particulier des enfants des classes les plus défavorisées) à l'enseignement supérieur. Elle supprimera pour la plupart des universités leur spécificité première, à savoir un adossement de l'enseignement à la recherche qui faisait pourtant leur principal atout dans la lutte très inégale qui les oppose aux grandes écoles et aux IUT.

Une évaluation omniprésente et dévoyée

Notre communauté ne peut plus ignorer qu'un système d'évaluation a été mis en place à tous les étages de notre secteur, qu'il est omniprésent : évaluation non seulement des établissements, des laboratoires et des équipes, des projets, des diplômes, mais aussi et surtout des personnels de l'enseignement supérieur et de la recherche. Une telle évaluation représente un élément central dans la mise en place, au sein des établissements d'enseignement supérieur et de recherche, des modes de gestion du secteur privé. Elle est en particulier nécessaire pour pouvoir instaurer la concurrence. Elle trouve également une justification dans l'idéologie de profonde défiance à l'égard des agents de la fonction publique qui, protégés par leur statut, ne pourraient pas être motivés autrement que par une politique de primes ou de sanctions et qui justifierait la nécessité d'un contrôle étroit pour éviter les comportements déviants. Nos dirigeants paraissent incapables de comprendre que la motivation des personnels de la recherche et de l'enseignement supérieur puisse être leur objet de recherche, l'intérêt intrinsèque du métier, voire pis, le sens de l'intérêt collectif et du bien public ! Pour eux, tenir un tel discours aujourd'hui relève d'un angélisme qui ne peut être que le fait d'idéologues profondément naïfs !

Nous avons déjà souligné le coût exorbitant d'une telle évaluation et de ce qu'il faut bien appeler une véritable bureaucratie de l'évaluation.

En deuxième lieu, les individus chargés de mener à bien ces évaluations sont de manière croissante nommés dans la plus totale opacité. De telles procédures de désignation, non seulement mettent à mal le principe essentiel de l'indépendance de la recherche et de l'enseignement supérieur, mais elles rompent également avec l'un des principes fondamentaux qui prévalaient jusqu'alors dans l'organisation de la recherche et de l'enseignement supérieur, très clairement affirmé par la loi du 26 janvier 1984 (article 20) : celui de la gestion démocratique des établissements avec le concours de l'ensemble des personnels et des étudiants.

En troisième lieu, l'évaluation étant un processus complexe et chronophage, les évaluateurs ont de plus en plus systématiquement recours à l'utilisation massive de critères strictement quantitatifs, reposant sur des classements de revues par disciplines, en dépit de leur absurdité et des dangers qu'une telle méthode représente. L'évaluation devient ainsi une procédure simple et rapide qui peut être réalisée par tous, y compris par de simples gestionnaires : il ne s'agit plus de que faire des sommes pondérées ! Nombreuses sont les voix qui s'élèvent pourtant aujourd'hui à l'encontre d'un tel système. Elles dénoncent notamment le conformisme intellectuel qui ne peut que découler de tels principes d'évaluation, le productivisme absurde qui pousse chacun à produire à tout prix des articles en quantité, les effets de domination dans les champs disciplinaires qui risquent de voir certaines sous-disciplines ou certaines approches disparaître. De telles dénonciations ne signifient pas une opposition de principe à l'évaluation, mais elles rappellent que la science doit être évaluée sur ses résultats et dans le cadre de confrontations intellectuelles d'idées (articles, conférences, etc.). Elles demandent que soit revus le mode de fonctionnement et les périmètres d'action des nouveaux dispositifs institutionnels mis en place par les réformes récentes, l'ANR et l'AERES, tout comme la gouvernance des universités instaurée par la LRU. N'a-t-on pas vu les rédacteurs en chef des principales revues de philosophie des sciences anglaises demander que leurs revues soient sorties de ce système de classification ? La campagne que nous avons lancée afin que les scientifiques refusent de réaliser des expertises pour l'AERES (ainsi que pour l'ANR) a réuni plus de 4 000 signatures. Certaines équipes refusent désormais de remplir les grilles d'évaluation bibliométriques ; il est vraisemblable et souhaitable que le front du refus s'étende.

Une remise en cause des services publics

Enfin, notre communauté a compris que, parallèlement à la volonté d'un contrôle politique sur les activités de recherche, les politiques récentes menées dans ce secteur se caractérisent aussi et paradoxalement par un désengagement de l'État qui, contrairement aux allégations du gouvernement actuel, se poursuit depuis 2002. Le paradoxe n'est qu'apparent car l'un des objectifs des réformes est de limiter l'investissement public dans l'enseignement supérieur et la recherche, en accord avec l'obsession idéologique dominante et destructrice visant à réduire à tout prix les services publics. Ce désengagement apparaît notamment très clairement dans la loi dite LRU et la pseudo-autonomie accordée aux universités, ainsi qu'en arrière-plan dans les projets de démantèlement du CNRS et des grands organismes, mais également dans les attaques portées sur nos statuts d'agents de la fonction publique et dans la montée de la précarité.

Face à un tel massacre institutionnel, nous n'avons pas d'autre choix que de réaffirmer inlassablement les valeurs qui sont les nôtres, celle de la connaissance et du savoir, celles de la justice sociale et de notre nécessaire indépendance à l'égard de toute pression politique et économique, valeurs à partir desquelles nous devons construire un nouveau projet pour l'enseignement supérieur et la recherche en France et plus généralement en Europe[1].

I. T. et M. S.-J.

1. Pour un tel projet, nous renvoyons le lecteur au document « Pour une véritable réforme de l'enseignement supérieur et de la recherche » disponible à l'adresse suivante : http://www.sauvonslarecherche.fr/spip.php?article2644.

Crédit d'impôt recherche et mensonge d'État

par Henri Audier*

« Le crédit "impôt recherche" a été porté en France à un niveau inégalé dans le monde. »

G. W. Sarkozy

« Aujourd'hui, le crédit d'impôt recherche (CIR) représente un investissement pour l'État de l'ordre de 4 milliards d'euros [autorisation d'engagement en 2010] par an en créances fiscales. Cela se traduit par une dépense fiscale de 1,4 milliard d'euros [payé] en 2008. » En répondant à une question du sénateur Ivan Renar[1] le 24 juin 2009, Valérie Pécresse[1] donne donc deux chiffres, et révèle l'ampleur du désastre… En termes clairs, la « réforme » de 2008 du CIR a pour effet de faire doubler en deux ans le montant du CIR. L'État va rembourser aux entreprises le tiers des dépenses de recherche, sans encadrement ni discernement. La nouvelle niche fiscale ainsi créée va d'abord profiter aux grands groupes et, de plus en plus, au secteur des services et non à l'industrie. Pour donner quoi ?

---

* Henri Audier est chimiste, directeur de recherche émérite du CNRS, ancien membre des conseils d'administration du CNRS et du Conseil supérieur à la recherche et la technologie.

1. http://www.sncs.fr/article.php3?id_article=1838

Encore une « pécresserie » : l'efficacité du crédit d'impôt évalué par QCM [avec l'intervention du sénateur I. Renar].

Le crédit d'impôt, de « l'incitation » au dumping fiscal

La situation de la recherche privée et de la production industrielle est mauvaise en France, notamment du fait que le secteur privé investit beaucoup moins[2] dans sa propre recherche en France (1,1 % du PIB) qu'en Allemagne (1,7 %), aux États-Unis (1,7 %) ou au Japon (2,6 %). En revanche, la France est déjà en tête pour les aides directes ou fiscales de l'État à la recherche privée.

Le CIR, dégrèvement d'impôt pour les entreprises sur leurs dépenses de recherche, était à l'origine plafonné très bas ; il avait pour but de soutenir le développement de PME innovantes. Le plafond a été progressivement relevé, mais, jusqu'en 2004, le dispositif attribuait un crédit d'impôt en proportion de l'*accroissement* des dépenses de R&D de l'entreprise, pour l'inciter à faire plus de recherche. Déjà, le caractère incitatif du dispositif était plus que contestable puisque entre 2002 et 2006, les aides de l'État se sont accrues de 1,5 milliard et les dépenses de recherche des entreprises de 500 millions seulement[1].

La réforme de 2008 prévoit que c'est l'*ensemble des dépenses* qui bénéficiera d'une défiscalisation de 30 %, enlevant ainsi tout effet incitatif à augmenter les activités de recherche. L'incitation n'est du reste plus l'argument majeur utilisé par Valérie Pécresse, mais l'« attractivité » : « Récemment, Thalès, Saint-Gobain, mais aussi IBM, Microsoft, Intel et Yahoo ! ont annoncé l'ouverture de nouveaux laboratoires en France, en particulier pour y bénéficier du nouveau crédit d'impôt recherche », se félicite-t-elle. En France, on s'est assez plaint du dumping organisé par des pays comme l'Irlande ou la Pologne, *via* leur faible fiscalité sur les entreprises, pour ne pas s'interroger sur le nouveau rôle de dumping fiscal du CIR.

1. *Cf.* « Le budget de la recherche raconté à Sarkozy ? », 8 mai 2008 : http://www.sauvonslarecherche.fr/spip.php?article1878&var_recherche=audier.

« Le crédit d'impôt recherche bénéficie massivement aux grandes entreprises. »

Cette phrase figure dans le rapport daté du 2 juillet 2009 que Gilles Carrez[1], député UMP, a remis à la Commission des finances de l'Assemblée nationale. « Le coût du crédit d'impôt est directement lié aux évolutions législatives du dispositif », et non à une augmentation de l'effort de recherche des entreprises. Le rapport précise qu'en 2007, avant la réforme, les PME touchaient 43 % du CIR. « Il apparaît que le gain de la réforme [...] sera concentré à près de 80 % sur les entreprises de plus de 250 salariés [...]. *A contrario*, les PME n'obtiendront qu'environ 20 %. »

Ce même rapport apporte un démenti complet aux propos de Valérie Pécresse, qui laissait entendre, le 24 juin 2009, en parlant de Microsoft, que sa réforme vise à éviter les délocalisations de laboratoires de recherche de l'industrie : « On observe ainsi que l'industrie n'est pas la principale bénéficiaire du crédit d'impôt recherche. C'est le secteur des services qui [...] représente près des deux tiers des créances, en particulier les entreprises de services bancaires et d'assurances [...]. Viennent ensuite les entreprises de conseil et d'assistance aux entreprises. La tendance lourde est bel et bien à une concentration de celui-ci [le CIR] sur les entreprises de services. »

Comment est-on arrivé à ce dévoiement ? Pour le sénateur Ivan Renar, la raison principale réside dans des « critères d'éligibilité au CIR qui demeurent très larges : le ministère rappelle ainsi que, je cite : "Pour être éligible au titre du CIR, la création ou l'amélioration d'un produit, d'un procédé, d'un process, d'un programme ou d'un équipement doit présenter une originalité ou une amélioration substantielle ne résultant pas d'une simple utilisation de l'état des techniques existantes." On peut s'interroger, d'une part, sur ce que recouvrent les termes d'"amélioration substantielle", et, d'autre part, sur les qualités des personnels qui seraient en mesure d'apprécier cette "amélioration". » C'est tellement imprécis qu'à peu près tout peut faire l'affaire !

1. Gilles Carrez, rapport d'information, Assemblée nationale, 2 juillet 2009.

L'État paye comptant, sans évaluation !

Comme le souligne la loi de finances 2009 consacré à la Mission Recherche et Enseignement supérieur (MIRES), l'État « ne dispose pas à ce jour d'études précises permettant d'évaluer l'efficience du crédit d'impôt recherche pour les finances publiques et les entreprises ». Ce que confirme Gilles Carrez : « Contrairement aux procédures utilisées en matière d'aides directes, le CIR est accordé sur la base d'une simple déclaration. »

Pour répondre aux demandes d'évaluation du CIR, y compris par la Cour des comptes, Valérie Pécresse avait procédé à l'aide d'un questionnaire sous forme de QCM. Les questions les plus subtiles étaient, en gros, du type : « Êtes-vous content d'avoir reçu un cadeau de l'État ? » ou « Cela sert-il à quelque chose ? ». Il faut aussi noter que seules 8 % des entreprises ont répondu à ce questionnaire qui ne demandait pourtant que cinq minutes pour être rempli, bien que l'enjeu soit la répartition d'une subvention de 4 milliards. Le plus surprenant, c'est qu'à la question téléguidée visant à faire dire que le CIR sert à quelque chose (sans doute pour que le ministère puisse justifier ses largesses), tout de même 40 % des entreprises avouent franchement que le CIR ne les a pas « incitées » à faire plus de recherche ; ne sont pas incluses celles qui avaient compris qu'il fallait dire oui.

Il n'y a aucune raison pour que l'efficacité des fonds de l'État soit évaluée tant et plus lorsqu'ils sont versés au public, et qu'ils soient versés à l'aveugle quand ils le sont au privé. Il est donc proposé de créer une Agence d'évaluation de la recherche des entreprises subventionnées (AERES).

Contre-vérité donc sur ce crédit d'impôt, « notre remède anticrise » selon Valérie Pécresse, qui n'est pas allé à la recherche, mais a arrosé le secteur des services. Contre-vérité quand elle affirme que la réforme du CIR profiterait aux PME. Mauvaise foi donc quand le gouvernement dit qu'il n'y a pas quelques millions de budget pour recruter davantage de jeunes docteurs alors qu'il dilapide des milliards. Contre-vérité encore quand la ministre prétend que le budget est en augmentation alors qu'il n'y a que le CIR pour augmenter, pour lequel la preuve est faite qu'il sert essentiellement à autre chose que la recherche. Contre-vérité quand elle annonce à l'Assemblée que « son budget augmente de 26 % [!!!] grâce au plan de relance » alors que l'OCDE a révélé que, pour la recherche, les plans allemands ou américains sont, proportionnellement, vingt fois plus importants. Contre-vérité toujours quand Nicolas Sarkozy affirme en septembre 2008 que « le budget de la recherche est déjà l'un des plus élevés du monde » car, pour en arriver là, il additionne indûment à la recherche civile, la recherche militaire, les grands programmes industriels et les aides au privé. Contre-vérité enfin quand le pouvoir clame que « la recherche française n'a pas un problème de moyens mais un problème de structures », pour justifier la démolition de notre système, alors que la France est au quatorzième rang mondial pour son effort de recherche comparé à son PIB. Et même au seizième pour les moyens de la recherche académique. Ce n'est certes pas en détournant l'argent de la recherche au profit des banques et des assurances qu'on développera la connaissance et les technologies de pointe. Est-ce pour cette raison que tout cela a été longtemps camouflé ?

H. A.

Dans les passes dangereuses

par Nicolas Roméas*

Bien que les forces « progressistes » tardent dangereusement à prendre la mesure de cette réalité historique, ce que nous nommons culture est aujourd'hui l'outil le plus puissant, le seul vraiment efficace pour résister aux réducteurs de têtes qui menacent de dominer entièrement et laminer notre planète.

Car la culture c'est le moteur de l'humain. D'un humain qui non seulement refuse de se laisser normaliser, mais ne peut exister ni se développer sans porter les valeurs d'élévation, de civilisation, de lien et d'échanges entre les êtres. Hannah Arendt le dit ainsi : « Le monde n'est pas humain pour avoir été fait par des hommes, il ne devient pas humain parce que la voix humaine y résonne, mais seulement lorsqu'il est devenu objet de dialogue[1]. » C'est bien de cela qu'il s'agit. Ce que nous appelons culture est le vecteur d'une conception reliée de nos vies. Reliée à l'autre et au monde naturel. Une conception de l'existence humaine comme dialogue, que nous héritons (au moins) des Lumières, aujourd'hui vacillante et menacée de déshérence.

Comment s'opposer à ce désastre ontologique, cette catastrophe sournoise et implacable que met en jeu Samuel Beckett dans *Le Dépeupleur* ? Il n'y a, au fond, qu'une manière de le faire. Rappeler ce qu'est un être humain. Et ce qu'il n'est pas, c'est-à-dire un animal ou une machine. Einstein disait : « Pour marcher au pas, nul

---

* Nicolas Roméas est directeur de la revue *Cassandre/Horschamp* : www.horschamp.org.

1. *Vies politiques* [1955], Gallimard, 1974.

besoin de cerveau, une moelle épinière suffit. » Cette technique de réduction et d'uniformisation des hommes, jadis réservée à l'armée, s'applique aujourd'hui à l'ensemble de la société par l'action conjuguée d'une industrie et d'un commerce « décomplexés » et tout-puissants, avec l'active complicité de leurs soutiens politiques. Normaliser l'Homme aux fins de le rendre efficace en termes de rendement, en éliminant toutes marges d'erreur (et en effaçant peu à peu, dirait Yves Clot, tout espace d'invention), c'est renoncer à une haute conception de l'humain que partagent et portent à travers l'histoire les meilleurs de nos philosophes, de nos poètes, de nos artistes et de nombreux citoyens. C'est le réduire à la fonction de son cerveau reptilien, fossile de notre animalité. Normaliser les individus, c'est refuser de voir que ceux qui peinent à se plier aux normes sociales ont à nous dire sur l'humain des choses essentielles. Je l'ai plusieurs fois expérimenté et ressenti : les équipes qui travaillent le théâtre avec des patients réputés psychotiques ou porteurs de handicaps rendent tangible ce que le rituel théâtral a de fondamental. On perçoit alors clairement ce que ce processus a de fondateur, par ses contraintes spatiales et temporelles, dans l'expression de soi-même et dans la relation à un groupe. Et l'on comprend en quoi il est utile à tous. Faire du théâtre, c'est prendre la parole. Ce qui implique l'appropriation de règles du jeu et suppose la conception d'un être humain en devenir.

La conception de la vie en société qui nous est aujourd'hui imposée a pour finalité de machiniser l'Homme, ou une partie de l'humanité. On voit aujourd'hui dans des entrepôts et des usines, en France, des ouvriers munis de casques audio, totalement soumis aux injonctions qui leur sont transmises à distance et qui ne disposent d'aucune marge personnelle pour gérer leur rythme de travail. Le but de cette machinisation de l'être humain est inédit. Il s'agit de conformer les esprits afin que ces hommes perdent jusqu'à la possibilité d'imaginer une possible révolte. Toutes ces dérives, auxquelles nous assistons en temps réel, convergent vers une catastrophique réduction de l'être humain à sa capacité de production, dont le paradigme est le fameux axiome : « *Time is money* ». L'acceptation négligente de cet axiome – et l'inconscience de son caractère délétère – est sur le point de provoquer l'affaissement d'une poutre maîtresse de l'humain. Cet humain dont nous pensons, avec Gilles Deleuze, qu'il a pour particularité d'être en perpétuel devenir, et pour qui le temps est la matière première du devenir, de l'apprentissage de la vie.

Le symbole est l'outil de cet apprentissage, de cette connaissance. Sans son usage, aucune construction n'est possible. Le chiffre ne nous suffit pas et ne nous suffira jamais. Le chiffre est utile au règlement de notre vie en société, mais il doit rester secondaire. Ce n'est pas avec lui que nous nous construisons. Son application abusive à ce qui est de l'ordre du symbolique est un grave détournement. Il nous permet certes d'évaluer et négocier nos échanges matériels, mais la question est de savoir l'importance que nous voulons donner, dans nos vies, aux échanges matériels. Qui aujourd'hui ose affirmer que le chiffre est secondaire et que le symbole est premier ? Que la valeur donnée à un échange profond entre des êtres, quel que soit son vecteur, ne peut jamais se mesurer en chiffres ? Qu'il s'agit d'une autre échelle de valeur, simple à ressentir et très complexe à dire rationnellement ? Car notre usage de la langue est, lui aussi, appauvri, contaminé par la notion de quantité. Il y faut une langue qui retrouve sa force poétique.

En latin, le verbe *computare* signifiait « énumérer, dresser la liste de… ». À la fois conter et compter. La langue française a longtemps conservé l'ambivalence d'un mot qui évoque à la fois l'usage des chapelets et celui des bouliers. Deux techniques qui n'en firent qu'une à l'origine, pour mesurer le monde, en égrener les séquences, en dénombrer les éléments constitutifs, les compter et les conter. Il y a donc une source commune. Mais les chemins se sont peu à peu séparés, entre deux codifications, deux façons d'appréhender l'univers et d'en faire l'inventaire. Deux outils de pensée, dont le plus prosaïque a fini par dominer l'autre jusqu'à l'écraser. Un langage des chiffres qui a de plus en plus prétendu à l'exactitude, et a fini par prendre une importance démesurée dans ses applications contemporaines, une lecture du monde utilitariste qui tend aujourd'hui à régenter nos vies dans tous leurs détails. Et l'autre, celle du poète, du conteur, de celui que l'on nomme artiste, qui conserve et valorise cette part d'incertitude native, d'adhésion harmonique à une pensée magique, de souffle vital, d'intuition, d'imagination, et signe une vision de l'homme généreuse et ouverte.

Cette langue du conteur, de l'oralité à l'écriture, chargée de métaphores, d'étymologie, sédimenté par les littératures et le limon de l'histoire, cet outil de sens, ce langage qui nous vient de la tradition orale, perd sans cesse du terrain dans l'Occident moderne. C'est la route où *Cassandre/Horschamp* chemine, depuis bientôt quinze ans. Quinze années que nous cherchons, dans ce monde mal défini et très hiérarchisé, à créer des liens, à fabriquer avec l'aide de chercheurs de tous horizons, quelques repères autour de ces curieuses pratiques qui sont probablement chez nous l'un des derniers avatars de l'usage du symbole et de l'ancienne coutume du don et du contre-don. Quinze ans que nous cherchons à fournir des outils à ceux qui savent que l'art n'est ni un ornement ni un divertissement, mais un élément constitutif de notre civilisation, un principe actif, et souhaitent mettre ce savoir en pratique. Quinze ans que nous interpellons les politiques de notre pays sur leur grande responsabilité en ce domaine. Car c'est une faute grave de ne pas transmettre les valeurs qui se sont construites ici et qui ont trouvé leur application concrète, à la Libération, avec le Conseil national de la Résistance. L'Éducation nationale et l'Institution culturelle renoncent de plus en plus à transmettre cette mémoire, mais certains passionnés, comme Robert Abirached[1], ont pris en charge cette mission.

Un fil invisible traverse souterrainement notre histoire depuis l'orée des temps modernes. Le désir de construire une vraie culture populaire. Ce désir profond, toujours lié à celui de se libérer du joug d'un pouvoir central – et donc à l'idée de décentralisation –, on le trouve même sous le régime de Vichy, avec le Jeune France de Pierre Schaeffer qui fit circuler des pièces de théâtre dans les villages les plus reculés du pays. Mais c'est à la Libération que le nouveau pouvoir comprit le parti qu'il pouvait tirer d'un bon usage de la culture, de l'art. En particulier, de celui du théâtre. C'est dans ces périodes, où l'identité collective d'un peuple semble déchirée, fracturée, comme ce fut le cas au sortir de la guerre, que les responsables politiques trouvent un intérêt à cet univers qu'ils négligent le reste du temps. Quel meilleur outil que l'art, en effet, et que l'art collectif du théâtre, pour recoudre la déchirure en rassemblant les foules autour des œuvres ? Lorsque je découvris que Léon Blum s'essaya à la critique de théâtre pour les *Nouvelles littéraires*, je réalisai d'où venait son impulsion politique. À peu près à la même

1. *La Décentralisation théâtrale*, éditions Actes Sud-papiers, quatre tomes, réédités en 2005.

époque, Jacques Copeau pensait transformer le monde en investissant une ancienne salle paroissiale de trois cent places, le Théâtre du Vieux-Colombier. L'art, le théâtre, était un refuge d'idéalistes. Et la politique, la périlleuse traduction de leurs rêves dans le réel. Dans l'immédiat après-guerre, le secrétariat d'État aux Beaux-Arts de Jeanne Laurent créa, dans chaque région, des centres dramatiques nationaux qui furent les fers de lance de la décentralisation artistique et les premiers pas de la création du service public de la culture français. Mais l'espoir soulevé par un mouvement d'éducation populaire impulsé au niveau de l'État fit long feu et le ministère des Affaires culturelles de Malraux, créé en 1959, renoua avec l'idée élitiste d'un art noble en prenant ses distances avec les cultures populaires et en négligeant (malgré les Maisons de la culture) l'idée d'une pratique de l'art démocratique considérée comme initiation à la vie.

Pourtant, tout cela vient de loin. Au-delà du passé révolutionnaire, des paroles essentielles sont gravées de longue date dans notre mémoire commune. Parmi elles, celles de François de Montcorbier dit Villon, la verve généreuse de Rabelais, les belles utopies de Charles Fourier, celles qui jaillissent de la mémoire occultée de la Commune, celle du député Hugo devant l'Assemblée nationale, le feu adolescent de Rimbaud, celles qui accompagnèrent la naissance du grand mouvement mutualiste et, plus récemment, les imprécations fulgurantes de Debord, les délires politico-amoureux de Raoul Vaneigem, les puissantes litanies de Gatti... Sans oublier Sartre, Bourdieu, tous nos intellectuels engagés. Cet intense foisonnement, notre vraie richesse, est à l'origine de ce que j'appellerais une certaine aristocratie de l'âme, y compris dans la mémoire de notre culture populaire, comme chez ces ouvriers typographes qui, au XVIIe siècle, se faisaient une fierté de travailler pour le livre, c'est-à-dire pour l'esprit, d'être le relais de la pensée pour éclairer le peuple. Et préparer le terrain d'un changement politique.

Cette richesse particulière de notre histoire culturelle est sans doute l'une des raisons pour laquelle nous avons su inventer ce système si particulier de l'intermittence, pour régir le rapport au temps incalculable de ceux qui fabriquent de l'art. Cela suppose évidemment une conscience de la valeur de l'art en tant qu'outil au service de la collectivité, de la place que tient dans la société des hommes cet échange non-marchand qui doit être rétribué, mais dont la vraie valeur ne peut être monnayée.

Dans la préface à l'*Essai sur le don* (écrit en 1924), Florence Weber rappelle que les recherches de Marcel Mauss sur les systèmes d'échange dans les sociétés primitives éclairèrent et influencèrent les politiques dans le sens d'une répartition des richesses au-delà de la notion de charité, au profit d'une vraie mutualisation. Et que cela fut l'un des éléments qui ouvrirent la voie à la création de la sécurité sociale après la Libération. La culture et l'art, qui n'appartiennent pas au monde de l'économie, mais à celui du symbolique, ne peuvent, non plus, vivre démocratiquement sans que leur valeur soit reconnue par l'ensemble de la société et prise en compte par les pouvoirs. Car la culture, c'est ce que manifeste une collectivité qui cherche à se comprendre elle-même. Et cela implique de nombreuses activités, de l'art à toutes les techniques du soin, en passant par les sciences humaines.

Alors, l'Appel des appels, qu'est-ce que c'est, au fond ? Au-delà de l'élan lyrique donné par cet intitulé quelque peu messianique (ce qui n'est pas pour me déplaire), c'est un appel à l'essentiel. Un rappel. Le rappel de quelques données fondamentales de ce qui nous constitue et nous différencie des autres mammifères. Aurons-nous franchi tous ces millénaires pour en être réduits, comme le dit Roland Gori, à redevenir des bêtes, des bêtes sophistiquées qui, par le biais d'une technologie complexe (nanotechnologies, biométrie, vidéosurveillance, informatique, téléphonie sans fil), retrouvent une animalité bien pire que celle dont ils sont issus, parce que privée d'âme ? Le pervers occidental moyen peut-il encore ressentir le souffle de la beauté quand elle passe ? Cette beauté, comme le montrent Patrick Chamoiseau[1] et Édouard Glissant, n'est pas désincarnée. Elle ne peut et ne doit pas l'être, elle doit agir sur l'être entier. Pour ce que l'on nomme arts vivants, elle fut longtemps, comme le montre Michel Leiris dans *L'Afrique fantôme*, un chemin vers la transe, c'est-à-dire un autre état de conscience. Nous en gardons un souvenir diffus, seulement le souvenir, peut-être. Ce que nous appelons beauté n'est souvent que le pâle écho d'un mouvement du corps et de l'âme. Trace de ce temps où corps et âme

1. *Cf.* Manifeste pour les « produits » de haute nécessité et *Cassandre/Horschamp*, n° 79, été 2009.

étaient indissolublement unis et où il semblait incongru de vouloir les séparer. Un temps où la beauté était un outil pour ressentir les choses de l'intérieur, à un point d'incandescence. A-t-elle sa place dans un monde dévoré par la technique et les chiffres ? Avons-nous le droit de renoncer à cette conception de l'humain ? Avons-nous le droit de lâcher l'essentiel ?

Il en va de notre avenir, de celui de notre civilisation. Les catastrophes servent à ça. Nous catalyser dans l'essentiel. Et l'essentiel, c'est la relation humaine. Relisons *La Peste*, d'Albert Camus. C'est le moment. La peste qui nous menace, c'est la réification de l'homme. La déshumanisation de la société par ce que les signataires de l'Appel nomment, après La Boétie, notre servitude volontaire face à la dictature des chiffres et de la technique[1] décrite par Marie-José del Volgo. Ce que Michel Foucault analysa avec une précision chirurgicale, ce qu'Aldous Huxley, George Orwell, Ray Bradbury, Terry Gilliam anticipèrent, chacun à sa façon. J'aime revoir, de temps à autre, *Les Sept Samouraïs* du grand Akiro Kurosawa. Magistrale leçon politique. Très utile en ces temps obscurs. Les armes du guerrier sont spirituelles. Finesse, sang-froid, précision, bienveillance y compris vis-à-vis de l'adversaire. On se bat pour ce qui est juste, il n'y a donc place ni pour l'hésitation ni pour la haine. Je croyais autrefois qu'être à gauche c'était ça. Mais je le sais aujourd'hui, le plus terrible adversaire ce sont les faiblesses de notre camp. Il faut donc s'armer de courage.

N. R.

1. *Cassandre/Horschamp*, n° 78, printemps 2009.

Intermittents : quand l'économie masque (mal) l'idéologie

par Valérie de Saint-Do*

Cible d'attaques récurrentes, le régime d'indemnisation des intermittents du spectacle, régi par les annexes 8 et 10 de la convention UNEDIC, nourrit beaucoup de fantasmes et d'hostilité. Tout d'abord, précisons qu'il ne s'agit pas d'un statut, mais d'un régime d'indemnisation par les ASSEDIC. On est danseur, comédien, réalisateur, régisseur son ou lumières, pas « intermittent » ! Un artiste ou technicien peut d'ailleurs fort bien, au cours de sa vie, naviguer entre différentes formes de contrats de travail.

Apparu en 1936, le régime d'intermittent du spectacle prenait acte du caractère « discontinu » de l'emploi des techniciens du cinéma et du fait qu'ils travaillaient pour des employeurs multiples. Il a fallu attendre 1969 pour voir ce régime de protection sociale étendu aux artistes-interprètes et aux techniciens du spectacle vivant (puis aux réalisateurs, metteurs en scène...). En France, l'artiste-interprète bénéficie systématiquement de la « présomption de salariat », alors que le statut de travailleur indépendant est généralement la règle en Europe[1].

Ce régime n'a cessé de faire l'objet d'attaques du patronat et de certains partenaires sociaux, qui font volontiers vibrer la corde

---

* Valérie de Saint-Do est journaliste, auteur et codirectrice de la revue *Cassandre/Horschamp*.

1. À nuancer selon les pays : en Allemagne et dans d'autres pays, par exemple, les grands théâtres nationaux ou régionaux ont des troupes salariées permanentes. Mais il n'existe souvent rien entre le statut de salarié et celui d'indépendant.

populiste dans l'opinion publique, en dénonçant les « privilèges des intermittents ». L'argument invoqué est d'abord financier : le déficit « insupportable » des annexes 8 et 10 (celui des intérimaires, bien plus important, ne semble pas appeler les mêmes commentaires)... Mais, lors de la négociation sur le protocole de 2003, qui a provoqué un mouvement social sans précédent conduisant à l'annulation des principaux festivals en France, Denis Gautier-Sauvagnac, vice-président et négociateur pour le MEDEF, le déclarait sans ambages : « Peu importe le coût, l'important c'est le fond ! Nous voulons réduire le nombre d'intermittents. »

L'application du protocole d'indemnisation du 26 juin 2003 est l'illustration caricaturale de ces propos. Elle exige des bénéficiaires 507 heures de travail sur dix mois (au lieu de douze mois auparavant), tout en supprimant le plafonnement des indemnisations pour les cachets les plus élevés. La suppression de la date anniversaire d'ouverture des droits permet leur cumul et transforme ainsi un système mutualiste en système assurantiel[1].

Le MEDEF et les syndicats signataires, CFDT en tête (dont la représentativité est nulle dans la profession artistique), se sont ainsi arrogés le droit de sélectionner les « mauvais » et les « bons artistes ».

Comment comprendre autrement que la volonté légitime de lutte contre la fraude, les tracasseries visent en priorité les petites compagnies de théâtre, de danse ou de cirque, le plus souvent irréprochables, mais que l'on harcèlera parce qu'un trapéziste démonte le chapiteau, plutôt que les sociétés télévisuelles qui abusent du statut d'intermittant, y compris pour leurs standardistes ?

La CFDT n'est pas en reste dans ce travail de sape, qui considère les compagnies comme de petites entreprises et l'emploi régulier des mêmes comédiens comme un abus, cassant la notion même de troupe théâtrale !

---

1. La mesure est un peu technique et complexe. Prenons un exemple. Le 15 mai 2001, un intermittent voyait ses droits d'indemnisation chômage calculés en fonction de ses heures de travail depuis le 15 mai 2000. Si, jusqu'au 15 mai 2002, il travaillait toute l'année et n'utilisait pas les droits acquis en 2001, il les perdait, et ses nouveaux droits étaient calculés sur la base des heures effectuées entre les 15 mai 2001 et 2002. Aujourd'hui, la période de référence est devenue « glissante » : il faut systématiquement avoir cumulé 507 heures au cours des dix mois précédents, sans date anniversaire, mais les droits sont cumulables. Il s'agit d'offrir un « bonus » à ceux qui ont déjà la chance de travailler beaucoup.

Cette réforme a exclu des milliers d'artistes et techniciens de l'assurance chômage… tout en creusant considérablement le déficit des annexes 8 et 10 !

Quel est donc ce « fond » si insupportable au patronat – mais aussi, hélas à plusieurs syndicats ? Il y a le refus de prendre en compte le travail invisible de l'artiste, hors des répétitions et des représentations. Mais surtout, le régime de l'intermittence subvertit insidieusement les rapports sociaux et les notions de hiérarchie et de subordination induites par le contrat de travail. Si, par définition, l'intermittent subit la précarité, ses conditions d'indemnisation lui permettaient jusqu'ici de la vivre comme une relative liberté, plutôt que comme une injonction à accepter n'importe quel travail. On peut soupçonner que c'est cette liberté – toute relative – de dire non qu'il s'agit de casser à tout prix, afin de « mettre de l'ordre » dans un milieu solidaire, revendicatif et bénéficiant de relais dans l'opinion.

Cette volonté d'« écrémage » des artistes va de pair avec la suppression systématique, depuis plusieurs années, de crédits accordés par le ministère de la Culture à l'action culturelle… Le ministère s'accorde avec le MEDEF et certains syndicats pour juger qu'un artiste cesse de l'être, par exemple lorsqu'il anime des ateliers en prison ou en milieu scolaire ! On laisse imaginer les ravages de cette politique auprès des publics les plus éloignés de l'art et de la culture…

Beaucoup de professionnels craignent que ce retour à un ordre libéral-autoritaire ne franchisse une autre étape, qui consisterait en l'instauration d'une carte professionnelle des artistes… aux relents d'ordre vichyste. Ce qui signifierait, à coup sûr, la mort de milliers de compagnies et la fin d'une diversité culturelle intérieure.

V. d. S.-D.

Inventaire, Invention

par Louise L. Lambrichs*

> « Un conseil est un remède d'autant meilleur qu'il est plus amer. »
>
> Proverbe bosniaque

Inventaire, Invention.

Le titre, emprunté pour l'occasion à Patrick Cahuzac, rend hommage à cette aventure littéraire qui me vaut d'être là, parmi les premiers signataires de l'Appel des appels ; et parce que ces deux mots, choisis pour évoquer le trajet d'une conscience littéraire et artistique articulée au réel, continuent d'avoir tout leur sens, en particulier dans le contexte de ce collectif.

Inventaire, Invention.

Comme un axe, une direction, un sens à déployer, endosser et inscrire en soi de l'histoire, dans un mouvement d'aller et retour, pour réanimer le langage en tant que partie prenante du réel, il engendre l'avenir qu'ensemble nous construisons. Puisque sans inventaire du réel, il n'est pas de conscience possible ; et puisque sans conscience, il n'est d'invention qu'illusoire.

Inventaire, Invention.

Comme un point d'arrivée, à un temps *t* de l'histoire, sans intenter de mauvais procès ni en rabattre du côté de la pensée, pour un nouveau départ dans de meilleures conditions. Comme l'inscription

* Louise L. Lambrichs est écrivain, critique, chercheur indépendant.

de ce mécanisme éternel qu'il faut aux humains, pour renaître, vivre dans leur chair le mourir.

Dire « nous y sommes » serait abuser, tant à l'évidence de nombreux petits moi n'y sont pas. Disons plutôt qu'un certain « nous », divers, semble naître de ce point-là. L'éprouvé de la politique de civilisation annoncée comme un : détruire, dit-il.

C'est rigolo mais tragique aussi la littérature largement comprise pour ceux qui savent lire et relire et pister l'illusion pour arracher sa vérité au monde en tant qu'il parle ; et affligeant d'être gouverné par des hommes qui la réduisent à un loisir lucratif, formaté à l'aune du consensus ambiant, comme si la question du juste, du vrai, du sensible et du pensable était monnayable ! Par suite de quelle sourde dérive l'injure d'hier – « Vendu ! » – est-elle aujourd'hui devenue, dans le registre du texte publié, suprême éloge ?

Le mouvement ne date pas d'hier. Depuis les années 70 du siècle dernier, on l'a vu lentement monter en force et finalement s'imposer, André Schiffrin[1] puis Éric Vigne[2] en ont fait chacun à sa façon l'inventaire et le constat terrible. Et c'est bien aussi sur ce diagnostic lucide qu'Yves Mabin, poète et haut fonctionnaire, s'était étayé pour créer au ministère des Affaires étrangères *Vient de paraître*, revue destinée à rendre compte pour l'étranger, sans souci des critères marchands hexagonaux, d'ouvrages français de qualité dans tous les domaines, et rassemblant une équipe de critiques spécialisés dont j'ai eu l'honneur, avec une vingtaine de collègues, de faire partie pendant dix ans.

Détruire, dit-il.

Pourquoi ces deux revues, *Vient de paraître* et *Inventaire-Invention*, furent-elles avec tant d'autres, du fait du pouvoir politique, rayées du paysage alors qu'elles faisaient justement le pari de l'exigence, de la qualité, de la compétence, voire de la recherche, de l'ouverture et de l'innovation ? De l'ère du soupçon dont parlait Nathalie Sarraute, serions-nous passés un demi-siècle plus tard, avec le concours de bien des intellectuels (au sens large à donner à ce terme), à l'ère de l'imposture et du mépris affiché ?

Inventaire-Invention. Ainsi fut donc nommée, il y a dix ans, ce qui n'était pas une revue classique mais une entreprise littéraire

1. *Le Contrôle de la parole*, La Fabrique, 2005.
2. *Le Livre et l'Éditeur*, Klincksieck, 2008.

innovante, imaginée par Patrick Cahuzac soutenu par un groupe d'amis. Cette aventure associative de résistance créatrice, basée au départ à Aubervilliers, se fondait sur la tradition et l'innovation : une tradition éditoriale ayant fait ses preuves (celle qui ose affirmer le primat de la qualité et de l'originalité du texte sur l'espoir souvent déçu de sa rentabilité immédiate) et l'innovation technique. L'édition générale des années 1990 ne donnant plus leur chance à des textes courts sortant des formats imposés par des impératifs commerciaux toujours plus gourmands, Cahuzac s'engouffra dans la brèche et s'empara des nouveaux moyens technologiques – Internet – pour inaugurer un nouveau style d'édition, à la fois exigeant, original et accessible au plus grand nombre.

Contre le Veau d'or, le choix du Verbe et de ses métamorphoses.

Si l'histoire vous refait toujours, le poète, lui, ne se refait pas ; désirant, il persiste dans son être.

Inventaire-Invention ne « produisait » pas mais défrichait, découvrait, proposait. Cahuzac y publiait des écrivains de façon aussi éclectique que sélective tandis que l'équipe accompagnait ces textes courts jusqu'aux lecteurs les moins favorisés. On oublie parfois de le rappeler : le prix des livres et l'abondance pléthorique de la production éditoriale ont rendu de plus en plus difficile, au public non initié ou mal informé, l'accès à une littérature contemporaine de qualité, noyée dans une masse tiède où même le scandale respire le conformisme. Si le libraire et les divers intermédiaires jouent un rôle important de conseil, la sélection comme l'exclusion culturelles, dès qu'il s'agit de lecture, commencent – comme ailleurs – par l'argent. Cahuzac, conscient de ces effets pervers, lança donc, à côté des textes mis en ligne sur le site et accessibles gratuitement, une collection papier d'inédits à cinq euros – ce qui justifiait les subventions de fonctionnement demandées.

Autrement dit, loin de céder à la démagogie commerçante suivant laquelle publier des textes singuliers, exigeants, inattendus, déroutants relèverait d'une démarche élitiste, Cahuzac – comme tout écrivain – partit du principe que le goût se forme et que c'est d'emblée le plus actuel, le plus sensible, le plus vif, le plus percutant, voire le plus surprenant, qui doit être donné à tous, surtout aux jeunes, chacun restant libre de s'emparer de ce qui lui parle et le mènera de proche en proche vers d'autres découvertes.

Au-delà de la rentabilité financière, toujours aléatoire, prime pour l'éditeur l'idée que l'importance d'un texte tient aux perspectives qu'il ouvre et à la rencontre qu'il rend possible – qu'il s'agisse de la rencontre avec soi, l'autre ou le monde.

Quand la littérature largement comprise, dont Jean Bernard reconnaissait qu'elle est la mère de toutes les humanités, est absorbée par une logique où ce qui emporte la décision, c'est moins la profondeur des textes et l'imprévisible trajet des écrivains que le jugement commercial à court terme, rien ne va plus au royaume des rencontres et du hasard où s'accomplissent parfois d'imprévisibles miracles. Aboli le coup de dés, la soupe est fade. Cahuzac, écrivain avant de devenir éditeur puis aujourd'hui libraire, amoureux des textes, le savait mieux que personne. Sauvé lui-même par la littérature et fortement engagé auprès de populations généralement modestes auxquelles il désirait offrir la même chance, il se voulut d'emblée proche des jeunes culturellement déshérités par notre société de plus en plus inégalitaire. Avec rigueur et détermination, il développa, en marge de sa politique éditoriale, un programme pédagogique en relation avec les documentalistes et les enseignants, destiné à permettre aux classes de banlieue de découvrir, à l'occasion d'ateliers d'écriture et de rencontres avec des écrivains choisis par eux, diverses formes de la littérature contemporaine vivante.

C'est en écrivant qu'on devient écriveron, disait Raymond Queneau, et en écrivant qu'on apprend à lire, disait Françoise Dolto. Mais entrer dans le langage, se l'approprier, c'est toute une aventure à laquelle ne prépare pas toujours un enseignement normatif qui a oublié que la lecture est d'abord un plaisir, une expérience intérieure, un voyage dans le temps et l'espace, l'exploration d'univers inconnus. Travailler en binôme avec les professeurs, lorsqu'on est écrivain, permettait d'ouvrir les portes et les fenêtres, de délier les langues, de jouer avec les mots et, ce faisant, de se découvrir différent, plus singulier parfois mais aussi moins seul, plus proche. Des talents inattendus s'exprimaient, étonnant les professeurs eux-mêmes. Un vent soufflait dans ces ateliers, un vent vivant qui animait les textes et commençait à donner à chacun un peu plus de confiance dans sa propre parole, pour un peu plus d'assise dans sa propre vie.

L'aventure dura dix ans. Elle fut coupée dans son élan par l'action conjointe de la gauche (Conseil général de la Seine-Saint-Denis) et de la droite (ministère de la Culture, après l'accession au pouvoir de Nicolas Sarkozy). Taries les subventions qui lui assuraient le minimum vital, cette petite structure associative, créative et ouverte sur les réalités sociales et transnationales, plus soucieuse d'organiser des rencontres régulières et une transmission de qualité que de profits financiers immédiats, dut déposer son bilan début 2009. Comment intégrer ce fait-là, à côté de tant d'autres, dans l'intention déclarée de mener une « politique de civilisation » ?

« Politique de civilisation ».

Le syntagme, jeté en pâture à l'opinion, m'a sidérée. Et sidérée aussi le silence, sur fond d'analyses à courte vue, rencontré par la trouvaille de ceux qu'on appelle aujourd'hui *les professionnels de la communication*. Vidés les mots vendus au plus offrant, les êtres errent, perdus au cœur de réalités qui tragiquement ne cessent depuis trente ans de s'aggraver. De la Chose en question, personne, *as usual*, ne serait responsable. Le discours de l'impuissance, inusable et tristement populaire, est connu. Il fut servi lors du scandale du sang contaminé, resservi au moment de la guerre de la Yougoslavie, réchauffé encore pour excuser la crise économique dont la mondialité soulignée permet commodément d'oublier les responsabilités de ceux qui, des années durant, ont soutenu sans réserve le système dérégulé qui y a mené. Gageons qu'il renaîtra de ses cendres à la première occasion. Si l'on oublie les réalités tragiques masquées par ce discours somme toute assez lâche, la situation ne manque pas d'ironie : plus le Viagra fait d'émules (si l'on en croit les publicités indésirables que l'on reçoit), plus les humains se droguent (légalement ou non), plus les médias s'intéressent à la vie sexuelle du Président (dont l'électorat n'a que faire), et plus le consensus, face aux catastrophes qu'engendrent les dirigeants, insiste sur l'« impuissance » supposée des responsables. Y aurait-il, du côté des mécanismes de sublimation, quelque chose qui ne fonctionnerait plus chez l'humain et faudrait-il, pour rendre hommage au sens subtil et secret du concept de « professionnel » (au féminin), parler des *péripatéticiens de la communication* ? Voilà qui, derrière les larmes et la colère, ranimerait la langue en la faisant sourire, dans une certaine logique *poéthique*[1]… puisqu'il s'agit bien

1. Voir Louise L. Lambrichs, « Point de non retour », *Action Poétique* n° 196, 2009, p. 88-91.

là du traitement infligé à notre langue maternelle, si puissante pourtant lorsqu'une oreille exercée en interroge les échos. La vendre au plus offrant, en rabattre au besoin sur l'acuité du propos et l'exigence de penser le monde où nous vivons, n'est-ce pas l'objectif déclaré, depuis trente ans, de tant d'auteurs et d'éditeurs en France – je parle des plus visibles ? Ce qui excite les marchands, n'est-ce pas la « surface sociale », le carnet d'adresses, le « réseau » et le profit financier à court terme, beaucoup plus que le texte en tant qu'il ouvre à l'esprit des horizons nouveaux et parle, seul, si fort parfois qu'il déloge le lecteur de son prêt-à-penser pour lui ouvrir les yeux ?

Politique de civilisation !

À vrai dire, la question de la civilisation occidentale, de ses choix, de ses valeurs, de ses dérives européennes et mondiales, se pose depuis longtemps et avec une acuité particulièrement douloureuse dès lors qu'on se soucie de l'accroissement des inégalités sociales dans les démocraties[1], ou lorsqu'on a compris en profondeur ce qui s'est passé, et pourquoi, dans cette partie de l'Europe orientale dite ex-Yougoslavie[2]. Pourquoi dans ces conditions user de ce pléonasme, « politique de civilisation », puisque tout agir politique a toujours relevé, de tout temps et par définition, de la civilisation ? Dans quel sens, au-delà de l'énigmatique habileté de la formule, fallait-il l'entendre ?

Cela se verrait aux actes.

Une fois compris le mécanisme qui fait l'humain parlant tel qu'il ne peut pas faire autrement qu'il fait tant qu'il n'interroge pas ses fausses certitudes, on se fait un peu moins d'illusions et un peu plus de soucis. C'est donc de cela qu'il s'agit. Des actes en tant qu'ils sont aussi un langage, témoignant de l'écart plus ou moins manifeste qui existe entre le parler et l'agir – l'hypothèse de travail étant que dans l'écart se situe le réel en tant qu'impensé, il se met en acte dans le politique et le social, dans l'Hexagone mais aussi au-delà, en Europe et jusqu'à l'ONU, si vous voulez m'en croire en attendant

1. Voir Louise L. Lambrichs, *L'Invention sociale, À l'écoute de Bertrand Schwartz*, Philippe Rey, 2006.

2. Voir Louise L. Lambrichs, « Demain, quelle civilisation ? », *Cahiers internationaux du symbolisme*, n° 110-112, Mons, 2005 ; *id.*, *Nous ne verrons jamais Vukovar*, Philippe Rey, 2005 ; *id.*, « L'effet papillon », *Inventaire-Invention*, Paris, 2007.

de lire et de le voir de vos propres yeux, pourvu que votre curiosité se mette de la partie.

Inventaire, Invention. L'inventaire serait la forme que prendrait, pour une conscience citoyenne libre et indépendante, une démarche évaluatrice des politiques menées en notre nom. Pas à la Prévert, l'inventaire, non. Fini de blaguer, même si on le voudrait bien, entre deux fureurs ravalées. Mais l'invention pourquoi pas, au pays des mots rigueur et fantaisie ne sont pas ennemies.

La question posée aujourd'hui me paraît donc moins celle de l'évaluation en soi que celle du style, des critères, des outils, des présupposés, de la méthode, des acteurs, de leurs compétences et des objectifs de cette évaluation réduite, par le politique, à un mode de chiffrage dont la légitimité est souvent à questionner, en rapport à son objet.

Curieuse, cette idée sans queue ni tête qu'il suffirait de chiffrer le réel pour croire le maîtriser et le comprendre, au lieu justement de le déplier pour le déchiffrer et l'*interpréter* aussi justement que possible. De le *lire* au lieu de délirer.

Inventaire, Invention. Déchiffrer il faut, en effet, pour mesurer ce que le chiffre impensé contient parfois d'inimaginable obscénité. Je ne cite qu'un exemple, au-delà de l'Hexagone, où la France porte aussi sa part d'impensé. Tout un chacun retrouvera l'information sur le site de B92, radio serbe antinationaliste qui relatait, le 7 mai 2009, les faits suivants : la veille, 6 mai donc, Serge Brammertz, procureur du Tribunal pénal international pour l'ex-Yougoslavie, a rencontré à Sarajevo les associations de victimes bosniaques et leur a annoncé que 1 000 éléments de preuve découverts dans les charniers (photos, cartes d'identité, etc.) utilisés au cours des procès ont été détruits sur ordre du Tribunal, faute – paraît-il – de place où les conserver. L'information a déclenché la colère des Bosniaques. « *That's pathetic* », commente Munira Subašić, présidente de l'association des Mères de Srebrenica et de Žepa.

On ne peut mieux dire. L'inconscience et l'inhumanité de l'acte révoltent. L'arrogante impudeur de l'aveu sidère.

Mille éléments de preuves.

Derrière ce nombre, depuis plus de quinze ans, combien de mémoires béantes, de familles endeuillées, d'âmes insultées qui rugiront encore, pour ne pas mourir d'humiliation et de fureur rentrée. Est-il imaginable que ce procureur soit inconscient au point d'ignorer le caractère extrêmement précieux, pour les familles, des objets détruits ? Est-il pensable qu'investi d'une telle responsabilité, cet homme ignore le poids de ses actes et de ses paroles, qui tuent une deuxième fois la mémoire des massacrés de Bosnie ? Comment croire en cette Europe drapée dans sa bonne conscience, qui ose encore et plus que jamais se dire « chrétienne[1] », où les génocides se succèdent comme autant de « détails », où les institutions chrétiennes, négationnistes si l'on en croit les discours de leurs dirigeants, ne seraient pas directement impliquées ? Comment nos propres médias peuvent-ils rester muets face à une telle honte ?

Ce n'est pas là, de ma part, coq à l'âne. Vingt ans de recherches en marge des institutions mais en collaboration avec de nombreux chercheurs m'ont éclairée plus que je ne l'aurais souhaité sur la dimension d'imposture de la pensée où nous sommes, en ce temps *t* de l'an 2009, non seulement à Paris mais à Bruxelles, à Londres et à New York, relativement à ce qu'on pourrait entendre sous le syntagme polysémique : « politique de civilisation ».

Dans un contexte européen et plus largement occidental, si la politique de civilisation n'implique pas un profond travail de culture destiné à construire la paix, elle est une imposture. Encore, pour construire la paix, faut-il se méfier des bonnes intentions et s'appuyer sur un axe de lecture qui soit juste – j'entends, conforme aux faits comme aux documents connus. Or, depuis quinze ans, malgré les travaux publiés, je ne l'entends ni chez les responsables européens, ni chez les juristes internationaux, ni dans nos médias soumis au discours consensuel politiquement correct. Et ce que j'observe en France, depuis de nombreuses années, à partir d'un travail multidisciplinaire accessible à tous, peu académique certes, mais fort rigoureux et confirmé sur le terrain, c'est que cette imposture est soutenue par la gauche comme par la droite et que personne dans les médias ou l'Université française ne s'est hasardé depuis 2005 à ouvrir le débat que

1. Voir les déclarations de Nicolas Sarkozy au Palais de Latran, le 20 décembre 2007, et l'accord passé par la République française avec le Vatican, le 18 décembre 2008, remettant en cause la loi sur la laïcité de 1905, concernant la reconnaissance par l'État des diplômes des universités catholiques.

j'ouvrais, l'estimant capital pourtant pour l'avenir de la paix dans une Europe élargie à la Croatie, à la Bosnie, à la Serbie.

Personne sauf, justement, *Inventaire-Invention*.

L'exception qui confirme la règle.

De ce point de vue, que le nouveau régime ait contribué à faire taire cette exception relève moins d'une rupture que d'une continuité, plus réactionnaire certes que les quinze années consensuelles qui le précèdent. C'est pourquoi sans doute tant d'hommes ayant appartenu au Parti socialiste ont rejoint aujourd'hui l'équipe dirigeante. Si le pétainisme, conceptuellement parlant, désigne un régime coresponsable de génocide, n'oublions pas que c'est la France de Mitterrand qui incarne, du point de vue européen et eurafricain, le lamentable retour de ce passé-là. Aujourd'hui, pour autant que j'en puisse juger par ses actes et ses paroles, notre Président incarnerait plutôt, et dans toute sa splendeur, la figure de la Réaction en tant qu'elle accomplit avec détermination un pas en arrière. Qu'il s'agisse des droits humains, des idées publiquement soutenues sur la science et sur l'éducation, ou du style de gouvernance, ce qui fut présenté comme « nouveau » ressemble à s'y méprendre aux idées arrêtées soutenues par la classe dirigeante au début du XXe siècle. Si ces idées ont été largement dépassées par les recherches cliniques et les travaux accomplis depuis, il faut croire que ces avancées ne se sont pas inscrites dans tous les esprits. Dans quelle mesure la régression actuelle est-elle le résultat du mépris affiché, depuis plus de trente ans, pour toutes les matières littéraires supposées « inutiles » par nos dirigeants mais indispensables, en réalité, pour penser notre propre évolution ? Cette question, qui mériterait d'être largement développée, me paraît plus que jamais à l'ordre du jour.

Inventaire, Invention. Refonder les droits humains suppose l'inventaire des faits et des discours qui contribuent quotidiennement à ce que ces droits soient bafoués, non seulement en France mais en Europe et jusqu'à l'ONU. Or, lorsqu'on s'aventure et qu'on s'expose à publier les résultats d'un long travail, les intellectuels supposés engagés dégagent et bottent en touche tandis que les experts estampillés, s'appuyant sur leurs positions de pouvoir, font la sourde oreille. Ce qu'un seul dit, fût-ce extrêmement solide et difficile à contester, ne vaut rien face à la pensée molle du groupe consensuel. La pensée ferait-elle peur ? Ce paradoxe durable et cette tension tragique se vérifient génération après génération puisque toutes les avancées de la civilisation ont été dues à des êtres singuliers, des « originaux » rebelles aux idées reçues qui se sont heurtés au mur qu'elles opposent à toute forme de nouveauté constructive, tandis que les régressions catastrophiques ont généralement été engendrées par des phénomènes de groupe et de partis en tant qu'ils sont agis par l'appétit de pouvoir et l'impuissance à penser les conséquences de ce qu'ils font.

On connaît la loi démocratique : nous sommes tous égaux, sauf qu'un bon nombre sont nettement plus ego que les autres.

Inventaire, Invention. L'inventaire n'impose pas seulement l'énumération vertigineuse des manquements hexagonaux, européens, onusiens. Il suppose aussi la mise en relation inattendue de faits de discours en tant que leur confrontation crée un rapport saisissant, voire éclairant et possiblement explorable.

Ainsi, s'agissant du malaise européen voire occidental depuis vingt ans (disons depuis la chute du Mur de Berlin), il est frappant d'observer la montée en puissance de cette invention nommée « bioéthique » (dont les spécialistes déplorent à juste titre le creux et le « ninisme ») tandis qu'au même moment se produit, au niveau international, une régression éthique magistrale, régression masquée par la loi elle-même.

Pour le dire de façon plus triviale et saisissante pour l'esprit, il est d'une inquiétante étrangeté de voir les Européens s'abîmer dans des polémiques médiévales relatives à la « personne potentielle » que représenteraient trois ou quatre cellules embryonnaires au fond d'une éprouvette tandis qu'au même moment, sous nos yeux et sans que personne établisse le moindre rapport entre ces faits, une politique authentiquement génocidaire est mise en œuvre et des populations entières se font massacrer à trois heures d'avion de chez nous sans que nous leur portions secours (alors que nous sommes sur le terrain) et sans que cela empêche grand monde de dormir.

Juxtaposer ce genre de faits supposés hétérogènes et néanmoins concomitants embarrasse la pensée et produit généralement une réaction de dégagement (réflexe footballistique ?) du style : « Ça n'a rien à voir ». Or philosophiquement, cela a tout à voir au contraire. Car d'un côté, l'Occident développe une énergie considérable pour édicter des lois dites de bioéthique (comme si la loi disait l'éthique[1]), et de l'autre, dans le même temps et sans que personne s'en soucie, la loi internationale est elle-même pervertie par des postulats idéologiques et des dénis internationaux qui rendent les jugements inopérants, voire iniques, et de ce fait produisent, sur le terrain concerné, rage et confusion durables.

Travailler longtemps et parallèlement sur ces questions qui relèvent de la civilisation occidentale contemporaine permet de mesurer ce qu'il peut y avoir de pervers et par conséquent de pathogène pour les populations, dans un système juridique international dont les postulats sont faussés au départ. C'est en effet pure affaire de logique : partant de faux postulats, comment espérer aboutir à un jugement juste ? Or sans jugement juste, pas de réconciliation possible, quoi qu'on dise. Que la langue française, à la fois rigoureuse et profonde, logique et poétique, m'ait permis de mettre au jour ce mécanisme m'a littéralement émerveillée. J'y ai vu soudain l'occasion pour la France de racheter ses erreurs et de retrouver, dans les Balkans, un rayonnement fondé sur des positions exigeantes, à la fois justes et claires. Ce travail ouvre en effet sur des perspectives nouvelles, fécondes pour l'Europe et riches de toutes sortes d'enseignements. Mais que faire lorsqu'on est confronté à une France bleu horizon qui s'acharne, depuis des années, à renier jusqu'au génie de sa propre langue ?

Continuer à travailler, je suppose, en poursuivant avec rigueur l'inventaire qui, jour après jour, nourrira contre vents et marées l'invention de l'avenir.

L. L. L.

---

1. Voir à ce sujet Louise L. Lambrichs, *Puisqu'ils n'en diront rien. La violence faite aux bébés*, Paris, Bayard, 2009, en part. p. 184 *sqq*.

La culture dans les relations extérieures : juste un symptôme parmi d'autres

par une fonctionnaire anonyme*

« *Todo necio confunde valor y precio*[1]. »

Antonio MACHADO

Entre 2008 et 2009, le ministère des Affaires étrangères a diminué de moitié les crédits consacrés à la promotion du livre à l'étranger et à l'aide à la traduction d'œuvres françaises. À l'échelle du budget de l'État, ce n'est rien, ou presque rien (ce que les comptables de Bercy appellent « l'épaisseur du trait »). Ce presque – dans lequel se logent le renoncement à la diffusion de dizaines d'ouvrages en langues étrangères ou encore l'annulation pure et simple de programmes de soutien à l'édition dans les pays du Sud – est pourtant un symptôme, qu'il faut lire comme tel : rapporté aux coupes budgétaires qu'ont subies les subventions accordées, par exemple, aux Alliances françaises (qui ont diminué de 3 % en 2007, de 10 % en 2008, et entre 15 et 30 % en 2009) et plus généralement aux économies draconiennes appliquées à l'action culturelle internationale, cette réfaction (infime en chiffres absolus, mais lourde de conséquences) témoigne, parmi d'innombrables autres signes, d'une dévalorisation systématique de la culture dans la politique extérieure de la France. Il est vrai que les lecteurs étrangers ne votent pas en France (les publics des Alliances françaises non plus, d'ailleurs).

1. Littéralement : Tout crétin/idiot confond valeur et prix.

La débâcle que connaît actuellement la politique culturelle extérieure de la France n'a pas pour origine, mais pour *détonateur*, les arbitrages rendus par le ministre lui-même : dans un budget contraint, et alors même qu'augmentent d'année en année les charges fixes du « réseau » (le dispositif d'établissements culturels à l'étranger), celui-ci a en effet décidé de protéger les dotations aux grands fonds multilatéraux de lutte contre le Sida ou d'aide au développement pour légitimer *son* image de médecin généreux, le sac de riz sur l'épaule, aux dépens de la coopération culturelle bilatérale, proprement sinistrée budgétairement. C'est là une politique de gribouille, en termes d'influence : contrairement au dispositif de présence culturelle, bien visible, la contribution française à ces fonds se trouve noyée parmi les versements de nombreux autres pays ; les destinataires de l'aide n'en manifesteront aucune reconnaissance, mais du moins ne sera-t-il pas dit que le ministre n'aura pas imprimé sa marque personnelle sur les orientations de son ministère ! Le choix de la solidarité aurait pu être assumé, haut et fort. Certes, il aurait fallu déplorer qu'un euro au bénéfice de la santé en Afrique sub-saharienne soit – absurdement – mis en concurrence avec un euro allant au profit des échanges culturels de la France avec l'étranger ; ou bien il aurait fallu agir pour qu'il n'en soit pas ainsi. Ce choix n'a pas été assumé, ou honteusement, tant était vive la crainte de se voir accuser par les médias de brader l'effort de diffusion des idées et des expressions artistiques françaises à l'étranger. Ce danger, en définitive, le ministre n'aura pas réussi à l'éviter, perdant ainsi sur tous les tableaux.

Au Quai d'Orsay, comme dans la plupart des autres ministères, la politique d'image a tout envahi. Le souci de faire parler de soi à tout prix, d'occuper du temps d'antenne ou de l'espace dans les journaux, l'emporte sur toute autre considération. Une déclaration à faire, une mesure à prendre ne sont jaugées qu'en fonction de leur potentiel médiatique, de leur *rendement* en termes d'échos dans l'opinion. Depuis plusieurs décennies, pour la diplomatie française, l'action culturelle n'était qu'une façon de donner du lustre à l'exercice du pouvoir, quand il se portait hors de nos frontières : donne-moi des crédits pour voyager à tes côtés, disait le saltimbanque au Prince, et je te rémunérerai en prestige. (Dans une version menaçante : si tu ne me donnes pas de crédits, je te promets une mauvaise presse.). Assure-moi une couverture médiatique, disait le Prince au saltimbanque, je te ferai partager les miettes du festin. Ce double chantage suppose la complicité, ou du moins la complaisance, des médias... En France, un billet d'avion et une invitation offerts pour rendre compte d'un spectacle ou d'une exposition lointaine étouffent les éventuels scrupules et amadouent un journaliste. Elles n'étaient pas sans efficacité, ces manifestations prestigieuses, qui réussissaient aussi, grosso modo, à préserver l'essentiel des moyens dévolus à l'action culturelle internationale.

En période de crise, et alors que les déficits publics ne cessent de se creuser, le système montre ses limites. De même que dans les entreprises, les frais de représentation et la publicité sont les premiers postes à subir l'effort d'économie, l'action culturelle, ravalée au rang de dépense somptuaire, subit de plein fouet les coupes budgétaires. Pas de véritable projet autre que le carrousel des images, constate Bercy, donc plus de crédits !

La coupe budgétaire se dissimule volontiers sous le nom de transfert de compétences (mais non pas nécessairement de moyens) : on déclare qu'une action jusqu'ici conduite par une administration centrale peut être menée bien mieux et plus rationnellement par un *opérateur* et donc qu'elle doit être transférée à cet opérateur, l'administration se réservant le « pilotage stratégique », c'est-à-dire d'apprécier le bien-fondé de cette action et surtout d'en évaluer l'efficacité, l'efficience ou l'impact (selon le vocabulaire qui caractérise la *culture du résultat*). C'est ainsi que, dans le cadre de la révision générale des politiques publiques, la fameuse RGPP, la politique de promotion du livre français du ministère des Affaires étrangères a été transférée à l'opérateur CulturesFrance, comme l'a été la politique de promotion du cinéma français dans le circuit non-commercial. À celui-ci incombe désormais la responsabilité de sa mise en œuvre, mais non pas les crédits correspondants.

Dans ce tour de passe-passe, le ministère espère faire coup double, voire triple : outre l'économie de ligne budgétaire faite au passage, il souhaite détourner le feu de la critique éventuelle vers l'opérateur (qui sera seul accusé de la pénurie ambiante), libérer du « temps de cerveau disponible » pour définir des « orientations stratégiques » (à supposer qu'il y en ait), juger des résultats d'une action sur pièces. Louable intention que celle-ci : mais comment mesure-t-on l'effet d'un livre sur un lecteur ? Au nombre d'articles suscités dans la presse étrangère ?

Qu'est-ce qu'un « référentiel » ? Un ensemble de critères d'évaluation, un inventaire de compétences (s'il s'agit d'apprécier l'acquisition d'un savoir ou d'un savoir-faire) ou de conditions (s'il s'agit d'évaluer la conformité d'une action à un modèle) requises pour qu'une procédure ou qu'un système « fonctionne ». Le « référentiel », devenu le maître mot du service public après avoir montré ses limites dans le secteur privé, a ceci de magique pour la technocratie dominante qu'il peut être informatisé : il est l'unité de base, la donnée que les logiciels brassent pour cracher du ratio, du pourcentage, de l'évaluation. Au début du XXIe siècle, un grand vent de formatage ou de « profilage » souffle sur la société française, comme sur toutes les sociétés postindustrielles, qui, sur ce point, montrent le chemin aux autres. Un nouveau concept vient de faire son apparition pour désigner la conformité d'un comportement à un modèle formalisé : le « savoir-être », qui sera adossé bientôt, n'en doutons pas, à d'innombrables référentiels construits par des cabinets-conseils, par secteur d'activité ou selon les diverses circonstances de la vie sociale. Les fiches annuelles d'évaluation des fonctionnaires en font déjà mention. Au fait : qui contrôle les cabinets-conseils et qui les évalue ? Quelle instance garantit au citoyen que leur intérêt coïncide avec l'intérêt général ?

Dans les grandes écoles de commerce ont été mises en place des filières « management des administrations publiques » : leur orientation n'est pas de préparer les futurs fonctionnaires à leur métier (ils ne savent rien de l'administration), mais de fournir aux cabinets-conseils la « ressource humaine » nécessaire pour gérer à sa place les affaires de l'État. Par l'intermédiaire de ces nouvelles entreprises – qui tiennent partout le haut du pavé et s'enrichissent aux frais du contribuable –, c'est désormais le secteur privé qui, en assurant sa mainmise sur les administrations (puisqu'il est chargé d'évaluer, indicateurs à l'appui, l'action des ministres eux-mêmes), gère en dernière instance le secteur public. Le processus par lequel une administration se dépossède d'une de ses missions, l'« externalise » pour la confier au secteur privé n'est pas moins coûteux, dans un premier temps, pour l'État (il faut bien payer, et grassement, les prestataires de service), mais il comporte à terme un avantage décisif : il permet de réduire la masse budgétaire consacrée à la rémunération des fonctionnaires et, par conséquent, de faire un jour l'économie de leur pension, quand aura sonné l'heure de la retraite. Aux salariés de se constituer une épargne (placée sur les marchés). Question : les fonds de pension sont-ils mieux gérés que la sécurité sociale ?

Le livre a-t-il une valeur ou un prix ? Un prix pour l'acheteur (ou le vendeur), une valeur pour le lecteur (ou le créateur). Le ministère de la Culture – qui se targue à juste titre d'avoir réussi à soustraire le livre aux lois du libre échange en lui imposant un « prix unique » – a fini par en oublier la valeur. Alors qu'il devrait être le premier à rappeler que le livre, comme le cinéma, n'est *pas seulement* une industrie (bien qu'il en soit une *aussi*), il renvoie au citoyen le message contraire : au terme de la révision générale des politiques publiques, la direction du Livre et de la Lecture deviendra l'une des composantes d'une vaste direction générale des médias et des industries culturelles. On ne peut pas aplatir plus nettement le sens sur le support, la valeur sur le prix.

L'État n'est pas nécessairement peuplé de fonctionnaires incompétents, qui dilapident les fonds publics en dépenses inconsidérées, comme finissent par le faire croire ceux qui, de « dégraissages » en « réductions de voilure », le minent de l'intérieur. En France, l'État a produit la Nation, qui a produit la démocratie : ce n'est pas un mince acquis. Il y a dans l'État un esprit d'entreprise, fait d'initiative et d'imagination, qui lui est propre et qui est tourné vers l'intérêt général. En lui appliquant les recettes du secteur privé, en le forçant à singer les logiques du marché et de la profitabilité, c'est cet esprit que l'on tue. Les cabinets-conseils font tourner sur les ordinateurs de l'État un logiciel incompatible avec son disque dur.

Alors que les États-Unis se refusent à reconnaître la spécificité des biens culturels – ce qui leur permet du même coup de trouver une valeur esthétique au cuir d'une paire de bottes ou au galbe d'un gratte-ciel –, la France, elle, s'est faite le chantre d'une exception culturelle qui permet de considérer un sketch de Jean-Marie Bigard comme de l'art. Mais on ne soustrait désormais les créations aux lois du marché que pour mieux les y réintroduire, dans une économie parallèle calquée sur le marché : à force de vouloir rentabiliser à tout prix son patrimoine comme ses créations, la France finira par être le pays qui aura été le plus loin dans la marchandisation de la culture (tout comme elle aura fait le lit des discriminations, tout en faisant l'apologie de la diversité culturelle). À l'extérieur, il ne s'agit plus de diffuser la culture française, mais de la « vendre », au sens propre ou métaphorique du terme. À l'intérieur, prolifèrent les « indicateurs de performance ». Quand les valeurs désertent le champ culturel, c'est dans le religieux qu'elles trouvent refuge. La marchandisation de la culture et la « laïcité positive » font système : cela donne le discours sarkozyste du Latran.

Cette société contrôlée par des « référentiels de compétence », cette société sans projet autre que le profit matériel – et qu'un virus informatique ou une panne d'ordinateur ramènera à l'âge de pierre –, cette société *quantifiée*, un premier acte de résistance devrait consister à la *qualifier* : invivable.

X.

Montesquieu à rebours

« *Si je savais quelque chose qui me fût utile, et qui fût préjudiciable à ma famille, je la rejetterais de mon esprit. Si je savais quelque chose utile à ma famille, et qui ne le fût pas à ma patrie, je chercherais à l'oublier. Si je savais quelque chose utile à ma patrie, et qui fût préjudiciable à l'Europe, ou bien qui fût utile à l'Europe et préjudiciable au genre humain, je la regarderais comme un crime.* » (Montesquieu, *Mes pensées*)

L'action publique, c'est sa définition, consiste à préférer l'intérêt général aux intérêts particuliers. Mais la généralité comporte des étagements successifs : face à un choix (« Gouverner, c'est choisir »), le principe supérieur est censé *orienter* la décision à prendre. Dans les anciens traités des moralistes, ce saut du particulier au général (du moins dans les affaires de la cité) avait pour nom « vertu » (vices cachés ou privés, vertu publique). Le berlusconisme à la française invite le citoyen-consommateur à parcourir la chaîne en sens inverse : la chasse aux sans-papiers et la « directive de la honte » plutôt que le genre humain, le « bouclier fiscal » plutôt que la solidarité nationale, mon fils plutôt que la compétence avérée, la montre Rolex plutôt que le lien social, l'individuel plutôt que le collectif. La République sarkozyste : contre le gouvernement des affaires publiques selon Montesquieu ?

X.

Intermède

La société dont nous ne voulons pas

dossier réuni par
VICTOR LEGENDRE

« Seul le prononcé fait foi. » Nous avons voulu, en réunissant ces extraits tirés d'un certain nombre de discours, allocutions et interventions de M. le Président de la République (disponibles sur le site http://www.elysee.fr/elyseetheque, en septembre 2009), que se dessine la société française qui vient si nous ne faisons rien.*

Ce dossier se compose de passages suffisamment longs pour que chacun puisse faire sa propre opinion.

Les thématiques choisies sont celles développées par les auteurs du présent ouvrage. Les propos choisis ne sont pas présentés ici selon un ordre chronologique, mais plutôt selon la logique des thèmes, des réformes et des idées.

Seules libertés prises avec les textes, les titres que nous leur avons donnés et les coupes éventuelles que nous avons signalées par [...]. Les propos du Président ont été sélectionnés à charge, en faisant fi du principe de charité.

Il s'agit de décrire avec les mots de Nicolas Sarkozy la société dont nous ne voulons pas.

Citons, à titre d'exemple, les nouveaux personnages émissaires de la société française : le trader et ses bonus, l'infirmière et ses boîtes d'ampoules anti-cancer, le pédophile et sa dangerosité, le récidiviste et le bandit, l'homme colonial et l'autre africain, le manager d'excellence... De nouveaux concepts sociétaux voient aussi le jour : l'entreprise-État, la présomption de culpabilité, l'hôpital-prison, l'école-sanctuaire, la laïcité chrétienne, le capitalisme moral... De nouveaux lieux, comme les trottoirs droits et gauches des Champs-Élysées le dimanche, la cage d'escalier, la chambre d'hôpital.

Au théâtre de l'Élysée, on joue des pièces à renversement de paradigmes avec réalités sociales malmenées : ce n'est pas la misère qui crée la délinquance ; l'instit' ne remplacera jamais le curé ; si vous êtes contre les franchises médicales, vous êtes contre le plan Alzheimer ; l'égalitarisme crée des inégalités ; on a le droit à une deuxième chance, mais pas à trois ; toute activité sans évaluation pose un problème ; vous êtes coupable même si on ne peut pas le prouver ; la trilogie du psychotique : un équilibre entre la prison, la rue et l'hôpital.

Le récit ainsi constitué, c'est celui de la société française depuis 2007. Les discours cités de M. le Président de la République ont été tenus en public, devant des assemblées de professionnels, en présence d'experts et des ministres concernés :

« Foule sentimentale, soif d'idéal…
Faut voir comme on nous parle… »

I
Le capitalisme, l'État, la société

Nine eleven : fin de la mondialisation heureuse

« Moi, je pense que le rêve de la mondialisation heureuse est mort avec le 11 septembre 2001 et l'émergence d'un fanatisme qui semblaient venu du fond des âges. A-t-on assez pris au sérieux depuis les injustices, Tony [Blair], les inégalités, les déséquilibres qui offrent à l'extrémisme et à la violence un terreau favorable ?

Notre système économique tel qu'il s'est développé depuis une vingtaine d'années n'a-t-il pas, au fond, contribué à aggraver les choses ? »

Discours de M. le Président de la République. Colloque « Nouveau monde, nouveau capitalisme », Paris, École militaire, jeudi 8 janvier 2009.

La visite du Pape et la moralisation du capitalisme financier : travailler pour travailler, oui ; consommer pour consommer, non ?

« La France a engagé, avec l'Europe, une réflexion sur la moralisation du capitalisme financier. La croissance économique n'a pas de sens si elle est sa propre finalité. Consommer pour consommer, croître pour croître, n'a aucun sens. Seuls l'amélioration de la situation du plus grand nombre et l'épanouissement de la personne en constituent ses buts légitimes. Cet enseignement, qui est au cœur de la doctrine sociale de l'Église, est en parfaite résonnance avec les enjeux de l'économie contemporaine mondialisée. Notre devoir est donc d'entendre ce que vous avez à nous dire sur cette question. »

Allocution de M. le Président de la République. Visite en France de Sa Sainteté le Pape Benoît XVI, Palais de l'Élysée, vendredi 12 septembre 2008.

Donner le sentiment qu'on fait attention

« Vous savez, c'est une crise difficile, c'est une crise complexe, c'est une crise qui fait souffrir et il faut que les gens aient le sentiment que l'on fasse attention à cette question de justice et d'équité. Encore une fois, la question n'est pas que les gens gagnent beaucoup d'argent, je n'ai jamais été contre. Mais quand ils font des erreurs, il n'est pas normal qu'ils n'en assument pas les responsabilités. Ce n'est pas admissible. Ce n'est pas admissible, ça ne peut pas être à tous les coups on gagne. On ne peut pas s'être trouvés, il y a six mois, dans la même salle de réunion où l'on était au bord du gouffre et où les États ont évité le collapse et voir repartir cela. »

Intervention finale de M. le Président de la République. Réunion avec les représentants du secteur bancaire et financier français, Palais de l'Élysée, mardi 25 août 2009.

Le capitalisme pour moi, c'est comme dirait Michel Rocard...

« Le capitalisme, pour moi, c'est l'effort, c'est le travail, c'est l'esprit d'entreprise..., c'est la propriété privée, c'est l'investissement à long terme, c'est l'accumulation finalement, comme dirait Michel Rocard, dans la durée, du capital productif.

Le capitalisme financier, c'est un système qui donne la préférence au spéculateur sur l'entrepreneur, au capital financier sur le capital productif, au capital circulant sur le capital immobilisé, au court terme sur le long terme, aux signes de la richesse sur la richesse. Les signes de la richesse comptant davantage que la richesse elle-même.

[...] Mais la crise du capitalisme financier n'est pas la crise du capitalisme. Le remède à la crise que nous connaissons n'est pas l'anticapitalisme. L'anticapitalisme est une impasse. L'anticapitalisme, c'est la politique de la table rase, c'est la négation de tout ce qui a permis d'asseoir notre idée du progrès.

La crise du capitalisme financier n'appelle pas à la destruction du capitalisme qui serait une catastrophe mais à sa moralisation. C'est une deuxième chose sur laquelle je veux me battre. On doit moraliser le capitalisme, non pas le détruire. Voilà le défi, Angela [Merkel], auquel nous sommes confrontés. Il ne faut pas rompre avec le capitalisme, il faut le refonder.

[...] Par ailleurs, il ne s'agit naturellement pas – et je voudrais rassurer les banquiers qui sont dans la salle – de supprimer la finance, franchement, il s'agit simplement de mettre la finance au service de l'économie réelle et de la production. Il ne s'agit pas de disqualifier l'endettement, par pitié, ne passons pas d'un excès à un autre, parce que l'endettement, je sais que c'est dur de le dire aujourd'hui, exprime la foi dans l'avenir et c'est un moteur essentiel du développement économique.

[...] Le capitalisme, c'est la responsabilité. Dans la responsabilité, on a des responsables qui ont des bonus quand cela marche et il faut quand même trouver des responsables : des centaines de milliards de dollars qui ont disparu en fumée sur le comportement irresponsable de quelques-uns. Nos opinions publiques sont scandalisées et elles ont raison. Et s'il n'y a pas de sanction, s'il n'y a pas de responsable, comment voulez-vous que nous expliquions aux millions de nos concitoyens qu'ils doivent faire des efforts et que ceux-là même qui nous ont mis dans la situation où on est ne le feront pas ? »

Discours de M. le Président de la République. Colloque « Nouveau monde, nouveau capitalisme », Paris, École militaire, jeudi 8 janvier 2009.

Capitalisme d'État et valeur travail

« Pour terminer, le fait majeur de cette crise, tout le monde le sait bien, c'est le retour de l'État, c'est la fin de l'idéologie de l'impuissance publique qui était la contrepartie de la toute-puissance du marché.

D'ailleurs, cela a été bien curieux de voir appeler au secours les États de la part de ceux qui ne voulaient plus en entendre parler. Et quand tout s'écroulait, on a bien été content de trouver nos numéros de téléphone ! Certainement, on ne connaît pas grand-chose, c'est peut-être pour cela que les gens nous faisaient confiance !

Voici l'État rendu à la plénitude de son rôle, et aussi de ses responsabilités.

Il ne s'agit pas de nationaliser toute l'économie mondiale.

Il ne s'agit pas de créer un capitalisme d'État où il n'y aurait plus que l'État. Mais il s'agit de rééquilibrer les rôles respectifs de l'État et du marché.

Dans le capitalisme du XXIe siècle, il y a une place pour l'État.

[...] La crise a changé beaucoup de choses. Il faut voir la crise actuelle comme la conséquence d'un dégonflement rapide de la bulle de la dette, comme le passage d'un modèle de croissance par l'endettement à un modèle de croissance par le travail. Plus que jamais, je crois à la valeur travail. »

Discours de M. le Président de la République. Colloque « Nouveau monde, nouveau capitalisme », Paris, École militaire, jeudi 8 janvier 2009.

Une entreprise comme l'État

« Je me souviens d'un chef d'entreprise qui n'exerce plus, mais qui avait des idées extrêmement arrêtées, qui me disait : "Si mon entreprise était gérée comme l'État elle serait en faillite." C'est vrai.

Et si l'État avait moins de départs en préretraite que vous vous faites financer depuis des décennies, il y aurait moins de déficit aussi. Parce que la différence entre le chef d'entreprise et l'État, c'est que le chef d'entreprise qui n'a plus besoin de quelqu'un, il le donne à l'État, sous forme de préretraite. Ce doit être fini. Mais nous, les gens qui n'ont plus rien, les exclus, heureusement que l'État s'en occupe. Parce que, qui s'en occuperait sinon ? »

Discours de M. le Président de la République. Remise du rapport de la commission pour la libération de la croissance française, Palais de l'Élysée, mercredi 23 janvier 2008.

Solidarité nationale : on en voit qui la réclame

« Et par ailleurs, Monsieur le Premier Ministre, vraiment il faut demander à chaque ministre que son administration soit exemplaire en matière d'emplois proposés à ceux de nos compatriotes qui portent un handicap. Parce que le handicap, cela peut arriver à tout le monde, dans n'importe quelle famille, à n'importe quel moment. Ce n'est pas parce qu'on a un handicap qu'on a moins d'inspiration personnelle. Et je voudrais qu'on aide d'abord ceux qui cumulent tant de handicaps à trouver leur place dans notre société. Vous savez, bien souvent je remarque que ce ne sont pas nos compatriotes qui en ont le plus besoin qui réclament le plus fort. La solidarité nationale, tout le monde la réclame. Parfois on en voit qui la réclame, qui ne la mérite pas tant que cela. Et on en voit d'autres qui la mériteraient, parce que les familles ne peuvent pas être laissées seules. »

Intervention de M. le Président de la République, vœux aux forces de la Nation, Palais de l'Élysée, jeudi 17 janvier 2008.

Le marché des exclus : un investissement rentable

« Je vais vous dire tout de suite une chose : je ne mettrai pas un centime pour favoriser l'assistanat. J'ai été élu sur une promesse, celle de récompenser le travail. Tout l'argent que nous allons mettre sur le RSA est en faveur du travail.

[...] À l'arrivée, si on sort 1,6 million de personnes de l'exclusion pour les remettre au travail, c'est la nation qui fera une économie. J'ai donc décidé que l'on allait investir ce milliard et demi sur ceux de nos compatriotes qui sont exclus, parce que je souhaite que l'on les réintègre. Et, à l'arrivée, cet investissement sera aussi rentable que le milliard et demi d'euros que l'on met dans la recherche et dans les technologies d'avant-garde. »

Discours de M. le Président de la République, généralisation du Revenu de Solidarité Active Changé, jeudi 28 août 2008.

On a tous droit à une seconde chance... Mais pas à trois

« Il n'y a pas de droit supplémentaire sans devoir. Aujourd'hui, le RMI, on le touche que l'on fasse un effort de formation ou pour trouver un emploi ou que l'on n'en fasse pas. Le RSA – Martin HIRSCH et moi, on est bien d'accord là-dessus –, on ne le touchera que dans la mesure où l'on fait un effort pour se former et trouver un emploi. Après deux refus d'offres d'emploi ou de formation, je demande que l'on supprime le RSA. Vous voyez bien la logique de tout cela. Nous, on va aider ceux qui veulent s'en sortir. Ceux qui ne veulent pas s'en sortir, personne ne peut les aider. Je ne parle naturellement pas des malades, des gens ayant un handicap très fort… Bref, il peut y avoir des problèmes dans la vie. Mais, je ne veux plus d'aide sociale automatique. »

Discours de M. le Président de la République, généralisation du Revenu de Solidarité Active Changé, jeudi 28 août 2008.

Réforme de l'emploi : et les coupables sont… ?

« Qu'en sera-t-il [du taux de croissance] en 2008 ? Le consensus des économistes, c'est-à-dire ceux que l'on appelle les « sachants », ils disaient : cela sera 0,3 %. Circulez, il n'y a plus rien à voir ! C'est 0,64. Il y a assez de vrais problèmes en France pour qu'en plus on n'en ait avec les prévisionnistes ! Cette croissance, on l'a dopée partout par toutes les mesures que nous avons prises […]

C'est là-dedans que l'on a inscrit la fusion de l'ANPE et des ASSEDIC. […] Les agents sont les premières victimes du fait que cette réforme n'ait pas eu lieu. Ils n'en sont pas les responsables, ils n'en sont pas les coupables. Les coupables, c'est, comme toujours, cette partie de nos élites, et notamment politique, qui renonçait à faire les choses au prétexte que les agents ne le comprendraient pas et que le public ne le comprendrait pas, que c'est dangereux et que c'est compliqué. Évidemment, si l'on est élu pour faire uniquement les choses faciles, nous n'aurions pas besoin de nous lever très tôt le matin compte tenu du peu de nombre de choses faciles à faire…

[…] Est-il normal que dans un secteur en tension comme les plaquistes, c'est-à-dire le secteur du bâtiment, un citoyen français puisse refuser 67 fois une offre d'emploi en un an, sans qu'à aucun moment, il y ait une sanction. Dans le même temps, il vit avec le système d'indemnisation financé par vos cotisations.

Je ne cherche pas à monter les uns contre les autres, je sais parfaitement que c'est une minorité.

[…] Parce qu'à quoi sert-il que vous vous dévouez pour trouver un emploi à des gens qui veulent s'en sortir, si ceux qui ne veulent pas s'en sortir vous prennent du temps, exigent des rendez-vous et se moquent de ce que vous dites. Je livre cela quand même à la réflexion de chacun, pour que chacun en tire les conclusions sur ce que l'on doit faire et pas faire. »

Allocution de M. le Président de la République. Politique de l'emploi, Melun, vendredi 16 mai 2008.

II
Fonction publique

Back to 1992

« Mon ambition est de ramener les effectifs de la fonction publique aux proportions, qui permettront d'avoir le travail le plus efficace aux services des Français. Si les effectifs de la fonction publique sont ramenés à ceux de 1992, une époque où l'alternance fait que ceux, qui étaient aux pouvoirs à ce moment-là et ont fait ce qu'ils ont pu, n'étaient pas de ma propre famille politique. Cela me permettra de dire que personne ne peut dire que la France sera moins bien gérée, moins bien administrée, si elle a les effectifs de 1992. »

Intervention de M. le Président de la République, vœux de M. le Président de la République française aux corps constitués et aux agents de la Fonction Publique, Lille, vendredi 11 janvier 2008.

Réforme : s'il y a de la fraude, c'est le système

« Le moment est venu de refonder l'État, de refonder le service public, de refonder la fonction publique. Comme on l'a fait en 1945 avec le programme du Conseil National de la Résistance. Comme on l'a fait en 1958 avec le général de Gaulle. [...]

Le service public ne peut pas obéir au critère de la rentabilité financière. Mais le service public a un devoir d'efficacité. Il a le devoir de rendre le meilleur service possible sans gaspiller l'argent public qui est l'argent des Français. Mais comprenez-moi bien : je ne suis pas un moraliste. Je ne suis pas un adepte de l'ordre moral. Je ne cherche pas à faire la morale à quiconque. S'il y a du gaspillage, s'il y a de la fraude, c'est parce que le système le permet, c'est parce que le système y incite. Moi, je ne veux pas réformer les consciences. Je veux réformer le système. »

Discours de M. le Président de la République. Visite de l'Institut régional d'administration (IRA), Nantes, le 19 septembre 2007.

Rémunérations : égalitarisme et inégalité

« La réforme de l'État et de la fonction publique ne peut pas être résolue sans un changement en profondeur des méthodes, de l'organisation, des critères d'évaluation.

[...] C'est dans cet esprit que je veux ouvrir le chantier de l'individualisation des rémunérations pour qu'il soit davantage tenu compte du mérite, de l'implication, de l'expérience, des résultats. Pour que chacun soit incité à faire mieux. Pour que les meilleurs soient incités à rester.

La mise à plat des modalités de rémunération est, je le sais bien, un grand chantier difficile tant le maquis des bonifications, des primes, des avantages statutaires est devenu inextricable et, je l'affirme, parfaitement inégalitaire. Et moi, je n'ai pas peur de l'ouvrir, tant on est loin de l'idéal de la fonction publique de l'après-guerre au point que l'on combine désormais tous les inconvénients de l'égalitarisme sans avoir aucun des avantages de l'égalité, à commencer par la transparence. Ce n'est pas rien d'arriver à faire de l'égalitarisme sans faire de l'égalité.

[...] Ce que je vous propose, c'est une révolution culturelle, une révolution pour changer les mentalités, pour changer les comportements et pas seulement les structures, pas seulement les procédures, pas seulement les moyens. »

Discours de M. le Président de la République. Visite de l'Institut régional d'administration (IRA), Nantes, le 19 septembre 2007.

« Alors de quelle égalité parlons-nous ? Si l'on parle de l'égalité absolue des situations, on tombe tout de suite dans l'égalitarisme et j'ose le mot, l'égalitarisme, c'est le contraire de la République parce que la République c'est aussi la récompense du mérite. Et dans cette école, on sait ce que veut dire le mérite. La République, c'est l'élitisme républicain, c'est la récompense de l'effort et la récompense du travail, ce n'est pas l'égalitarisme. »

Discours de M. le Président de la République, École Polytechnique, Palaiseau, mercredi 17 décembre 2008.

Avec qui fait-on un accord majoritaire ?

« Parce que je ne vois pas avec qui on fait un accord majoritaire s'il n'y a pas de syndicat. J'ai quand même appelé l'attention de l'ensemble de nos compatriotes sur ce sujet-là. Les syndicats ne sont pas des obstacles au changement. Ce qui est un obstacle au changement, c'est des syndicats non représentatifs. Donc politisés. Ça, c'est un obstacle au changement. Pas les syndicats. Les syndicats, on en a besoin et nous allons donc avec vous. Ils sont saisis de tous les sujets de l'agenda social. »

Discours de M. le Président de la République. Remise du rapport de la commission pour la libération de la croissance française, Palais de l'Élysée, mercredi 23 janvier 2008.

III
Justice

Ce n'est pas la misère qui engendre la criminalité

« Mais qu'on ne s'y trompe pas, la délinquance ne procède que très rarement de la souffrance sociale. La délinquance résulte simplement de l'attrait de l'argent facile. En tout cas elle ne résout jamais rien. Alors pendant des décennies, l'idéologie dominante était fondée sur l'idée que la misère engendre naturellement la criminalité qui ne peut donc être traitée que par des mesures sociales. Cet angélisme continue d'ailleurs d'imprégner le discours d'une partie des élites françaises. Je dis exactement le contraire : c'est la criminalité qui favorise la misère en aggravant l'exclusion, et la stigmatisation d'une partie de la société française. »

Discours de M. le Président de la République, réunion avec les principaux acteurs de la sécurité, de la chaîne pénale et de l'Éducation nationale, Palais de l'Élysée, jeudi 28 mai 2009.

Violences policières : c'est le monde à l'envers

« Certains attribuent les violences à l'intervention de la police dans les cités. Mais enfin, c'est le monde à l'envers ! Il est de la mission fondamentale des forces de sécurité d'assurer l'autorité de la loi en tout point du territoire national. La France n'est pas une mosaïque de bandes, de cités ou de tribus. Elle est une République indivisible, une Nation rassemblée autour de ses valeurs, de son identité, de la conscience d'un destin commun. Je ne laisserai aucune parcelle du territoire national soumise à la loi des caïds et à une logique de territoires qui recouvre bien souvent des conflits d'intérêt pour le partage du marché de la drogue. »

Allocution de M. le Président de la République, Lutte contre les bandes et les violences, Gagny (Seine-Saint-Denis), mercredi 18 mars 2009.

« La haine du policier correspond à une stratégie des dealers qui cherchent à protéger leurs trafics. »

Discours de M. le Président de la République, Réunion avec les principaux acteurs de la sécurité, de la chaîne pénale et de l'Éducation nationale, Palais de l'Élysée, jeudi 28 mai 2009.

Droits de l'Homme *versus* Doctor LOPPSI et Mister FNAEG

« Mesdames et Messieurs, la vidéo-protection est un moyen fondamental de la politique de sécurité. La présence d'une caméra est l'outil le plus dissuasif qui soit pour un délinquant, car elle permet aux forces de l'ordre d'identifier, d'arrêter et de faire sanctionner par la justice les auteurs d'infraction.

10 000 caméras ont été installées avec des financements de l'État. La LOPPSI 2 [Loi d'Orientation et de Programmation pour la Sécurité Intérieur dite aussi LOPSI 2009] va nous fournir les moyens juridiques de donner une impulsion nouvelle à cette politique. »

Discours de M. le Président de la République, Réunion avec les principaux acteurs de la sécurité, de la chaîne pénale et de l'Éducation nationale, Palais de l'Élysée, jeudi 28 mai 2009.

« Le fichier national des empreintes génétiques [FNAEG]. À ce jour, près d'un million d'empreintes génétiques y ont été enregistrées. N'écoutez pas ceux qui parlent d'atteinte aux libertés. C'est au contraire un moyen de les protéger. Le FNAEG a permis l'arrestation d'assassins, de violeurs, de tortionnaires d'enfants. C'est cela la protection des droits de l'Homme. Je me souviens encore des polémiques dérisoires de 2003. Moi je pense à toutes les victimes dont on a arrêté les coupables et à toutes celles qui auraient pu être victimes et qui ne le sont pas parce qu'ils sont sous les verrous. C'est cela les droits de l'Homme. Songez qu'en 2007, 8 700 affaires ont été élucidées grâce à ce fichier, ce n'est pas protéger les droits de l'Homme que de trouver 8 700 coupables ? »

Discours de M. le Président de la République, Vœux aux acteurs de la sécurité, Orléans, mercredi 14 janvier 2009.

« De même, je suis favorable à la création d'un fichier dédié aux violences urbaines et aux phénomènes de bandes. Pour l'instant, un tel outil n'existe pas. Il ne s'agit pas bien entendu de créer des fichiers pour créer des fichiers ni de vouloir susciter une polémique. Cependant, dans la mesure où le besoin s'en fait sentir dans l'intérêt de la sécurité des Français, nous n'avons aucune hésitation à avoir. Le cœur des bienpensants va se déchaîner au seul mot de fichier mais cela n'a aucune importance. L'avenir de nos libertés et de nos principes républicains se joue en grande partie dans notre capacité à relever le défi des violences urbaines. »

Allocution de M. le Président de la République, Lutte contre les bandes et les violences, Gagny (Seine-Saint-Denis), mercredi 18 mars 2009.

La loi Viagra : anti-*bandes* et détentions *fermes*

« Aucune rue, aucune cave, aucune cage d'escalier ne doit être abandonnée aux voyous. Je souhaite que se multiplient immédiatement les opérations coups de poings dans les cités sous la forme d'un véritable travail de fond et que ces opérations se prolongent aussi longtemps qu'il le faudra, au cours des prochains mois. Les parties communes des immeubles, les appartements, les caves squattés feront l'objet d'une fouille minutieuse. [...] Nous nous donnerons ainsi les moyens de démanteler les bandes violentes qui sèment la terreur dans les cités. Je souhaite que soit votée, M. le Premier ministre, rapidement la proposition de loi déposée par M. Estrosi qui va permettre de qualifier de délit et de sanctionner de trois ans de prison le seul fait d'appartenir à une bande. »

Discours de M. le Président de la République, Réunion avec les principaux acteurs de la sécurité, de la chaîne pénale et de l'Éducation nationale, Palais de l'Élysée, jeudi 28 mai 2009.

Présomption de culpabilité

« La justice prend toute sa place dans l'action menée contre ces actes qui insécurisent et effraient tellement nos concitoyens.

Permettez-moi d'ailleurs de rendre hommage à l'action des procureurs et de leurs équipes. Ils ont su s'adapter avec efficacité et avec la sévérité adaptée à l'émergence de cette délinquance. Je sais que la coordination avec les services de police et de gendarmerie est excellente. Je sais que les réquisitions à l'audience, devant les juges des libertés et de la détention sont particulièrement fermes. Je veux leur dire que j'apprécie cette implication au service de la sécurité des Français. Mais face à ces réquisitions sévères, face aux efforts des enquêteurs et des parquets, la réponse qui est à la disposition des tribunaux semble parfois inadaptée.

Les délinquants qui composent ces bandes ont en effet compris depuis longtemps qu'en l'état de nos lois, ils ne peuvent être condamnés si on ne peut mettre à leur charge la commission d'un fait précis. Ce qui manque à notre arsenal, c'est de pouvoir poursuivre et condamner les personnes qui constituent une bande dans le but de commettre des atteintes aux personnes ou aux biens. Je suis résolu à ne pas laisser le dernier mot à ces délinquants.

Puisqu'ils profitent d'une carence de la loi, il faut y porter remède. J'ai demandé au Garde des Sceaux de changer la loi. Il faut doter notre code pénal d'une disposition qui réprimera de trois ans d'emprisonnement le fait de faire partie, en connaissance de cause, d'un groupement, même formé de façon temporaire, poursuivant le but de commettre des atteintes volontaires contre les personnes ou contre certains biens. »

Allocution de M. le Président de la République, Lutte contre les bandes et les violences, Gagny (Seine-Saint-Denis), mercredi 18 mars 2009.

Récidives et peines-plancher : encore un effort Monsieur le magistrat

« Au 5 janvier 2008, 10 000 récidivistes dont 164 mineurs ont été condamnés à une peine supérieure ou égale à la peine-plancher, sur 20 000 jugements pour lesquels la peine était applicable. Un syndicat de magistrats avait appelé à ce que leurs collègues n'appliquent pas la loi. Il n'a pas été suivi et je veux rendre hommage, Madame la Garde des Sceaux, à la Justice. Et aux magistrats. Ils font leur travail. Et il y a une chaîne pénale parce que si le gendarme travaille, si le policier travaille et que le magistrat n'est pas dans la même logique et la même politique pénale, on n'a pas de résultat. Je me réjouis que tout ceci soit mis en place.

Cette réforme répondait à une attente essentielle de nos concitoyens, excédés par l'impunité dont bénéficiaient les criminels récidivistes. C'est l'impunité qui excède nos compatriotes. Qui se disent pourquoi travailler ? Pourquoi se lever tôt le matin ? Pourquoi respecter la loi ? S'il y a une infime minorité qui peut la bafouer. Jai été élu pour mettre en place cette politique, je mets en place cette politique. De même, j'ai voulu donner une nouvelle impulsion à la protection judiciaire de la jeunesse en réformant l'ordonnance de 1945. Qui peut soutenir qu'une législation adoptée en 1945 est toujours adaptée à la délinquance des mineurs de 2009 ? Là aussi, il convenait de sortir de l'hypocrisie et de regarder la situation en face. »

Discours de M. le Président de la République, Vœux aux acteurs de la sécurité, Orléans, mercredi 14 janvier 2009.

Dépénalisation du droit des affaires

« Je crois que le grand défi de notre époque, c'est de trouver le bon équilibre entre la protection et le risque.

Je veux rendre aux Français le goût du risque, le goût d'entreprendre. Mais comment y parvenir si le droit, au lieu de circonscrire le risque, le rend ingérable ?

Comment y parvenir si au risque financier s'ajoute systématiquement le risque pénal ? Si la moindre erreur de gestion peut vous conduire en prison ?

Il est temps de se poser quelques questions de bon sens. Par exemple, de se demander pourquoi doubler systématiquement les procédures civiles par des procédures pénales ? Pourquoi recourir au droit pénal quand on peut régler les litiges autrement ?

La vérité est qu'un certain nombre de gens font appel au droit pénal pour obtenir un chantage. Il y a tant et tant de contentieux qui pourraient être réglés au civil et qui viennent embarrasser nos juridictions correctionnelles et notre droit pénal. Rachida Dati s'est déjà saisi de ce dossier et fera très rapidement des propositions. »

Discours de M. le Président de la République, Université d'été du MEDEF, Jouy-en-Josas, jeudi 30 août 2007.

Pénalisation de la folie et invention de l'hôpital-prison

« Je ne peux pas accepter, en tant que chef de l'État, que l'on ait fait inscrire dans la Constitution le principe de la précaution et que ce principe de précaution que j'ai voté par ailleurs, ne s'applique pas aux victimes innocentes. Et des cas de cette nature, il y en a eu dans le passé, de nombreux.

J'ai donc demandé au Garde des Sceaux, au ministre de la Santé de rédiger au mois de novembre, un texte qui marquera clairement la différence entre l'exécution de la peine conséquence d'un crime et les questions de sûreté. Un détenu, comme ce M. EVRARD, ne pourra pas sortir de prison uniquement parce qu'il a exécuté sa peine. Des détenus de ce type, à la fin de leur peine, seront examinés par un collège de médecins. Si ce collège reconnaît leur dangerosité, ils ne seront pas remis en liberté, ils iront dans un hôpital fermé où ils seront soignés. Ceux qui n'accepteront pas d'être soignés resteront dans cet hôpital fermé, le temps qu'on estimera qu'ils sont dangereux. Ceux qui accepteront d'être soignés pourront avoir des permissions pour sortir de cet hôpital fermé, mais ils le feront en portant un bracelet électronique et en suivant un traitement, traitement hormonal, appelez-le comme vous le souhaitez ou non, castration chimique. Les mots ne me font pas peur.

On ne peut pas laisser en liberté des prédateurs, des malades, des gens qui peuvent tuer et briser la vie d'enfants. Quand on a violé plusieurs fois des mineurs, même une fois, on ne vous demande pas votre avis pour savoir si vous voulez être soigné. Vous présentez un danger grave pour les enfants, pour la société et ce n'est pas à vous de décider si vous êtes soignés ou pas.

Le premier hôpital fermé de ce type dédié aux pédophiles sera ouvert à Lyon en 2009, de façon à ce qu'il n'y ait aucune ambiguïté sur notre volonté d'agir et d'agir rapidement.

[...] Il y a dans notre société, un certain nombre de malades. Dans nos prisons, à l'heure actuelle, il y a 6 000 délinquants sexuels qui ont violé ou porté atteinte sexuellement à des mineurs. Je ne peux pas simplement considérer qu'il est normal qu'ils sortent de prison uniquement quand ils auront fait leur peine. Imaginez ce que cela représente 6 000 personnes. S'ils sont malades, on les soigne. S'ils ne veulent pas se soigner, ils ne sortent pas.

On ne peut pas considérer que l'on va traiter un délinquant sexuel qui viole un mineur comme un patient normal qui va chez le médecin de quartier pour demander à être soigné pour une angine. Ce n'est pas la même chose.

Les principes, c'est parfaitement nécessaire dans un état de droit, mais moi, le principe, en chef de l'État, je suis là, garant de la protection des Français et notamment des victimes.

La Garde des Sceaux proposera un texte qui sera examiné par le Conseil des ministres dans les toutes prochaines semaines, passera au Conseil d'État et sera défendu devant le Parlement au mois de novembre, au plus tard. Je n'ai pas dit "Plus aucun pédophile dehors". J'ai dit que les délinquants sexuels ne sortiraient de prison qu'à deux conditions : l'exécution de leur peine, première condition, et l'examen par chacun d'entre eux par un collège de médecins pour voir s'ils sont dangereux ou pas. Aujourd'hui, un homme dangereux qui a exécuté sa peine sort de prison. Je veux que cela cesse. »

Conférence de presse de M. Nicolas Sarkozy, Président de la République, mesure de sûreté contre les criminels dangereux, Paris, 20 août 2007.

Le Prince ne préside pas le Conseil supérieur de la magistrature ?

« Il y a une polémique récurrente sur l'indépendance de la justice. Il y a un débat pour savoir si la justice doit être une simple autorité ou un pouvoir au même titre que l'exécutif ou le législatif. Je ne suis pas favorable à une justice qui entrerait en concurrence avec les deux autres pouvoirs. Mais pourquoi ne pas ouvrir ce dossier et en parler une fois pour toutes ? Je le dis devant le Garde des Sceaux, ma chère Rachida Dati, que j'apprécie tant, comme vous le savez, et qui fait honneur à la France. Comme c'est curieux, on me rappelle à l'indépendance de la Justice matin midi et soir et on me demandait de signer un décret de grâces collectives qui permettait de libérer 3 000 détenus par le seul fait du Prince, le Prince étant le Président de la République. Moi, ce n'est pas ma conception de la République. Il n'y aura pas droit de grâces collectives, et si les juges de l'application des peines souhaitent prendre leurs responsabilités, qu'ils n'hésitent pas à le faire et je dis également que je ne vois pas au nom de quoi le Président de la République doit présider le

Conseil supérieur de la magistrature. D'ailleurs, je pense que si le Président de la République préside, c'est pour décider. Si l'on ne veut pas qu'il décide, eh bien qu'il ne préside pas. Ce n'était pas dans le texte mais cela m'a fait très plaisir de le dire. »

Discours de M. le Président de la République, Épinal, jeudi 12 juillet 2007.

IV
Hôpital / santé

La santé est un investissement pour la France

« Nous devons faire face, enfin, à une réalité économique. La santé est devenue un moteur de notre économie. Elle représente 11 % de notre produit intérieur brut et près de deux millions d'emplois. Les industriels du médicament présents sur notre territoire contribuent pour près de six milliards d'euros à notre balance commerciale. La santé est un moteur de la création d'emplois et de richesses dans notre pays. La santé est un investissement pour la France. »

Discours de M. le Président de la République sur le thème de la politique de la santé et de la réforme du système de soins, Bletterans, jeudi 18 septembre 2008.

C'est monstrueux, cette réforme !

« Par ailleurs, votre rapport doit nous aider à définir les modalités du retour à l'équilibre des hôpitaux publics d'ici à 2012. Il doit se passer quelque chose.

[...] Surtout, il faut que chacun comprenne, on n'a pas le choix. On n'a pas le choix parce que il y a des impacts financiers immenses, on n'a pas le choix parce qu'il y a un malaise immense. En fait, on n'a pas le choix au fond, c'est parce que les Français ont une attente immense à l'endroit de l'hôpital. Attente, malaise, gouffre financier, rajoutez le vieillissement en plus, on a la totale, il serait irresponsable. En plus, Roselyne, on va faire cela, mais il faut que tu prévoies dans la réforme, que si l'on se trompe, on puisse modifier et revenir dessus tranquillement. Moi je ne crois pas à la réforme immobile et définitive. Vous voyez ce que je veux dire ?

C'est monstrueux cette réforme, c'est immense, on l'a fait, on y va franchement, mais on n'hésitera pas à revenir sur certains points si l'on s'est trompés, ou si c'est insuffisant, ou si il y a quelque chose qui n'a pas fonctionné. Il faut arrêter avec ce truc, on se bat à mort avant, et on oublie à mort après. »

Allocution de M. le Président de la République. Remise du rapport Larcher sur les missions de l'hôpital, Palais de l'Élysée, jeudi 10 avril 2008.

Vous êtes contre les franchises, vous êtes contre le plan Alzheimer

« Quand il s'est agi de mettre en place la franchise médicale, pas par plaisir mais pour obtenir davantage d'argent pour les soins palliatifs, pour la recherche sur la maladie d'Alzheimer, pour le plan cancer, avec Roselyne Bachelot, nous nous sommes retrouvés bien seuls, pour récupérer ce milliard de plus. Ce faisant, il y en a beaucoup qui ne nous ont pas soutenus pour trouver ce milliard de marge de manœuvre. Mais beaucoup – les mêmes – donnent des idées pour le dépenser. Je ne leur en veux pas, c'est normal. »

Discours de M. le Président de la République. Vœux au personnel de la Santé, Strasbourg, vendredi 9 janvier 2009.

« Ceux qui sont contre les franchises sont contre le financement du plan Alzheimer. Ils sont contre l'ouverture de nouveaux lits de soins palliatifs. Ils sont contre l'argent que l'on va donner pour le plan cancer. »

Discours de M. le Président de la République sur le thème de la politique de la santé et de la réforme du système de soins, Bletterans, jeudi 18 septembre 2008.

« J'ai un panaris, j'arrive. »

« L'hôpital, on ne peut pas continuer à faire peser sur lui des attentes qu'il ne peut pas satisfaire. C'est un peu la même chose que ce qui se passe à l'Éducation nationale. On attend des lycées, des collèges, qu'ils résolvent tous les problèmes de la société française : le divorce, les disputes dans les familles, un emploi pour demain… L'hôpital, c'est pareil : "J'ai mal à la tête, j'arrive" ; "j'ai un panaris, j'arrive". À n'importe quelle heure : "Merci soignez-moi, je ne veux pas attendre." "Et je veux être sûr d'être guéri." Ce n'est pas comme cela que l'on traite l'hôpital, qu'on aime l'hôpital, qu'on le respecte. »

Discours de M. le Président de la République. Vœux au personnel de la Santé, Strasbourg, vendredi 9 janvier 2009.

La boîte d'ampoules et le salaire de l'infirmière

« Vous faites un beau métier, vous aimez ce métier, ce n'est pas une raison pour qu'on ne parle pas des conditions de votre travail. À cela s'ajoutent les problèmes de responsabilité. Vous connaissez le peu d'appétence qu'ont nos compatriotes pour la douleur. Quand je suis né, ce n'était quand même pas le Moyen Âge, la notion même de péridurale n'existait pas. Aujourd'hui, dans un service de maternité, une femme qui ne demande pas une péridurale – mis à part les cas de césarienne, accouchement précipité, etc. – est une exception.

J'imagine les infirmières qui soignent les cancers et qui voient une boîte des dernières ampoules de chimiothérapie. La boîte coûte le salaire d'un mois d'une infirmière. Je vois bien ce qu'elles doivent ressentir. Tout cela, je l'ai parfaitement en tête et j'ai voulu, aux côtés de la ministre de la Santé que je remercie, m'investir totalement dans les questions de l'hôpital. »

Allocution informelle de M. le Président de la République devant les personnels du Centre hospitalier, Rambouillet, vendredi 13 mars 2009.

Il n'y a qu'un patron : un manager d'excellence

« Alors je vais dire quelque chose qui n'est pas politiquement correct, mais moi je souhaite que le directeur soit le patron reconnu, le seul. On ne peut pas continuer comme ça, j'ai dirigé pendant vingt ans, j'ai présidé pendant vingt ans l'hôpital, mais je sais que dans un hôpital tout le monde a le droit de dire non. Ce qui fait que personne ne peut dire oui. Il faut qu'il y ait un patron, un seul. Moi je ne connais pas d'organisation qui marche quand il y a autant de patrons que de responsables d'activité. Il n'y a qu'un patron, c'est le directeur, qui décide. Il doit pouvoir décider, en liaison avec le conseil exécutif. Le directeur doit être un manager d'excellence, formé et évalué régulièrement. Moi, je suis favorable à ce que le recrutement des directeurs d'hôpital s'ouvre : aux médecins, aux cadres des autres fonctions publiques, pourquoi pas aux managers du privé ?

[...] Le directeur, justement, doit pourvoir décider librement de transférer au secteur privé des activités logistiques qui ne sont pas au cœur des missions de l'hôpital. Le secteur privé maîtrise en général mieux ces activités. L'autonomie doit se traduire par des décisions qui introduisent de la souplesse dans un hôpital qui crève de la rigidité. Pardon, mais vous vivez dans l'hôpital, vous savez très bien que pour avoir la moindre chose, c'est un parcours du combattant. On ne sait pas à qui demander et quand on demande on n'a pas de réponse. »

Allocution de M. le Président de la République. Installation de la Commission Larcher, CHU de Bordeaux, mardi 16 octobre 2007.

L'hôpital : il n'y a pas de loi absolue, pas même celle de soigner

« La loi "Hôpital", je le répète, n'est pas une loi anti-médecins. Personne n'a jamais dit que l'hôpital devait devenir une entreprise. Cela, c'est bien le débat français : on en est loin, ce n'est dans l'idée de personne. Mais, enfin, il y a peut-être un équilibre à trouver. L'hôpital n'est pas non plus condamné à être en déficit, le déficit étant comblé par, avec le contribuable. Il n'y a pas de loi absolue. Et le fait, quand on est gestionnaire, de faire en sorte que l'hôpital soit bien géré et en équilibre ne marque pas la volonté que les gens soient mal soignés. Il faudrait pour être bien soigné être soigné seulement dans des hôpitaux en déficit ? Quelle drôle de conception. »

Allocution de M. le Président de la République. Réforme des Centres hospitaliers et universitaires (CHU), Palais de l'Élysée, lundi 11 mai 2009.

Intéressement

« C'est grâce à l'amélioration de sa productivité qu'un centre hospitalier réalise un excédent. Pourquoi ne pas en faire profiter l'ensemble des acteurs responsables ? Je n'ai pas peur des mots. Une politique d'intéressement du personnel médical ou paramédical me semble très adaptée à la définition d'un projet où la responsabilité, la qualité et la sécurité sont trois mots majeurs de l'état d'esprit de notre politique. »

Discours de M. le Président de la République sur le thème de la politique de la santé et de la réforme du système de soins, Bletterans, jeudi 18 septembre 2008.

Tarification à l'activité

« Comment peut-on la faire cette révolution des mentalités ? D'abord par la révolution du financement. C'est un sujet incontournable. La tarification à l'activité à 100 % pour le court séjour, nous la faisons en 2008. Cela va libérer les énergies de l'hôpital et mettre un terme à ce système absurde – le budget global – qui voulait que les ressources d'un établissement dépendent de sa situation budgétaire constatée il y a vingt ans ! La tarification à l'activité, c'est tout simplement permettre à l'hôpital de savoir pourquoi il travaille. La tarification à l'activité, c'est la condition première du pilotage, c'est le socle de l'autonomie. Il n'y a pas d'autonomie s'il n'y a pas de tarification à l'activité.

La T2A à 100 %, c'est une mesure forte pour l'hôpital public. Je souhaite qu'elle accompagne le retour à l'équilibre des comptes. Je parle des comptes d'exploitation des établissements publics. C'est aussi cela, la performance. Je souhaite qu'à la fin de mon mandat, il n'y ait plus d'établissements publics de santé qui aient un déficit d'exploitation. »

Allocution de M. le Président de la République. Installation de la Commission Larcher, CHU de Bordeaux, mardi 16 octobre 2007.

Contrat et obsession

« La révolution du contrat, ensuite. L'autonomie de gestion de l'hôpital doit s'appuyer sur le contrat. Le contrat est au service de la qualité et de la performance. Je souhaite, Roselyne [Bachelot], que la pratique du contrat entre l'agence régionale de l'hospitalisation, l'ARH, et l'établissement soit systématique pour que chacun sache ce qu'il a à faire. Le contrat doit fixer des objectifs clairs, négociés, chiffrés, communicables, avec un échéancier précis et, oserais-je le dire, des sanctions positives et négatives. Pour que le contrat produise tous ses effets dans l'hôpital, les ARH doivent n'avoir qu'une obsession, la qualité et la performance. »

Allocution de M. le Président de la République. Installation de la Commission Larcher, CHU de Bordeaux, mardi 16 octobre 2007.

Psychiatrie : la prison, la rue, l'hôpital

« Entendons-nous bien. La place des malades n'est pas en prison. Si on est malade, on va à l'hôpital. Et je trouve injuste la façon dont on parle, ou plutôt dont on ne parle pas, des hôpitaux psychiatriques. Mon propos n'est pas de dire que la seule solution est l'enfermement. Surtout l'enfermement à vie.

Mon propos n'est pas de dire que seuls comptent les risques pour la société et jamais le cas particulier du malade. Vous êtes du côté du malade mais si vous ne l'étiez pas, qui le serait ? C'est le rôle des praticiens. C'est le rôle des soignants que d'être en quelque sorte inconditionnels du malade et de sa guérison. Mais je ne peux pas, moi, me mettre sur le même plan. La ministre ne peut pas se mettre sur le même plan.

[…] Mettez-vous aussi à ma place. Je dois répondre à l'interrogation des familles des victimes que je reçois. Les malades potentiellement dangereux doivent être soumis à une surveillance particulière afin d'empêcher un éventuel passage à l'acte. Et vous savez fort bien, mieux que moi, que des patients dont l'état s'est stabilisé pendant un certain temps peuvent soudainement devenir dangereux.

[…] J'ai annoncé une réforme sanitaire des procédures de l'hospitalisation d'office. J'ai bien conscience que ce sont des sujets qu'il n'est pas raisonnable pour un Président de la République d'évoquer, m'a-t-on dit. Pourquoi se mettre là-dedans ? Tout le monde s'est cassé les dents. Je vais me mettre là-dedans parce que c'est indispensable. Et, justement, parce que c'est difficile, c'est mon rôle de ne pas me cacher et de ne pas fuir les problèmes difficiles. Le drame de Grenoble ne doit pas se reproduire.

[…] Et enfin, je comprends parfaitement que le malade est une personne dans toute sa dignité et que sa maladie ne fait que le rendre plus humain encore, qu'un hôpital ne sera jamais une prison. Mais en même temps, des malades en prison, c'est un scandale. Mais des gens dangereux dans la rue, c'est un scandale aussi. Je veux dire les deux choses et qu'on ne vienne pas me dire que c'est un cas de temps en temps. Parce que si c'était nous, un membre de notre famille, on ne dirait pas cela. Donc, il va falloir faire évoluer une partie de l'hôpital psychiatrique pour tenir compte de cette trilogie : la prison, la rue, l'hôpital, et trouvez le bon équilibre et le bon compromis. »

Discours de M. le Président de la République. L'hospitalisation en milieu psychiatrique, Antony, mardi 2 décembre 2008.

V
Éducation nationale

La société ne peut pas apprendre à votre place

« La société ne peut pas apprendre à votre place. L'État ne peut pas travailler à votre place. Toute la solidarité que nous devons à ceux de nos enfants qui doivent s'en sortir ne résoudra *pas* ce problème, on ne peut pas travailler à la place de celui |[¿] de saisir la chance que la société lui donne. »

Allocution de M. le Président de la République aux personnels de l'Éducation nationale, Saint-Lô, lundi 12 janvier 2009.

L'évaluation avant qu'il ne soit trop tard

« Alors mettons les pieds dans le plat. Nos résultats aux tests nationaux et internationaux sont médiocres, pour ne pas dire faibles au regard de nos investissements dans l'éducation. Relever ce double défi – démocratisation, élévation du niveau général – exige que l'Éducation nationale entre résolument dans la culture de l'évaluation et du résultat. C'est absolument capital.

Il ne s'agit pas de sanctionner pour stigmatiser, cela n'a aucun sens. L'évaluation, ce n'est le plaisir de distribuer les bons ou les mauvais points. L'évaluation c'est un instrument concret de pilotage, qui permet de rattraper ce qui est rattrapable, avant qu'il ne soit trop tard. Nous ne pouvons plus laisser, utilisons le mot, par incurie, tel ou tel établissement partir à la dérive. Les problèmes doivent être identifiés à la racine, afin que l'on puisse y remédier immédiatement. »

Discours de M. le Président de la République à l'occasion du bicentenaire des Recteurs, Palais de l'Élysée, lundi 2 juin 2008.

Vocabulaire, orthographe, grammaire, les fondamentaux de l'Élysée

« Vocabulaire, orthographe, grammaire : Eh bien nous, nous revendiquons ces trois mots : vocabulaire, orthographe, grammaire. Ces matières sont le socle vocabulaire, orthographe, grammaire. C'est le socle de tout apprentissage et même le commencement de la pensée. Sans ces fondamentaux, inutile même de songer à poursuivre des études. Vocabulaire, orthographe, grammaire, cela compte pour préparer l'avenir d'un pays.

[...] Certains ont parlé d'une conception "mécaniste" des apprentissages. J'avoue avoir du mal à comprendre. Veulent-ils dire par là que les nouveaux programmes mettant l'accent sur la mémorisation de connaissances clairement identifiées seraient une erreur ? Sur l'acquisition des compétences clairement définies, est-ce que c'est une erreur ? Moi je soutiens cette orientation et je ne vois pas d'autres moyens d'apprendre. Alors à tout prendre, je préfère la conception "mécaniste" à la conception "impressionniste" En matière d'impressionniste on a la peinture. »

Discours de M. le Président de la République à l'occasion du bicentenaire des Recteurs, Palais de l'Élysée, lundi 2 juin 2008.

Collèges, lycées : sanctuariser les établissements scolaires

« Nous assistons donc à une banalisation de la présence et de l'usage des armes dans les établissements scolaires. J'entends les bonnes consciences qui crient au scandale quand le ministre de l'Éducation nationale propose d'installer des portiques de sécurité à l'entrée des établissements. Bien sûr qu'il est regrettable d'en arriver là, mais comment agir autrement dans un tel contexte ? Attendre que l'irréparable se produise ? Cette situation est intolérable.

[...] Nous allons sanctuariser les établissements scolaires.

La violence à l'intérieur de l'institution scolaire, envers les professeurs et les élèves, est intolérable car elle touche à ce qu'une société a de plus précieux : ses enfants qui portent son avenir. La proposition de loi présentée par M. Estrosi comporte une réforme des qualifications pénales sanctionnant l'intrusion dans un établissement scolaire ; elle sera désormais considérée non plus comme une infraction passible d'une simple contravention, mais comme un délit.

[...] Chaque recteur pourra disposer d'une équipe mobile d'agents, formés dans ce but, qui viendront épauler sur un plan pédagogique les chefs d'établissement en cas de difficulté ponctuelle relative à la discipline dans un lycée ou un collège. »

Discours de M. le Président de la République. Réunion avec les principaux acteurs de la sécurité, de la chaîne pénale et de l'Éducation nationale, Palais de l'Élysée, jeudi 28 mai 2009.

On veut tous l'autonomie des universités

« Je m'étais dit : bien sûr, il faut l'autonomie pour les universités. Qui pourrait défendre que des universités qui ne sont pas autonomes, puissent avoir la moindre chance de réussir ? Je m'étais dit comme c'est chaud comme sujet, on va y aller progressivement et m'inspirant du fameux Gresham à l'envers, la mauvaise monnaie chassant la bonne, le bon statut chasse le mauvais, j'avais demandé au gouvernement de faire un statut d'autonomie facultatif, c'est-à-dire laisser le choix aux universités de choisir l'autonomie ou de garder l'ancien statut. Je pensais que cela nous permettait de passer, eh bien, on a eu une bronca parce qu'ils voulaient l'autonomie tous, tout de suite.

Formidable ! Cela fait trente ans que les gouvernements reculent devant l'autonomie. Je propose le statut d'autonomie. Je dis : je ne céderai pas là-dessus, vous le choisirez : mobilisation sur le thème de l'unité de la République, on veut tous l'autonomie. Plutôt une bonne nouvelle. L'autonomie de l'université et la réforme de la gouvernance, c'est voté depuis quatre mois. »

Discours de M. le Président de la République. Remise du rapport de la commission pour la libération de la croissance française, Palais de l'Élysée, mercredi 23 janvier 2008.

« L'autonomie, ça a marché partout. Moi je ne pouvais pas assister au désastre du déclassement de nos universités dans les classements internationaux, même si par ailleurs on peut toujours critiquer les critères. De la même façon que l'on peut toujours changer le thermomètre, ce n'est pas efficace pour faire baisser la température quand même. »

Discours de M. le Président de la République sur la recherche. Cérémonie en l'honneur du professeur Albert Fert, Université Paris-Sud 11, campus universitaire d'Orsay, lundi 28 janvier 2008.

Bataille de l'intelligence et pleine propriété

« Alors la bataille de l'intelligence, je crois que nous l'avons engagée ! Et bien engagée ! On la mènera jusqu'au bout, mais vraiment les moyens supplémentaires, si les réformes prospèrent et si l'évaluation se développe. Sinon, on arrête.

Je ne vois nulle part qu'un système d'universités faibles, pilotées par une administration centrale tatillonne soit une arme efficace dans la bataille pour l'intelligence. C'est au contraire un système infantilisant, paralysant pour la créativité et l'innovation. C'est pour cela que l'on a donné l'autonomie aux universités. D'ailleurs, on n'a rien inventé de très original. L'autonomie, c'est la règle pour tous les pays où il y a des universités qui se développent. Il n'y a pas un seul exemple à travers le monde de grandes universités qui ne soient autonomes. Eh bien, il a fallu attendre le 1er janvier de cette année 2009 pour avoir l'autonomie. Et je souhaite que nous allions plus vite, plus loin dans l'autonomie. Je crois notamment que les universités doivent bénéficier de la pleine propriété de leur patrimoine, que cela peut être un levier d'action très puissant pour exercer cette autonomie. »

Discours de M. le Président de la République à l'occasion du lancement de la réflexion pour une stratégie nationale de recherche et d'innovation, Palais de l'Élysée, jeudi 22 janvier 2009.

Mécontents ? Là, regardez comme cela est difficile.

« C'est d'ailleurs bien ce que j'ai fait lorsque nous avons décidé avec M. Darcos que l'on allait décaler d'un an le principe de la réforme. On l'a fait pourquoi ? Parce que j'ai senti avec le ministre le besoin d'expression de la société française. Là, regardez comme cela est difficile. On ne dit pas : "Ah mon dieu, comme il a raison de prendre le temps du dialogue" et les mêmes qui disent : "Oh, il va trop vite", là ils disaient : "Il recule trop tôt". Il fallait trouver un équilibre entre tout cela !

Remarquez, vous me dites, le Président de la République, à toi de te débrouiller avec cela. Bien. Mais ce sont vos enfants. Ce sont vos lycées, ce sont vos écoles, c'est votre travail. »

Allocution de M. le Président de la République. Vœux aux personnels de l'Éducation nationale, Saint-Lô, lundi 12 janvier 2009.

VI
Recherche

Il y a un malaise ?

« J'ajoute qu'il y aurait quelque singularité à dire : "Il y a un malaise dans la recherche." Publication des résultats, fuite de nos meilleurs chercheurs, fuite des cerveaux, questions que se posent les chercheurs, malaise dans les différents organismes. Pas assez de résultats, pas assez de qualité de vie au travail, pas assez d'attractivité et on en tire la conclusion qu'on ne fait rien. Que nous regardons.

Que l'on commente le malaise. Que l'on décrit le malaise. Que l'on réfléchit sur le malaise. Que l'on pense au malaise. On entretient le malaise. »

Discours de M. le Président de la République à l'occasion du lancement de la réflexion pour une stratégie nationale de recherche et d'innovation, Palais de l'Élysée, jeudi 22 janvier 2009.

Sauver la recherche, c'était le slogan…

« Sauver la recherche, c'était le slogan, et bien, c'est de cela dont il s'agit. Que personne ne fasse croire aux Français que l'on peut sauver la recherche sur l'immobilisme. Et sauver la recherche, ce n'est pas simplement une question d'argent en plus. L'argent en plus, il y est. Il a déjà été voté en tout cas, pour les cinq milliards, il y est, mais pas d'immobilisme. Parce que cette démagogie-là, elle ne conduira qu'à l'échec et elle a déjà été expérimentée. Rien faire, c'est si facile. Mais à l'arrivée, vous garderez vos problèmes. »

Discours de M. le Président de la République sur la recherche. Cérémonie en l'honneur du professeur Albert Fert, Université Paris-Sud 11, campus universitaire d'Orsay, lundi 28 janvier 2008.

La France en deuxième division : c'est chauffé et il y a de la lumière

« Je ne veux pas que nous soyons la génération perdue de la grande lignée de la science française. Il n'est pas possible que la France soit en deuxième division de la science mondiale, parce qu'une France en deuxième division de la science mondiale, ce ne serait plus la France. Avant d'être une question économique ou pratique, c'est la question de l'idée que l'on se fait de la France et de la science. »

Discours de M. le Président de la République sur la recherche. Cérémonie en l'honneur du professeur Albert Fert, Université Paris-Sud 11, campus universitaire d'Orsay, lundi 28 janvier 2008.

« La recherche serait-elle uniquement une question de moyens et de postes ? Comment donc expliquer qu'avec une dépense de recherche plus élevée que celle de la Grande-Bretagne, plus élevée et environ 15 % de chercheurs statutaires en plus, que nos amis anglais, la France soit largement derrière elle pour la part de la production scientifique dans le monde ? Il faudra me l'expliquer ! Plus de chercheurs statutaires, moins de publications et pardon, je ne veux pas être désagréable, à budget comparable, un chercheur français publie de 30 à 50 % en moins qu'un chercheur britannique dans certains secteurs.

Évidemment, si l'on ne veut pas voir cela, je vous remercie d'être venu, il y a de la lumière, c'est chauffé… On peut continuer, on peut écrire. C'est une réalité et si la réalité est désagréable, ce n'est pas désagréable parce que je le dis, c'est désagréable parce qu'elle est la réalité, c'est quand même cela qu'il faut voir. Arrêtez de considérer comme sacrilège celui qui dit une chose et voir si c'est la réalité. C'est la réalité qu'il faut contester dans ce cas-là. »

Discours de M. le Président de la République à l'occasion du lancement de la réflexion pour une stratégie nationale de recherche et d'innovation, Palais de l'Élysée, jeudi 22 janvier 2009.

Toute activité sans évaluation pose un problème

« Franchement, la recherche sans évaluation, cela pose un problème. D'ailleurs toute activité sans évaluation pose un problème. C'est le Conseil national de Universités, organe indépendant des Universités, qui conduira cette évaluation. Écoutez, c'est consternant mais ce sera la première fois qu'une telle évaluation sera conduite dans nos universités, la première. En 2009. Franchement, on est un grand pays moderne, c'est la première fois. Inutile de dire que je soutiens totalement l'action de Valérie Pécresse. Dans leur immense majorité les enseignants chercheurs apportent leurs compétences avec un dévouement admirable à nos universités. Ils n'ont rien à redouter de cette réforme. Elle est faite pour les encourager, pas pour les décourager. Moi, je vois dans l'évaluation la récompense de la performance. S'il n'y a pas d'évaluation, il n'y a pas de performance.

[...] Nulle part dans les grands pays, sauf chez nous, on n'observe que des organismes de recherche sont à la fois opérateurs et agences de moyens à la fois, acteurs et évaluateurs de leur propre action. Je vois que cela peut être confortable. Je pourrais en tirer quelques conclusions pour moi-même. C'est un système assez génial d'ailleurs, celui qui agit est en même temps celui qui s'évalue. Qui peut penser que c'est raisonnable ? Cela peut provoquer un certain confort, un confort illusoire du moment parce que l'on voit bien les limites de l'exercice. Nulle part comme en France on a autant multiplié les instituts, agences, groupements et autres organismes microscopiques qui diluent les moyens, les responsabilités, tirent chacun à hue et à dia, et gaspillé temps et argent. »

Discours de M. le Président de la République à l'occasion du lancement de la réflexion pour une stratégie nationale de recherche et d'innovation, Palais de l'Élysée, jeudi 22 janvier 2009.

Le système le plus attractif au monde

« Nous voulions vous faire connaître le Crédit Impôt Recherche. Savez-vous qu'en France maintenant il y a le système fiscal le plus attractif au monde. Mais, en plus du plaisir qui est le mien de vous accueillir, je dois vous dire que j'ai aujourd'hui un autre motif de satisfaction...

[...] Vous comprenez bien qu'il ne s'agit pas pour nous de "démanteler" les organismes de recherche. »

Discours de M. le Président de la République devant les laboratoires internationaux de recherche, Palais de l'Élysée, vendredi 5 juin 2009.

VII
La presse, l'audiovisuel et la publicité

La presse n'est pas un produit, c'est une marque !

« La presse fait partie de l'équilibre des pouvoirs. Ce qui est mauvais pour elle, est mauvais pour la démocratie. La presse est un produit économique, elle obéit à la loi de l'offre et de la demande, elle doit être rentable. C'est encore le meilleur moyen pour elle d'être indépendante. Mais la presse n'est pas et ne sera jamais un produit comme un autre. Pour ce motif, elle ne peut être laissée aux seules forces du marché.

[…] Le dispositif de l'après-guerre, inspiré de l'idéal de la Résistance, devait favoriser une presse quotidienne d'information générale et politique florissante, indépendante et diversifiée. Or, jamais la presse quotidienne et généraliste ne s'est aussi mal portée qu'aujourd'hui. Notre responsabilité, c'est bien sûr d'assurer les conditions nécessaires à l'existence d'une presse libre, indépendante et pluraliste. La loi constitutionnelle du 23 juillet 2008 est venue nous le rappeler récemment.

[…] Quant à la presse numérique, elle ne constitue pas, pour le moment en tout cas, un modèle alternatif rentable. Comment le pourrait-elle alors qu'elle est gratuite pour le lecteur, beaucoup moins chère pour l'annonceur, et soumise à une concurrence sans limites ?

[…] L'essentiel n'est pas de protéger le support, il est de protéger "la marque". Il n'est pas de protéger le papier, il est de protéger l'écrit. »

Discours de M. le Président de la République, ouverture des États généraux de la presse écrite, Palais de l'Élysée, jeudi 2 octobre 2008.

Fin de la publicité : tout le monde est pour

« Regardez autre chose : la publicité à la télévision. Qu'est-ce que j'ai entendu. Mon Dieu. On aurait cru depuis un an que tout le monde était contre ! Je vois maintenant les fameux sondages : tout le monde est pour. Je vous dis une chose : il n'est pas arrivé le responsable politique qui exigera que la publicité revienne sur le service public. Parce que les Français sont des gens pragmatiques. Ils aiment bien juger sur pièce. Ils en ont trop entendu des discours, des promesses. Ils veulent maintenant des résultats et voir ce que cela donne. »

Allocution de M. le Président de la République. Vœux aux personnels de l'Éducation nationale, Saint-Lô, lundi 12 janvier 2009.

Mieux-disant culturel

« La publicité amène à la tyrannie de l'audience, quart d'heure par quart d'heure, et la focalisation des programmes sur la ménagère de moins de 50 ans. C'est une logique à laquelle personne ne peut échapper. Et que l'on ne vienne pas me dire que cela ne concernait que 25, 30 ou 40 % du budget de France Télévisions. À partir du moment où cela concerne l'argent dont on a besoin pour boucler le budget, cela devient l'argent fondamental. Peu importe que cela ne soit que 30 %. Comme ce sont les 30 derniers pour cent, ce sont les 30 plus importants. Cela conduisait à une difficulté, celle de s'affranchir de la tyrannie de l'audience, quart d'heure par quart d'heure, et du téléspectateur vu comme un consommateur. C'est cela la publicité à la télévision. Je le dis d'autant mieux que la télévision publique française a pris récemment un virage éditorial que je veux saluer devant Patrick de Carolis et Patrice Duhamel. Je ne citerai pas les exemples, ils sont nombreux, de ce qu'ils ont fait, mais qu'il me soit permis de dire que je veux les aider à aller plus loin, à aller plus vite, à transformer l'exception en la règle.

[...] Pour qu'une nouvelle télévision publique voie le jour, il faut lui donner les moyens dont elle a besoin. Je veux être très clair. Conformément aux engagements pris dès l'origine, nous allons donner à France Télévisions les moyens nécessaires au recentrage de sa ligne éditoriale sur un mieux-disant culturel. »

Discours de M. le Président de la République. Remise du rapport sur l'audiovisuel public par M. Jean-François Copé, Président de la Commission pour la nouvelle télévision publique, Palais de l'Élysée, mercredi 25 juin 2008.

Un boss avec une ligne éditoriale

« Notre priorité c'est que les dirigeants de France Télévisions puissent diriger France Télévisions et porter une ligne éditoriale. Et que l'on sorte d'un système où tout le monde peut dire non et personne ne peut dire oui, que l'on ait un système où on dirige. Je suis très démodé, je le sais bien, mais écoutez, il y a une stratégie, il y a une équipe, il y a des résultats qu'on en attend, laissons cette équipe défendre cette stratégie et la porter, n'empêchons pas en permanence cette équipe de gouverner et à l'arrivée, de rendre des comptes.

Il n'y a aucune raison de condamner à une forme d'impuissance le service public. Dans le service public, pour faire quelque chose, il faut encore beaucoup plus d'énergie que dans le privé. Ce n'est pas une fatalité. Si on donne le pouvoir à quelqu'un, qu'on lui donne ! On lui demande des résultats, qu'il les donne ! S'il ne donne pas de résultats, qu'on le change. C'est simple. »

Discours de M. le Président de la République. Remise du rapport sur l'audiovisuel public par M. Jean-François Copé, Président de la Commission pour la nouvelle télévision publique, Palais de l'Élysée, mercredi 25 juin 2008.

Mais il y a un actionnaire et c'est moi, c'est clair ?

« À la tête de l'entreprise unique qui verra le jour sera donc nommé un président. Je vais prendre mes responsabilités. D'abord quand je dis les choses que je ne pense pas, cela se voit. Je vais dire des choses que je pense. Je suis partisan d'un système simple et démocratique, qui applique le principe général retenu dans le projet de loi relatif à la réforme des institutions, à savoir une nomination par l'exécutif après avis conforme du CSA sous réserve qu'une majorité qualifiée de parlementaires n'y fasse pas obstacle. Écoutez, les choses doivent être claires : il y a un actionnaire, cet actionnaire nomme un président. Il y a un CSA, ce CSA donne un avis conforme. Dans le cadre de la réforme des institutions, j'ai proposé qu'on encadre le pouvoir de nomination du Président de la République, c'est-à-dire que si les commissions compétentes, à la majorité qualifiée, mettent un veto, il n'y a pas de nomination. Voilà un système démocratique où on comprend qui fait quoi et comment. Aujourd'hui, franchement, le système a besoin d'être changé. J'assume pleinement, je vois déjà les critiques, mais les critiques en démocratie, c'est normal. Il n'y a aucune raison qu'une entreprise du service public, qui porte la notion de service public, n'obéisse pas aux mêmes règles de nomination que les autres entreprises du service public, EDF, la SNCF, la RATP... J'ai voulu encadrer le pouvoir de nomination du gouvernement avec le Parlement. Il y aura une spécificité, c'est le CSA. Tout le monde en parle depuis des années, et en la matière les hypocrisies sont innombrables. Au moins, c'est un système clair. »

Discours de M. le Président de la République. Remise du rapport sur l'audiovisuel public par M. Jean-François Copé, Président de la Commission pour la nouvelle télévision publique, Palais de l'Élysée, mercredi 25 juin 2008.

Mon souhait pour de vrai ?

« Mon souhait c'est que les groupes d'audiovisuels privés soient puissants. Que tous ceux qui parlent de la culture française, de la production français, de la langue française m'expliquent un peu comment nous pourrons faire rayonner la culture française sans des groupes de communication puissants, qu'ils soient privés ou publics. C'est quand même une interrogation. Donc l'opposition des uns et des autres n'a aucun sens. Si les groupes audiovisuels privés sont puissants ils contribueront puissamment à financer les créateurs, à diffuser leurs œuvres, pour le plus grand bien des téléspectateurs.

Mais le succès des chaînes privées ne peut pas se concevoir sans le succès de l'audiovisuel public. Si nous opposons un secteur à l'autre, nous sommes dans une logique d'appauvrissement, de nivellement et d'égalitarisme qui a fait tant de mal à la France. Dans le fond, être en retard, ce n'est pas grave si tout le monde est retard. Voilà le raisonnement habituel. »

Discours de M. le Président de la République. Remise du rapport sur l'audiovisuel public par M. Jean-François Copé, Président de la Commission pour la nouvelle télévision publique, Palais de l'Élysée, mercredi 25 juin 2008.

VIII
La culture, l'identité, la religion

L'élitisme pour tous

« Je crois à une politique simple : l'élitisme pour tous, à la portée de tous, avec une éducation pour tous et des aides aux meilleurs.

[...] Aider tout le monde faute de savoir discerner la qualité, c'est de mon point de vue créer de formidables injustices.

[...] Je crois fondamentalement à la capacité de l'État à impulser un "changement de culture", pour apprendre à mieux soutenir le processus de création. Il y a des décennies de mauvaises habitudes. Moi je peux le dire, parce que je ne m'inscris pas dans les guichets. Ma parole est plus libre que celui qui produit et qui doit faire attention à ce qu'il dit parce qu'il retrouvera au coin du chemin de la création, celui dont il a pu critiquer l'institution ou la politique. C'est donc à moi de donner un coup de pied dans la fourmilière. C'est à moi de bousculer les choses. »

Discours de M. le Président de la République Installation du Conseil pour la Création Artistique Palais de l'Élysée – Lundi 2 février 2009

Le Louvre d'Abou Dhabi : littoral libertaire

« Et d'ailleurs, avec le Premier ministre, on travaille sur une chose : je souhaite beaucoup qu'il y ait des zones où l'on puisse se dire que les règles ne seront pas tout à fait les mêmes. Pour tenter, quand vous voyez ce que Jean Nouvel fait à Abou Dhabi, avec le Louvre, c'est exceptionnel. Ce musée, on y arrive à la fois par la terre et par la mer. Il est sûr que s'il y avait une loi littoral... Je ne suis pas contre du tout la loi littoral qui a permis bien des choses. Elle n'a pas tout permis parce que, entre parenthèses, quand on voit certains départements de France, on se dit : mon Dieu, c'est peut-être arrivé un peu tard. Je suis pour la loi littoral. Que personne ne titre que je suis contre. Mais, en même temps, il faut que l'on redevienne un pays où l'on favorise la prise de risques et la prise d'initiatives. »

Discours de M. le Président de la République. Remise du rapport de la commission pour la libération de la croissance française, Palais de l'Élysée, mercredi 23 janvier 2008.

Identité et pathologie

« D'abord, je voudrais m'inscrire en faux contre ceux qui disent qu'on doit investir dans la culture parce que c'est une activité économique qui représente des dizaines de milliards d'euros de recettes. C'est vrai, mais ce n'est pas pour cela qu'il faut investir dans la culture. On investit dans la culture parce que c'est essentiel, c'est notre civilisation qui est en jeu. Vous savez, le plus grand anthropologue français, un jeune homme de cent ans, Claude Levi-Strauss, que j'ai rencontré il y a quelques semaines – un homme qui fait honneur à la culture et à l'intelligence française – il a dit quelque chose sur lequel on n'a pas assez réfléchi, il a dit : "l'identité n'est pas une pathologie." Honnêtement cela mérite d'y réfléchir. »

Discours de M. le Président de la République. Vœux aux acteurs de la Culture, Nîmes, mardi 13 janvier 2009.

« Quel est l'objectif ? Cela va faire parler, mais l'objectif, c'est relever le défi du métissage ; défi du métissage que nous adresse le XXIe siècle. Le défi du métissage, la France l'a toujours connu et en relevant le défi du métissage, la France est fidèle à son histoire. D'ailleurs, c'est la consanguinité qui a toujours provoqué la fin des civilisations et des sociétés. »

Discours de M. le Président de la République, École Polytechnique, Palaiseau, mercredi 17 décembre 2008.

C'est quand on aime la France qu'on est Français

« Et c'est pour que la France soit une terre d'immigration réussie, que la loi adoptée en novembre dernier a prévu qu'on ne pouvait faire venir sa famille en France sans avoir les revenus nécessaires pour qu'elle vive décemment et qu'on ne pouvait s'installer en France sans un "contrat d'accueil et d'intégration pour la famille", ou sans se donner la peine d'écrire et de parler le français.

Car on ne peut vouloir s'installer en France sans respecter sa culture, ses valeurs et les lois de la République. Il n'y a pas de place en France pour la polygamie, pour l'excision, pour les mariages forcés, pour le voile à l'école et pour la haine de la France. Car on ne construit rien sur la haine des autres. Derrière la détestation il y a le repli sur soi, le communautarisme et la loi des tribus, celle de la force brutale et systématique. Si on vit en France, je veux que l'on respecte la France. Car la France est un pays dont on ne peut qu'être fier. C'est quand on aime la France qu'on est Français. »

Discours de M. le Président de la République. Une nouvelle politique pour les banlieues, Palais de l'Élysée, vendredi 8 février 2008.

L'homme colonial

« Le colonisateur est venu, il a pris, il s'est servi, il a exploité, il a pillé des ressources, des richesses qui ne lui appartenaient pas. Il a dépouillé le colonisé de sa personnalité, de sa liberté, de sa terre, du fruit de son travail. Il a pris mais je veux dire avec respect qu'il a aussi donné. Il a construit des ponts, des routes, des hôpitaux, des dispensaires, des écoles. Il a rendu féconde des terres vierges, il a donné sa peine, son travail, son savoir. Je veux le dire ici, tous les colons n'étaient pas des voleurs, tous les colons n'étaient pas des exploiteurs.

[...] La colonisation n'est pas responsable de toutes les difficultés actuelles de l'Afrique. Elle n'est pas responsable des guerres sanglantes que se font les Africains entre eux. Elle n'est pas responsable des génocides. Elle n'est pas responsable des dictateurs. Elle n'est pas responsable du fanatisme. Elle n'est pas responsable de la corruption, de la prévarication. Elle n'est pas responsable des gaspillages et de la pollution. »

Discours du Président de la République Française, Université de Dakar, Sénégal, jeudi 26 juillet 2007.

L'homme africain

« Le drame de l'Afrique, c'est que l'homme africain n'est pas assez entré dans l'histoire. Le paysan africain, qui depuis des millénaires, vit avec les saisons, dont l'idéal de vie est d'être en harmonie avec la nature, ne connaît que l'éternel recommencement du temps rythmé par la répétition sans fin des mêmes gestes et des mêmes paroles. Dans cet imaginaire où tout recommence toujours, il n'y a de place ni pour l'aventure humaine, ni pour l'idée de progrès.

Dans cet univers où la nature commande tout, l'homme échappe à l'angoisse de l'histoire qui tenaille l'homme moderne mais l'homme reste immobile au milieu d'un ordre immuable ou tout semble être écrit d'avance. Jamais l'homme ne s'élance vers l'avenir.

Jamais il ne lui vient à l'idée de sortir de la répétition pour s'inventer un destin.

Le problème de l'Afrique et permettez à un ami de l'Afrique de le dire, il est là. Le défi de l'Afrique, c'est d'entrer davantage dans l'histoire. »

Discours du Président de la République Française, Université de Dakar, Sénégal, jeudi 26 juillet 2007.

La nature vous a gâtés

« Votre horizon, c'est celui d'une puissance économique.

C'est peu de dire que la nature vous a gâtés. Les richesses abondent sous vos pieds. Vos terres sont si fertiles que je ne connais rien qui ne puisse y pousser. Vos fleuves sont si puissants qu'ils concentrent une ressource d'énergie immense, inépuisable. Le barrage d'Inga, à lui-seul, pourrait éclairer l'ensemble du continent africain !

En plus d'une nature opulente, vous disposez d'un autre capital précieux : les femmes et les hommes de la nation congolaise, votre peuple, sa jeunesse, son dynamisme. Il n'y a pas à s'étonner que Kinshasa soit la capitale africaine de la culture. Les Congolais portent en eux l'esprit d'initiative. Ils appellent ça la “débrouille”.

Mais hélas ! Si vous êtes gâtés par la nature, vous ne l'avez pas été par les circonstances. »

Allocution de M. le Président de la République Française devant le Parlement Kinshasa, République démocratique du Congo, jeudi 26 mars 2009.

La laïcité positive est chrétienne

« Les religions, et notamment la religion chrétienne avec laquelle nous partageons une longue histoire, ce sont des patrimoines, des patrimoines vivants de réflexion et de pensée, pas seulement sur Dieu, mais aussi sur l'homme, sur la société, et même sur cette préoccupation aujourd'hui centrale qu'est la nature et la défense de l'environnement. Ce serait une folie de nous en priver, tout simplement une faute contre la culture et contre la pensée.

[...] La laïcité positive, la laïcité ouverte, c'est une invitation au dialogue, une invitation à la tolérance, une invitation au respect.

Dieu sait que nos sociétés ont besoin de dialogue, de respect, de tolérance, de calme.

[…] La dignité humaine, l'Église ne cesse de la proclamer et de la défendre.

[…] Voilà la pratique de la laïcité positive : la quête de sens, le respect des croyances. Nous ne mettons personne au-dessus de l'autre, mais nous assumons nos racines chrétiennes. »

Allocution de M. le Président de la République. Visite en France de Sa Sainteté le Pape Benoît XVI, Palais de l'Élysée, vendredi 12 septembre 2008.

L'instit ne pourra jamais remplacer le curé.

« En donnant en France et dans le monde le témoignage d'une vie donnée aux autres et comblée par l'expérience de Dieu, vous créez de l'espérance et vous faites grandir des sentiments nobles. C'est une chance pour notre pays, et le président que je suis le considère avec beaucoup d'attention. Dans la transmission des valeurs et dans l'apprentissage de la différence entre le bien et le mal, l'instituteur ne pourra jamais remplacer le curé ou le pasteur, même s'il est important qu'il s'en approche, parce qu'il lui manquera toujours la radicalité du sacrifice de sa vie et le charisme d'un engagement porté par l'espérance. »

Allocution de M. le Président de la République dans la salle de la signature du Palais du Latran, Rome, jeudi 20 décembre 2007.

Le dimanche on peut aller à la messe, à la bibliothèque, ou sur les Champs.

« Je sais que l'on m'accuse beaucoup de trop m'intéresser à la religion mais je pense que l'on peut respecter ceux qui veulent aller à la messe et ouvrir les bibliothèques le dimanche, ce n'est absolument pas contradictoire. Je ne mets pas en cela gravement en cause la laïcité et si de surcroît l'on pouvait considérer que le trottoir gauche des Champs-Élysées a le droit comme le trottoir droit d'être ouvert le dimanche, ce n'est pas si mal. On est quand même le seul pays qui s'enorgueillit d'avoir le plus de touristes au monde et dont on considère que les magasins doivent être fermés le jour où il y a le plus de touristes dans notre pays franchement. »

Intervention de M. le Président de la République. Vœux aux Forces de la Nation, Palais de l'Élysée, jeudi 17 janvier 2008.

« C'est pareil pour le travail le dimanche. On interdit à tout le monde de travailler le dimanche aux Champs-Élysées – il se trouve que j'habite à côté. Fantastique : vous avez un trottoir placé en zone touristique où le travail est autorisé le dimanche, et le trottoir d'en face qui n'est pas une zone touristique et où le travail le dimanche n'est pas autorisé. Le côté ensoleillé est touristique, mais pas le côté à l'ombre… seulement en fonction de l'heure de la journée, ce n'est pas le même.

[…] Rendez-vous compte : il y a des salariés qui font des procès aujourd'hui à certains syndicats pour avoir le droit de travailler le dimanche ! … alors que l'on a tant besoin de croissance. Dans le même temps, je comprends parfaitement bien qu'un certain nombre d'entre vous préfèrent être en famille. Respectons la différence des gens. Ce qui me gênait avec les 35 heures, c'est le fait invraisemblable d'obliger les gens. Il était interdit de travailler plus ! »

Discours de M. le Président de la République. Généralisation du Revenu de Solidarité Active Changé , jeudi 28 août 2008.

Un Nobel pour un iPod

« Cher Professeur Fert, l'année 2007 a été riche en événements pour la France… Il y a eu une coupe de monde de rugby, il y a un événement que l'histoire de la science et de la connaissance humaine retiendra, c'est le prix Nobel de physique qui vous a été décerné.

[…]Vous avez fondé les bases de la révolution numérique des années 1990 et 2000. Vos découvertes ont ouvert la voie à la démultiplication fulgurante de la capacité des mémoires de masse. Finalement, l'iPod, c'est un peu vous, enfin en résumé, non, il était écrit des choses plus savantes mais, honnêtement, je m'en tiens à l'iPod ! »

Discours de M. le Président de la République sur la recherche Cérémonie en l'honneur du professeur Albert Fert, Université Paris-Sud 11, campus universitaire d'Orsay, lundi 28 janvier 2008.

III

À logique globale, résistance transversale

De l'extension sociale de la norme à l'inservitude volontaire

par Roland Gori*

« L'époque qui ose se dire la plus révoltée n'offre à choisir que des conformismes. La vraie passion du XXe siècle, c'est la servitude. »

Albert Camus, *L'Homme révolté*[1].

J'évoquerai dans ce texte trois idées qui peuvent être résumées rapidement comme suit.

La première idée : si pour moi la question de la désobéissance civile se pose moins que celle de l'inservitude volontaire, c'est bien parce que nous sommes aujourd'hui davantage dans une société articulée à la norme plutôt que dans une société articulée à la Loi ou du moins à une Loi fondée par un véritable système juridico-politique. Cette extension sociale de la norme requiert le consentement des sujets, leur servitude volontaire et leur intériorisation des normes.

La deuxième idée : l'évaluation telle qu'elle se pratique aujourd'hui est une véritable dévaluation. Elle est la matrice de cette servitude volontaire qui, au nom de la religion de la science, de la rationalité technique et de la logique comptable, produit une soumission sociale librement consentie.

---

* Roland Gori est psychanalyste, professeur de psychopathologie à l'Université d'Aix-Marseille.

1. Albert Camus, *L'Homme révolté*, Gallimard, 1951, p. 293.

La troisième idée : pour résister à ces dispositifs de servitude que constituent les normalisations des pratiques professionnelles et sociales, il faut toujours davantage s'engager dans une culture des métiers, de leur éthique et de leur finalité spécifique. C'est au nom de cette culture professionnelle et de la communauté qui l'incarne que nous pourrions risquer une position collective d'objecteurs de conscience, opposés à cette politique de civilisation qu'est l'évaluation.

L'extension sociale de la norme

Je suivrai Michel Foucault pour considérer aujourd'hui que nous devenons davantage une société articulée sur la norme que sur la loi. Ce qui ne veut pas dire que le pouvoir de la loi soit en train de régresser, mais plutôt qu'il s'intègre dans un pouvoir plus général, celui de la normalisation. Ce n'est plus la religion ou le politique qui partagent les individus et imposent des modèles de conduite, mais des normes produites par des dispositifs de surveillance et de contrôle standardisés et standardisant des populations. Par une visibilité incessante des comportements, le Pouvoir les qualifie et les sélectionne pour les conformer. Le concept de risque tend à se substituer à celui de faute. La société normative est une société de gestion prévisionnelle des risques. Par exemple, la multiplication des règlements, des directives, des circulaires et des décrets, par exemple édictés par la Commission européenne provient de l'augmentation sans cesse croissante des normes et des exigences de standardisation par le fait même de l'absence d'une autorité politique légitime qui pourrait se fonder sur la loi.

En un mot comme en cent, le conformisme auquel nous nous plions tous les jours s'exerce « dans les petites affaires », nous asservit de manière toujours plus étendue et douce, nous fait perdre l'habitude de nous diriger nous-mêmes et nous habitue toujours davantage à consentir dans les marges d'un pouvoir véritablement disciplinaire à notre propre aliénation, à notre propre mutilation.

Le Maître aujourd'hui, ce n'est plus le tyran religieux ou laïc, c'est un Maître anonyme, disséminé dans de multiples dispositifs réticulaires et capillaires où s'exerce moins le pouvoir d'un seul que la servitude de tous. C'est ce Maître anonyme qui impose à l'humain de se transformer en ressource pour faire fructifier le capital en ingurgitant de nouvelles règles de conduite, une nouvelle langue et de nouvelles valeurs. Et ces nouvelles formes de domination, ces nouvelles servitudes sont souvent installées au nom même de la liberté et de la transparence démocratique. Elles sont ce que Yves-Charles Zarka[1] appelle « nos nouvelles servitudes ».

Ces nouvelles formes de subordination et de domination exigent un consentement volontaire des sujets, l'adhésion volontaire à des normes plutôt qu'à des lois. Nous avons à révéler et à déconstruire l'impensé social et politique des normes que le Pouvoir présente comme des évidences « naturelles » ou des faits objectifs. Une telle pratique constitue déjà en elle-même un acte de résistance citoyen autant que philosophique.

Ce n'est pas seulement le partage entre le permis et le défendu qui est en jeu, mais davantage l'intoxication, la colonisation de nos existences par une manière de penser et de vivre le monde, autrui et soi-même. Cette manière de s'habituer à ce que Gilles Deleuze appelait le « petit fascisme de la vie ordinaire », soit à une domination invisible et insidieuse, conditionne, dans les temps de crise et de terreur, l'obéissance à des actes cruels, barbares et inhumains. On ne peut pas comprendre la soumission à des systèmes totalitaires et à leur logique monstrueuse si l'on ne prend pas en compte cette première idée : la normalisation des esprits prépare progressivement à la « banalité du mal » dont parle Hannah Arendt à propos des bourreaux nazis, de ces fonctionnaires zélés d'un État délinquant où le meurtre de masse était devenu un « boulot » comme un autre.

Voilà pourquoi, je crois, le premier acte de résistance consiste à analyser et à déconstruire le fonctionnement de nos dispositifs de normalisation. C'est là où se trouve la tyrannie du pouvoir contemporain et je dirai avec Alexis de Tocqueville que « la nature du Maître m'importe bien moins que l'obéissance[2] ». Or, ce sont particulièrement les professionnels du soin, de l'éducation, de la recherche, de l'information, de la justice, de la culture, du travail social, qui se trouvent convoqués à devoir normaliser les individus et les populations en fonction des exigences politiques du pouvoir.

1. Yves-Charles Zarka et Les Intempestifs, *Critique des nouvelles servitudes*, PUF, 2007.

2. Alexis de Tocqueville, *De la démocratie en Amérique* (1840), tome 2, Flammarion, 1981, p. 387.

Foucault nous a montré qu'à partir du XVIIIe siècle, l'art de gouverner suppose que la raison d'État s'impose toujours davantage à la population qu'elle gère, jusque dans le grain ténu de son existence, par une référence toujours plus grande à l'idée de liberté corrélée avec la mise en place de dispositifs de sécurité. Il ne s'agit plus d'imposer des croyances vraies ou fausses auxquelles on demande aux individus de souscrire, telle par exemple celle en la légitimité d'une souveraineté royale de droit divin, mais toujours davantage de connaître, de modifier et de modeler l'opinion de la population à laquelle il est demandé une servitude volontaire ou une soumission librement consentie[1].

Pour cela, il faut une police des conduites qui prélève, rapporte, rassemble et analyse des données sur les forces et les ressources d'une population, ce qu'on appelle à l'époque la « statistique ». Avant d'être une science ou une méthode, la statistique apparaît étymologiquement comme une connaissance de l'État et par l'État qui estime le potentiel humain dont il dispose pour le gérer au mieux dans l'exercice de son pouvoir. La statistique constitue un savoir que l'État doit former à partir d'enquêtes ou de sondages pour agir sur le comportement des individus conçus comme sujets économiques, et sur leurs représentations sociales, individuelles et collectives puisqu'ils sont aussi des sujets politiques. C'est donc l'activité de l'homme concret, dans le grain le plus fin de son existence, qui va faire l'objet d'un savoir pratique constitutif d'un guide politique pour l'exercice du pouvoir et d'un guide moral, normatif, pour la population à laquelle le Pouvoir adresse en retour les informations qui la concernent.

D'entrée de jeu, on voit ici, d'une part, comment les « sciences » et les pratiques sont convoquées pour construire un savoir sur la population qui permette l'action politique et l'hygiène des conduites et, d'autre part, on peut souligner comment tous les médias et leurs réseaux, des plus archaïques aux plus sophistiqués, se trouvent invités à modeler l'« opinion » que les gens doivent se faire de la manière dont ils sont gouvernés.

Nul mieux que Foucault n'a su analyser et conceptualiser les ressorts de cette rationalité gouvernementale moderne qui articule le

1. Robert-Vincent Joule, Jean-Léon Beauvois, *La Soumission librement consentie*, PUF, 1998.

nouveau régime de pouvoir mis en place au XVIIIe siècle, le savoir d'une économie politique qui l'exige et les dispositifs de sécurité et de modelage de l'opinion qu'ils requièrent. Et ce, d'autant plus que ce réglage du pouvoir ne s'exerce plus au nom de la sagesse ou de la vertu, mais toujours davantage au moyen d'un calcul rationnel qui porte sur la société civile. Davantage l'art de gouverner limitera ses interventions dans le champ économique pour ne pas gêner l'autorégulation naturelle du marché, davantage il devra se préoccuper de la conduite rationnelle de sa population et constituer la société civile comme l'objet spécifique de ses actions. Cet art de gouverner n'aura de cesse dans notre civilisation libérale de promouvoir la figure anthropologique d'un *homo economicus*[1] capable de gérer lui-même toutes ses conduites au mieux de ses intérêts économiques.

L'évaluation : un dispositif anthropologique

Comme nous le soutenons, « la fièvre de l'évaluation[2] » généralisée qui s'empare aujourd'hui des services de soin, d'éducation, de recherche, constitue à la fois les symptômes et les opérateurs de cette extension sociale de la norme dans les démocraties néolibérales, dans leurs dispositifs de contraintes morales et sociales. J'entends « dispositif » au sens fort et précis de ce terme, tel que Giorgio Agamben le définit après Foucault : « J'appelle dispositif tout ce qui a, d'une manière ou d'une autre, la capacité de capturer, d'orienter, de déterminer, d'intercepter, de modeler, de contrôler et d'assurer les gestes, les conduites, les opinions et les discours des êtres vivants[3]. » Le dispositif présente pour Foucault une nature et

1. Marcel Mauss, *Sociologie et anthropologie*, PUF, 1950, p. 271 ; Christian Laval, *L'Homme économique. Essai sur les racines du néolibéralisme,* Gallimard, 2007 ; Roland Gori et Marie-José Del Volgo, *Exilés de l'intime. La médecine et la psychiatrie au service du nouvel ordre économique*, Denoël, 2008.

2. Yves Gingras, « Du mauvais usage de faux indicateurs », *Revue d'histoire moderne et contemporaine*, n° 55-4 bis, 2008, p. 67-79. Ce numéro de la revue est consacré à « la fièvre de l'évaluation ».

3. Giorgio Agamben, *Qu'est-ce qu'un dispositif ?* (2006), Payot & Rivages, 2007, p. 31.

une fonction essentiellement stratégiques qui supposent des interventions dans les jeux de pouvoir par des types de savoir dont ils sont à la fois l'occasion, la conséquence et l'origine. Comme l'écrit Giorgio Agamben, « le dispositif est donc, avant tout, une machine qui produit des subjectivations et c'est par quoi il est aussi une machine de gouvernement[1] ».

C'est la deuxième idée : l'évaluation constitue le dispositif matriciel de ces servitudes et transforme chacun d'entre nous en « tyranneau » de soi-même et des autres. « Tyranneau », le terme est de La Boétie dans son *Discours de la servitude volontaire*[2] : le pouvoir tyrannique est faible, instable et il ne tient que par la servitude volontaire des sujets qui ne s'y prêtent qu'en croyant tirer profit de la tyrannie qu'ils imposent aux autres comme à eux-mêmes. Cette abnégation politique corrompt le lien social et menace la « fraternelle communauté » de la vie civile pour satisfaire les ambitions et les avarices individuelles. C'est pour ça qu'il est important – deuxième acte de résistance – de restituer à nos pratiques professionnelles leur dimension politique. Ce n'est pas faire de la politique, mais c'est révéler l'existence du politique dans les métiers. Quand la génétique ou la neurobiologie des comportements sont instrumentalisées pour détecter les délinquants en couches-culottes ou sélectionner les candidats lors des entretiens d'embauche, c'est aux scientifiques de refuser ces pratiques et de faire objection. Ce n'est pas de la désobéissance civile, mais un refus de se soumettre à une politique qui tend à transformer les professionnels en tyranneaux. Et là, il est nécessaire de mobiliser l'opinion, de faire du lobbying et de mener des actes symboliques de résistance.

Quand des rédacteurs en chef de revues européennes demandent à ce que leurs prestigieuses revues soient retirées des banques de données qui assurent l'hégémonie culturelle des États-Unis sur le marché de l'information scientifique, c'est une insoumission aux normes, ce n'est pas une désobéissance à la loi. Quand les universitaires démissionnent de leurs responsabilités collectives et administratives, ce n'est pas une désobéissance civile, mais un refus de se soumettre au dispositif de normalisation qui assure la revanche du pouvoir technico-administratif sur les missions d'enseignement, de

1. *Ibid.*, p. 42.
2. Étienne de La Boétie, *Discours de la servitude volontaire*, Vrin, 2002.

recherche ou de soin. On pourrait multiplier à l'infini les exemples. Je voudrais simplement dire qu'aujourd'hui la cible de nos révoltes devrait être à mon avis ce qui justifie dans notre civilisation la servitude volontaire : l'évaluation telle qu'elle est conçue depuis la fin des années 1980, c'est-à-dire non pas comme une évaluation par des pairs, à même d'apprécier la valeur des actes professionnels au regard des finalités spécifiques qui les justifient, mais selon une nouvelle procédure qui modèle et conforme les conceptions du monde des professionnels à une nouvelle idéologie, celle d'une nouvelle forme de management propre au néolibéralisme. Précisons.

Le dispositif de l'évaluation qui décompose les actes professionnels en séquences techniques commensurables, contrôlables et traçables, provient de la rationalisation technique des conduites propre à la civilisation capitaliste analysée par Max Weber. Celui-ci montrait, d'une part, que « nous ne cessons de constater – y compris pour des sphères de conduite de vie qui évoluent (apparemment) indépendamment les unes des autres – que c'est en Occident, et seulement en Occident, que se sont développés certains modes de rationalisation[1] » et, d'autre part, que « liée à la rationalisation de la technique et à celle du droit, l'émergence du rationalisme économique fut en effet également tributaire de la capacité et de la disposition des hommes à adopter des formes spécifiques de conduite de vie pratique et rationnelle[2] ». L'évaluation quantifiée est aussi de nos jours une manière sociale d'exister pour les individus et de se penser dans le monde, en rapport avec autrui.

Cette évaluation se révèle comme un dispositif de construction du sujet éthique[3] et la signification anthropologique de la notion de valeur a du même coup changé : n'a de valeur que ce qui peut se réduire à une information. Et j'ajouterai : une information qui peut se vendre et circuler comme une marchandise, au prix du marché. Par exemple, ce qui compte, ce sont moins les conséquences épistémologiques et pratiques d'une recherche que son évaluation dans un dispositif managérial de *benchmarking*, établissant son niveau de

---

1. Max Weber, *L'Éthique protestante et l'esprit du capitalisme* (1904-1905), Flammarion, 2002, p. 67.
2. *Ibid.*, p. 63.
3. Au sens de Michel Foucault.

performance en fonction de la « marque » de la revue dans laquelle ces travaux de recherche sont publiés. Cette référence à l'« objectivité » participe davantage d'une rhétorique de propagande qu'elle ne procède d'une rigueur méthodologique. Cette authentique révolution idéologique dont a bénéficié la notion d'évaluation procède moins d'une nécessité intérieure à la communauté scientifique d'améliorer ses activités que d'un art néolibéral de gouverner les individus, de manager leurs activités, de justifier les décisions politiques au nom d'une organisation rationnelle et technique, d'inoculer une novlangue[1] conduisant les individus à s'autogouverner selon les normes du New Public Management qui s'est imposé dans les services publics au cours des années 1980.

Un des credo de cette nouvelle manière de gouverner la recherche, l'enseignement et le soin reposait sur l'idée qu'il fallait accroître la compétition des pairs d'une discipline ou d'une activité pour les transformer en concurrents rentables et performants dont l'obsession fondamentale devait être de comparer leurs « produits » à ceux des autres opérateurs du champ. Cette évaluation par *benchmarking* provient directement des manuels de management de Rank Xerox et de Toyota. Ce dispositif de gouvernance vient briser la hiérarchie de la « cage de fer[2] » des unités de production industrielle calquées sur le modèle militaire pour y substituer d'autres instances de contrôle social et de gestion dans lesquelles les principes de compétitivité féroce, de concurrence impitoyable, de flexibilité et de réactivité incessantes, de profit à court terme et de dépassement permanent, règnent en maître. C'est la nouvelle culture du capitalisme financier[3].

Le succès actuel des palmarès des hôpitaux, des universités, des revues scientifiques procède de cette philosophie du *benchmarking*[4] qui aboutit, par exemple, au fameux classement de Shanghai des Universités ou encore à la pitoyable tentative de l'AERES[5] de clas-

1. Roland Gori et Marie-José Del Volgo, *Exilés de l'intime*, *op. cit.*

2. Max Weber, *L'Éthique protestante et l'esprit du capitalisme, op. cit.*

3. Richard Sennett, *La Culture du nouveau capitalisme*, Albin Michel, 2006.

4. Isabelle Bruno, « La recherche scientifique au crible du *benchmarking*. Petite histoire d'une technologie de gouvernement », *Revue d'histoire moderne et contemporaine*, *op. cit.*, p. 28-45.

5. AERES : Agence d'Évaluation de la Recherche et de l'Enseignement supérieur en France.

ser les revues universitaires du champ des sciences humaines et sociales. Peu importe que ces palmarès baroques soient établis sur « de faux indicateurs » dont on ferait « mauvais usage[1] », peu importe que les indicateurs bibliométriques se révèlent peu fiables au niveau individuel, peu importe que la diversité des champs disciplinaires interdise de transférer sans précautions la manière de fixer un indicateur de performance d'un secteur de la connaissance à un autre, l'essentiel est d'installer au cœur des groupes et des individus la matrice normative d'un certain style de pensée, d'une certaine manière de concevoir les pratiques professionnelles.

L'évaluation actuelle constitue la fabrique permanente d'un pouvoir politique qui nous invite à consentir librement à ces nouvelles servitudes au nom d'une « évaluation objective » des hommes et de leurs productions. Cette conception se trouve au cœur aussi bien de l'expertise actuelle des universitaires et de leurs laboratoires de recherche que des réformes des instances de gouvernance des établissements de santé[2]. Nonobstant les analyses que mobilisent les dispositifs actuels de l'évaluation de l'enseignement, de la recherche et du soin et les réserves émises à leur sujet, ces dispositifs n'en sont pas moins installés au nom de cette administration technique et gestionnaire prétendument objective. C'est en ce sens que je dirai une fois encore et encore que l'évaluation actuelle n'est pas une pratique scientifique, mais se révèle davantage être une idéologie permettant l'exercice d'un pouvoir au nom d'une soi-disant objectivité dont Adorno a dit le caractère réifiant : « L'objectivité dans les relations entre les hommes, qui fait place nette de toute enjolivure idéologique, est déjà devenue elle-même une idéologie qui nous invite à traiter les hommes comme des choses[3]. »

1. Yves Gingras, « Du mauvais usage de faux indicateurs », *Revue d'histoire moderne et contemporaine*, *op. cit.*

2. Roland Gori et Marie-José Del Volgo, « De la société de la norme à une conception managériale du soin », *Connexions*, n° 91, 2009, p. 123-147. *Cf.* http://www.sante-jeunesse-sports.gouv.fr/IMG//pdf/Reflexions_et_propositions_sur_la_gouvernance_hospitaliere_et_le_poste_de_president_du_directoire_-_Rapport_par_Guy_Vallancien_a_la_demande_de_madame_Roseline_Bachelot_Narquin.pdf.

3. Theodor W. Adorno, *Minima Moralia. Réflexions sur la vie mutilée* (1951), Payot, 2003, p. 51.

Nous sommes dans une société de l'évaluation généralisée qui dévalorise la substance humaine de nos actes au profit de leur décomposition en unités techniques mesurables, quantifiables et commensurables. Le pouvoir, dans nos démocraties libérales, interdit moins qu'il oblige à penser, à vivre et à mourir selon certaines normes dans une gestion économique des populations et une fabrique de leur opinion. Ces normes sont codifiées dans des règlements de toutes sortes qui ne sont pas des produits à proprement parler d'une Loi juridico-politique, c'est-à-dire d'une autorité. Il s'agit plutôt d'un dispositif de capture du vivant qui modèle, fabrique et traque l'humain dans les filets toujours plus capillaires, denses et obscurs de la normalisation opérée par un réseau de tyranneaux.

On le sait, dans les sociétés articulées à la norme, à la police des conduites, les populations deviennent des objets technico-politiques à gérer selon les nouveaux modes de management. Les individus deviennent des « segments » de ces populations plus ou moins à risque qu'il faut suivre à la trace, dépister, il faut suivre à la trace, dépister, marquer, ficher, enregistrer dans le grain le plus fin des anomalies et dans les replis les plus intimes de leur existence. Dans cette bio-économie, le comportement humain se gère comme le grain de blé ou les flux de marchandises et ce, d'autant plus si les professionnels renoncent à leur pensée critique, et à leur faculté d'analyser, de juger et de décider. Alors pour mieux les exproprier de leur existence privée et professionnelle, les démocraties modernes ont découvert le pouvoir de normalisation de l'évaluation. On n'a pas besoin de penser à ce qu'on fait, il suffit de compter les actes, de les comparer et, si possible, dans une culture du résultat à court terme afin de mieux rester le nez dans le guidon. Ce n'est peut-être pas productif, mais au moins ça fait partie des dispositifs de civilisation et de servitude : l'homme mutilé n'a pas besoin de la présence d'autrui et est condamné à ne détenir sa valeur que de ses performances instrumentales, on est certain qu'il ne dépensera pas d'énergie à. C'est par cette transformation de la quantité en qualité, comme le remarque Albert Camus[1], que l'empire des choses s'impose dans les régimes politiques totalitaires dans lesquels on choisit d'appeler liberté la servitude sociale, d'aliéner les individus

1. Albert Camus, *L'Homme révolté*, *op. cit.*

au nom de la libération de l'homme collectif, là où « la philosophie des lumières aboutit à l'Europe du couvre-feu[1] ».

Ici, quelle que soit la nature juridico-politique d'un système, les procédures de normalisation contiennent en elles-mêmes les germes des « petits fascismes ordinaires ». Ces dispositifs fabriquent l'opinion et permettent un quadrillage des populations en général et des communautés professionnelles en particulier.

Tous ces dispositifs d'évaluation quantitative, quel que soit le secteur professionnel dans lequel ils sont mis en œuvre (soin, recherche, enseignement, travail social...), qu'il s'agisse du classement de Shanghai des Universités, des indices bibliométriques ou des diverses tarifications à l'acte technique, peuvent être largement critiqués, se révéler faux et contre-productifs, il n'empêche, ils sont maintenus, voire se multiplient, se reproduisent...

Alors comment résister à cette machine de gouvernement qui une fois encore passe par la norme avant de s'imposer comme loi ?

La réponse est simple et complexe : en construisant du « collectif » de résistance aux normes lorsqu'elles pervertissent les finalités de nos métiers ou modifient leurs significations anthropologiques.

Résister en refusant la servitude volontaire

Refusons la perversion de nos métiers en instruments de contrôle social ou en vecteurs de propagande. Résister, déjà c'est faire notre boulot au regard des finalités qui l'ont créé. S'il faut soigner ou cocher, choisissons de soigner. S'il faut chercher ou publier, choisissons de chercher. S'il faut soigner ou surveiller, choisissons, comme ces infirmiers psychiatriques, de soigner plutôt que d'escorter les patients D 398[2]. Simplement, c'est à un collectif que peut revenir la charge de construire ces formes de résistance. Si un rédacteur en chef de revue enlève sa revue des banques de données, ça n'aura aucune importance et cela favorisera encore la promotion de tyranneaux plus cyniques et accommodants. Quand c'est toute une section du Conseil national des Universités qui refuse le classe-

1. Albert Camus, *ibid.*, p. 294.

2. Les détenus atteints de troubles mentaux visés par l'article D-398 du Code de procédure pénale.

ment des revues, on peut encore travailler. Nous avons aujourd'hui avec Internet le meilleur et le pire. On peut vaincre le conformisme par l'amitié et la fraternité auxquelles La Boétie se réfère pour sortir de cette servitude volontaire qui n'est pas que le fait d'un tyran politique, mais d'abord et avant tout cette inclination qui pousse chacun de nous à devenir ce tyranneau qui s'assujettit lui-même autant qu'il assujettit les autres. Se révolter, dit encore Camus, c'est « refuser l'humiliation [...] sans la demander pour l'autre. » Ne l'oublions pas.

Alors comment sortir de cette corruption de la normalisation et de la servitude volontaire qu'elle exige ? C'est paradoxalement dans une nouvelle de Herman Melville, *Bartleby*[1], que je verrai volontiers la métaphore des actions d'inservitude.

Dans cette œuvre remarquable publiée au milieu du XIXe siècle, un avoué des plus conformistes se trouve corrompu, pourrait-on dire, par l'étrange copiste qu'est son subordonné Bartleby, à la « silhouette lividement nette, pitoyablement respectable, incurablement solitaire ». Quasiment anorexique, affamé de copies, silencieux, blême et mécanique, il répond un jour à la requête coutumière de son patron par un : « Je préfèrerais n'en rien faire ». Et à toutes les requêtes, y compris celles qui lui demandent des explications sur son étrange comportement, il répond : « *I would prefer not to* ». Avec cette douceur magique qui désarme tous ses interlocuteurs, Bartleby produit ce que Melville appelle « une fraternelle mélancolie ». Bartleby, ce copiste de Wall Street, n'est-il pas la figure mélancolique sur laquelle se fracasse le management de notre civilisation qui naufrage au moment même de son triomphe, comme disait René Char ? Famélique Bartleby, ombre qui hante désespérément toutes nos habitudes, personnage dont la vocation originaire est peut-être de nous rappeler à nous-mêmes, l'oubli de nous-mêmes étant condition première de l'obéissance ; mélancolique Bartleby qui restitue aux scribes leur étincelle d'humanité par cette résistance passive et obstinée qui finit par corrompre le langage des maîtres, car les scribes et les copistes dans les cabinets desquels Bartleby préférerait ne pas, finissent eux aussi par être corrompus par son langage. Ils se mettent à employer malgré eux le verbe « préférer ». Il y a un discours de la servitude comme

1. Herman Melville, *Bartleby* (1850), Le Nouveau Commerce, 1976, p. 16.

il y a un discours de la résistance qui désintoxique la langue de ses corruptions morales et sociales. De la même manière qu'on a pu lire *La Princesse de Clèves* trop vite et imprudemment la mettre au rebut au profit des Rolex, ne pourrait-on imaginer une réponse collective à tous les donneurs d'ordre par la formule de Bartleby : « Je préférerais ne pas » ? Plus sérieusement, ne pourrait-on pas, au moment même où les experts décident à notre place, restituer à notre désir sa portée critique en nous demandant si nous ne préférerions pas « ne pas » suivre leurs injonctions ? Mais bien sûr, pour avoir quelque portée, cette désobéissance à la norme qui n'est pas encore une désobéissance à la loi ne saurait avoir sa pleine force politique qu'à la condition de se construire sur une scène du collectif : où les rédacteurs en chef des revues scientifiques préféreraient tous ensemble ne pas se trouver dans les banques de données bibliographiques d'asservissement social et de mondialisation culturelle ; où tous les médecins, psychologues et soignants préfèreraient ne pas remplir les cases imbéciles qui traquent moins les « dys » (troubles de fonctionnement) que ceux qui les soignent ; où les universitaires préféreraient ne pas exercer les fonctions administratives et collectives dès lors qu'elles les transforment en tyranneaux de la gestion de la pénurie ou en initiateurs à la servitude sociale volontaire. Où les directeurs de laboratoires et les responsables de maquettes pédagogiques préféreraient ne pas recevoir des experts nommés, et non pas élus, de leur communauté – les experts, ces scribes et tyranneaux de nos nouvelles servitudes[1]. Où les spectateurs indignés par la colonisation de l'information préféreraient ne pas répondre aux questions débiles de l'audimat et de l'enquête d'opinion, parce qu'ils refusent d'être réduits à du « temps de cerveau disponible à vendre à Coca-Cola », etc.

Mais cela suppose une construction du collectif qui n'embrasse pas, parfois au nom même de la démocratie, les figures de la servitude pour s'ouvrir au risque de l'amitié, cette figure antique sur laquelle La Boétie fait reposer les liens sociaux authentiques. Cela suppose aussi que, à distance de l'avarice et de la cruauté, selon La Boétie ces liens occultes du pouvoir tyrannique, on puisse se laisser aller au don, à la générosité et à l'amour. Ce qui suppose

1. Roland Gori, « Les scribes de nos nouvelles servitudes », *Cités*, n° 37, 2009, p. 65-76.

qu'on puisse aussi donner ce que l'on n'a pas pour le partager avec d'autres dans cette fraternelle mélancolie qui permet véritablement la création. Mais ça, il faut bien le dire, c'est difficile pour tout le monde, non seulement parce que nous sommes corrompus par les valeurs culturelles du capitalisme, mais aussi parce que comme nous l'enseigne notre pratique de soignant, se laisser aller à être vulnérable et démuni devant l'autre provoque de l'angoisse et de la méfiance. Et c'est normal, car l'autre n'est pas toujours pourvu des meilleures intentions à notre égard et parfois au nom même de notre Bien et du Salut collectif ; l'autre peut se conduire en rapace. Il y a des rapaces humanistes, comme il y a des rapaces néolibéraux. Chacun des tyranneaux apparaît comme un tyranneau non seulement pour les autres, mais d'abord pour lui-même. Là est la matrice de cette servitude volontaire dont j'ai voulu parler aujourd'hui et à laquelle Bartleby fait obstacle en ravageant le langage et la rationalité du petit Maître. Son langage devient contagieux. Il contamine le discours instrumental du copiste. Il nous restitue notre humanité que menacent le pragmatisme et le rationalisme du rêve américain, dont Deleuze disait qu'il fabrique un « homme sans particularités ». C'est à cette inservitude volontaire que nous appelons afin que « le mal qui éprouvait un seul homme [devienne] peste collective. Dans l'épreuve quotidienne qui est la nôtre, la révolte joue le même rôle que le “cogito” dans l'ordre de la pensée : elle est la première évidence. Mais cette évidence tire l'individu de sa solitude. Elle est un lieu commun qui fonde sur tous les hommes la première *valeur*. Je me révolte, donc nous sommes[1] ».

Prophète de la mélancolie, Bartleby figure le préalable indispensable à l'Amour et à la révolte humanisante. Il faut d'abord faire objection à cette compulsion maniaque qui nous disperse servilement dans le monde pour faire apparaître la nudité du manque à partir de laquelle il est possible d'aimer et de se révolter. La pudeur de La Boétie l'amenait à évoquer l'amitié. Nous, nous l'appellerons de son vrai nom, l'amour : l'Amour qu'autorise la « culpabilité raisonnable », dont parle encore Camus revendiquant une place « à mi-distance de la misère et du soleil ».

R. G.

1. Albert Camus, *op. cit.*, p. 38, souligné par moi.

Le crépuscule cognitiviste

par Alain Abelhauser et Marie-Jean Sauret*

D'un certain point de vue, nous avons beaucoup de chance – nous : aussi bien enseignants et chercheurs que psychanalystes et cliniciens. Nous nous voyons menacés de toutes parts, tant dans nos différents exercices professionnels que dans leur articulation, qui leur est pourtant essentielle. Et nous nous trouvons ainsi à l'avant-garde de cette menace, de cette ombre, que nous dénonçons ici, et qui contraint de plus en plus à remplacer les actes au cœur de nos professions par leur seule évaluation, qui contraint à oublier que ces professions n'ont de sens que référées au sujet (et à son irréductible singularité) et non au chiffre censé le représenter, qui contraint enfin à imposer, dans des champs où il s'avère pourtant si mal venu, le seul critère de la logique économique.

Nous devrions donc certainement en être heureux, heureux d'être aux avant-postes, parmi les premiers à même d'apprécier cette menace, d'en saisir la nature, la portée et l'adéquation avec l'esprit d'une époque, heureux d'être parmi les premiers susceptibles d'alerter, de mobiliser et de résister. Nous devrions en somme être honorés de nous tenir sur cette sorte de plaque tournante professionnelle qui, sans en avoir bien sûr le privilège, concentre pourtant tous les signes de la menace – et fiers de ce dont cette position nous donne l'opportunité.

---

* Alain Abelhauser est psychanalyste, professeur des Universités, vice-président (CEVU) de l'université Rennes 2.

Marie-Jean Sauret est psychanalyste, professeur des Universités, université de Toulouse 2.

Mais, soyons honnêtes, il faut une certaine dose d'héroïsme – ou de sainteté – pour se réjouir de pareille situation. Pouvons-nous y prétendre ? Un goût suffisant du sacrifice nous fait là vraisemblablement défaut.

Science et religion à l'aune du lien social contemporain

Comment caractériser le lien social contemporain ? Il est de multiples façons de s'y essayer qui, toutes, suscitent le débat. Proposons celle-ci. Le déclin constaté de ce que certains appellent le « religieux » ne touche pas l'une, au moins, de ses principales fonctions. Celle consistant à faire référence. Si décider, conquérir, gouverner ne put un temps se faire qu'au « nom de Dieu », ce n'est pas parce que cette exigence semble à présent disparue du discours de certaines de nos modernes démocraties que la nécessité même d'une référence permettant de justifier ce que l'on décide et accomplit, n'en continue pas moins à se faire sentir. Simplement cette référence passe désormais par autre chose que l'invocation de Dieu. Ce sont d'autres références qui remplissent désormais, dans nos sociétés dites modernes, la fonction auparavant dévolue à Dieu.

Avançons notre thèse : l'une des caractéristiques de notre fonctionnement social actuel est de demander à la science de jouer ce rôle de référence, de garantie, autrefois rempli par Dieu. D'exiger d'elle qu'elle nous dise la vérité sur laquelle nous régler et fonder nos décisions. Et l'une des caractéristiques, non de la science, mais d'un discours tenu en son nom (et que certains nomment alors « scientiste »), est de se prêter à cette demande, de consentir à incarner cette fonction de « diseuse de vérité », au moment même où – ajoutons-le – nombre d'avancées scientifiques portent précisément sur de nombreuses formes d'incertitude et d'indécidable.

Qu'en penser ? Que là n'est pas le rôle de la science et que celle-ci se désavoue du moment qu'elle l'assume ? Que ce n'est dès lors plus « la science » qui parle, mais sa caricature – quelque chose qui prétend en avoir le goût et l'odeur, mais n'en est qu'une copie à usage idéologique ? Bien sûr. D'autant que l'« imaginaire social » prête à identifier la science et la rigueur au chiffre et, par conséquent, au chiffrable, arasant ainsi tout ce qui ne l'est pas[1]. D'autant qu'une dérive plus que fréquente conduit à confondre analogies, corrélations et conséquences[2]. Et d'autant que cette même dérive amène à inférer, selon une bien curieuse logique, des relations de détermination là où rien justement – si l'on prétend rester logique et rigoureux – ne les autorise[3].

Le procès de ces dérives, de cette « idéologisation », a déjà été maintes fois mené, et en nombre d'occasions. Il ne cesse, de fait, de se poursuivre. Sans guère de succès, pourtant. Serait-ce parce qu'il est injuste, mal conduit, ou parce qu'il s'attaque à trop forte partie ?

Laissons la question ouverte et reprenons, une fois encore, ce procès, à partir d'un cas qui, outre le fait qu'il nous concerne étroitement, nous apparaît ici comme particulièrement emblématique : non le « cognitivisme », en tant qu'orientation scientifique et voies plurielles de recherches (voire même en tant que mouvement de pensée posant, au même titre que tout mouvement de pensée, de nombreuses questions passionnantes), mais le « cognitivisme » comme orientation idéologique et courant de pensée éminemment réducteur, s'il en fut.

Le cognitivisme, donc, dès lors qu'il participe directement de cette confusion entre corrélations et causalité, dès lors qu'il se pré-

---

1. Pour plus de précisions, voir Alain Abelhauser, « Le chiffrage de la clinique », *Le Nouvel Âne*, n° 8, 2008, p. 32-34.

2. Combien de travaux (supposés scientifiques) consistent à relever des similitudes de variations de tels ou tels éléments pour y saisir des facteurs de corrélations, lesquels prennent ensuite valeur ordinaire de rapports de causalité ? Rappelons pourtant à ce propos ce qu'Édouard Zarifian se plaisait à souligner : qu'un des meilleurs taux de corrélation jamais observé en santé publique fut un temps celui de la mortalité infantile à Tokyo et de la consommation de bière à Chicago…

Pourquoi se refuser là à passer sans hésitation de l'apparente corrélation à la causalité stricte, et s'y prêter si volontiers en d'autres occasions ?

3. Combien, en d'autres termes, de raisonnements prétendument scientifiques se construisent sur le mode de l'histoire de la puce – que nous ne résistons pas ici à rappeler ?

On conditionne une puce à sauter lorsqu'on le lui ordonne. Puis on lui coupe les pattes, et l'on constate alors qu'elle ne saute plus lorsque l'ordre lui en est donné.

D'où l'on peut déduire que couper les pattes d'une puce la rend décidément sourde !

Mais quand donc acceptera-t-on de se laisser enseigner par l'éclairage que l'absurde apporte aux courts-circuits grevant couramment la logique ?

tend actuellement à même de « voir », décrire et connaître tant la pensée que l'humain, dès lors qu'il se donne pour objet d'en « dire dès à présent le vrai », et qu'il donne ainsi sa caution (scientifique ?) à tous les discours proprement totalitaires qui se font de toutes parts devoir de le redoubler.

Le cognitivisme, en somme, comme paradigme – comme symptôme – de ce que le lien social contemporain présente d'attentes envers la science et de ce que celle-ci, au prix d'une fort dangereuse dérive, est parfois tentée d'y répondre – y perdant ainsi son identité même.

Une nouvelle anthropologie : bureaucratie et capitalisme cognitifs

Tout ne se passe-t-il pas comme si chaque époque suscitait l'idéologie dont elle a besoin pour ajuster les individus au monde dont elle procède ? Ce que l'on désigne comme le « discours capitaliste » est dès lors une véritable civilisation qui secrète sa propre anthropologie : d'une part, chacun est invité à se penser à travers elle, d'autre part, elle accompagne le fonctionnement capitaliste du système dont les individus sont captifs ; enfin elle contribue à une politique précise, une gouvernance de la gestion des corps, dont Foucault avait amorcé la description comme « bio-pouvoir ».

Côté anthropologie, l'individu est amené à se penser d'abord comme une machine, laquelle se doit d'être efficace, rentable, utile, performante et maintenant durable. Cette conception affecte tous les secteurs de la vie collective : la santé, la justice, l'éducation, etc. Côté santé, cette machine n'a pas de psychologie : fin de la psychopathologie ; elle souffre d'accidents, de pannes, de défauts de conception – que la psychiatrie du *DSM*[1] enregistre comme autant de « dysfonctionnements », de « troubles » – qui la conduisent à incriminer le mode de fabrication (génétique, comme il se doit).

L'une des conséquences majeures du surgissement de cette idéologie est d'enrôler sous sa bannière, bon gré mal gré, les théories en

1. DSM : *Diagnostic and Statistical Manual of Mental Disorders.*

vigueur et en particulier les psychologies. Tout se passe en somme comme si le vieux problème philosophique des rapports entre l'âme et le corps (*bodymind problem*) était idéologiquement réglé, n'attendant plus que sa vérification théorique.

De ce point de vue, l'athéorisme du *DSM* prépare le terrain : il disqualifie les anciennes psychopathologies en adoptant, comme s'il s'imposait de soi, le vocabulaire de la machine. N'oublions pas qu'au départ l'intelligence artificielle était le résultat de la tentative d'obtenir, à l'aide d'une machine et par quelque voie que ce soit, un résultat identique à celui donné par une intelligence humaine. À présent, les relations s'inversant, l'humain est pensé comme une machine de traitement de l'information, un ordinateur super perfectionné, qui permet d'envisager de façon précise ses niveaux de perfectionnement : le *hardware* (l'organisme), que des composants nouveaux, des prothèses, des produits divers sont susceptibles de rendre plus performants encore, et le *software*, dont il est toujours possible d'enrichir la palette de programmes, ou de discriminer les programmes les plus rentables en fonction de telle ou telle tâche à accomplir – quitte à mettre hors jeu les « machines » les moins utiles ou efficaces...

Trois conceptions de l'humain accompagnent cette mutation théorico-idéologique, lesquelles ont chacune leurs théoriciens.

Pour les uns – c'est la conception la plus répandue dans les neurosciences cognitives –, l'homme est identique à la machine : le sujet est entièrement réductible à ses déterminations biologiques (le *hardware*), psychologiques (le *software*) et sociales (les informations). Dans cette optique, « la subjectivité n'est qu'un épiphénomène des processus physico-chimiques » ou bien elle « est purement éliminée, car ce n'est qu'une reconstruction secondaire des processus physico-chimiques causaux[1] ». Au fond, une machine ne fait que ce pour quoi elle est programmée et ce qu'autorisent ses constituants : inutile de souligner les conséquences pour notre « Liberté, égalité, fraternité »...

1. Vincent Gosselin, Sidi Askofaré, « L'impossible sujet des sciences neurocognitives », *Cliniques méditerranéennes*, n° 79, 2009, p. 254. Les auteurs distinguent en fait ces deux propositions. On se référera à cet article pour une analyse fine des différents réductionnismes et de l'obsessionnalisation du monde qui résulte de cette prime au calculable.

Pour les autres – c'est sans doute la conception idéologiquement la plus répandue –, un individu qui fait un bon score aux trois niveaux mentionnés (biologique, psychique – cognitif – et social) dispose de son libre arbitre. Cette conception est compatible avec un dualisme « fort » : le maintien d'une « séparation entre esprit et matière dans la lignée cartésienne qui les pose comme deux irréductibles[1] ». Ce libre arbitre (ou indépendance de l'esprit) se vérifierait du fait que ledit individu accepte de prendre la place que le destin lui a réservée et qu'il ne déroge pas au politiquement correct. Mais qu'il se mette à protester de son sort, qu'il critique le système, et il prouve alors que « quelque chose » ne va pas ; la psychiatrie soviétique nous avait devancés sur cette voie de l'identification du dissident avec le malade mental.

Il existe une troisième conception, laquelle est manifestement combattue aujourd'hui : celle qui considère que, de quelque façon que l'on rende compte des déterminations bio-psycho-sociales des individus, celles-ci ne conditionnent pas pour autant le sujet. Le sujet demeure responsable de ce qu'il fait et de ce qu'il est ! En prétendant justifier des raisons (bio-psycho-sociales) de tout ce que fait et « pense » la machine, la psychologie apporte une formidable caution au scientisme et contribue à l'éradication de la responsabilité et de l'autorité, puisque nous ne faisons jamais qu'exprimer ce qui nous agit – jusque dans ces lignes !

Mais ce modèle « machinique » n'est pas suffisant : qui, en effet, peut bien commander la machine ? Les tenants du premier modèle estiment qu'il suffit de se laisser aller, puisque l'identité de l'esprit et du cerveau soumet le premier aux « lois de la nature » : l'intentionnalité cède la place à des états physiques, eux-mêmes résultant de purs calculs (computation) dans les réseaux de neurones. C'est sur cette voie que sont nées les neurosciences cognitives croyant s'être débarrassées, grâce à ce « matérialisme spontané du savant » (selon la formule de Marx) définitivement de l'esprit (et, partant, de la psychologie – laquelle ne semble d'ailleurs pas l'avoir jusque-là réalisé).

L'étonnant est que cette conception soit parfaitement compatible avec l'hypothèse, revendiquée par quelques-uns, d'une sorte de logique supérieure, d'un Dieu inhérent au système, d'« une main de Smith généralisée », nous incitant à nous méfier de cette pathologie

1. *Ibidem.*

en quoi consiste la pensée de la liberté qui nous ferait croire que nous pourrions échapper à notre prison organique[1]. Il y aurait un meilleur usage à en faire : étudier les plans de la prison et apprendre à ne pas se cogner au mur. Tel serait le grand avantage attendu de la connaissance scientifique. Il n'y a dans ce contexte ni histoire, ni politique au sens strict. Pour ceux qui adhèrent à cette conception du libre arbitre, il est bon qu'une intelligence supérieure organise la marche de l'ensemble et convainque chaque individu doté du même libre arbitre qu'il doit se considérer comme l'entrepreneur de sa propre entreprise, de sorte que si chacun se contrôle lui-même, s'évalue lui-même, se sanctionne lui-même, la politique se ramène à la gestion d'une multinationale !

Évidemment, cela suppose d'éradiquer tout ce qui donne du grain à moudre aux tenants de la troisième conception. Comment marche la machine ? Le désir est transformé en motivation : du plus bas de l'échelle des machines au plus haut, le résultat d'un travail reçoit son équivalent d'argent. Le manque, supposé relancer sans arrêt le désir, est rabattu sur la frustration que les objets du marché (dont l'argent autorise la possession) sont susceptibles de combler. La parole est ravalée à la communication. L'histoire, la fiction, sont réduites aux dimensions de l'information, utile ou non. Il n'est jusqu'à l'amour qui ne soit barré par la promesse de partenaires conçus de plus en plus comme de simples objets de plaisir. Etc.

Sans doute convient-il de prendre la mesure, dans ce contexte, de la puissance du modèle cognitif. Il s'infiltre dans tous les domaines du savoir : biologie, économie, histoire. Tout est envisagé du point de vue des échanges d'information. Ainsi le cognitivisme laisse-t-il croire que l'on pourrait faire une seule discipline non seulement de la biologie cellulaire, des neurosciences, de la psychologie, mais aussi de l'histoire (ce qu'il en reste).

Tout se passe, là encore, comme si était ressuscité le projet d'un seul système cybernétique, celui né avec Alan Turing dans les années 1940, pour rendre compte cette fois du fonctionnement

1. Voir : Marie-Jean Sauret, « Un subtil "tout génétique" ! À propos de *Existe-t-il des gènes de comportement ?* de Pierre Roubertoux » ; *L'Évolution psychiatrique,* 70, n° 3, 2005, pp. 676-684 ; Henri Atlan, *La science est-elle inhumaine ? Essai sur la libre nécessité,* Bayard, 2002 ; et surtout John Carew Eccles, *Évolution du cerveau et création de la conscience,* Flammarion, 1994.

d'un univers en termes quasi exclusifs de communication. Le fantasme d'un « tout communication » laisse croire qu'un seul clic sur Internet rend disponible *L'Iliade*, la cotation en bourse, le traitement du diabète, les dernières décisions politiques, l'état du marché et de la production, le résultat des calculs les plus compliquées, ceux du mathématicien comme ceux de l'élève de sixième. Plus « besoin » de rien savoir ! Fin de la mémoire, de la réflexion sur l'histoire, de l'appropriation des mathématiques et de la lecture de chefs-d'œuvre ; fin de l'humanisme classique. En outre, la même machine cybernétique crée l'illusion de la proximité temporelle, géographique et sociale de chacun avec chacun, sans que soit aperçue la résistance des sujets à se laisser massifier, prêts pour cela à se lancer jusqu'au génocide dans toutes sortes de protestations nationalistes et communautaristes, et tentant de restaurer ainsi de la distance (grâce à la différence) sans sacrifier pour autant la proximité (avec quelques rares dits « semblables[1] ») !

L'individu lui-même n'est alors plus distingué des objets du marché, au fonctionnement desquels il est identifié, et avec lesquels il entre en concurrence. Ainsi, d'aucuns se réjouissent de l'invention de la puce électronique RFID ou des puces miniaturisées qui pourraient faire que l'on ne s'arrête plus aux caisses à la sortie des magasins, que l'on puisse savoir instantanément ce que contiennent nos Frigidaire, où se situe quiconque, quels sont nos goûts et activités, qui pourraient faire que l'on puisse contrôler la santé des arbres et finalement mettre en relation, via un réseau électronique, tout avec n'importe quoi… Mais c'est pourtant du triomphe de la bureaucratie cognitive (ainsi que l'obsessionalisation du monde qui en résulte) et, au-delà, du capitalisme cognitif – qui fait ses choux gras des informations rares et rentables jusqu'à nourrir une véritable paranoïasation de l'existence – dont il s'agit là.

1. Une analyse plus fine devrait examiner comment économistes et cognitivistes ont contribué à réduire le sujet aux processus, et au calcul probabiliste, de la décision (et autres théories du jeu) compatibles avec cette machine cybernétique. Les rares psychologues à recevoir un prix Nobel ont été consacrés… en économie : *cf.* le prix Nobel 1978 décerné au cognitiviste Herbert Alexander Simon pour ses travaux sur la simulation informatique des comportements humains ; *cf.* encore les prix Nobel 2002, Daniel Kahneman, le premier prix Nobel d'économie non économiste et non mathématicien (Israël, 1934, États-Unis) et Vernon L. Smith (États-Unis, 1927), primés pour leurs travaux précurseurs en matière d'économie psychologique et expérimentale…

Bureaucratie et capitalisme cognitifs qui s'avèrent ne plus être une simple vue de l'esprit.

La clinique : chronique d'une mort annoncée

Voilà donc dressé le tableau : une civilisation néolibérale, qui promet aux individus qu'ils auront tout ce qui leur est nécessaire (fin tendancielle du manque et du désir) ; une idéologie, le scientisme, qui laisse croire à la transformation de l'humain en une machine requise d'être performante et rentable (fin tendancielle de la causalité psychique et de la responsabilité) ; une anthropologie, qui s'allie avec la cybernétique d'un côté, les avancées technologiques de l'autre, et enrôle les psychologies pour donner l'impression d'une réduction sans reste à un « tout communicationnel » (fin tendancielle du savoir et des questions existentielles). Que ne voit-on davantage que cette « triple alliance » sonne le glas non seulement de la psychologie au sens strict, mais de la conception du sujet qu'exigent la démocratie, la politique et, plus largement, l'éthique ?

Sonne, autrement dit, le glas de ce que nous appelons « clinique », dès lors que l'on entend par là à la fois la nécessité de prendre en compte la singularité de chaque cas abordé (le fait qu'un cas ne soit jamais totalement assimilable à un autre, et jamais complètement réductible aux coordonnées de la « maladie » qu'il présente), et, au-delà, la reconnaissance que quelque chose de cette singularité échappe par essence à la saisie conceptuelle et constitue un point de « résistance du réel » – excédant toute tentative de théorisation, certes, mais fournissant par là même à cette dernière les conditions de mise à l'épreuve seules propres à la guider et la soutenir. La clinique – si l'on entend par là ce qui, d'emblée, fait objection à la tentation de réduire l'humain à la machine, le désir au besoin, et l'« inter-subjectivité » au « tout communicationnel ». La clinique – si l'on entend par là, en somme, cette exigence première, qui représente certainement l'une des formes d'éthique les plus élaborées.

Ce n'est, en d'autres termes, guère un hasard si nous indexons décidément nos métiers – d'enseignants, de chercheurs, de praticiens, de psychanalystes – à cette dimension clinique. Sur quoi reposent-ils, en effet ? Radicalisons notre propos : sur le pari de la transmission, et d'une transmission fondée, entre autres, sur l'efficace de la parole (dans ce qu'elle a d'unique) pour l'enseignement ; sur l'intérêt de l'incompréhension – ce qu'il y a de précieux à en faire méthode et à se laisser guider par elle (au grand dam de ce qu'une partie du cognitivisme peut ériger en idéal) –, pour la recherche ; et sur le parti pris de remettre en question, à chaque nouvelle cure, le savoir précédemment constitué, grâce à cette confrontation à l'épreuve de vérité qu'est la clinique, pour la théorisation et la pratique psychanalytiques. C'est-à-dire sur ce point nodal où la prise en compte du singulier s'articule avec l'exigence de ne pas en éviter l'épreuve.

Et ce n'est donc guère un hasard si nous ressentons si profondément ces métiers, nos métiers, comme étant profondément menacés.

Mais en quoi l'évolution sociale et politique récente, ainsi que la manière dont elle se traduit dans notre quotidien professionnel par les réformes qui nous assaillent actuellement, en rajoutent-elles dans ce processus – portent-elles le tableau qui vient d'être dépeint à une dimension jamais encore atteinte ? Dans quelle mesure pouvons-nous affirmer que cette menace que nous dénonçons n'est désormais plus en rien « une vue de l'esprit », mais une réalité aussi présente qu'ordinaire ?

Prenons un exemple dans chaque domaine. Dans celui de la psychopathologie, ne songeons qu'à l'expertise de l'INSERM sur l'efficacité des psychothérapies, restée dans toutes les mémoires. Une étude, publiée en 2004 et fondée sur les procédures dites de méta-analyses, prétendit démontrer que telle ou telle forme de psychothérapie s'avérait plus efficace, en regard de tel ou tel type de « désordre mental » (puisque c'était en se référant au *DSM* qu'avaient été classées ces « pathologies »), que telle ou telle autre. Les formes de psychothérapies avaient été, pour les besoins de la chose, assez arbitrairement regroupées en trois catégories ; des experts s'étaient récusés ; les critères des « troubles », de leur classification, de leur amélioration ou de leur guérison étaient grandement discutables ; les biais introduits par la méta-analyse étaient considérables et patents ; les résultats et les conclusions de l'étude étaient *a minima* hâtifs, spécieux et tendancieux. Et pour beaucoup, ils relevaient d'une foncière malhonnêteté intellectuelle. Pourtant, si le mouvement d'opposition que suscita l'entreprise ne s'était révélé aussi fort et déterminé, son utilisation politique en aurait été beaucoup plus marquée encore qu'elle ne le fut (et ne tente toujours de l'être – avec de plus en plus de succès, d'ailleurs), ne serait-ce qu'en termes de recrutements dans les institutions dite de santé mentale ou à l'université[1].

Dans celui de la recherche et de l'université, ne songeons qu'à la récente – elle a tout juste un an – tentative de l'AERES[2] pour instituer un classement des revues servant, entre autres, à mesurer l'activité des chercheurs grâce à l'évaluation de l'importance de leurs publications. Ce classement proposé (imposé, plutôt) à chacune des disciplines universitaires se voulait (et se veut toujours) fondé sur l'« *impact factor* » des revues – la mesure du taux de citation qu'elles recueillent –, critère dont on a pu depuis plusieurs années montrer qu'il est non seulement aussi maladroit qu'arbitraire, mais surtout, à terme, aussi réducteur que stérilisant[3]. Comme dans le cas précédent, cette tentative suscita une forte levée de boucliers aboutissant, à l'heure où nous écrivons, à une sorte de statu quo précaire, et susceptible de basculer d'un moment à l'autre[4].

1. Au nom de cette expertise, nombreux furent les institutions prônant désormais de ne plus recruter que des praticiens (ou des enseignants) spécialistes de l'approche cognitivo-comportementale, censée être de loin la plus efficace pour la plupart des « maladies mentales ».

Pour plus de précisions, voir entre autres le numéro 71 de *Cliniques méditerranéennes*, « Soigner, enseigner, évaluer ? », 2005 ; et, sous la direction de Jacques-Alain Miller, *L'Anti-Livre noir de la psychanalyse*, Paris, Seuil, 2006.

2. L'Agence d'Évaluation de la Recherche et de l'Enseignement supérieur.

3. Voir entre autres Alain Abelhauser, Roland Gori, « L'imposture bibliométrique », in *Mensuel du SNESup,* n° 569, novembre 2008, p. 16, ou Alain Abelhauser, « La théorie des catastrophes », *Mediapart*, 1er mars 2009.

4. Précisons que cette tentative de classement des revues ne prend tout son sens que dans le contexte plus général de la réforme du statut des enseignants-chercheurs, et dans celui, encore plus général, de la « LRU » : la loi relative aux libertés et responsabilités des Universités. Et profitons-en pour ajouter que, pour l'instant, et bien souvent, libertés et responsabilités se résument pour les universités à l'alternative suivante : entrer dans la logique de la libre entreprise et de la rentabilité à court terme, ou tenter de maintenir leur adhésion à la notion de « service public », en y sacrifiant l'intérêt immédiat, et apparent, de l'établissement.

On le voit, que ce soit dans le champ de la clinique et de la psychanalyse, ou dans celui de l'université et de la recherche, c'est toujours la même logique qui est à présent mise en œuvre pour s'opposer à leurs valeurs centrales : un culte du chiffre lié à une croyance en la transparence de la connaissance et de la compréhension – de la cognition achevée et totalisante –, exprimé au travers de procédures d'évaluation tendant elles-mêmes, à terme, à se substituer à l'objet même qu'elles prétendent évaluer !

Nous l'avions annoncé d'entrée de jeu : enseignants, chercheurs, cliniciens, psychanalystes (convaincus qu'existe une nécessaire complémentarité entre ces différents domaines), nous voilà gâtés.

Comment résister ? En pariant, décidément, sur « l'effet révolutionnaire du symptôme[1] » ? Ou sur la conviction que le crépuscule de la pensée qui s'instaure là est transitoire, nécessairement transitoire, et qu'il suffit, en définitive, de faire simplement en sorte qu'il ne dure pas trop longtemps, afin que la renaissance attendue puisse avoir lieu dans les meilleures conditions possibles ? Ou, encore, sur la « protestation logique » du sujet à se laisser transformer en machine ? Que l'on se souvienne à ce propos que la psychanalyse est née tant du refus des patients de Freud à se laisser suggestionner que de l'énigme créée par le retour du symptôme face à la suggestion du psychiatre, là même où pourtant celle-ci avait porté. La chance de Freud, autrement dit, n'a-t-elle pas été de tomber sur la femme hystérique, si celle-ci a su le convaincre de se taire, d'écouter et de se laisser enseigner par ce qu'elle avait à lui raconter ? D'autant qu'elle avait le privilège d'un symptôme bien particulier : celui d'intéresser l'autre, justement, à son symptôme.

Mais encore fallait-il savoir se mettre à son école.

Et c'est là, peut-être, que l'Appel des appels participe, au-delà de la simple mise en commun des informations et des analyses, d'une logique inaccessible à la seule machine : le sujet de l'individuel, celui dont le symptôme soutient l'irréductibilité à aucun autre, est bien le sujet du collectif.

---

1. Voir Marie-Jean Sauret, *L'Effet révolutionnaire du symptôme,* Toulouse, Erès, 2008.

Ce qui a cette conséquence : qu'il s'agit bien, à travers cette « logique collective » que nous cherchons à mettre en action, de trouver précisément le point d'appui qui décuple la puissance de l'acte, tout en en laissant néanmoins à chacun la pleine responsabilité.

A. A. et M.-J. S.

Qu'est-ce que la rationalité néolibérale ?

par Pierre Dardot*

L'Appel des appels désigne l'idéologie qui sous-tend les politiques mises en œuvre par le gouvernement comme une « idéologie de l'homme économique ». L'expression a l'indiscutable mérite de nommer le cœur du système des croyances, des valeurs et des représentations qui inspire plus ou moins consciemment les dirigeants de l'État et de la haute administration, et au-delà, tous les cercles de « décideurs » et tous les groupes de pression qui contribuent peu ou prou à la définition de l'orientation imprimée à l'action publique. Cette idéologie repose sur un postulat de base qui lui confère à la fois sa simplicité et sa cohérence : l'homme est un calculateur qui est guidé dans toute sa conduite par la poursuite de son intérêt égoïste. Comme toute idéologie, celle-ci a ses agences de diffusion, ses sectateurs, ses propagateurs au prosélytisme plus ou moins empressé. À cet égard, il ne fait guère de doute que les économistes de l'école du Public Choice[1] ont joué un rôle d'« éclaireurs », au moins autant que Friedrich Hayek, Milton Friedman ou Gary Becker, en étendant l'hypothèse de l'acteur égoïste et rationnel au comportement des agents de la puissance publique, c'est-à-dire en universalisant un modèle qui ne valait jusque-là que pour les seuls agents du marché. On pourrait alors, d'une manière très classique, attribuer à une telle idéologie

---

* Pierre Dardot est philosophe.

1. Cette école, née à l'université de Virginie au milieu des années 1960, et dont les principaux théoriciens furent James Buchanan et Gordon Tullock, a innové en appliquant la théorie économique au fonctionnement de l'État et en élaborant ainsi le concept d'un « marché politique ».

une double fonction de légitimation/occultation : légitimant la nouvelle gestion managériale de l'action publique, elle occulterait en même temps la réalité brutale d'une mise au pas de l'individu sommé d'obéir aux ordres d'une bureaucratie tatillonne, ou encore, au nom de la nécessaire « responsabilisation » de chacun, elle ne ferait que dissimuler la réalité crue d'une domination encore plus directe du capital sur les salariés.

Cependant, pour étendue que soit son influence, pour puissants que soient les multiples véhicules par lesquels elle agit sur la conscience des acteurs sociaux, cette idéologie n'explique pas tout. Comment en effet rendre raison de l'ampleur et de la profondeur du cours actuel par la seule emprise d'une idée dominante ou d'un ensemble d'idées dominantes ? Tout d'abord, il convient de ne pas s'exagérer le degré auquel les gouvernants eux-mêmes souscrivent à ce postulat : nombre d'entre eux protesteraient vivement contre une telle réduction de l'homme à la dimension du calcul d'intérêt, et ce au nom même de la morale et de la religion. Après tout, l'idéologie conservatrice n'est pas moins une idéologie que celle de l'homme économique, et toutes deux sont susceptibles de se combiner d'étrange manière dans la conscience d'un même individu. Ensuite, l'explication par l'idéologie impliquerait de reconstituer une chaîne causale assez complexe : il faudrait aller de l'élaboration consciente par quelques doctrinaires d'une théorie à prétention scientifique, ou d'un programme de recherche universitaire, jusqu'à l'application de cette même théorie par des décideurs politiques en passant par la conversion intellectuelle de ces derniers et la traduction de la dite théorie en programme politique par quelques « conseillers » avisés. D'un bout à l'autre de cette chaîne, depuis le projet initial jusqu'à sa réception et son acceptation active, on ne sort pas de la sphère de la conscience et des rapports d'influence noués entre plusieurs consciences. Or, et là est l'essentiel, en appeler à l'idéologie ne permet en rien d'expliquer la manière dont des individus qui se méfient d'une semblable réduction de l'homme, voire qui la réprouvent, en viennent pourtant à se conformer dans leur conduite aux nouvelles normes de calculabilité et de rentabilité. On fera donc valoir que la question doit être déplacée : ce qu'il s'agit d'expliquer, ce n'est pas tant l'adhésion rencontrée par une idéologie moyennant des mécanismes de transmission plus ou moins compliqués, ou encore la manière dont cette adhésion finirait par induire plus ou moins directement une certaine conduite de la part des sujets, que la prévalence de certaines normes de conduite indépendamment de l'adhésion des acteurs à ces normes. Aussi nous apparaît-il particulièrement fécond de penser l'efficace des normes directement et immédiatement à partir de la pratique elle-même, c'est-à-dire à partir de ce que font les hommes. Autrement dit, ce qui s'impose à nous, si nous voulons comprendre notre propre situation, c'est de penser l'action par laquelle une certaine logique en vient à normer les pratiques, bref quelque chose comme une certaine « logique des pratiques » qui ne procède pas du projet d'une quelconque conscience et n'opère pas par « attraction idéologique ». C'est à cette nécessité que répond précisément le concept de « rationalité » proposé par Michel Foucault : une rationalité n'est pas un système de représentations subjectives, elle est avant tout une manière d'ordonner de l'intérieur les pratiques, manière qui peut fort bien s'accompagner de systèmes de représentations très différents en fonction des nécessités du moment.

Toute la question est alors de déterminer ce que la rationalité qui prévaut aujourd'hui a d'inédit et d'original. À cette fin, la première chose à préciser est que cette rationalité consiste en un certain mode de gouvernement et qu'à ce titre elle constitue une rationalité gouvernementale. Parler ici de « gouvernement » ne va nullement de soi et appelle quelques éclaircissements[1]. En premier lieu, il s'agit moins du gouvernement comme institution que du gouvernement comme activité : c'est en effet l'activité qui fait l'institution et non l'inverse, de sorte que l'institution doit être elle-même comprise comme une manière spécifique de gouverner. Il n'y a pas « le » gouvernement en soi qui prendrait successivement plusieurs formes au cours de l'histoire sans que sa réalité soit le moins du monde affectée par cette variation, mais il y a autant de gouvernements que de pratiques de gouvernement. En deuxième lieu, l'objet de l'activité de gouvernement, ce sont les hommes : non pas un tout qui existerait par lui-même et qui serait l'État, le territoire ou la cité, à l'image du navire dans la célèbre

1. Pour les éclaircissements qui suivent, on se reportera à Michel Foucault, *Sécurité, territoire, population, Cours au Collège de France. 1977-1978*, Gallimard-Seuil, 2004, p. 124-127.

métaphore du timonier ou du pilote qui tient le gouvernail[1], mais les hommes pris individuellement ou collectivement, et plus précisément encore, les hommes dans leur conduite et dans les rapports aux choses que cette conduite implique. En troisième lieu, et ce point est proprement décisif, à rebours d'une très ancienne ligne de pensée qui tend à identifier l'activité de gouverner à l'activité de commander[2], on entendra par « gouvernement » quelque chose de très différent du « commandement ». Commander à des hommes, c'est leur donner des ordres et veiller à leur exécution, et c'est à partir de ce sens qu'on a longtemps défini l'art du gouvernant dans une certaine tradition de philosophie politique : l'homme politique en tant qu'il gouverne, ce n'est pas celui qui transmet les ordres qui émanent d'un autre (comme le héraut, le chef des rameurs ou le devin), c'est celui qui donne des ordres qui viennent de lui-même[3]. L'activité de gouverner procéderait dès lors de l'aptitude à imposer, au besoin par la contrainte ou la coercition, un objectif à des individus qui n'en voient pas *a priori* la justification ou la nécessité, faute d'une véritable intelligence du bien commun. En somme, gouverner ce serait, pour une volonté qui poursuit un certain objectif, parvenir à imposer à d'autres volontés cet objectif qui n'est pas, au moins d'emblée, le leur. On ne soutiendra pas ici que gouverner ne relève pas de l'exercice d'un pouvoir. On dira que gouverner consiste en un mode d'exercice du pouvoir qui diffère du simple commandement en ce qu'il est avant tout une manière de diriger ou de « conduire la conduite » des autres. En d'autres termes, ce qui est en cause, c'est une conduction indirecte qui joue sur les ressorts de la conduite des autres, c'est-à-dire sur leurs motivations, c'est-à-dire qui incite, oriente et stimule bien davantage qu'elle ne contraint. En quatrième lieu, et par voie de conséquence, le gouvernement des autres doit conduire les autres à se conduire vis-à-vis d'eux-mêmes d'une certaine façon, c'est-à-dire faire de l'individu le foyer d'un certain type de gouvernement de soi de manière à pouvoir ensuite prendre appui sur ce gouvernement de

1. *Ibid.*, p. 127.

2. En grec, un même verbe, *archein*, signifie tout à la fois « gouverner » et « commander ».

3. Platon, *Le Politique*, 260 e.

soi afin de réaliser ses propres objectifs. En effet, puisqu'il s'agit, non pas de contraindre, mais d'amener les individus à se conduire conformément à certaines normes, on s'emploiera à produire dans l'individu lui-même un certain type de rapport à soi, précisément celui-là même qui est requis pour que l'individu devance de lui-même ce qu'on attend de lui, en se conduisant comme on souhaite qu'il se conduise. Autrement dit, on fera de l'autogouvernement le moyen du gouvernement des autres. La formule de la gouvernementalité actuelle, c'est très exactement le gouvernement des autres par le gouvernement de soi.

On pourrait faire valoir à bon droit qu'une formule aussi générale est celle de la gouvernementalité telle qu'elle émerge au XVIIIe siècle. en Occident et qu'elle ne suffit pas à caractériser la gouvernementalité néolibérale dans sa singularité. Il est de fait que la gouvernementalité libérale, tout particulièrement en la figure du philosophe Jeremy Bentham, avait déjà dessiné les grands traits d'une action « oblique » et « indirecte » sur les individus. Selon ce dernier, le gouvernement a sans doute peu à faire directement, il a en revanche beaucoup à faire indirectement : plutôt que de chercher à maîtriser directement la conduite des individus, il doit viser la maîtrise par chaque individu de sa propre conduite. À cette fin, il lui faut agir sur la façon dont l'individu se rapporte à son propre intérêt, étant entendu que l'intérêt constitue pour Bentham la motivation ultime et exclusive de la conduite humaine. Le problème est en effet que trop souvent l'individu calcule mal son intérêt, dans la mesure où la perception qu'il a de cet intérêt est gauchie et biaisée par son amour-propre. Or un individu qui calcule mal son intérêt est un individu qui se gouverne mal. L'action du gouvernement consistera justement à apprendre à l'individu à bien calculer et, en cela, à bien se gouverner. D'où, chez Bentham, l'importance d'un système de lois qui soit agencé de telle manière que l'individu intègre par anticipation dans son calcul tant l'espoir des récompenses promises que les risques de la sanction encourue. Indiscutablement, dans cette formule d'un gouvernement des intérêts par les intérêts, trouve à s'exprimer le souci d'un gouvernement de soi des individus.

Où se situe alors la différence entre cette forme de gouvernementalité et la gouvernementalité néolibérale à laquelle nous sommes aujourd'hui confrontés ? Très schématiquement, on peut dire que cette nouvelle gouvernementalité opère un retournement de la question des limites de l'intervention publique telle qu'elle était posée par le libéralisme classique, Bentham compris : tandis que pour ce dernier il y a un ordre spontané des actions économiques des individus qu'il faut se garder de contrarier et dont il suffit de créer les conditions juridiques, précisément par la législation, le néolibéralisme fait de l'intervention du gouvernement le levier de la transformation de toute la société. Cette transformation consiste à étendre la logique du marché au-delà du marché, à toutes les sphères de l'existence humaine. En un sens, il s'agit désormais non plus d'arrêter mais d'étendre : non plus arrêter l'action du gouvernement, mais bien plutôt la démultiplier par voie de réticulation de façon à étendre la logique du marché à l'ensemble de la société. Que faut-il entendre par « logique du marché » ? La norme qui fait exister le marché est celle de la concurrence entre les unités de production que sont les « entreprises ». L'extension de la logique du marché à tous les rapports sociaux implique par conséquent d'ériger la concurrence en norme sociale générale. Qu'on ne s'y trompe pas, cette préconisation de la concurrence n'exclut nullement que l'on célèbre en même temps les vertus de la « coopération » : sous ce terme, on entendra bien entendu, non pas une véritable mise en commun non transactionnelle, mais une alliance stratégique d'intérêts entre firmes concurrentes (sur le modèle de l'échange de savoirs réalisé il y a peu entre Siemens et Toshiba dans le domaine des technologies de pointe). C'est d'ailleurs pour signifier cette nécessité de la coopération dans le jeu de la concurrence qu'a été forgé le néologisme de « coopétition ». L'important est ici que la concurrence ne soit pas regardée comme une donnée naturelle, mais comme une norme qu'il appartient à l'État d'instituer et, plus encore, de faire respecter par tous agents économiques. Ceux-ci ont en effet spontanément tendance à tourner cette norme en privilégiant leurs intérêts particuliers de « producteurs » (entendre d'« entrepreneurs »), quitte à s'entendre avec d'autres « producteurs » (par exemple sur la fixation des prix). D'où des conduites faussant le jeu de la concurrence, tout à l'inverse de bonne « coopération ». D'où la légitimation de l'intervention de l'État au nom de la souveraineté des « citoyens-consommateurs » : car si les unités de production ont des intérêts particuliers à défendre, les consommateurs ont un intérêt commun à la concurrence « libre et non faussée », intérêt commun dont l'État doit se faire le gardien[1]. Avec cette légitimation on a le principe d'un interventionnisme d'un type particulier : l'action publique doit non seulement construire le marché en édictant des règles générales, mais garantir le fonctionnement du marché une fois celui-ci créé en veillant au respect de cet « ordre-cadre » par tous les agents économiques[2].

Mais il y a plus encore. Pour s'acquitter de cette mission, l'État doit lui-même se transformer en « internalisant » dans son propre fonctionnement les normes du droit privé (celles qui président aux transactions marchandes et aux contrats entre entreprises). Ce qui revient à dire qu'il doit s'appliquer à lui-même ces normes et se comporter lui-même comme une entreprise. À l'intervention de création et de maintien du marché répond donc une intervention « en interne » consistant en une autotransformation de l'État dans le sens d'une soumission à la logique du marché. C'est là ce qui définit en propre l'« État entrepreneurial » (ce que les Anglo-Saxons nomment *corporate state*). Ce double interventionnisme a pour effet d'estomper les lignes de séparation traditionnellement reconnues (y compris par le libéralisme classique) entre l'État et le marché. Indubitablement, cela n'est pas sans impliquer une neutralisation pratique des catégories du droit public qui est parfaitement conforme à l'idéal d'une « société de droit privé[3] ». Cependant, cette hybridation croissante du public et du privé, qui peut aller jusqu'à la délégation au privé de la fonction de codification de certaines normes, n'entraîne pas une dissolution pure et simple de l'État dans le marché. Les États sont certes désormais invités à passer entre eux, et avec les grands acteurs privés, des « alliances stratégiques » ou des « partenariats », ce qui suffit à expliquer la vogue actuelle du thème de la « coopétition » dans le discours sur la « gouvernance mondiale ». Mais cela ne veut pas dire que l'État est

---

1. Cette idée d'un « intérêt constitutionnel commun » des consommateurs à l'ordre de concurrence est au fondement de l'ordolibéralisme allemand et, par ce biais, au cœur de la construction européenne.

2. Rappelons que dans *La Grande Transformation* (publié chez Gallimard en 1983) Karl Polanyi avait su distinguer, outre les interventions de « protection de la société », les interventions de *création* du marché et les interventions de *maintien* et de *fonctionnement* du marché.

3. Selon la forte expression de l'ordolibéral allemand Franz Böhm (1966), reprise par Hayek.

devenu une entreprise comme les autres. Les États ne sont pas de simples « agences » en concurrence les unes avec les autres sur un grand marché mondial de la « sécurité », et, s'il est vrai que la concurrence entre les États est légitimée et encouragée, cela n'autorise nullement un État à procéder à des « fusions-acquisitions » d'autres États. Il en va de la logique profonde des transformations en cours : que l'État soit le vecteur de l'extension des normes du droit privé implique qu'il s'applique à lui-même ces normes, mais non qu'il soit entièrement absorbé par le marché. Cette remarque vaut tout autant pour le fonctionnement interne de l'administration publique. Il est certes des situations où le gouvernement n'hésite pas à privatiser sans détour certaines entreprises publiques, quoiqu'il soit souvent obligé d'emprunter des voies obliques (modification du statut de l'entreprise autorisant la participation de capitaux privés). Mais il lui faut souvent étendre la logique du marché à des institutions qui ne peuvent être directement « mises en marché ». Toute la question est alors de savoir quels sont les biais par lesquels cette extension peut être assurée, en dépit de la résistance prévisible des professionnels de ces institutions. C'est en ce point qu'interviennent certaines techniques de gouvernement qui relèvent de ce que l'on pourrait appeler les « disciplines néolibérales ».

Le terme même de « discipline » requiert un minimum d'explications. Selon le sens premier qu'il prend chez Michel Foucault, ce terme renvoie à un ensemble de techniques de dressage des corps individuels mises en place dans les ateliers, les prisons et les asiles dès le XVIIe siècle. La discipline se ramenant à l'exercice d'une pure contrainte, la gouvernementalité ne pourrait que se substituer à elle sans jamais pouvoir se combiner à elle pour produire des effets de pouvoir. Mais on est fondé à donner à ce terme un sens élargi : relèvent alors de la discipline toutes les techniques qui contribuent à structurer par avance le champ d'action de l'individu. Dans cette perspective, tout procède de la construction d'un cadre institutionnel et réglementaire suffisamment contraignant pour que l'individu en vienne à choisir de lui-même ce qu'il doit choisir dans son propre intérêt. On peut à cet égard distinguer trois aspects des disciplines néolibérales. Tout d'abord, la constitution d'un cadre intangible et inviolable, par exemple un cadre budgétaire et monétaire, de telle manière que les individus apprennent à ne jamais calculer qu'à l'intérieur de cet ordre, en excluant toute option qui se situerait en dehors de l'éventail des possibles ainsi prédéfini. On en a un bon exemple avec la politique de suppression des postes d'enseignants dans l'Éducation nationale : la vertu proprement disciplinante des contraintes budgétaires est en effet d'amener les enseignants à accepter une charge de travail de plus en plus lourde et de moins en moins centrée sur la transmission des connaissances[1]. Ensuite, la création du plus grand nombre possible de situations de marché. L'effet visé est d'obliger l'individu à se comporter le plus souvent possible en « homme économique », soit en sujet ayant à opérer un calcul de maximisation de son intérêt, en lieu et place de considérations morales et politiques susceptibles d'interférer fâcheusement avec ce calcul. On pourrait parler ici d'une contrainte, non certes d'une contrainte exercée directement par une volonté sur des volontés, mais d'une contrainte des situations ou des « mises en situation », contrainte qui a l'incomparable avantage de faire apparaître ce qui est construit comme une règle à laquelle il est vain de vouloir résister : on désobéit à une volonté qu'on regarde comme arbitraire, non à ce qui s'impose comme « la » réalité et qu'on ne peut pour cette même raison qu'accepter. Bref, on s'attache à naturaliser ce qui est politiquement construit pour mieux le faire accepter. Troisième aspect, des dispositifs de récompenses et de punitions, d'incitations et de « désincitations » qui remplaceront les sanctions du marché là où les situations de marché ne sont pas entièrement réalisables, de manière à guider malgré tout la conduite des individus dans le sens souhaité d'un calcul maximisateur. On comprend donc que les disciplines ont toutes pour fonction de produire chez l'individu un mode spécifique de gouvernement de soi et, qu'en ce sens, elles participent bien de la gouvernementalité néolibérale.

Toutes ces techniques de gouvernement, qui sont au cœur du « management de la performance », autrement nommé « Nouvelle Gestion publique » et mis en œuvre dans la Révision générale des politiques publiques (RGPP), concourent à produire une certaine subjectivité en jouant en dernière analyse sur deux ressorts complémentaires : la rivalité et la peur. Premier ressort, « l'aiguillon de la concurrence », pour parler comme Marx : par la contrainte des

1. On lira sur ce point la contribution de Christian Laval dans ce même ouvrage : dans la partie II, « La réforme managériale et sécuritaire à l'école », p. 153.

situations de marché, que la fixation d'un cadre budgétaire rigide aide grandement à mettre en place, on s'emploiera à favoriser et à stimuler la compétition entre rivaux. La « mise en situation de marché » est en effet avant tout « mise en situation de concurrence ». On fera alors de l'aspiration à l'autonomie la motivation première : on attendra ainsi des sujets, non qu'ils se conforment passivement aux ordres de leur hiérarchie, mais qu'ils fassent de leur plein gré ce que l'on attend d'eux, sans avoir à leur rappeler continuellement ce qu'ils doivent faire et comment ils doivent le faire. Aussi le discours mettra-t-il à l'envi l'accent sur la « responsabilité » de l'individu confronté en permanence à l'illimitation d'un choix de soi-même, comme sur la nécessité pour celui-ci d'aller puiser en lui-même l'énergie lui permettant d'accomplir un travail sans fin d'optimisation de soi. C'est qu'il ne s'agit pas seulement d'obtenir de l'individu qu'il calcule ses gains et ses coûts, mais aussi qu'il travaille sur lui-même dans une sorte d'« ascèse de la performance[1] ». L'objectif est d'amener ce dernier à fonctionner subjectivement selon le régime de la concurrence en l'ayant préalablement placé dans des situations de concurrence. Pour cela, il faut que la création artificielle de ces situations ne concerne pas seulement les rapports entre des établissements (universités, hôpitaux, etc.), mais les rapports entre les services, les unités de recherche, les laboratoires ; pas seulement les rapports entre les services, les unités de recherche, les laboratoires, mais, plus encore et surtout, les rapports entre les agents individuels au sein de telles « équipes ». L'enjeu de cette constitution de situations de marché jusque dans le fonctionnement des institutions publiques est de faire intégrer à l'individu la « règle du jeu » dans son calcul d'intérêt, sous peine de tout perdre au jeu. Le désormais fameux *« publish or perish »* qui prévaut sur le marché de la publication scientifique ne fait que traduire à l'usage des chercheurs l'alternative « se vendre ou mourir » sur le marché du travail. Deuxième ressort, la peur d'être mal évalué par ses supérieurs hiérarchiques, peur qui ne peut manquer de nourrir chez l'individu une autoévaluation continuelle bien souvent culpabilisante. À cette fin, on mettra en place une véritable technologie de

1. L'expression d'« ascèse de la performance » est due à Éric Pezet : *cf.* son livre, *Management et conduite de soi, enquête sur les ascèses de la performance*, Paris, Vuibert, 2007.

l'évaluation très largement inspirée, jusque dans son lexique, du management des entreprises privées. On construira des systèmes de contrôle de l'efficience de la conduite dont les mesures vont conditionner l'obtention des récompenses et l'évitement des punitions. Ce sont tous les rapports entre niveaux hiérarchiques à l'intérieur de l'administration publique, tous les rapports entre les « professionnels » et les « clients » des administrations, mais, au-delà et virtuellement, toutes les activités humaines, depuis la politique jusqu'à la relation thérapeutique en passant par la relation pédagogique, qui sont censés être modelés par de tels systèmes. Par là il s'agit de produire l'homme *« accountable »*, c'est-à-dire à la fois évaluable ou calculable et comptable au sens de responsable. On fait ainsi d'une pierre deux coups : le sujet qui se sent continuellement surveillé n'aura de cesse d'accroître son propre rendement et se verra ainsi contraint d'imposer à autrui, subordonné, client, patient ou élève, les « priorités » de l'entreprise. Le guichetier de La Poste aura à cœur d'augmenter les ventes de tel « produit », exactement comme le conseiller financier de n'importe quelle banque, tandis que le médecin prescrira des « actes » rentables et fera « libérer » des lits le plus rapidement possible. Il faut bien comprendre qu'il n'y a pas de contradiction entre cette obsession du contrôle, cette multiplication des calculs, cette exigence de transparence totale, et la norme de la performance et de la productivité : plus l'individu calculateur est supposé libre de choisir, plus il doit être surveillé et évalué, puisqu'il est par hypothèse entendu qu'il poursuit d'abord son intérêt personnel. Le panoptisme a ici pour fonction, tout comme chez Bentham, de remédier à la « tendance à biaiser[1] » à laquelle cède si facilement chaque individu en le forçant à conjoindre son intérêt privé avec celui de l'organisation qui l'emploie.

Le ressort de la peur est donc très différent de celui que fait jouer un régime de type totalitaire. La peur n'est pas celle qu'inspire la logique de la terreur, elle n'est jamais que le moyen de plier le sujet à l'impératif de la performance. Elle est d'autant plus nécessaire que le fonctionnement des institutions publiques n'autorise la mise en situation de marché qu'à certaines condi-

1. Bentham parle très précisément de la *« tendency of bias »* pour désigner la manière dont l'amour-propre conduit un individu à se faire lui-même illusion sur le véritable motif de son acte.

tions et dans certaines limites. La « marchandisation » pure et simple, c'est-à-dire, si les mots ont un sens, la transformation en marchandise, donc en produit susceptible d'être directement échangeable sur un marché contre monnaie, n'est le plus souvent pas réalisable. Mais l'objectif n'est justement pas la marchandisation, il est la mise en ordre de la conduite des sujets en fonction de la norme du marché qui est la norme de la concurrence. C'est pourquoi la rationalité néolibérale privilégie alors la création de situations de marché sans véritables marchandises, ce que l'on pourrait appeler des quasi-marchés.

C'est précisément ce cadre qui assigne une place centrale à l'évaluation quantitative. Évaluer signifie donner une valeur, ce qui, dans les conditions spécifiques d'un marché, signifie donner un prix. Construire un quasi-marché implique par conséquent de définir une quasi-monnaie. En d'autres termes, il faut un instrument de mesure de la valeur des productions de l'activité des sujets et de la valeur de l'activité elle-même. Il faut disposer d'un système d'information qui soit l'analogue de ce qu'est un système de prix pour un marché. Ce système peut être parfaitement absurde, comme on s'en convainc aisément en considérant, par exemple, le nombre d'articles parus dans des revues scientifiques à comité de lecture, le nombre de citations, le nombre de contraventions par commissariat, le nombre de reçus au brevet des écoles, le nombre d'élèves réussissant en CM2 à tel exercice, le nombre de chômeurs ayant retrouvé un emploi, etc. Le problème n'est absolument pas de savoir si ce qui est mesuré renvoie à quelque chose comme une « utilité sociale » (à ce que l'économie politique classique appelait une « valeur d'usage »), ce qui seul importe c'est le caractère autoréférentiel du système des signes ou des signaux mis en place : il faut qu'ils ne renvoient pas au « sens » d'une activité, mais qu'ils renvoient indéfiniment à eux-mêmes pour inciter les individus à acquérir et à accumuler le plus grand nombre possible d'unités de compte.

Voilà également qui permet d'expliquer que l'intégration de la logique du marché par l'administration publique s'accompagne d'une bureaucratisation et d'une technocratisation accrues. Non seulement parce que des commissions d'experts sont requises pour mettre au point ces systèmes de mesure et pour les faire fonctionner. Mais aussi parce que l'exigence d'une continuité absolument parfaite dans l'évaluation implique de construire ce que le rapport Silicani sur la réforme de la fonction publique appelle une « chaîne managériale » du sommet à la base, du plus en vue des ministres jusqu'au plus humble des agents publics. L'idée selon laquelle l'action des ministres doit désormais relever de la logique de l'audit ne prend tout son sens qu'une fois inscrite dans cette perspective. C'est paradoxalement la logique même de l'État entrepreneurial qui commande cette stricte hiérarchisation des niveaux de contrôle et de décision. La réforme des universités comme celle des hôpitaux l'ont bien mis en évidence : chaque fois que l'on cherche à réformer l'administration en fonction de la logique du marché, on commence par rompre avec le principe de collégialité pour concentrer les pouvoirs de décision et de contrôle entre les mains d'un « manager » qui soit, si possible, lui-même responsable devant l'exécutif (rappelons à cet égard que le projet initial sur la réforme de l'hôpital concentrait les pouvoirs entre les mains des directeurs hospitaliers, eux-mêmes nommés, pour les CHU, par le Conseil des ministres). C'est également cette transformation managériale de l'action publique qui commande la suprématie directe de l'exécutif sur tous les autres pouvoirs, et non la propension d'une personne à l'« autoritarisme ». Qu'il s'agisse de fixer une limite horaire à la délibération du législatif ou de substituer au juge d'instruction indépendant un juge dépendant du Parquet, c'est toujours le même resserrement autour de l'exécutif qui est à l'œuvre. La raison en est très simple : l'exécutif est devenu le premier vecteur de la pénétration des normes du droit privé à l'intérieur de la sphère publique, quelque chose comme le garant ultime de leur application, de telle sorte qu'il joue, vis-à-vis des autres pouvoirs de l'État comme vis-à-vis des dirigeants des entreprises publiques, un rôle analogue à celui tenu par l'actionnaire vis-à-vis des dirigeants des entreprises privées. En conséquence, le rôle dévolu au citoyen n'est plus qu'un rôle d'arbitrage et de contrôle par en bas de la bonne application de ces nouvelles normes de productivité et de rentabilité à l'État et à ses agents. Le citoyen arbitre, c'est le citoyen consommateur des services publics, promu en cette qualité au rang de juge de la performance des agents de ces services. Du président actionnaire au citoyen consommateur, la boucle est d'autant plus bouclée que le régime subjectif auquel le dit « citoyen » doit fonctionner est celui de la concurrence.

Tel est bien en définitive le déploiement de la rationalité néolibérale : transformer l'État pour mieux transformer toutes les relations sociales, lui faire intégrer la logique du marché pour mieux faire de lui le vecteur de l'extension de la logique du marché à la société tout entière.

P. D.

Mobilisations dans le champ social

par Michel Chauvière*

Le champ social est vaste. Il sera ici question prioritairement du couple que forment depuis longtemps l'action sociale, comme catégorie politico-administrative lentement construite au cours du xxe siècle, et le travail social, son bras séculier, en quelque sorte. C'est un couple assez mal en point aujourd'hui par comparaison avec le statut qui lui était encore reconnu durant les années 1970. Deux événements récents en témoignent : la disparition toute récente de la direction générale de l'Action sociale (DGAS) par l'effet de la Révision générale des politiques publiques (RGPP), au profit d'une direction dite de la Cohésion sociale, sans autre précision doctrinale. Et puis, surtout, la bascule de tout le secteur médico-social, soit 60 % du domaine de compétence de l'ex-DGAS dans le monde sanitaire, *via* les Agences régionales de santé (ARS) comme suite à la loi HPST (ou Bachelot), effaçant ainsi ce qu'avait permis la loi hospitalière de 1970.

Parallèlement, le « travail social[1] » tombe lui aussi en lente désuétude, talonné de deux côtés. D'un côté, par la notion d'« intervention sociale » qui évoque surtout la logique des dispositifs, des procédures et de l'évaluation. De l'autre, par « les emplois de service à la personne » qui le siphonnent en démultipliant les plus bas

* Michel Chauvière est directeur de recherche au CNRS, CERSA, université Paris-II.

1. *Cf.* sur ce sujet : *Qualifier le travail social. Dynamique professionnelle et qualité de service*, Paris, Dunod, 2002, 144 p. (codir. avec Didier Tronche) ; *Le Travail du social dans l'action publique. Sociologie d'une qualification controversée*, Paris, Dunod, 2004, 300 p.

niveaux de qualification (niveaux IV et V), soit une nouvelle domesticité. On constate la même tendance dans les emplois postés au sein des établissements sociaux et médico-sociaux où les aides médico-psychologiques (niveau V) connaissent une impressionnante progression depuis cinq ans (+ 87 %), alors même que dans un tiers des cas les personnes qui occupent ces postes déqualifiés sont titulaires du bac ou plus ! Ce désordre masque en réalité un important changement de paradigme.

Place, légitimité et appropriations successives du « social en actes »

Il s'agit pourtant du quatrième pilier du dit « modèle social français », qui, selon les stratèges de la Présidence qui l'ont si souvent vilipendé, nous vaudrait aujourd'hui de traverser la crise financière mondiale moins mal que d'autres !

Deux piliers y assurent des missions de redistribution financière et salariale de la richesse, appuyés l'un sur la fiscalité et l'autre sur les cotisations sociales, ce qui permet l'aide sociale et la Sécurité sociale et, secondairement, toutes sortes d'actions de terrain avec prix de journée. En complément, la socialisation primaire est assurée par les services publics de la justice, de l'école, de la santé publique (pour partie) et par les institutions du monde du travail. Cela laisse une place importante aux fonctions de socialisation secondaire, autrement dit de réparation et de développement social qui reviennent à l'appareil d'action sociale et de travail social. Celui-ci est un assemblage construit par les générations précédentes de droits créances ou « droits à », dont la mise en œuvre dépend directement d'une intervention du pouvoir et des choix techniques qu'il opère, d'institutions spécialisées – associations et professions -, et d'actes, autrement dit « d'humains aidant et parlant à d'autres humains ». Pareille composition concrétise nos valeurs d'égalité et de solidarité dans notre commun espace public. Ses résultats globaux sont loin d'être aussi négatifs que se plaisent à le dire les autoproclamés rénovateurs.

Ce domaine d'une exceptionnelle richesse éthique et technique, d'engagement et de savoir-faire, est en train de se transformer en profondeur, laissant au bord de la route bon nombre de gens de métier dont l'activité salariée reste d'aider, de soigner ou d'accompagner les plus fragilisés avec une conscience professionnelle élevée. Désormais assujettis, voire asservis, à une avalanche de normes de gestion et de comportement, les voilà expropriés sous prétexte de qualité et de performance.

Si l'on évoque rapidement le passé de ce secteur, on note au cours du XXe siècle une succession de formes d'appropriation. Au tout début, avant et pendant la Première Guerre mondiale, un pacte s'impose entre le catholicisme social et la social-démocratie souvent radicale, alors au pouvoir ; les œuvres et associations de la loi de 1901 sont subventionnées et une première profession organisée apparaît, le service social. Lors de la Seconde Guerre mondiale, un second pacte associe les partenaires sociaux dans la gestion de la Sécurité sociale et de nombreux professionnels, parfois liés à des « militants », dans la conception de nouveaux chantiers : éducation populaire et animation, enfance inadaptée, travail familial, prévention… La fin des années 1960 et la décennie 1970 voient une synergie nouvelle entre hauts fonctionnaires réformateurs et experts associatifs porteurs de causes mobilisatrices comme le handicap, la réforme de la protection de l'enfance ou encore les personnes âgées ; elle se noue tout particulièrement dans le cadre de la planification nationale. Enfin, après les années de décentralisation et de désengagement tout relatif de l'État, s'impose une convergence inédite entre la technocratie devenue hypergestionnaire et divers « négociants » acceptant bon gré mal gré la généralisation du principe de concurrence, les uns étant des associations d'action sociale classiques et les autres des entreprises cherchant implantation et profit dans des domaines qui leur étaient jusqu'à présent fermés, notamment dans les « services à la personne ».

À l'épreuve du tournant néolibéral

Deux plans sont à privilégier : les nouvelles formes de la question sociale et le nouveau régime des réponses à la question sociale.

Aujourd'hui, dans notre pays, les conditions d'existence faites à un nombre croissant de personnes pauvres, jeunes, immigrées, handicapées ou âgées, sont devenues tout à fait inacceptables en regard des valeurs qui nous fondent, qu'il s'agisse du manque de ressources et d'emplois, des difficultés d'accès à un logement décent, de l'insuffisance et souvent de l'inhospitalité des lieux d'accueil, d'hébergement ou de prise en charge spécialisée, du manque du respect le plus élémentaire pour les personnes en grande difficulté devenues très vulnérables, mais aussi de la stigmatisation et de la criminalisation de certaines de ces populations, particulièrement les plus jeunes et les immigrés en voie de régularisation, etc.

De plus, pour ce qui les concerne, les professionnels constatent que les moyens dont ils disposent pour aider, soigner ou accompagner ces populations sont tout à la fois restreints en valeur relative et surtout plus contrôlés que jamais par une bureaucratie administrative avide de résultats tangibles au meilleur prix. Cette tendance est dominante, qu'il s'agisse de logement, d'hébergement, d'emploi, de ressources ou tout simplement de vie quotidienne (se soigner, s'alimenter, payer les factures d'énergie, de loyer, éduquer leurs enfants, faire face à l'échec scolaire, à la délinquance ou à la souffrance psychique, etc.). Dans de telles conditions, disent-ils encore, les soutenir pour qu'ils accèdent à leurs droits sociaux relève d'un parcours d'obstacles. S'ils dénoncent des institutions de plus en plus inaccessibles, parce que soumises à des régulations financières et à des révisions idéologiques totalement contraires à leurs mandats, ils défendent aussi l'honneur et la conscience des personnels surchargés, asservis à des logiques gestionnaires qu'ils n'ont pas choisies. Trop de politiques sociales récentes sont en trompe l'œil, grossièrement habillées d'évidence ou de « bon sens » au nom d'un droit des usagers devenu presque absolu, parfois même dit « opposable », quand il est évident qu'elles ont pour seul objectif de réduire les coûts par tous les moyens.

Les professionnels se sentent également abandonnés par les pouvoirs publics. Dans ce secteur autrefois protégé par sa proximité avec l'idéal de service public et sa place de choix dans la planification, la bride est désormais laissée sur le cou aux marchands de toutes sortes. Les voies de pénétration de la marchandisation se sont en effet librement démultipliées ces dernières années, passant par la création directe de certains marchés, là où se découvre une « solvabilité dormante », directe ou indirecte (personnes âgées, personnes handicapées, familles avec petits enfants, soutien scolaire, etc.), mais aussi par l'externalisation de nombreux services, comme la restauration dans les établissements, par l'invention d'objets de commerce inattendus, comme l'accès aux droits ou le coaching des familles en difficulté, par le découpage minutieux des « façons de s'y prendre » ou encore par l'invention de référentiels en batteries qui brisent le sens donné par les professionnels à leur action quotidienne et ouvrent à des métiers parasites, comme qualiticiens ou inspecteurs de bientraitance.

Illustrations

La chalandisation du secteur social[1] est un processus d'abord discret devenu de plus en plus ostensible, parfois même agressif, qui conditionne tout un chacun à l'indépassable de la privatisation sans nécessairement y conduire et, pour servir cette orientation, à la mise en concurrence la plus large possible de tous les échanges dans le secteur social. L'affaire est insidieuse car elle touche en réalité aux conceptions de l'action, aux valeurs, au travail et, de manière générale, aux instruments de pilotage. Ce qui est souvent invisible ou habilement masqué.

D'abord, c'est la notion de service qui se vide progressivement de son contenu relationnel et solidaire pour devenir un produit liant un prestataire et un client. Dès lors, contraintes par l'environnement et le retrait apparent mais stratégique de l'État, les associations se font, souvent à leur corps défendant, prestataires et/ou entreprises de services. Toutes les nouvelles normes de gestion les entraînent d'ailleurs dans le sens unique, présenté sans alternative.

1. Chauvière, 2007.

Reconstruire l'action sociale, Paris, Dunod, 2006 (codir. J.-M. Belorgey, J. Ladsous), DVD inclus sur le social en question – 7.8.9. états généraux du social, 280 p.

Trop de gestion tue le social. Essai sur une discrète chalandisation, Paris, La Découverte, 2007.

Qui gouverne le social ?, Paris, Dalloz, 2008 (codir. générale avec M. Borgetto). Principale contribution : « Une administration pour l'action sociale. De l'émancipation au dépérissement », p. 45-72.

L'indigent et le délinquant. Pénalisation de la pauvreté et privatisation de l'action sociale, Paris, Note de la Fondation Copernic, Fondation Copernic et éd. Syllepse, 2008, 142 p. (avec Didier Gelot, Catherine Lebrun, Benjamin Poiret, Évelyne Sire-Marin, Mylène Stambouli).

Partout des financiers et des gestionnaires, qu'elles rémunèrent fort bien, accélèrent le changement de modèle économique. Avec eux, la rationalité abstraite de la gestion financière et les normes de management envahissent tout le champ social et l'assèchent. Certains le souhaitent explicitement, d'autres y vont à contrecœur, beaucoup souffrent de cette nouvelle hégémonie.

Plus précisément, dans le secteur des équipements et des services, où travaillent le plus grand nombre de professionnels, on assiste à un double mouvement. En amont, l'action publique est marquée par un renforcement sans précédent du contrôle administratif des conditions de la délégation, ce qui est patent depuis la loi du 2 janvier 2002 dite de rénovation de l'action médico-sociale. Les Contrats pluriannuels d'objectifs et de moyens (CPOM) ainsi que les Groupements de coopération sociale et médico-sociale (GCSMS) en sont aujourd'hui devenus les outils principaux. Pendant qu'en aval, à l'initiative des mêmes pouvoirs publics, se déploie, de façon démesurée eu égard aux vrais enjeux, une obligation légale d'évaluation, tout à la fois en interne et en externe, dont la mise en œuvre technique est confiée, une fois encore par la seule administration, à des tiers habilités ; ce qui constitue pour eux une aubaine. Rien d'étonnant à ce que la conscience et la culture du social soient en recul, remplacées par le réalisme économique, le pragmatisme politique et une acceptation passive des inégalités, sauf cas de discriminations renvoyés sur la Halde (Haute autorité de lutte contre les discriminations et pour l'égalité).

Quant à la concentration quasi obligatoire des moyens associatifs dans des GCSMS, que l'on qualifie pudiquement de mutualisation entre opérateurs, ces nouveaux holdings associatifs devraient n'être à terme que 3 000 à 4 000 unités contre les 33 000 associations gestionnaires actuelles. On y verra des sièges sociaux renforcés, avec direction des ressources humaines, des ressources financières, des ressources juridiques, etc., loin des problèmes et des pratiques de terrain, comme s'il s'agissait d'une véritable entreprise sociale (le capital, en moins). Ce montage a aussi une justification stratégique conjoncturelle : être en position plus favorable dans les négociations pluriannuelles avec les pouvoirs publics (CPOM) afin d'offrir de meilleures « prestations » aux clients du social, ceux que l'on nomme encore des « usagers ».

Les risques sont principalement de deux ordres. Du côté de l'offre, une réduction significative des places en établissements spécialisés, par suite notamment des arbitrages internes entre segments de marché, dans un contexte de concurrence et de ressources financières à la baisse. Et qu'importe alors les besoins ! Du côté des professionnalités, l'élimination des acteurs de terrain et de leurs références cliniques au profit des nouveaux ingénieurs sociaux, autrement dit un recul du contrôle par les professionnels du devenir de leur instrument de travail et de leur savoir-faire.

Ces mesures sont évidemment en bonne correspondance avec la loi organique relative aux lois de finances (Lolf). Cet instrument, initié par le Parlement mais mis en œuvre par la direction du Budget, réduit l'action publique à un algorithme gestionnaire composé de missions, de programmes et d'actions, et surtout il généralise l'obligation de résultats à tous les niveaux, vérifiables et susceptibles d'être sanctionnés. En application, la « vieille administration » déconcentrée (DDASS et DRASS) est progressivement remplacée par différentes agences stratégiques, moins résistantes et plus facilement soumises aux obligations de résultats. Parmi elles, les Agences régionales de santé (ARS) absorbent le secteur médico-social et généralisent une gestion de type Tarification à l'activité (T2A) et Temps actif mobilisable (TAM), pendant que l'Agence nationale de l'évaluation et de la qualité des établissements et services sociaux et médico-sociaux (ANESM) poursuit sa production de « recommandations de bonnes pratiques », en attendant l'Agence nationale d'appui à la performance (ANAP), etc.

La double signification d'une convention collective

La convention collective dite de l'enfance inadaptée[1], adoptée en 1966, a toutes les caractéristiques d'une convention non seulement contractuelle et réglementaire mais aussi « professionnaliste ». En effet, au milieu des années 1960, un an avant le diplôme d'État d'éducateur spécialisé, cette avancée ne concerne pas que la détermination des règles d'emploi et la régulation des carrières. Elle contribue également à faire advenir la profession d'éducateur ; en

1. *Cf.* l'ouvrage : Michel Chauvière, *Enfance inadaptée, l'héritage de Vichy*, Paris, Éditions ouvrières, 1980, 283 p. ; 2e éd. rev. et augm. en 1987, 320 p., 3e édition avec une nouvelle préface de l'auteur, L'Harmattan, 2009.

d'autres termes, l'éducateur professionnel est alors « la mesure de toute chose », avec la complicité des administrations de tutelles (les DDASS datent de 1964). De plus, pour des raisons historiques particulières, cette convention fait aussi exister les employeurs dans un domaine qui ne connaissait jusque-là que des fédérations associatives, accélérant la prise de conscience des intérêts spécifiques des directeurs et de leurs structures de gestion. Enfin, cette convention allait être reconnue opposable aux financeurs par la loi de 1975 relatives aux institutions sociales et médico-sociales. Une telle convention collective est donc le reflet des jeux d'acteurs et des valeurs dominantes tout en ayant un rôle de bâtisseur, en ce qu'elle fait cadre et sens pour les acteurs concernés, permettant l'existence d'une « réalité commune ».

C'est pourquoi le récent projet des employeurs de la branche non lucrative de rénover cette convention collective, pour l'adapter à la nouvelle donne et surtout à leur propre transformation en opérateurs/employeurs sur un marché ouvert, fait aujourd'hui se mobiliser de nombreux professionnels concernés. Sont en effet en jeu non seulement les conditions de travail (les congés trimestriels, les carrières et l'ancienneté…), mais aussi la philosophie même du secteur social. Il était appuyé sur des professions responsables, le voilà organisé comme une vaste entreprise de main-d'œuvre, rationalisant sa « gouvernance » et spécialement la gestion de ses « ressources humaines ». C'est le sens de la distinction des niveaux fonctionnels et hiérarchiques dans des filières, et non plus selon des professions : entre agents, techniciens et cadres ; c'est aussi le sens du recours à une part variable dans la détermination du salaire laissée à l'appréciation des supérieurs, ce qui met ce secteur à distance de la logique professionnelle comme de la politique conventionnelle.

Les SSIG et la question du statut des services sociaux en Europe

Inscrits dans le droit communautaire sous le vocable SSIG (Services sociaux d'intérêt général), tous nos services sociaux : services socio-éducatifs, services médico-sociaux, publics ou du secteur associatif sans but lucratif, sont menacés par le flou entretenu entre SSIG, SIG (services d'intérêt général), SIEG (services d'intérêt économique général) et SNEIG (services non économiques d'intérêt général). En outre, les traités européens considèrent comme activités économiques toutes les prestations de services, même si ces dernières ne sont pas payées directement par les bénéficiaires. Couplée à la libre concurrence, cette disposition entraîne l'obligation pour les pouvoirs publics mandants de procéder par appels d'offres après avoir fixé avec précision le contenu des missions.

Il est vrai que la directive « Services » (ex-Bolkestein) de 2006 visant à garantir la liberté du marché et les règles de la concurrence dans le marché intérieur a exclu de son champ d'application certains services sociaux (logement social, aide à l'enfance, aux familles et aux personnes dans le besoin), ainsi que les fonctions régaliennes (police, justice) qui entrent dans les SNEIG. Mais, cette exclusion, qui ne confère qu'un statut d'exception au social, ne concerne pas tous les services sociaux, beaucoup s'en faut. Finalement, jusqu'à présent, les SSIG ne font l'objet d'aucune directive spécifique et restent dans toute l'Europe, sans définition juridique, à la hauteur des enjeux.

C'est pourquoi il paraît indispensable à plus d'un d'ancrer les SSIG (secteur public et secteur associatif délégataire) dans un cadre réglementaire garantissant la sécurité juridique des missions de service public, quels que soient les modes de réalisation dans les différents pays. Nous y sommes d'autant plus sensibles que les services sociaux français sont issus d'une longue histoire citoyenne, étrangère à toute idée de marché intérieur et de profits financiers, par quelque opérateur que ce soit.

Deux formes de mobilisation coexistent : d'une part s'est constitué un collectif SSIG regroupant avant tout des opérateurs/employeurs associatifs qui considèrent que le mal est fait et qu'il faut protéger l'espace de l'action sociale sous couvert de l'économie sociale ; d'autre part, dans le cadre du Mouvement pour une parole politique des professionnels du champ social (MP4-Champ social)[1], une pétition a recueilli pour l'heure près de 1 900 signatures, prolongée par une recommandation radicale qui consisterait à loger tous les SSIG dans le cadre des SNEIG (recommandation Joël Henry). L'enjeu est donc double : défendre les financements publics et le non-lucratif mais aussi protéger la qualification des professionnels contre toutes les réductions au simple commerce des compétences individuelles.

1. *Cf.* www.mp4-champsocial.org.

Le lien emploi/formation sur la sellette

Aujourd'hui, beaucoup de professionnels de l'aide aux personnes le disent : leur espace d'intervention leur est de plus en plus confisqué. Leurs savoir-faire cliniques sont ramenés à des procédures ou à des protocoles, leur temps de travail est de plus en plus prescrit et contingenté. Leur devoir d'interpellation des décideurs est dénié et pratiquement impossible à exercer. En toute logique, nombreux se refusent à devenir des « ressources humaines », pilotés par des DRH lointains, affectées à des programmes ou à des dispositifs technocratiques, carburant à la performance et à l'évaluation.

Par ailleurs, les diplômes d'État, eux aussi, connaissent une forte démonétisation, surtout depuis le transfert des politiques de qualification au niveau régional (2003). Toutes les réformes de l'appareil de formation (majoritairement associatif et coupé de l'université) vont aujourd'hui dans le sens d'un renforcement adaptatif (référentiels, formation des cadres à la gestion, préparation à l'évaluation, intériorisation de l'idéal de bientraitance et de son contrôle, etc.) au détriment de la formation au diagnostic et, plus largement, à l'analyse, aux ressources en sciences sociales et humaines et à la recherche. La validation des acquis de l'expérience (Vae), présentée à l'origine comme une mesure de promotion sociale individuelle, s'avère en réalité constituer une voie beaucoup plus économique de formation, en en réduisant les coûts et en limitant les continus aux utilités du terrain, telles que relayées par les seuls employeurs.

Enfin, la disqualification s'aggrave avec le recours de plus en plus fréquent au caritatif en lieu et place de professionnels dûment formés, avec la solvabilisation croissante des usagers, notamment dans les domaines du handicap et des personnes âgées dépendantes ou de la petite enfance, ce qui change la nature même de la relation d'aide.

Mobilisations et résistances

Pareille régression générale paraît inacceptable à bon nombre de ces professionnels. Reste à organiser la résistance. Certains tentent d'y opposer par la voie éthique, s'agissant notamment du respect des droits et de la dignité de chaque personne. C'est nécessaire mais bien insuffisant. Il ne suffit pas seulement d'adhérer aux valeurs d'éducation et de développement, ni d'affirmer la primauté du principe d'égalité sur celui d'équité, encore faut-il peser sur la mise en œuvre dans des institutions publiques ou associatives de solidarités non lucratives, défendre des prises en charge basées sur la responsabilité, la technicité et la créativité, et, plus globalement, travailler à une autre répartition des richesses, condition *sine qua non* et première du progrès social.

Ce sont sur ces bases qu'au tournant des années 2000 un premier groupement est apparu sous l'acronyme CQFD signifiant alors « C'est la qualification qu'il faut développer ». Un ouvrage collectif a rassemblé l'ensemble de ces travaux[1].

Entre 2002 et 2005, un autre rassemblement a pris le nom de « 789 états généraux du social ». La préparation de cahiers de doléances, leur dépôt auprès des assemblées et des organisations concernées, une semaine de mobilisation fin octobre 2004, l'édition d'un nouvel ouvrage collectif[2], puis la création de 789 radio-sociale, dont l'audience progresse, ont scandé cette mobilisation.

Enfin, depuis 2007, des professionnels de différentes origines se sont regroupés dans MP4-Champ social. Dans tous les secteurs d'intervention : précarité, santé, justice, éducation, animation, formation, culture…, il s'agit de revenir au droit commun du travail ; d'exiger des logements et du bien-être pour les populations les plus en difficulté, comme condition minimale du « vivre ensemble » ; de reconstruire une action sociale globale, cohérente et innovante qui ne serait soumise ni à l'économie concurrentielle ni aux lois du marché des « services à la personne » ; de défendre partout les services publics, y compris quand la mission se trouve déléguée à des associations d'action sociale ; de réaffirmer enfin et avec force les professionnalités, les métiers et les savoir-faire. À cette fin, à l'initiative du CEDIAS-Musée social, du MIHL (Mouvement interdisciplinaire pour un humanisme laïc) et de MP4, un séminaire semi-fermé mais avec une large publicité sera organisé entre septembre 2009 et janvier 2012 sur le thème « Demain, reconstruire les

1. Publié chez Dunod, 2002.
2. Publié chez Dunod, 2006.

politiques sociales de solidarité ». D'autres axes ont également été définis : formation (groupe Condorcet), SSIG, souffrance au travail, transformations du médico-social, clinique institutionnelle, politiques de l'enfance et de la jeunesse, etc.

Il faut voir là une forme de résistance collective, non corporative, à la destruction systématique et programmée des acquis sociaux, jusque dans les établissements, services et dispositifs où exercent les professionnels. Mais il s'agit aussi de s'élever publiquement et collectivement contre les renoncements et les trompe-l'œil des pouvoirs publics alors même que les difficultés sociales s'aggravent, et, partant, de construire des alternatives, tout à la fois par le bas et par le haut.

Pour le secteur social, d'autres voies auraient en effet été possibles, moins tapageuses et plus adaptées à la réalité de ce travail qui reste difficile malgré les normes de « bonnes pratiques » et le contrôle pusillanime et bureaucratique des résultats. Par exemple, un réinvestissement du service public, en gestion directe ou déléguée. Quoi qu'en disent les idéologues libéraux, ce modèle n'est certainement pas épuisé, mais sans doute est-il à adapter de façon urgente à la nouvelle donne, tant du point de vue des financements, des organisations, des professions que des techniques.

Dans la même perspective, une autre politique de qualification des personnels reste possible, avec plus de confiance dans la qualité personnelle des femmes et des hommes, cliniciens autant que techniciens, que dans celle, toute formelle et réifiée, des dispositifs et des machineries, qui n'engendrent tôt ou tard que bureaucratie et décrochages individuels (*burn out*, souffrance au travail, etc.).

Enfin, un fort consensus semble exister autour d'une idée forte pour toute reconstruction. Il s'agit de reconnaître l'existence d'un triangle des légitimités liant les autorités publiques (procédant du suffrage universel et disposant d'une forte capacité d'administration), un pôle institutionnel et professionnel (né de la division politique et technique du travail social) et ce qu'on peut qualifier de « parole des bénéficiaires » (malgré une tension permanente entre citoyenneté et consommation). Beaucoup d'acteurs du champ social croient à la valeur analytique et même politique de ce triangle des légitimités.

M. C.

« Et ça va chercher dans les combien tout ça ? »
Culture de l'appel et appel à la culture

par Marie José Mondzain*

Il y a quelque temps Nicolas Sarkozy ayant visité l'exposition Picasso concluait sa visite par ces mots : « Et ça va chercher dans les combien tout ça ? »

Je pense que l'anecdote résume d'un trait et sans appel la situation dans laquelle la culture est non pas pensée mais placée par ceux qui nous gouvernent. Cette place est celle d'un poste financier dédié à la communication présidentielle et au divertissement, entièrement soumise aux exigences de performance et de rentabilité définies en termes comptables. La culture doit répondre à la question « combien » et, comme toutes nos activités matérielles et symboliques, est et doit être désormais un investissement commercial comme un autre, dont on attend les profits et dont on mesure la valeur en euros. Toute chose a son prix, entendez son coût et son bénéfice, sans que l'on préserve l'indétermination inhérente à la question de sa valeur. Ceux qui travaillent et ceux qui créent sont des producteurs de marchandises. Ceux à qui ils vendent ces biens sont des clients, des usagers, des consommateurs.

Voici l'extrait d'un dossier présenté aux élèves de HEC pour commentaire :

---

* Marie José Mondzain est philosophe, directrice de recherche au CNRS. Elle appartient au Groupe de Sociologie Politique et Morale et à l'Institut Marcel Mauss.

« André Malraux avait bien raison : le XXIe siècle sera spirituel ou ne sera pas. Les musées se rénovent ou sortent de terre, le livre se vend bien (de *Harry Potter* à Michel Houellebecq en passant par les bandes dessinées telles que *Le Chat du Rabbin* ou *Astérix*), le cinéma prospère, les salles de théâtre et, plus globalement, de spectacle sont pleines, Sotheby's et Christie's sont tombés dans l'escarcelle de PPR et de LVMH… Même le piratage musical sur le Net témoigne de l'appétit du monde pour la culture.

» La demande est là, les enjeux économiques sont considérables. L'offre est abondante. Dans ce contexte, le marketing s'impose partout. Mais ce marketing peut-il être celui des illustres prédécesseurs, lessiviers, électroniciens, spécialistes du tourisme ? Dans quelle mesure doit-il être adapté aux particularités de la culture ? »

La question que doit résoudre le pouvoir est la suivante : comment faire de la culture un marché ? Une première réponse a été donnée il y a quelques années : le ministère de la Culture ne fait qu'un avec celui de la Communication. La com', on sait ce que c'est, ça s'enseigne, ça produit et ça rapporte. L'association de la culture à la communication rend manifeste la stratégie commerciale de ceux qui ignorent ou font mine d'ignorer ce que la fécondité de la pensée et de la création doit à tout ce qui échappe à la communication et aux techniques de contrôle et de maîtrise du sens. Les technocrates de la com' peuvent ainsi plaquer leurs modèles de transmission, et de rentabilité, sur tout ce qui prend forme à partir des turbulences du désir, des aléas de la curiosité, des risques de l'invention.

Désormais la culture fait l'objet d'études de marché, d'évaluations financières, de comptes d'exploitation avec bilan positif ou négatif. C'est en clients que nous visitons une exposition, fréquentons une école, proposons une recherche, demandons une écoute. Penseurs, chercheurs, artistes, tous sont prestataires de services qui n'ont droit ni au déficit ni à l'erreur. La culture est un investissement, donc une affaire de gain, et sa plus-value de sens peut tout au plus devenir une affaire d'aumônes. La charité est un investissement qui a toujours permis de promettre que l'on distribuera au ciel ce que l'on ne peut offrir sur terre sans que les gestes charitables aient à renoncer à des bénéfices immédiats. Le commerce de la culture n'a rien d'équitable. Les gestionnaires de la culture, en bons ecclésiastiques, veulent nous convaincre que la communication consiste à faire communiquer, sans solution de continuité, l'équilibre des comptes et la surabondance de la grâce poétique. L'expulsion de ce qui excède, de ce qui n'a pas de prix, de ce qui est incommensurable est au programme des experts en communication culturelle. La politique culturelle est l'ensemble des dispositifs et des dispositions qui constituent l'image qu'une société se donne d'elle même ; c'est là que se manifeste l'image que le pouvoir dominant a de nous.

Or si la culture est une manière de traiter ceux à qui elle s'adresse, alors la politique culturelle ne peut se réduire à une stratégie commerciale. Elle n'est pas un secteur de la production parmi d'autres, mais elle est le régime sous lequel tous les citoyens sont traités en tant que personnes singulières capables de sentir, de juger et d'agir à leur tour. La culture concerne tous les domaines sans exception, parce qu'elle est le registre qui permet à toute production quelle qu'elle soit de mettre en œuvre la possibilité de tous les partages. La culture ne serait qu'un mot bien creux si elle ne reconnaissait pas, dans tout geste créateur, le déploiement de l'énergie du possible, et cela pour tous indistinctement. C'est cette énergie et elle seule qui permet de désigner le champ de l'art comme celui qui ne prend effet que sur l'universalité de cette énergie.

Il ne s'agit donc pas seulement de défendre les penseurs, les chercheurs ou les artistes, mais, en nous mobilisant, il s'agit de défendre dans tous les domaines de la création, du savoir et de sa transmission ce qui crée de la valeur pour tous indistinctement, ce qui produit de l'émancipation pour tous indistinctement, ce qui construit du politique pour tous indistinctement. L'universalité des enjeux de la culture ne saurait se confondre avec le vocabulaire de la performance, de l'excellence tel qu'on peut le lire dans les textes qui visent la mondialisation et veulent la souveraineté de la globalité néolibérale. Le « général » ne prend de service que dans l'armée, on ne saurait le confondre avec l'universel.

Mais ce qui nous mobilise et nous fait entrer en résistance ne doit plus aujourd'hui se contenter de la rhétorique de la plainte ou de la récrimination qui, l'une et l'autre, feraient croire à tort que c'est une perte de privilèges qui conduit notre révolte, à savoir celle d'une classe improductive qui tourne le dos à toute réalité économique et à tout progrès technique. Que notre revendication n'est qu'une réaction élitiste de ceux qui n'ont que mépris pour la masse, que le refus d'être évalué ne cherche qu'à échapper à tout jugement de valeur et à dissimuler notre paresse. Que c'est le mépris du contribuable et du peuple qui fait de la culture un bien sans prix. Que c'est l'envie de participer aux profits des plus riches qui nous rend acrimonieux… J'arrête là l'antienne des champions de la dérégulation, de la commercialisation des services, qui sont en vérité les vrais contempteurs du peuple.

Nous déclarons haut et fort, aujourd'hui, qu'il n'en est rien.

Tournant le dos à toute plainte et revendication purement corporatistes, les défenseurs de la culture veulent et doivent, non seulement rappeler des points fondamentaux, mais surtout désormais proposer des actions concrètes susceptibles de changer le rapport de force. Ce rapport peut changer, il est en train de changer. Ce combat prendra du temps, mais nous sommes prêts à prendre le temps qu'il faut pour convaincre et pour rassembler.

Penser la culture en terme de démocratie ne consiste pas à réduire les espaces et les temps où s'éprouvent le plaisir et la liberté à une offre spectaculaire de divertissements, ou à une distribution démagogique de valeurs sûres prônant l'accès de tous à une anthologie de « chefs-d'œuvre ». Penser la démocratie, c'est partir de réalités fondatrices, à savoir que la connaissance et la création ont valeur universelle, que c'est dans ce partage et nulle part ailleurs que se joue l'égalité de tous. Il faut partir de la reconnaissance du droit et de la capacité de chacun, sans distinction, à faire usage de sa sensibilité et de son intelligence. Penser la culture, c'est définir le citoyen, c'est le construire comme sujet de son désir et comme cause de son action. La culture est une éthique qui transforme les relations de voisinage et fait vivre l'altérité dans le plaisir comme dans les conflits.

Culture de l'Appel

Ainsi, le mot « culture » ne fait que désigner l'ensemble des gestes, des signes et des choses qui font l'objet d'un partage et dont le sens fonde le droit égal pour chacun d'être reconnu dans sa dignité, son intelligence, sa capacité de plaisir, de jugement et de liberté. La culture est incompatible avec la dictature et avec la tyrannie. Nous vivons sous la dictature de l'argent et sous la férule capricieuse d'un tyran qui veut faire souffler le vent de la peur pour imposer cette dictature de l'argent que les Grecs nommaient ploutocratie.

Si la culture intervient en première ligne de nos luttes, c'est parce que le propre de la culture, c'est de faire Appel. Faire appel, c'est faire trois choses : nommer, adresser un signal, rassembler. L'Appel des appels signifie bien que, à travers tous les appels que nous avons émis et tous ceux auxquels nous avons répondu, il faut entendre un seul même Appel, celui très précisément que la culture fait entendre dans tous les gestes sensibles. C'est elle qui fait appel aux citoyens, elle qui en appelle à leur courage et leur rappelle leur dignité ; c'est elle qui lance l'appel à la liberté. L'Appel des appels n'est pas une simple synthèse de tous les appels, il fait retentir ce qui fait appel dans tous les appels et ce à quoi nous faisons tous appel dans notre présent soulèvement. La culture est, par définition, un appel au rassemblement dans son universalité même. L'Appel fait appel au désir habitant tout sujet qui ajuste, par ses gestes quels qu'ils soient, l'énergie singulière qui l'habite à la régulation des voisinages qui font la communauté.

Une première tâche : la pensée critique contre l'évaluation et le développement des « contre-conduites »

Puissance du désir et régimes de voisinage produisent des réalités qui sont les figures sensibles de la connaissance, de la science, de l'art, de la technique. Toutes ces figures témoignent de la fécondité opératoire de nos activités imaginaires, qu'elles soient rationnelles ou poétiques, matérielles ou intellectuelles. La valeur de ces activités leur vient de leur puissance, celle de produire non seulement un monde réel mais des mondes possibles, toujours ouverts et riches d'indéterminations. Elle vient aussi de ce que le mouvement qui produit du possible produit en même temps des sujets qui résistent à l'oppression et qui partagent du possible. Parce que cette valeur n'a pas de prix, ou plutôt parce que nous la pensons inestimable, nous sommes accusés de refuser toute évaluation. Rien n'est plus faux. D'une part, la culture a besoin de moyens, et ces moyens sont réels, matériels et calculables. D'autre part, les œuvres et les gestes de la culture méritent une évaluation. Ils sont, par définition et par excellence, les sites de la critique et du jugement. La culture réclame son évaluation à condition qu'elle soit mesurée à l'aune de la liberté et de la communauté qu'elle produit. Si nous refusons l'évaluation qui nous est imposée, il nous incombe donc de toute urgence de penser cette évaluation de la valeur dans tous les domaines qui touchent aux productions de l'esprit et aux œuvres de la sensibilité. C'est une de nos tâches immédiates, faute de quoi nous resterons sans réponse et sans argument face à ceux qui nous mesurent et nous pèsent. La culture, c'est l'ensemble des opérations qui désignent le citoyen comme sujet désirant et parlant, sujet disposant pleinement de sa puissance de penser le monde et d'agir sur lui. C'est pourquoi, la culture et l'éducation sont inséparables, car l'une et l'autre reposent sur un fondement commun : la reconnaissance chez tout citoyen de la capacité de juger, d'apprendre à se servir de sa parole, de sa pensée critique, d'exercer ensemble cette fonction dans le partage des mots et des signes, dans le partage des lieux et le partage du temps. L'évaluation est un travail d'éducation de la parole, du regard et de la sensibilité qui concerne tous ceux qui ont droit au savoir, au plaisir et à la parole. Tous ceux et celles qui œuvrent dans la création, la critique et la pensée, doivent impérativement transmettre et partager cette réflexion sur la valeur, dans quelque lieu qu'ils se trouvent. Apprendre à juger, à parler ensemble est un travail de terrain qui n'a rien à voir avec l'évaluation quantifiée d'un audimat ou d'un profit. Ce travail de formation, de construction des exigences, où se fait reconnaître la valeur, repose sur une pensée de la gratuité, de la dépense et de la perte, sur l'évaluation des risques et de la fécondité des erreurs, sur la générosité singulière qui offre du temps, de la lenteur et de la patience. Voilà ce que ne sauraient admettre les avides d'argent et de pouvoir, toujours impatients de voir s'accumuler leurs bénéfices.

Une deuxième tâche : la dimension européenne

La culture n'est plus qu'un mot malmené et « malmenable » dans un monde qui prétend que le capitalisme n'est lui-même que le déploiement d'une loi de la nature au même titre que la loi de la chute des corps. J'ai récemment photographié un panneau en forêt sur lequel est écrit : « Propriété privée : respectez la nature. » Alors, s'il en est ainsi, la culture doit se battre contre cette nature-là ! Et s'il est une nature à respecter, ce n'est certainement pas celle de la propriété privée. La culture appartient à tous et nul jamais n'en sera propriétaire. Elle est par définition un régime de dépossession, celui dans lequel nous éprouvons notre déprise. La culture est ce que nous partageons avec tous parce qu'elle nous fait expérimenter l'absence de toute appropriation. La culture, c'est ce qui nous fait partager une condition de risque sans cumul, et non des biens accumulables et patrimonialisés.

On nous fait croire tantôt que le capitalisme souffre d'une maladie grave mais passagère sur laquelle se penchent les experts médicaux qui lui feront retrouver bientôt sa santé, tantôt que la crise qu'il traverse est une catastrophe naturelle quasi météorologique contre laquelle nous ne pouvons rien, sauf prier Dieu. C'est pourquoi les serviteurs des dieux connaissent aujourd'hui le plein-emploi. Pas de chômage dans les églises et dans les temples pour faire revenir la pluie en temps de sécheresse de la terre et du cœur. La crise du capitalisme n'est justement pas un cyclone venu du ciel, c'est une crise de la culture elle-même, c'est-à-dire qui concerne de plein fouet la définition du citoyen en tant que sujet parlant, libre et désirant dans le système qui ruine sa propre définition. Il n'est pas question de pleurer ni de prier, il faut agir. Le capitalisme est en vérité le plus acharné des ennemis de la nature, et c'est la planète entière qui fait entendre un cri d'agonie. C'est à présent la planète entière qui demande à la culture de reconstituer les forces qui sont les conditions élémentaires de la vie elle-même. Les combats écologiques devraient être des combats culturels pour être vraiment des combats politiques.

Comment cet état artificiel et désastreux a-t-il pu lentement se mettre en place depuis les années 1980 ?

C'est là qu'il nous faut replacer la lutte que nous menons dans un cadre international, surtout si nous voulons comprendre ce que peuvent encore accomplir et changer des actions nationales.

Ce cadre international existe pleinement, c'est celui de l'Organisation mondiale du commerce (OMC), qui a formulé, pour les imposer au monde entier, l'Accord général sur le commerce des services (AGCS). Dans la classification des services établie par l'OMC, la culture a été placée « parmi les services récréatifs, culturels et sportifs » comprenant un sous-secteur : les services audiovisuels, classés services commerciaux de la communication. Tous tombent dans l'escarcelle de la concurrence et du profit. En 1994, l'AGCS est signé à Marrakech après avoir été d'abord défendu par Jack Lang à la Sorbonne. Il s'agit ni plus ni moins pour le gouvernement socialiste de l'époque que de signer un accord qui place la culture, l'éducation, la santé et l'environnement dans le secteur marchand soumis à la concurrence non faussée et à toutes mesures d'évaluation et d'organisation financière. C'est ainsi que se dessine et s'annonce la fin du service public pour tous ces biens communs. Cet accord rencontre des résistances, il obtient un moratoire d'application pour dix ans, c'est-à-dire jusqu'en 2004. Surgit dans ce cadre la notion d'« exception culturelle », qui est en principe toujours valide. En 2005, le traité établissant une Constitution pour l'Europe essaie de faire passer en force l'AGCS, c'est-à-dire les décrets qui décident du basculement de la totalité des services publics dans le monde du commerce et de la privatisation. Confirmation du dispositif à Lisbonne : au premier chef, la culture, encore une fois définie comme divertissement et communication dans le domaine marchand des biens soumis à la concurrence et donc livrés à la privatisation sans contrainte. L'éducation, la recherche, la santé sont prises dans l'étau de la concurrence non faussée et de l'évaluation comptable. L'accord ne se fait toujours pas et il n'y a aucune contrainte jusqu'à ce jour quant à son application malgré les accords de Bologne. Nous ne sommes pas obligés de nous laisser conduire par ces textes.

Qu'en est-il aujourd'hui ? Il se trouve qu'au niveau de l'OMC les accords de l'AGCS ne font toujours pas l'objet d'un accord ni d'une application obligatoire. Or ce sont ces dispositions qui ont trouvé dans l'Europe des pays riches des soutiens enthousiastes. En d'autres temps, on appelait cela la collaboration, et nous voyons chaque jour se gonfler l'armée cynique des collabos qui quittent leur camp d'origine pour servir les néo-maîtres. Dans tous les pays du grand « huit », les pouvoirs s'agitent intensément pour faire de ces accords sur la commercialisation de tous les services des vérités de fait, des nécessités inéluctables, une fois de plus : des vérités naturelles. Leurs serviteurs siègent dans mille commissions, font du lobbying dans tous les couloirs de Bruxelles. Ils composent une ruche fébrile où ne s'associent et ne se traitent que les intérêts financiers entre les détenteurs du pouvoir. Dans cette école supérieure du commerce, Nicolas Sarkozy est un très bon élève, il aspire même à obtenir le prix d'excellence sur les bancs de l'Europe libérale. On fait tout pour oublier le NON de 2005 à la Constitution européenne, en faisant semblant de croire que ce NON n'était le fait que des nationalistes, de souverainistes antieuropéens. Nous savons que cela est faux. Nos gouvernants anticipent sur un triomphe qu'ils n'ont nullement remporté. Nous pouvons agir : les élections européennes sont une occasion décisive de faire entendre une autre voix à Bruxelles. C'est là un premier point par lequel je souhaite montrer qu'il nous faut donner à notre lutte et à nos actions une dimension européenne, un écho européen.

Il nous faut trouver les moyens d'entrer en contact et en alliance avec les Grecs, les Italiens, les Espagnols qui résistent, avec les citoyens des pays du Sud, de l'Afrique, de l'Amérique latine, qui réclament plus de justice dans la distribution des richesses, plus d'intelligence dans l'exploitation des ressources de la planète, plus de liberté dans le travail et dans la pensée. Le champ de la culture est non seulement celui qui franchit les cloisons corporatistes, mais il est aussi celui qui va au-delà des frontières et met à l'œuvre la dimension universelle des combats. Une véritable révolution aujourd'hui ne peut se penser qu'en touchant tous les pays, car ce sont les citoyens de tous les pays qui sont atteints par l'anéantissement du fait de citoyenneté à travers la culture et l'éducation. Cet anéantissement est infiniment plus désastreux que la diminution du pouvoir d'achat : il fait des pauvres, des sans-logis, des sans-travail, des jeunes et des vieux, des artistes et de tous ceux à qui ces artistes s'adressent, une masse indistincte et méprisée dont le prix se calcule en dollars et en euros. Il faut obliger l'Europe à faire sortir de l'AGCS la culture, l'éducation, la recherche, la santé, l'environnement et la justice afin que les gouvernements jouissent de leur pleine autonomie dans ces matières, sans encourir de sanction de la part de l'Organe de règlement des différends (ORD) au sein de l'OMC. Défendons les productions audiovisuelles, les industries du cinéma, tous les arts du spectacle, une télévision de qualité, des industries de communication fiables à l'échelle de l'Europe, le service public dans l'éducation, la recherche, la santé et la justice. Il faut que le Parlement européen soit une vraie représentation de la voix populaire de tous ceux qui étaient dans la rue durant les mois d'hiver 2008 et de printemps 2009.

Une troisième tâche : le voisinage citoyen

Michel Foucault, il y a déjà trente ans, désignait du terme de « contre-conduites » l'ensemble des gestes par lesquels chacun résiste au pouvoir, refuse de laisser conduire et se conduit à son tour envers lui-même et envers les autres. Il nous incombe d'opposer aux politiques culturelles, fondées sur la concurrence et le profit, des gestes quotidiens de subjectivation et de construction de l'espace politique. Chacun des ces gestes manifeste en lui-même la figure de la culture. Chacun, là où il est, est en charge de cette politique du voisinage où se règlent à chaque instant l'écart et la proximité, le lien et la déliaison, la concorde et la lutte.

Il faut ajouter à présent, à la dimension nécessairement européenne de cet appel, une dimension tout inverse et pourtant à mes yeux complémentaire. Il s'agit des propositions d'actions immédiates sur le terrain de l'espace public, de l'espace professionnel de chacun de nous, de tous les espaces partagés dans le travail, dans l'enseignement, dans le spectacle, dans les espaces de création, de transmission, mais aussi dans l'espace familial, amical, ces espaces qui sont ceux de la rue, de l'atelier, de l'école, des institutions, et tous les rassemblements ou rencontres entre ceux qui cohabitent dans ce pays. Cette multiplicité d'espaces, je l'appellerai la scène sociale de tous les voisinages, quels qu'ils soient. Nous avons manifesté dans la rue. Cela s'appelle une « manif », soit, mais il nous faut à présent manifester chaque jour dans tous nos gestes quotidiens d'attention, de prise de parole, nos gestes de soins, gestes d'écoute, d'enseignement, gestes de respect, de résistances au mépris, en un mot il faut modifier notre façon de vivre dans tous les lieux de la vie quotidienne et dans les moments les plus ténus, insignifiants, jusqu'aux actes plus voyants, plus risqués s'il le faut. Il est nécessaire d'intervenir partout où nous le pouvons. À côté de ceux qui déjà désobéissent et en subissent les conséquences, il nous faut envisager non seulement de les soutenir. Que chacun de nous à sa place se décide à se mettre en danger, à prendre des risques, à mesurer sa puissance individuelle de résistance, de rébellion à l'ordre menaçant et injuste qui nous est imposé. Cette façon citoyenne et lutteuse de vivre au quotidien son désaccord avec l'injustice et la barbarie, cette nouvelle façon d'être le voisin de tout autre quel qu'il soit, cette façon de s'assister les uns les autres en toutes circonstances et dans tous les combats, c'est cela très exactement la vraie définition de la culture. C'est ce en quoi toute culture est politique ; c'est ce en quoi toute culture est condition de la vie politique ; c'est ce en quoi défendre la culture contre la barbarie est manifester à chaque instant la place que l'on donne à l'autre. Cette culture n'est autre que la puissance sismique de tous les gestes qui construisent une humanité susceptible d'écrire sa propre histoire et refusant qu'elle soit écrite par une main anonyme et meurtrière.

Une quatrième tâche : rendre visible

En ce sens, les agents de la culture ne se réduisent pas à des producteurs et des distributeurs de biens culturels, ce sont aussi tous les spectateurs, tous les lecteurs, tous les auditeurs, tous les acteurs sensibles qui accueillent les œuvres du savoir et celles du désir, et qui rendent au centuple à ceux qui les leur offrent le don de leur joie, de leur dignité reconquise, de leur liberté pensante et agissante. Nous demandons à tous ceux et à toutes celles qui produisent des signes, des mots, des images, des œuvres, d'occuper l'espace public, de s'organiser pour rendre sensibles et visibles à la fois la force des formes, la force des mots et des idées. Les gestes créatifs dans tous les domaines doivent investir l'espace public. L'espace public est à construire en tant qu'espace d'émancipation, espace de rencontres et de luttes, espace de débats et de conflits, qui sont autant de définitions de l'espace politique. Nous cherchons de nouvelles formes de lutte, nous avons besoin des créateurs et des poètes pour lutter. Il ne s'agit nullement d'esthétiser la politique comme les dictatures l'ont toujours fait, mais de faire vivre les images du possible dans les formes proposées à tous et de le faire avec tous. Ne plus adresser de programmes et d'objets à la consommation des masses, mais faire appel à la puissance de jugement et d'action de chacun pour que vive ce que la révolution a voulu désigner sous le nom de peuple. Le mépris de l'autre commence dans les formes quotidiennes où l'on inscrit sa vie, où l'on accepte ou non que son destin soit prescrit. L'art est la raison d'être de la culture et la culture est la chance d'exister de l'art. Seule leur articulation intime produit la vie politique de tous et font exister ce qui s'appelle le peuple.

Ce n'est pas d'un capitalisme bien portant qu'a besoin la culture, c'est de la conscience et de la dignité retrouvée du citoyen qui se dresse sur les ruines du capitalisme. Le mot qui retentit dans toutes les luttes, le mot qui silencieusement ou non habite tout geste de culture, n'est pas le seul NON de la résistance et du refus, c'est aussi l'acquiescement joyeux à une autre vie possible.

M. J. M.

Le journalisme est une idée neuve

par Philippe Petit*

Le journalisme est une idée neuve aujourd'hui en France. Jean Lacouture, dans son dernier livre, évoque « les impatients de l'histoire », les grands journalistes, de Théophraste Renaudot à Jean Daniel[1]. Il n'est de journalistes pour l'historien que de grands journalistes. Jean-François Kahn ne figure pas dans son panthéon. Les journalistes sont comme les grandes familles, ils ne se mélangent pas entre eux. Que penser alors de la cohorte des journalistes précaires, des internautes, des indépendants ? Ils n'ont pas droit de cité. Le journalisme, pour une majorité de citoyens, ce sont d'abord des noms, des grands noms, des signatures. Pourtant, le journalisme, c'est également une philosophie de l'actualité. Elle représente, pour nombre de nos contemporains, un certain courant philosophique post-péguyste et post-nietzschéen qui entend s'élever à une véritable « ontologie du présent », capable de saisir l'événement et si possible le provoquer. Le journal se veut la figure du présent. Le journalisme transcendantal de Maurice Clavel en est une des expressions. Mais ce courant n'est pas le seul, il fut très vite relayé par le journalisme d'investigation, le journalisme de la vérité en acte, plus proche de Hannah Arendt que de l'Antéchrist. La volonté de réinscrire le journalisme au sein d'une philosophie de l'actualité participe alors d'un désir commun, d'un désir partagé par de nombreux journalistes : celui de lutter contre la banalisation de l'extrême, appelée terreur, totalitarisme, dictature, abus de

---

* Philippe Petit est journaliste et philosophe.

1. Jean Lacouture, *Les Impatients de l'histoire*, Grasset, 2009.

pouvoir. « Le journalisme prétend remplir la tâche que la philosophie moderne s'était assignée : comprendre le monde et les hommes, accompagner le mouvement de l'histoire. Il y a ainsi un projet universaliste du journalisme », remarque le philosophe André Hirt[1].

Qu'est-ce que l'actualité ? Qu'est-ce que l'information ? Ces questions sont récurrentes. Mais elles ne peuvent se résoudre sans un certain nombre de préalables. Il ne peut exister en effet de stade suprême de l'information, comme il ne peut exister de stade suprême du capitalisme. L'information peut bien se présenter comme le bouclier qui sauve, elle ne peut prétendre à la synthèse supérieure des forces contradictoires qui résultent de l'action des hommes dans le monde. L'information intégrale, à l'instar de la réalité intégrale, est un mythe. Dans son dernier livre consacré à la mondialisation, l'économiste Pierre-Noël Giraud soulève ce point. « L'information nécessaire pour évaluer la qualité des titres financiers est à la fois irréductiblement incomplète et asymétrique. Elle est incomplète, car, répétons-le, tandis que le prix d'un bien reflète son passé, le prix d'un titre n'exprime que la vision médiane que les investisseurs se font de l'avenir, un avenir dont nul ne peut être certain. De plus, cette information est très asymétrique. Dans la vaste démocratie qu'est la finance de marché, votent ensemble, en achetant et en vendant des titres sur les mêmes marchés, d'un côté de petits épargnants qui n'ont ni le temps ni les outils pour analyser la valeur des actifs, c'est-à-dire leur risque, et de l'autre des spécialistes très bien formés et de ce fait supérieurement informés. En bref, c'est une démocratie de renards libres dans un poulailler libre[2]. » Cette remarque vaut selon nous pour d'autres secteurs que celui de la finance.

L'information est toujours en excès par rapport à ce qu'on peut en dire. Les petits faits vrais, chers à Edwy Pleynel, ne sont justifiables de leur mise en intrigue que sous la condition de les rapporter à un point de vue d'ensemble tenant compte de l'incomplétude de l'information et de sa relation à l'événement, à sa construction « philosophique », autant qu'à sa narration, sous la forme d'un reportage, ou de « choses vues ».

1. André Hirt, *L'Universel Reportage et sa magie noire*, Kimé, 2002.

2. Pierre-Noël Giraud, *La Mondialisation. Émergences et fragmentations*, Éditions Sciences Humaines, 2008.

Face au déluge d'informations qui se propagent, le point de vue sceptique n'est donc pas totalement absurde. Il était défendu hier par Jean Baudrillard pour qui l'information était tendanciellement absorbée par le médium. « Il y a longtemps que les médias et l'information ont franchi le mur du ni vrai ni faux, puisque tout y repose sur la crédibilité instantanée – la médiatisation elle-même effaçant l'indice de référence et de vérité », disait-il. Et d'ajouter : « Nous sommes en position, volontaire ou non, d'agnostiques, où il n'est plus question de croire ou de ne pas croire, puisque tout est dans le faire croire et s'épuise dans cet effet de crédibilité[1]. » Cette impression est aujourd'hui renforcée par la vogue du *« storytelling »*, la psychologisation de la vie publique, la furie participative, la communication politique, où l'information devient plus vraie que le vrai ; mais cela ne l'empêche pas de flotter dans l'incertitude et l'incertain, à cause de son excès de positivité et de son ambiguïté quant aux valeurs qu'elle est censée promouvoir. Ce scepticisme trouve également sa justification dans la manière même dont on peut investir le terme d'information, en faire usage, telle une donnée immédiate, dont il est de mauvais aloi de questionner l'origine et la destination. N'était-ce la manière dont le journaliste source son information, en recoupant les faits de son enquête, le terme même d'information est rarement mis en balance. En français, le mot – comme la plupart de ceux qui se terminent en « -tion » – désigne plus souvent le résultat du processus que le processus lui-même, si bien que l'on peut dire que l'information (le résultat) est le produit de l'information (le processus). On n'a que trop tendance à ne voir dans les formes que des moyens neutres et transparents qui n'ont pour fonction que d'abriter leur contenu. Une bouteille de vin d'Alsace n'a pourtant pas la forme d'une bouteille de bordeaux. De même, le medium (« moyen d'information ») délivre un contenu par sa seule présence, il possède une puissance propre. Ne dit-on pas communément qu'on regarde la télévision ? Qu'on lit le journal ? Qu'on consulte son écran ? C'est d'ailleurs essentiellement à partir de la question de la résistance du canal à la transmission des messages qu'est née en 1947 la cybernétique, cette mathématique de l'information qui a pour particularité de dépouiller cette dernière de tout contenu empirique. Elle débouchera

1. Jean Baudrillard, *Le Paroxyste indifférent, entretiens avec Philippe Petit*, Grasset, 1997.

sur l'informatique, capable de traduire en termes de 1 et de 0, l'information la plus complexe. Un autre moyen de traiter mathématiquement l'information consiste à la considérer sous l'angle des probabilités. Or, en probabilités, plus il y a de certitude au départ, et moins il y a d'informations à l'arrivée. Un train qui part et arrive à l'heure ne fait pas une information, un train qui déraille en suscite une. La mathématisation de l'information a donc eu pour condition la suppression du contenu propre. Les médias de masse ont abouti dans certains cas à cette même absence de contenu. L'information n'étant pas une connaissance, elle est le plus souvent une syntaxe sans sémantique. Selon Robert E. Park, elle est une connaissance pragmatique, intuitive et peu systématique ; elle est orientée vers l'action, et est en cela « politique[1] ». À proprement parler, les médias ne délivrent pas d'informations, ils les inventent ; ce qui ne signifie pas forcément que l'opposition entre le véridique et le mensonger, l'important et l'insignifiant disparaisse, mais elle a tendance à se dissoudre dans un continuum, un flux d'informations, dont il convient de retrouver le sens. Celui-ci en effet est suspendu pour des raisons techniques (informatique), voire des raisons idéologiques (le contrôle exercé par le cercle de la raison médiatique), et il est pour le moins flottant.

C'est pourquoi il est important de réfléchir sur le journalisme dans le cadre de l'Appel des appels. Le journalisme est aujourd'hui à la croisée des chemins. Et pas seulement parce qu'il se trouve confronté à la nécessité de repenser le lien qu'il entretient avec les lecteurs de journaux. Pas seulement parce qu'il est menacé par une nouvelle presse numérique. Une partie de la presse et des médias ont saisi l'opportunité de l'Appel au moment où les États généraux de la presse furent convoqués. Les difficultés économiques de la presse et la perte de crédibilité des journalistes sont les causes principales de la fin annoncée des journaux par certains journalistes patentés. C'est le cas de Bernard Poulet dans son livre *La Fin des journaux et l'avenir de l'information*[2]. L'auteur craint par-dessus tout que le journaliste ne « devienne un simple technicien de l'information, un peu comme dans les chaînes d'info où personne

1. Robert E. Park, *Le Journaliste et le sociologue*, textes présentés et commentés par Géraldine Muhlmann et Edwy Pleynel, Le Seuil, 2008.

2. Gallimard, 2008.

n'est plus spécialisé en rien et où les journalistes produisent à la chaîne des sujets formatés ». Une telle option va souvent de pair avec une volonté réaffirmée de redonner sens et valeur au métier de journaliste. L'information de qualité devenant alors l'apanage de journaux de qualité, où des journalistes professionnels tentent de redorer le blason de l'information et celui du métier de journaliste. Ainsi va de Mediapart, symbole d'une nouvelle presse numérique, ainsi va de son Manifeste, écrit avec ardeur et conviction, dans le sillage d'Albert Camus, par Edwy Pleynel : « Dans l'entreprise qui nous anime, écrit-il, cette reconquête d'une liberté hier entravée, nous pensons souvent au *Combat* d'Albert Camus, ce quotidien issu de la Résistance et né à la Libération quand brillait l'espoir de refonder la République par un surcroît de démocratie, de solidarité et d'humanité. Loin d'être datés, les mots qu'il employait alors nous semblent toujours pertinents et utiles pour inspirer la refondation du journalisme à l'ère numérique[1]. »

Fort de ces remarques, et de ces souhaits, une question demeure toutefois en jachère. Pourquoi dans un pays démocratique comme le nôtre, la presse n'est-elle plus démocratique ? La disparition des industriels de presse est une première réponse. Lagardère n'est pas Hersant. La plupart des milliardaires propriétaires de journaux achètent un journal comme ils le feraient d'une danseuse. Ce sont des personnalités souvent proches du pouvoir. François Pinault possède *Le Point*, Bernard Arnault, *Les Échos*. Et de nombreux journalistes ne dédaignent pas la vénale fréquentation des élites dirigeantes. Ils se sont fondus dans leur monde. Ils sont les concubins de la tribu. Sauf à reconstruire un mur de Berlin entre eux et nous, les journalistes indépendants, il ne peut y avoir de sortie par le haut pour le métier de journaliste. Mais il y a peut-être plus grave encore. L'isolement du journalisme d'idées, au profit d'un journalisme de l'information brute, formatée, sans commune mesure avec le nécessaire besoin de refondation idéologique, tend à séparer « l'éternel reportage » et le commentaire, plutôt qu'à essayer de les faire se rejoindre. L'information a fait baisser le cours de l'expérience, en même temps qu'elle a autonomisé le travail des intellectuels, pour ne plus admettre que la vérité du terrain et celle de l'annonce politique. Le Journal tente ainsi d'imposer sa « crédulité »,

1. *Combat pour une presse libre, Le Manifeste de Mediapart*, Galaade, 2009.

pour reprendre le mot de Mallarmé. Il prétend porter le sens du monde à la vérité. Il ne remet jamais en cause ses propres croyances et porte au crédit de la vérité tout ce qu'il proclame. Il ne fait pas droit au langage.

Karl Kraus à juste titre voulait « déjournaliser » la langue du Journal. Les lecteurs sont plus sensibles qu'on ne le pense à cette opération. S'il existe bien des techniques propres au métier de journaliste, il ne doit pas y avoir de style journalistique à proprement parler. C'est le sujet qui impose son style au journaliste et non l'inverse. Rendre compte d'un procès, d'une séance à la Chambre, couvrir une guerre, balayer un champ de la pensée, revient toujours à mettre en œuvre le « comment » d'une situation, d'un état de choses, d'un problème. Or, « de la mélancolie baroque et du spleen, on est passé à l'hébétude devant le Journal » souligne André Hirt. Cette remarque vaut pour les lecteurs autant que pour les journalistes. Afin de ne pas sombrer dans une telle torpeur, il nous faut plus que jamais retrouver un lien logique entre les faits. Il faut se démarquer totalement du pouvoir politique et du pouvoir médiatique compromis par sa proximité avec le premier. En un mot : savoir imposer ses sujets et ne pas se laisser piéger par le court-termisme et la pure réactivité.

Qu'il nous soit autorisé, pour conclure, de citer ce passage de Gilles Deleuze. Il nous semble d'une vive actualité. Car il ne suffit pas de toucher de l'argent de l'État pour sauver le Journal, il faut vouloir aussi en changer la forme. Et ce changement, dans les difficultés inhérentes aux rédactions, faussement démocratiques, il ne peut venir que des journalistes eux-mêmes. Voilà donc ce que disait Deleuze dans *Pourparlers* en 1990 :

« Je ne crois pas que les médias aient beaucoup de ressources ou de vocation pour saisir un événement. D'abord, ils montrent souvent le début ou la fin, tandis qu'un événement même bref, même instantané, se continue. Ensuite ils veulent du spectaculaire, tandis que l'événement est inséparable des temps morts. Ce n'est même pas qu'il y ait de temps morts avant et après l'événement, le temps mort est dans l'événement, par exemple l'instant de l'accident le plus brutal se confond avec l'immensité du temps vide où on le voit arriver, spectateur de ce qui n'est pas encore, dans un très long suspens. L'événement le plus ordinaire fait de nous un voyant, tandis que les médias nous transforment en simples regardants passifs, ou pire en voyeurs. Groethuysen disait que tout événement était pour ainsi dire dans le temps où il ne se passait rien. On ignore la folle attente qu'il y a dans l'événement le plus inattendu. C'est l'art, pas les médias, qui peut saisir l'événement. »

Il est possible aujourd'hui de corriger cet idéalisme artistique sur un point : les médias ne sont pas le journalisme. La crise du journalisme est une crise de l'information qui doit être comprise comme le symptôme de sa crédibilité supposée, voire de sa « crédulité ». Elle met à mal la culture de nos métiers eu égard au pouvoir politique, et par rapport à « la folle attente » des jeunes générations qu'elle peine à satisfaire. Le journalisme survivra sous condition de recouvrer la parole de son langage, et pas seulement son engagement proclamé en tant que quatrième pouvoir. Il ne doit pas se contenter de recueillir un « résultat » qui est « mort » ou « cadavre » comme dirait Hegel. L'expérience de la pensée doit co-appartenir à l'événement et non s'en dissocier. Le Journal doit comprendre l'événement avec l'expérience, le sujet avec la subjectivité, la vision avec la voyance.

La presse doit rechercher non pas l'adhésion ou la croyance, mais la compréhension.

Alors, peut-être, le journalisme redeviendra une idée neuve, et le sarkozysme, un vieux journal…

P. P.

Hégémonie culturelle et bêtise systémique

par Bernard Stiegler*

Avec la crise de 2008, le consumérisme qui organisait depuis une centaine d'années l'économie industrielle a rencontré ses limites et révélé sa toxicité intrinsèque.

Le consumérisme est habité par une tendance fondamentalement court-termiste qui impose l'obsolescence et la jetabilité de toutes choses, et qui fait système avec la spéculation qui détruit tout investissement : les entreprises achetées par les LBO sont jetables tout comme les marchandises qu'elles produisent – et qui empoisonnent le monde. Gaspillage et désinvestissement sont ainsi engendrés par la combinaison du consumérisme et de la spéculation, qui forment ainsi le système d'un capitalisme structurellement pulsionnel.

Cette régression généralisée est en cela systémique, et elle est orchestrée par le populisme industriel que les industries dites culturelles répandent comme la peste en exerçant leur hégémonie sur les psychotechnologies audiovisuelles et informationnelles. Elles se constituent ainsi en psychopouvoir produisant du temps du cerveau disponible à la pulsion, mais indisponible au désir, c'est-à-dire à l'investissement : l'investissement est une transformation de la pulsion, intrinsèquement antisociale, en acte social, c'est-à-dire en structure sociale (ce que Gilbert Simondon décrit comme une individuation collective).

La régression pulsionnelle est cependant autodestructrice : elle liquide irrésistiblement toute autonomie, c'est-à-dire toute pensée,

---

* Bernard Stiegler est philosophe. Il dirige l'Institut de recherche et d'innovation (IRI) au Centre Pompidou (Paris).

et dans toutes les strates de la société qui est devenue essentiellement addictogène, comme l'a souligné Jean-Pierre Couteron au cours du récent congrès de l'Anitea[1]. Cette addictogenèse, inscrite au cœur de l'économie consumériste, et devenue massive (Dior Addict est le nom d'un parfum Dior, d'une marque de jus de fruits, Andros Fruit Addict, d'une marque de chaussures, d'une marque de vélos, Scott Addict, d'une marque de cosmétiques, D-Addict, d'une chaîne britannique de prêt-à-porter, de nombreux magasins de mode, d'un magazine de mode, d'une galerie d'art parisienne, de très nombreux sites en ligne – et l'on parle de WoW addicts pour désigner les adeptes du jeu World of Warcraft –, etc.), est antisociale par essence.

La toxicité massive qui résulte de cet état de fait installe cependant un nouveau malaise dans ce qui n'est plus la civilisation, mais la consommation. De nos jours, de plus en plus souvent, les téléspectateurs déplorent la médiocrité de leur canal de télévision habituel. En 2004, 56 % des téléspectateurs français déclaraient ainsi ne pas aimer la télévision qu'ils regardent. Or, il en va de même des acheteurs désormais conscients et souffrants du caractère addictogène de leur comportement consumériste, et de sa profonde toxicité pour eux-mêmes comme pour leur environnement. Le journal *Le Monde* parlait récemment de désamour des consommateurs pour la grande distribution, mais c'est le modèle industriel consumériste dans son ensemble qui est concerné, et c'est dans ce contexte que s'est effondré General Motors, la première société de métallurgie du monde.

C'est également dans ce contexte addictogène que le monde financier est passé de l'investissement, c'est-à-dire de l'engagement économique à long terme, à une spéculation qui ne pouvait que le conduire à l'autocrétinisation : les plus gros pigeons escroqués par Bernard Madoff faisaient partie du « ghota de la finance[2] ». Ainsi s'est révélée au grand jour la profonde misère intellectuelle dans laquelle ont sombré ceux qui monopolisent la direction des affaires du monde, s'imposant à eux-mêmes comme au monde entier une

1. Anitea : Association nationale des intervenants en toxicomanie et addictologie.
2. Selon l'expression employée par *Le Monde* au lendemain de la révélation de cette affaire.

véritable bêtise hégémonique : ceux-ci se sont intellectuellement prolétarisés, s'il est vrai que la prolétarisation consiste essentiellement en une perte de savoir.

*

* *

Ce qu'Antonio Gramsci avait théorisé comme pouvoir de l'hégémonie culturelle s'est concrétisé et étendu tout au long du XXe siècle comme une économie libidinale capitaliste reposant sur les industries culturelles, et conduisant à la destruction de cette économie libidinale et de son énergie, le désir étant décomposé en pulsion.

Si la pulsion est intrinsèquement court-termiste, l'économie libidinale est ce qui la met en réserve au service d'un investissement qui infinitise son objet. L'économie libidinale consumériste est ce qui conduit au contraire à la dé-composition pulsionnelle du désir, à la déliaison des pulsions – à l'ouverture de la jarre de Pandora – et à ce qu'en 1953, Herbert Marcuse voit venir comme le processus d'une désublimation et la mise en place d'un « surmoi automatique », c'est-à-dire désymbolisé. La désublimation engendre nécessairement la bêtise systémique qui affecte tout autant les consommateurs que les spéculateurs.

Telle est la réalité de « l'hégémonie culturelle » dont Gramsci vit très tôt qu'elle serait la question du XXe siècle. D'abord constituée en une économie libidinale capitaliste triomphante, puissante, dont Hollywood fut l'organe central, donnant certaines des plus belles œuvres du XXe siècle, en particulier dans le cinéma (John Ford en est un produit), cette hégémonie a muté dans son programme au cours des années 1970 avec la révolution conservatrice se donnant pour programme la liquidation de la figure de l'État comme appareil de sublimation devenu superfétatoire, ainsi que tous ses organes, telle l'Éducation nationale – devenue tout comme l'État un « problème », et non plus une « solution ». Avec l'idée même de puissance publique, c'est la sphère politique en tant que telle qui s'est désintégrée.

L'hégémonie culturelle néolibérale pulsionnelle (et en cela « décomplexée ») ne repose plus sur Hollywood comme capitale du cinéma, celui-ci étant la première industrie culturelle, mais sur les industries de programmes, c'est-à-dire sur les réseaux électroniques qui se substituent à la puissance publique parce qu'ils sont devenus le nouvel espace public et forment une télécratie. Parce qu'elles sont directement et totalement soumises à l'impératif consumériste, les industries de programmes deviennent rapidement et structurellement pulsionnelles, mettent en œuvre un processus d'identification régressive, et détruisent l'économie libidinale en liquidant systémiquement toutes formes de sublimation.

C'est le système d'une prolétarisation généralisée qui s'impose ainsi comme la loi d'une économie désinvestissant l'avenir en spéculant sur tout et pour obtenir satisfaction tout de suite aussi bien du côté de la consommation que du côté de la finance. Ce processus repose dans son ensemble sur une extériorisation des savoirs dans les dispositifs techniques par où – tout comme l'ouvrier perd son savoir-faire, passé dans la machine, et devient un prolétaire doté d'une pure force de travail – le citoyen perd son savoir-vivre et devient consommateur doté d'un pur pouvoir d'achat, tandis que le travailleur intellectuel, autrefois « salarié de l'idéal », est devenu un agent cognitif soumis aux appareils de savoirs automatisés qui le court-circuitent et canalisent la force de travail de son système nerveux comme la machine captait la force de travail musculaire du travailleur manuel en lui barrant l'accès à la capacité critique et théorique qui étaient la condition de son autonomie, et que Platon nommait l'anamnèse.

Ce destin frappe autant Alan Greenspan et le golden boy moyen que n'importe quel chercheur soumis aux procédures d'évaluations calculables par la machine à décerveler universelle – décerveler signifiant finitiser et court-termiser tant il est vrai que la bêtise ne voit pas plus loin que le bout de son nez. Ce sont ainsi à la fois les savoir-faire, les savoir-vivre et les savoirs théoriques qui sont détruits par la mise en œuvre systémique de l'hégémonie culturelle. Et c'est un nouveau stade de l'hégémonie culturelle qui s'installe ainsi. Car en liquidant la bourgeoisie, la désublimation et l'hégémonie pulsionnelle imposées par les industries de programmes prolétarise les « élites » elles-mêmes, qui sont de moins en moins bourgeoises et de plus en plus mafieuses – exploitant l'inculture et la bêtise, comme tout ce qui vient de la mafia.

*

* *

Faute d'en faire une critique thématique et analytique, on ne saurait s'affranchir d'un tel devenir, où l'on se trouve toujours déjà happé soi-même – qui que l'on soit, et où que l'on soit : c'est précisément ce que signifie la notion d'« hégémonie culturelle ». Et il est extrêmement frappant de voir combien le monde intellectuel, artistique et littéraire, a lui-même intériorisé et rationnalisé cette hégémonie sans jamais la théoriser, mais en en faisant un destin face auquel *there is no alternative*. C'est ainsi que si Jean-François Lyotard ne voulait certainement pas poser en principe la fin de la critique – son admiration pour Adorno le protégeait d'une telle tentation –, la vulgate postmoderne a cependant compris le petit récit de la fin des grands récits comme une absence d'alternative au devenir pulsionnel et mafieux du capitalisme se faisant passer pour la nature de l'homme.

La victoire du populisme politique – préparée et littéralement instituée par le populisme industriel comme réalité économique et banale de la nouvelle forme de l'hégémonie culturelle –, dont le couple Sarkozy-Royal est en France la traduction, et qui a connu par le monde mille autres versions dont celle de Bush aura été à la fois la plus remarquée et la plus lamentable, tient précisément au caractère systémique de cette forme de l'hégémonie qui prolétarise mentalement ceux-là mêmes qui la mettent en œuvre. Il en va ainsi du système des *subprimes*, aussi bien que de la titrisation en général, qui ne peut que conduire à l'escroquerie madovienne, et qui est devenu le principe même de la « financiarisation », à savoir la dilution de responsabilité généralisée du consommateur, qui consomme d'autant plus qu'il est irresponsable, au spéculateur, qui « stimule » d'autant plus la consommation qu'il est obnubilé par le gain qui mène cependant à la destruction du système financier.

Le stade pulsionnel de l'hégémonie culturelle induit mécaniquement cette bêtise systémique telle que seuls les escrocs avérés peuvent en tirer profit d'une façon intelligible pour eux-mêmes, c'est-à-dire en connaissance de cause, sinon de façon rationnelle (car une pratique qui détruit le système au sein duquel elle se développe ne peut être dite rationnelle) – connaissance de cause qui est évidemment le cas d'une escroquerie : l'escroc est ici celui qui sait, et ce qu'il sait, c'est la malfaisance du système dont lui seul a une connaissance intelligible. Madoff est ce malfaiteur seul à savoir.

Le discours d'Alan Greenspan appelé à s'expliquer à Washington devant la Chambre des représentants, après l'explosion de la crise (mais avant la révélation de l'affaire Madoff), aura été l'endroit – c'est-à-dire la face visible – de cet envers qu'est la bêtise systémique comme loi du capitalisme pulsionnel où seuls les escrocs savent. La bêtise de ce discours aura donné la mesure des effets de la prolétarisation des esprits en période d'hégémonie de la pulsion : pas une seconde il n'y aura été question de penser théoriquement cette crise, et il en va ainsi parce que cette hégémonie a conduit à la liquidation de toute théorie, c'est-à-dire à l'obnubilation idéologique.

C'est dans ce contexte de prolétarisation du cognitif, qui ne peut que se traduire par une imbécillité généralisée, que l'on parle de capitalisme cognitif, de société des savoirs, d'industrie de la connaissance et de bataille de l'intelligence.

*

* *

Or, c'est également dans ce contexte que Nicolas Sarkozy a lancé son opération visant à étouffer France Télévisions tout autant qu'à renflouer le système télévisuel des industries de programmes cependant condamnées à l'effondrement économique, parce que totalement obsolètes, mal-aimées des téléspectateurs, fuies par la jeunesse, et structurellement liées au consumérisme devenu massivement toxique et autodestructeur : il s'agissait pour le président de la République française à la fois de mettre sous perfusion un système à l'agonie et de remercier la télécratie de son soutien.

Cependant, pour justifier cette démarche radicalement toxique, Sarkozy a dû admettre cette toxicité elle-même, et même la mettre en avant, parlant pour cela de « la tyrannie de l'audience quart d'heure par quart d'heure ». Il n'y a pas de hasard dans le fait que cette réforme ait été lancée en même temps que celle de l'Éducation nationale et des universités : il s'agissait par là de consolider définitivement l'hégémonie culturelle pulsionnelle gouvernée par le court-terme et les instruments de dilution de la responsabilité qui fondent la bêtise systémique.

Nul doute que cette stratégie était inscrite de longue date dans le programme du candidat à la présidence : elle était au cœur de la

« rupture ». En 2008 cependant, la crise du consumérisme a éclaté, et a finalement révélé sa toxicité et sa malfaisance fondamentales.

C'est pour combattre cet état de fait et proposer une vision alternative qu'Ars Industrialis s'est engagé le 6 décembre 2008, en partenariat avec le Collectif interassociatif Enfance et Média (CIEM), dans une réflexion sur la place des médias au XXIe siècle. Les considérants théoriques et préalables à cette initiative sont ceux d'Ars Industrialis depuis sa création : les technologies mises au service de la bêtise systémique sont aussi celles avec lesquelles – et avec elles seulement – il est possible de lutter contre cette bêtise et la toxicité en général. Et si l'hégémonie culturelle est en effet exercée de nos jours par ce qui n'est plus la bourgeoisie, mais un capitalisme à tendance mafieuse, c'est parce que les technologies qui permettent d'imposer cette hégémonie demeurent profondément impensées par ceux qui prétendent la combattre, et ne sont ni théorisées, ni expérimentées, ni pratiquées comme conditions nouvelles de la vie de l'esprit.

*
* *

Au cours des dix dernières années, avec la mainmise accrue du marketing sur les vies quotidiennes et les politiques économiques, sociales et culturelles, aussi bien qu'avec le développement des technologies numériques, les médias non écrits ont pris une place prépondérante dans la vie des sociétés contemporaines du monde entier, en même temps que de nouvelles pratiques de lecture aussi bien que d'écriture numériques apparaissaient sur les réseaux et semblaient promettre à la communication textuelle un regain de vitalité.

C'est si vrai que, tandis que le moteur de recherche, et en premier lieu Google, est devenu un instrument de base de la vie sociale qui permet aussi aux bloggeurs de se trouver inscrits (et « référencés ») sur les circuits innombrables que tissent les liens hypertextuels – et cette hypertextualité constitue évidemment un renouveau de la textualisation des échanges symboliques –, le vidéoserveur YouTube, désormais doté d'une fonction « rechercher » et de fonctions d'annotation des images, est passé devant le moteur de recherche Yahoo ! en nombre de requêtes : il est devenu le deuxième de moteur de recherche mondial après Google.

En d'autres termes, l'image a pris dans la vie quotidienne, et en particulier dans celle des générations les plus jeunes, c'est-à-dire en âge d'être scolarisées, une place immense en termes de pratiques individuelles et collectives, et selon de tout autres modèles que ceux qu'avaient généralisés les industries culturelles audiovisuelles apparues après la Seconde Guerre mondiale – à l'époque dite des « Trente Glorieuses ».

Dans le même temps, des craquements sont apparus dans la société consumériste qu'avaient rendue possible et installée ces médias audiovisuels essentiellement pilotés par le marketing, et constituant avant tout, à travers la publicité qui les finance massivement, des instruments de prescriptions comportementales conformes aux intérêts des investisseurs industriels. Dès 2004, le cabinet de marketing IRI notait une transformation de l'état d'esprit des consommateurs qui annonçait le dépérissement du consumérisme que l'on pourrait dire, en référence aux années semblablement qualifiées, « glorieux », tandis que le dernier stade du consumérisme est au contraire hanté par le sentiment de sa « culpabilité », sinon de sa honte.

Ces signes de faiblesse se sont brutalement révélé constituer les linéaments de ce qui, en 2008, s'est concrétisé comme une crise économique mondiale sans précédent. Et c'est dans ce contexte que les grands médias audiovisuels, en France, et notamment la chaîne de référence TF1, ont vu pour la première fois leur audience aussi bien que leur rentabilité diminuer. Enfin, c'est au cours de cette même année 2008 que le président de la République a décidé de modifier les modalités de financement de l'audiovisuel public en le privant de publicité, arguant du caractère « tyrannique » de « l'audience » que les chaînes « produisent » pour la vendre aux annonceurs publicitaires.

De fait, au cours des dernières années, de nombreuses études ont fait apparaître le caractère pathogène et socialement toxique de la captation de l'attention par les médias audiovisuels et de la production de « temps de cerveau disponible », en particulier sur les jeunes générations. C'est ainsi que les universités de Washington et du Maryland, aux États-Unis, la Caisse nationale d'allocations familiales (CNAF), en France, et l'Institut de criminologie de Hambourg outre-Rhin, ont mis en évidence à travers des études portant chaque fois sur plusieurs milliers de familles (45 000 familles ont été suivies pendant trente ans par l'université du Maryland) des effets souvent ravageurs des médias audiovisuels sur le développement psychique.

C'est dans ce contexte qu'Ars Industrialis et le CIEM ont organisé une journée d'étude consacrée à la place que la télévision a prise dans les sociétés actuelles, aux effets pervers induits par l'absence totale de politique de santé publique et d'éducation appropriées à la situation nouvelle qui a été induite aussi bien par la dégradation qui a frappé l'audiovisuel au cours des dernières années que par l'apparition des nouveaux médias. On serait fondé à parler en cette matière d'une véritable incurie de la puissance publique.

Une résolution a été adoptée à l'issue de la journée du 6 décembre 2008, demandant que le projet de réforme du financement de l'audiovisuel public soit abandonné, et que la question de la place et du financement de l'audiovisuel privé aussi bien que public soit rouverte et largement débattue en vue de redéfinir le rôle de l'audiovisuel dans la société, la politique publique en la matière, et les conditions d'accès à la ressource publicitaire : la limitation de ce type de recettes, voulue par l'actuel gouvernement, devrait être étendue à tous les canaux de diffusion audiovisuelle, et de nouveaux types de recettes, plus conformes aux nouvelles utilités sociales qui sont exigées par l'actuelle situation de crise, devraient être recherchés, inventés ou encouragés par les pouvoirs publics nationaux et européens, mais aussi territoriaux.

Un tel chantier devrait devenir un programme industriel d'investissement favorisant systématiquement des agencements entre les médias de masse et les médias numériques, tenant le plus grand compte des nouvelles formes de toxicités, de dépendances et de pathologies induites par les médias, et privilégiant les nouvelles formes d'utilité sociale rendues possibles par la numérisation en particulier en matière d'éducation.

C'est à partir de ces considérants qu'Ars Industrialis et le CIEM ont décidé de faire de 2009 une année de réflexion, menée en collaboration avec de nombreux autres acteurs. Dans ce but, un séminaire a déjà eu lieu, organisé en coopération avec Skholè.fr, et deux autres séminaires seront organisés dans les prochains mois :

Le premier a été consacré à la nouvelle politique éditoriale et de programmation scolaire qui pourrait résulter des possibilités éducatives inexploitées qu'offrent les médias audiovisuels et numériques. Il a été organisé le 16 mai dernier au siège de la Ligue de l'enseignement.

Le deuxième s'attachera à examiner en détail les types, les degrés et les âges de la toxicité induite par les médias audiovisuels, aussi bien que par les médias numériques.

Le troisième travaillera à l'élaboration de nouveaux modèles économiques qui intégreraient ces deux aspects.

Le but de chacun de ces séminaires est d'avancer des propositions, de les documenter, de les argumenter et de les formaliser de façon accessible à tous. Les travaux du 16 mai sont déjà mis en ligne et consultables sous le titre « Une certaine vision de la culture informationnelle[1] »…

À terme, nous entendons organiser des conférences citoyennes dans trois régions de France. Ces conférences, qui enrichiront et affineront à travers le débat public les propositions avancées dans les séminaires, contribueront elles-mêmes à la préparation d'un événement de niveau international qui sera organisé à Paris au printemps 2011, et qui réunira des personnalités intellectuelles, scientifiques, artistiques, économiques et politiques issues de toutes les régions du monde.

*

* *

L'écriture est un medium – ce que les Grecs appellent un hypomnêmaton, c'est-à-dire un support mnémotechnique – dont le développement posa dans la cité athénienne du Ve siècle avant J.-C. des problèmes, à certains égards comparables à ceux que soulève de nos jours la place prise par les médias audiovisuels et numériques dans la vie publique et privée.

C'est pour s'opposer aux pratiques sophistiques de l'écriture que la philosophie créa l'Académie puis le Lycée. L'école, en tant que structure de transmission de savoir, c'est-à-dire de discernement, d'observation et de compréhension analytique du monde, est essentiellement le lieu d'une pratique critique de l'écriture qui, comme medium et hypomnêmaton, est aussi un pharmakon, c'est-à-dire à la fois un poison et un remède.

1. http://skole.fr/une_certaine_vision_de_la_culture_informationnelle

Lutter contre le caractère empoisonnant du remède qu'est ce medium, c'est ici développer des pratiques critiques du medium – qui se constituent en l'occurrence, et au fil des siècles, comme disciplines rationnelles de part en part conditionnées par la constitution de communautés lettrées. Et, au-delà de l'acquisition d'un savoir-lire qui est aussi un savoir-écrire, l'école est ce qui donne accès à ces disciplines, qui sont autant de pratiques critiques du medium littéral formant ces communautés de lettrés et qui les rend possibles.

Notre propre époque est caractérisée par le fait qu'au medium de l'écriture se sont ajoutés et parfois substitués des médias audiovisuels ou numériques qui modifient profondément le dispositif de l'espace public aussi bien que celui des savoirs, mais aussi les espaces et les temps les plus intimes. La vie privée, les pratiques culturelles individuelles et collectives, la vie politique, la construction de l'opinion publique, l'économie, l'activité intellectuelle et scientifique s'en trouvent transformées.

Or, ces médias audiovisuels sont aujourd'hui essentiellement mis au service de la captation de l'attention, et en particulier de l'attention des enfants, dans le but de susciter des modèles comportementaux conformes aux prescriptions du marketing. Et il résulte de cet état de fait qu'un conflit s'est ouvert entre les institutions qui assurent l'appropriation critique du medium de l'écriture fondant les communautés lettrées, d'une part, les industries de programmes audiovisuels et les médias numériques, d'autre part.

Ce conflit est devenu notoirement préjudiciable à l'activité éducative – qu'elle soit familiale et privée ou institutionnelle et publique. La captation industrielle de l'attention épuise cette attention, qui est une construction sociale, elle en détruit les formes les plus complexes et les plus raffinées qui se sont élaborées au cours de presque trois millénaires de civilisation. Or, les problèmes ainsi posés par les médias contemporains ressemblent sur bien des points à ceux que posait l'écriture, et ils doivent être désormais affrontés et résolus par leur intégration systématique aussi bien dans les dispositifs de construction des savoirs que pour leur transmission.

Il est temps d'inventer entre le monde de l'éducation, de la recherche et de la culture d'une part, le monde des médias audiovisuels, des industries culturelles et des nouveaux médias d'autre part, une politique nouvelle régulant les rapports entre ces deux secteurs, et leur prescrivant à l'un comme à l'autre des obligations de bien public – au moment où la génération des *digital natives* développe toutes sortes de pratiques individuelles et collectives de ces médias, parfois très originales et inventives, en même temps que très fragiles et exposées aux spécialistes de la captation et du détournement de l'attention.

Dans ce contexte, le travail d'éducation aux médias qui a été engagé depuis des années, comme celui de la formation aux techniques documentaires issues de la numérisation, doit être approfondi et mis au cœur d'un projet éducatif nouveau, élargi dans le sens des hypothèses précédemment présentées, où la question de l'éducation des médias n'est plus simplement celle de ce que l'on appelle l'analyse des médias, mais celle d'un développement épistémique et systématique de la pratique de ces médias, dans l'élaboration des savoirs aussi bien qu'au cours de leur transmission.

Une telle politique doit redéfinir très en profondeur les conditions du financement de l'audiovisuel en général, qu'il soit public ou privé, mais aussi des nouveaux médias. Tant que les médias seront financés de manière quasiment exclusive par l'annonce publicitaire, leurs missions entreront en contradiction frontale avec celle de l'éducation. Or, tout autant que l'écriture, et en particulier avec leur numérisation, les médias ont des potentialités éducatives considérables. Leur mission éducative doit être réaffirmée, les cahiers des charges des médias doivent être totalement repensés en fonction de la numérisation, et la diminution progressive mais constante de leurs ressources publicitaires doit être programmée, et compensée par les ressources qu'ils devront trouver au service de leur nouvelle utilité sociale.

B. S.

L'État schizophrène, Dieu et le nous raisonnable

Barbara Cassin*

« Je suis très démodé, je le sais bien. »

Discours du président de la République, Palais de l'Élysée, 25 juin 2008.

« Nous devons précéder la marche du monde et non la suivre. »

Discours du Président de la République, Zénith de Toulon, 25 septembre 2008.

Le premier mensonge d'État

« Il a fallu des décennies pour créer le savoir-faire des ouvriers de Saint-Nazaire, il faudrait quelques mois et une crise de trésorerie pour les laisser partir. Une fois que c'est parti, on ne le retrouve plus[1]. »

Nicolas Sarkozy dit beaucoup de choses vraies, celle-là par exemple. Nous, qui signons l'Appel des appels, nous avons conscience que des décennies de savoir-faire viennent d'être, sont et se préparent à être congédiées, contrariées, et même brutalement interdites, en quelques mois. Beaucoup de ces savoir-faire, nos cœurs de

---

* Barbara Cassin est philologue et philosophe, directrice de recherche au CNRS.

1. Discours du président de la République sur le thème du fonds stratégique d'investissement, Montrichard, 20 novembre 2008.

métiers, sont directement ou indirectement liés à ce qu'on appelle en France, non sans vérité, du beau nom de « service public », vécu comme tel, comme service et comme public, par ceux qui le pratiquent : la justice, l'enseignement, la recherche, la culture, l'information, la santé et le soin, le travail social, l'accueil des migrants. Cette conscience fait le lien entre nous, qui différons les uns des autres non seulement par le métier lui-même, mais par le type d'engagement politique, syndical, par le statut social, les appartenances, les revenus, les soucis. C'est parce que nous sommes si différents les uns des autres, à la fois infirmières et patrons, présidents d'Université et maîtres auxiliaires, apolitiques et très politisés, et parce que nous nous retrouvons si nombreux, que nous constituons un « nous » considérable – à prendre en considération. Un nous au singulier pluriel : pour la première fois peut-être, un lobby français consistant mais sans structure prédéterminée et sans intérêt autre (industriel, commercial, financier, corporatiste, partisan) que le bien public. Exactement comme le gouvernement, en principe. Un lobby d'opinion impressionnant, qui nous impressionne nous-mêmes, qu'on l'intitule mouvement citoyen ou insurrection des consciences. Un nous qu'il va bien falloir, c'est-à-dire qu'on ne pourra pas ne pas, entendre et écouter : la sagesse démocratique l'exige, dans cette démocratie « adulte et apaisée[1] » dont la France veut donner l'image.

Car la réalité de la crise n'empêche pas de raisonner. Nous ne sommes ni dans la déploration ni dans la victimisation, et ce n'est pas de compassion mais d'intelligence, de vérité et, très exactement, de justesse dont nous avons besoin. L'une des premières choses que nous refusons est le mensonge d'État. D'ailleurs « on ne rétablira pas la confiance en mentant mais en disant la vérité[2] », nous voilà encore une fois d'accord. La crise, économico-financière, donc sociale, est lourde : cela fait partie de la vérité. Nous intégrons, par exemple, que chaque jour l'impôt direct serve à payer les intérêts de la dette. Mais ce qui est inacceptable, et qui constitue le premier mensonge d'État, c'est de faire passer pour des réponses inéluctables à la crise des réformes qui n'y sont aucunement liées ; de pré-

1. Celle que 60 députés appellent de leurs vœux (saisine par 60 députés devant le Conseil constitutionnel, décision n° 2007-554 DC du 9 août 2007, loi renforçant la lutte contre la récidive des majeurs et des mineurs).

2. Discours du président de la République, Zénith de Toulon, 25 septembre 2008.

senter ces réformes-là comme notre seul destin raisonnable, tel que les refuser soit frileux, corporatiste, réactionnaire au sens strict, et antimoderne. Ce n'est, en dépit de ce qu'on a voulu faire croire, jamais contre la crise que nous aurons manifesté (quel sens cela peut-il avoir ?), mais contre ces « remèdes » qui, sans agir sur les causes autrement qu'à la marge, imposent des réformes à la faveur de la crise, à la manière des entreprises qui saisissent cette très belle occasion de licencier indûment de manière légale.

Les réformes donc. Nous voulons des réformes, intelligentes et mûres, et même nous en voulons rapidement. Nous ne voulons pas de réformes en retard d'une guerre, liée à un type d'économie qui a fait la preuve de son échec et qui a fait faillite dans son domaine, le seul intérêt de la crise étant d'en avoir fourni la preuve. Comment supposer raisonnablement que cet échec patenté permettra d'améliorer les rares domaines qui n'étaient pas soumis à son régime ? Pourquoi étendre la faillite à ce qu'elle n'a pas en France vocation d'atteindre ? Comment peut-on commettre et contraindre un pays à commettre une pareille erreur ?

Car la justesse impose de dire que ces réformes, qui ont été détaillées dans la seconde partie de cet ouvrage, ne sont nécessaires que selon une certaine idéologie, par ailleurs objet d'un tel matraquage que, conformément à son concept d'idéologie, elle semble relever de la pure nature et se laisse oublier.

Sauf quand par bonheur un discours présidentiel *too much* l'expose comme telle.

La schizophrénie du modèle managérial appliqué à l'État

Quelle est cette idéologie ?

« Je me souviens d'un chef d'entreprise [...] qui me disait : "Si mon entreprise était gérée comme l'État elle serait en faillite". C'est vrai[1]. »

L'État aurait donc pour modèle l'entreprise, à savoir l'entreprise privée. Les caractéristiques en sont, dans le rendu qui est fait, simplissimes. Un patron et un seul, qui a tous les pouvoirs : « Si on

1. Discours du président de la République. Remise du rapport de la commission pour la libération de la croissance française par M. Jacques Attali, Élysée, 23 janvier 2008.

donne le pouvoir à quelqu'un, qu'on lui donne ! On lui demande des résultats, qu'il les donne ! S'il ne donne pas de résultats, qu'on le change. C'est simple[1]. » Tous les pouvoirs au patron à une seule condition, qu'il donne les résultats attendus par le patron en chef : tous les pouvoirs donc concernant les moyens, mais aucun concernant les fins. « *New Public Management* » : le patron a tous les pouvoirs sauf celui d'être un patron. Un paradoxe managérial : tel est le premier paradoxe du modèle privé appliqué au service public. Et cela vaut sans exception de domaine, depuis le patron de l'audiovisuel public jusqu'au patron de l'université ou de l'hôpital[2], exactement comme pour les ministres[3] et le Premier d'entre eux. Dans un régime qui soumet au Président les instances intermédiaires, tout fonctionne comme si le Président était l'unique actionnaire principal.

Quelles sont donc les fins du grand patron, le seul à assigner les fins à tous ces patrons qui n'en sont pas ? Il a tellement l'air de naviguer à vue... Une cohérence, et une seule, se dessine cependant : on redécouvre ici et maintenant ce qu'est une authentique politique de droite – symboliquement : paquet fiscal pour les gros électeurs, tout sécuritaire pour les petits[4].

1. Discours du président de la République à l'occasion de la remise du rapport sur l'audiovisuel public par M. Jean-François Copé, Palais de l'Élysée, 25 juin 2008.

2. « Je vais dire quelque chose qui n'est pas politiquement correct, mais moi je souhaite que le directeur soit le patron reconnu, le seul », allocution du président de la République, installation de la Commission Larcher, CHU de Bordeaux, 16 octobre 2007.

3. Par exemple : « Nous insistons sur le fait qu'un bon ministre ne se reconnaîtra pas à la progression de ses crédits, mais à ses résultats et à sa contribution à la réalisation du projet présidentiel, y compris sur le plan financier. Sur l'ensemble des points de cette lettre de mission, nous vous demandons de nous proposer des indicateurs de résultats dont le suivi sera conjoint. » Lettre de mission à Valérie Pécresse en date du 5 juillet 2007, présentant sur ce point une rédaction standard.

4. La rétention de sûreté est une mesure emblématique, principe et détail. Elle cumule le scandale du point de vue de la morale : punir quelqu'un pour ce qu'il est, comme si le mal était dans ses gènes (« J'inclinerais, pour ma part, à penser qu'on naît pédophile [...], la part de l'inné est immense. » Nicolas Sarkozy et Michel Onfray, « Confidences entre ennemis », *Philosophie Magazine,* avril 2007) ; et le scandale du point de vue du droit : punir quelqu'un pour un acte qu'il n'a pas commis (voir ci-dessus l'article de Serge Portelli, p. 79).

L'homonymie des fins et le mot d'après

« Remettre dans l'administration de l'humain, de l'individualité, de la différenciation. » Avec ces mots de Nicolas Sarkozy à l'Institut régional d'administration (Nantes, 19 septembre 2007), on est, comment ne pas l'entendre, dans des séquences de phrases tout proches de l'Appel des appels. L'Appel appelle à combattre une idéologie qui augure d'une civilisation « destructrice de l'humain ». Point de convergence : l'humain. L'humain, la différenciation, sans compter la démocratie, la solidarité (ajoutez « véritable » à chaque fois) : la différence est cachée par l'homonymie des termes. C'est fait pour, puisque les mots, comme les drapeaux-signaux pour touristes japonais, balisent la propriété d'une idée, et que plus les émetteurs sont puissants, plus la propriété est avérée et opposable. D'où la difficulté à parler en second : on vous aura ôté les mots de la bouche. Voilà qu'on nous propose aussi, dans le même discours, une « révolution culturelle ».

La meilleure manière de s'en sortir est de prendre soin des mots suivants, qui informent et entourent le signifiant partagé, pour y voir plus clair. Tout bascule aussitôt. Car ce dont il s'agit avec l'humain, c'est de le « gérer » : « Ce que je crois profondément nécessaire, c'est que l'on cesse de gérer des statuts et que l'on se mette davantage à gérer des hommes et des femmes », non plus le statut du fonctionnaire mais sa personne, son individu. Non pas « politique de sacrifices où tout le monde est perdant, mais politique d'efforts où tout le monde est gagnant » (en passant, « gagnant gagnant » ne fait pas non plus la différence). Effort : résultat, évaluation, mérite, récompense du mérite, prime, motivation, résultat, évaluation, etc. Que le meilleur gagne plus. L'humain, c'est et ce n'est que l'individu gérable, évalué, réévalué, récompensé ou puni selon un calcul dans lequel l'humanité est non représentée.

Après l'humain, le « métier » comme mot partagé. C'est encore le mot d'à côté qui fait la différence : « Je souhaite que ce soit dans la plupart des cas une gestion par métier qui prévale. » Le métier n'est pas un cœur de métier, une profession, voire une mission, comme dans l'appel, mais ce qui se gère : gestion par métier et drhisation généralisée par PAP (Programme annuel de performance) et RAP (Rapport annuel de performance), grilles et indicateurs discutables et biaisés qui ne signifient rien par eux-mêmes, mais tout par l'usage qu'on en fait.

La responsabilité sémantique est l'une des premières et des plus lourdes responsabilités politiques.

Le second paradoxe, plus évident, du *New Public Management* tient à la singularité économique de cette entreprise qu'est l'État : l'« entreprise » publique est, structurellement et par vocation, déficitaire si on lui applique les règles comptables du libéralisme économique qui formatent l'entreprise privée. « Les gens qui n'ont plus rien, les exclus, heureusement que l'État s'en occupe. Parce que, qui s'en occuperait sinon ? [1] » C'est pourquoi le modèle privé est si parfaitement douloureux. D'une part, « le service public ne peut pas obéir au critère de la rentabilité financière », mais, d'autre part, « le service public a un devoir d'efficacité. Il a le devoir de rendre le meilleur service possible sans gaspiller l'argent public qui est l'argent des Français[2] ». À l'aune du modèle privé, l'État est une entreprise schizophrène, rentable et non rentable.

Ces deux difficultés ensemble, managériale et économique, rendent l'application du modèle privé au service public redoutablement toxique.

La *Théodicée* de Leibniz et le détail humain

Dit autrement : si l'État était une entreprise, ce serait une entreprise alternative, en excès sur le modèle privé. Son modèle, à tout prendre, serait plutôt celui du monde chez Leibniz. Le « principe d'économie » leibnizien est la déclinaison pour Dieu comme pour les hommes du principe de raison suffisante : s'il n'y avait pas de meilleur des mondes, Dieu n'en aurait créé aucun. La règle ultime qui définit le meilleur est de faire le plus avec le moins, « maximin », comme chez Rawls. Donc chasse au gaspi. Le problème, comme dans la *Théodicée*, est alors celui de la justification du mal, de l'intolérable : à quelle casse consent-on pour que le système soit « optimisé » et comment se définit exactement l'optimum – jusqu'où peut-on aller socialement trop loin ?

La réponse est fluctuante, mais celle qui domine dans le discours présidentiel rabat le modèle sur le petit capitalisme financier : le seuil à ne pas franchir, le mal, c'est le déficit. « Je veux que les

1. Discours du président de la République. Visite de l'Institut régional d'administration (IRA), Nantes, 19 septembre 2007.

2. *Ibidem*.

situations de déficit ne soient plus tolérées[1]. » Et vous ne seriez pas d'accord, créatures ingrates ? Le dieu-manager ne peut plus dès lors chercher que la « marge de manœuvre ». Il faut agir sur le rapport qualité-prix, et en rabattre sur la qualité pour que le prix soit supportable par un État en faillite. Ce n'est pas seulement la planète finance, mais la métaphysique moderne elle-même qui l'exigent. Or, exactement comme chez Leibniz, c'est le détail qui devient intolérable : ainsi, Lucrèce est violée. C'est que, répond Dieu, le viol de Lucrèce est la condition pour un meilleur des mondes, donc un fonctionnaire sur deux ne sera pas remplacé. Sauf si vous criez vraiment trop fort, car la résistance motivée et acharnée fait partie du monde et, quand elle franchit un certain seuil, elle finit par rentrer dans le calcul des coûts, y compris électoraux. Le « service public » sera externalisé, rentabilisé par et pour des entreprises privées (payées incomparablement plus cher que ne l'étaient les deux fonctionnaires, puisque ces entreprises sont « rentables », elles), et moins bien fait si l'on en croit toutes les expériences en France comme à l'étranger. Mais cela aura permis à l'État de financer moins de retraites : on comprendra que l'État ne veut que notre bien et celui de nos enfants. Et que notre bien se calcule.

Précisément, ce sont le calcul et les modalités du calcul que nous remettons en cause. Il se peut qu'il n'y ait jamais en matière d'humain que du détail justement, comme l'épingle le *Candide* de Voltaire qui, à chaque malheur, de la vérole aux galères, vire les détails de l'histoire au crédit du meilleur des mondes pour rendre manifeste l'absurdité du calcul (« Si vous n'aviez pas été chassé d'un beau château à grands coups de pied dans le derrière pour l'amour de mademoiselle Cunégonde, si vous n'aviez pas été mis à l'Inquisition, si vous n'aviez pas couru l'Amérique à pied, si vous n'aviez pas donné un bon coup d'épée au baron, si vous n'aviez pas perdu tous vos moutons du bon pays d'Eldorado, vous ne mangeriez pas ici des cédrats confits et des pistaches »). C'est le premier principe de la morale politique, et peut-être le fondement du politique, que de traiter des humains en détail et non pas de l'humanité en général, et de prendre soin, entre l'universel et les individus, de la pluralité et du particulier : « En philosophie [comme] en théo-

1. Discours du président de la République sur le thème de la politique de la santé et de la réforme du système de soins, Bletterans, 18 septembre 2008.

logie, seul *l'*homme existe, de même qu'en zoologie, il n'y a que *le* lion », mais « la politique repose sur un fait : la pluralité humaine[1] » – « *les* hommes » donc.

Bref, il se peut que la qualité, y compris la qualité de vie, ne soit jamais une propriété émergente de la quantité. Nous y reviendrons de front avec l'évaluation.

Profilage du consommateur et schizophrénie du citoyen

Comment faire pour que le détail (le mal) ne se voie pas ? Comme un prestidigitateur : détourner, dérouter le regard. C'est là qu'intervient la com, qui fait voir seulement ce qu'on veut montrer et, *on the move*, renouvelle la distraction. Le citoyen n'est jamais qu'un client comme les autres, à la fois consommateur et usager. Il consomme du politique comme il consomme de la culture et du soin. Profilages, sondages d'opinion, ajustement du produit, *feedback* du marché, éducation à la bonne consommation, celle qui rapporte à l'actionnaire principal via OpinionWay : l'omniprésence du marketing opère le bouclage public-privé ; avec une certaine conception du privé probablement déjà en retard d'une guerre, c'est-à-dire d'une mondialisation et d'une perception moins faussée de la durabilité. Et si le marketing était une idée démodée ?

Schizophrénie, suite. Après la schize de l'État, la schize de l'individu. L'individu est schizophrène : consommateur et citoyen[2]. Si l'État n'est plus une source de normes mais, d'abord et avant tout, une entreprise, alors la seule obéissance due est l'obligation de résultats, dans la consommation comme dans le travail. L'État ne prenant l'individu qu'en son point de consommation, il refuse de définir différentiellement la norme publique et brouille les genres. La schize de l'individu tient à ce qu'il doit en tant que privé, « idiot » disaient les Grecs, se donner à lui-même une exigence publique, ou du moins collective, et remplacer l'État défaillant. L'individu ne devient schizophrène que parce que l'État est devenu

1. Hannah Arendt, *Journal de pensée*, août 1950 [21], trad. S. Courtine-Denamy, Seuil, 2005, t. I, p. 28.

2. Voir Stéphane Rozès, « L'individu, l'imaginaire et la crise », *Le Débat*, n° 155, mai-août 2009.

pervers. Et le modèle présidentiel, puisque nous sommes maintenus à l'échelon de l'individu, peut alors fonctionner à plein : que voilà un individu comme un autre, comme soi-même mais en mieux, auquel donc on aimerait ressembler – une petite Rolex, une jolie femme, intelligente de surcroît, et plus de travail, plus d'activité, pour gagner plus sur plus de plans.

Là où est le danger croît aussi ce qui sauve, paraît-il. L'individu est contraint à l'autonomie citoyenne par un État pervers. Mais si plus rien ne fonde et n'assure la collectivité et la norme publique que l'individu, alors il se peut qu'il y ait, il y a : insurrection des consciences. L'individu devient ce qu'il est : un sujet moral et politique. Dit autrement, la ruse de l'histoire fait que les travailleurs sans travail, transformés via la crise en consommateurs sans rien à consommer, retrouvent leur être politique d'animaux doués de *logos*.

Si le modèle réellement appliqué est, en excès sur l'entreprise privée, celui du meilleur des mondes leibnizien, alors il n'y a qu'un seul bon point de vue, celui de Dieu. Tous les autres font dramatiquement le détail. Il faut donc les interdire. C'est pourquoi la seule contestation vraiment redoutable est celle du relativisme, c'est-à-dire la possibilité de changer de point de vue, donc, dirait Hannah Arendt, de « juger[1] ». Et c'est bien là que la condamnation est sans appel : il faut « tourner la page de Mai 68 » parce que « Mai 68 nous avait imposé le relativisme intellectuel et moral ». « Nous conjurerons le pire en remettant de la morale dans la politique », tel était déjà le grand argument du candidat Sarkozy lors de son meeting électoral à Bercy[2].

Capitalisme moral et politique de civilisation

« Mais comprenez-moi bien : je ne suis pas un moraliste. Je ne suis pas un adepte de l'ordre moral. Je ne cherche pas à faire la

1. « Serait-ce que le goût compte parmi les facultés politiques ? » Évidemment oui, répond Arendt dans « La crise de la culture » in *La Crise de la culture,* Gallimard, 1972, trad. Barbara Cassin, p. 269. Je crois qu'il est aujourd'hui, politiquement et philosophiquement, essentiel de repenser le relativisme.

2. Discours du président de l'Union pour un mouvement populaire, Bercy, 29 avril 2007.

morale à quiconque. S'il y a du gaspillage, s'il y a de la fraude, c'est parce que le système le permet, c'est parce que le système y incite. Moi, je ne veux pas réformer les consciences. Je veux réformer le système[1]. » Troublante substitution de la morale et de la conscience par le dispositif, la structure. C'est le système qui doit rendre moral. Pour qu'il rende moral, nous devons le moraliser. « Je ne suis pas un moraliste », c'est pourquoi il faut moraliser le capitalisme. Le discours du Zénith de Toulon est un bref traité de morale systémique[2].

Qu'est-ce qu'un capitalisme moral ? C'est un capitalisme guéri de sa folie, qui ne croit plus au dogme libéral, à l'« idée folle » de l'auto-régulation par la main invisible du marché[3]. Les remèdes à la folie sont simples, il faut une « moralisation du capitalisme financier » : financer l'entrepreneur plutôt que le spéculateur, refonder le capitalisme sur une éthique de l'effort et du travail. Moraliser le capitalisme, c'est en revenir à ses valeurs fondamentales contre les dérives d'un système ultralibéral qui en a trahi l'esprit. « Voilà quelques principes simples qui relèvent du bon sens et de la morale élémentaire sur lesquels je ne céderai pas. »

Ce « vous ne pouvez pas ne pas » (être d'accord) sert à couvrir du manteau moral des décisions et des réformes qui vont contre la morale, c'est-à-dire contre le respect et la justice (*aidôs* et *dikê*, les deux composantes de l'*arêtê*, excellence/vertu, en politique depuis les débuts de la cité démocratique[4]). Car la crise n'a rien changé sur le fond, il n'est qu'à voir la très troublante analyse de Luc Ferry en forme de double salto arrière. Suivant le syntagme emprunté à Edgard Morin qui n'en peut mais, Luc Ferry, missionné en tant que directeur du Conseil d'analyse de la société, propose des *Matériaux pour une politique de la civilisation*[5].

Je passe sur la désignation des coupables : communistes, et surtout soixante-huitards, la société de consommation, mal du siècle, c'est de vous qu'elle vient, vous qui avez détruit les valeurs, travail,

1. Institut régional d'administration (IRA), Nantes, 19 septembre 2007.
2. Zénith de Toulon, 25 septembre 2008, que je paraphrase dans ce qui suit.
3. Voir ci-dessus la contribution de Pierre Dardot, p. 293.
4. Voir Platon, *Protagoras*, 322c.
5. Odile Jacob, 2009.

famille, nation, autorité, morale peut-être[1]. L'exercice le plus périlleux auquel se livre Luc Ferry est celui, conclusif, du total maintien/total recul : « Il est inutile d'insister sur le fait que nombre des thèmes de campagne qui ont conduit à l'élection du président de la République sont pris à contre-pied aujourd'hui [contre-pied, comme contre-vérité, pour éviter les mots qui fâchent] : le libéralisme enfin de retour, la rupture avec le "modèle social français", l'argent décomplexé ; la référence aux États-Unis, la volonté de faire reculer l'État, et même le fameux "Travailler plus pour gagner plus".

« Il ne s'agit nullement de dire que ces idées sont fausses sur le fond. Mais quel que soit le jugement qu'on porte sur elles en tant que telles, il est peu douteux qu'en termes de communication, elles sont devenues en quelques mois tout à fait obsolètes. Or il est essentiel de percevoir clairement dans le contexte actuel les raisons de ce retournement qui n'a rien d'anecdotique[2]. »

Remarquable : Dieu a deux fois raison, 1°) fondamentalement dans son libéralisme décomplexé, et 2°) conjoncturellement dans son retournement qui n'est qu'un effet de communication. Le libéralisme décomplexé est en retard d'une guerre, mais ce n'est pas pour cela qu'on l'abandonne, on l'abandonne parce que ça se voit. Et d'ailleurs on ne l'abandonne pas du tout, on le maintient plus fermement que jamais sous un autre habit. Plus souvent qu'on accepterait d'avoir l'air démodé ! La vérité parle par la bouche des philosophes : toutes les réformes sont absolument libérales, c'est-à-dire inspirées par le modèle managérial privé qui a fait la preuve de sa faillite avec la crise et qui, pire encore, l'a fait au vu et au su de tout le monde au point qu'il devient démodé, *out*, plouc, *inappropriate*. Si bien qu'il faut consentir à avoir l'air de l'abandonner, mais, sachons-le, c'est seulement un effet de com.

Deux franchises valent mieux qu'une.

1. « Sous la déconstruction des traditions, il y avait l'impératif absolu d'innovation, sous les pavés, non pas la plage, mais la mondialisation libérale », Luc Ferry, *op. cit.*, p. 27.

2. Luc Ferry, *op. cit.*, p. 112. Je passe sur l'amour prôné en solution, celui des enfants, avec une politique de la famille comme merveille / investissement qu'il faudra mettre à la portée de tous les porte-monnaie, y compris celui d'un État en faillite.

Performance, évaluation, indicateurs, PAP et RAP

« Moi je vois dans l'évaluation la récompense de la performance. S'il n'y a pas d'évaluation, il n'y a pas de performance[1]. »

Devant le *double bind* caractéristique de l'État, maintenir la solidarité et diminuer le coût, Dieu choisit assez vite. La notion de performance vient à point : c'est la synthèse de la qualité et de la quantité.

L'histoire du terme ne manque pas d'intérêt. « Performance » est un mot qui ne cesse de s'emprunter de l'anglais au français et vice-versa avec extension ou bougé de sens. L'anglais, dit le *Klein's Comprehensive Etymological Dictionary of English Language*, l'aurait forgé sur le vieux français « parfournir » (du latin médiéval *perfurnire*) ou/et « parformer », avant que le français ne le lui emprunte au moins trois fois, à en croire le *Dictionnaire culturel de la Langue française.* C'est, à l'usage, un terme bilingue et en mouvement, qui réunit le sport (performance-record : le mot appartient au vocabulaire des turfistes), la technique (performance-rendement d'une machine), la psychologie (test de performance), la linguistique (performance/compétence, depuis Chomsky) et, évidemment, l'art, depuis l'exécution d'une œuvre (en anglais : représentation théâtrale) jusqu'au *happening.* Non seulement la performance mesure le non-quantifiable et fait rentrer le plus singulier sous le plus objectif, mais elle a par là-même le look démocratique d'un chiffrage sans arbitraire. « Sortir d'une approche purement mécanique, juridique, égalitariste, anonyme » pour promouvoir la véritable égalité, la véritable égalité, pas l'« égalitarisme »[2]. Qu'est-ce à dire ? La véritable égalité, ce n'est pas l'égalité des chances, c'est l'égalité de récompense à égalité de performance : la performance objectivement mesurée vient même remplacer le mérite encore lié à l'égalité des chances susceptible de le pondérer (« meilleur » lycée si l'on intègre la zone et la promotion sociale). Quand nous sommes per-

1. Discours du président de la République à l'occasion du lancement de la réflexion pour une stratégie nationale de la recherche et de l'innovation, Élysée, 22 janvier 2009.

2. Discours du président de la République à l'Institut régional d'administration (IRA), Nantes, le 19 septembre 2007 (voir « La société dont nous ne voulons pas », p. 223).

formants, nous sommes, tous et chacun, comme une voiture de course, un sportif de haut niveau, voire un champion au lit. Visibles. Donc rentables.

La LOLF et la RGPP pensent en termes de performance. Notons-le en passant : non, on ne peut plus se passer de sigles[1]. Nous sommes dans un monde de non-mots et de non-langue, c'est-à-dire un monde de grilles et d'indicateurs. Car les grilles, à la différence des *topoi*, des lieux rhétoriques qui organisaient les discours portant sur la valeur, y compris les éloges, les blâmes et tous les discours d'expertise, sont figées. Elles ne tolèrent aucune variation formelle, aucune modulation singulière, aucun jeu sur la temporalité : elles sont inaccessibles à la différence signifiante inventive au sein de la règle – autrement dit : ce n'est pas du langage, mais du chiffre. « La culture du résultat et de la performance a toujours été au centre de mon action. Nous ne devons avoir aucun tabou à l'égard des chiffres et j'ai toujours préconisé la plus grande transparence[2]. » Voyez le site officiel qu'on n'oserait inventer : *www.performance-publique.gouv.fr/glossaire.* Le PAP est un projet annuel de performance, avec des indicateurs de performance, des objectifs de performance et des valeurs cibles ou cibles de résultat. Il sera suivi d'un RAP, rapport annuel de performance. Nous avons un patron à la tête de l'État, qui cumule, outre son rôle de donateur des fins, un certain nombre de postes : DRH, stratégie, marketing, communication. Et qui encourage ou contraint chacun dans son domaine à expertiser et à s'auto-expertiser longuement, répétitivement et à chaque étape de son travail, c'est-à-dire à présenter des résultats, c'est-dire à trafiquer les indicateurs, les actions, les effets et les visibilités dans une langue de bois globale, au lieu de travailler, de réparer, d'inventer. La gestion du nouveau temps mériterait sa RGPP.

« Je suis très démodé, je le sais bien[3]. » Un patron démodé en effet, car il se pourrait qu'une entreprise qui réussit ne se gère plus, plus tout à fait, ainsi. Cette gestion a en tout cas fait la preuve de sa

1. LOLF : Loi organique relative aux lois de finance. RGPP : Revue générale des politiques publiques.`

2. Discours du président de la République. Réunion avec les principaux acteurs de la sécurité, de la chaîne pénale et de l'Éducation nationale, 28 mai 2009.

3. Discours du président de la République à l'occasion de la remise du rapport sur l'audiovisuel public par M. Jean-François Copé, Palais de l'Élysée, 25 juin 2008.

faillite dans ses domaines d'application légitimes. Le point commun avec la faillite financière ? Mais, très exactement, le souci de la performance, donc les pratiques d'évaluation afférentes. Les réformes que l'on nous propose sont elles aussi en retard d'une guerre, parce qu'elles reposent toutes sur l'évaluation de la performance. Vous savez, cela même qui a conduit tête baissée aux *subprimes*. Mais les *subprimes* étaient mal évaluées, c'est tout, répondra le gouvernement. Nous n'avons qu'à, vous n'avez qu'à, mieux évaluer. Je regrette, c'est cette évaluation-là qu'on nous propose et pas une autre. Une évaluation liée au capitalisme non moral – financier –, qui évalue le court terme mieux que le moyen et s'avère incapable de juger le long, mais qui s'arroge néanmoins le droit de corriger les résultats réels du présent par une projection dans le futur « comme si », comme s'il n'y avait pas de seuil ni de point de rupture, comme si le virtuel ne se catastrophait jamais en réel. Avec des indicateurs homonymes, qui signifient ce que l'on veut. Concepts et pratiques économiques d'une économie déjà faillie.

Recherche, moteur de recherche et Google-civilisation

On ne le répètera jamais assez, cette gestion est directement contre-productive dans les domaines non strictement marchands. Qui sont les nôtres, ceux que nous pratiquons et qui intéressent chacun de « nous ». L'éducation, la culture, la recherche, la santé, la justice, la vie en commun. Elle commet d'ailleurs le même type de dégâts dans un certain nombre de domaines marchands, de l'agriculture à la téléphonie. Mais puisque c'est de l'intérieur, du cœur de métier que le désastre se voit, je repartirai de mon métier de chercheur, pour montrer comment la performance, et ce type d'évaluation de la performance, est objectivement contre-performante.

On nous demande d'être à la hauteur des moyens qui sont mis à notre disposition. « L'enseignement supérieur, la recherche et l'innovation sont notre priorité absolue [...], chère Valérie, [...]. Nos universités bénéficient depuis le budget 2008 d'augmentations de leur moyens et, je l'affirme, comme elles n'en ont jamais connu[1]. » Tout

1. Stratégie nationale de la recherche et de l'innovation, Élysée, 22 janvier 2009.

dépend de comment l'on compte – une nouvelle version du mensonge d'État[1].

« La condition que l'on y met, c'est d'évaluer ces activités, et de les évaluer régulièrement pour chaque enseignant-chercheur. Franchement, la recherche sans évaluation, cela pose un problème. D'ailleurs toute activité sans évaluation, cela pose un problème[2]. » Pas vrai, *darling* ? C'est très mal vu de refuser l'évaluation. Parce que le langage de l'évaluation, et de l'évaluation par performance avec comme but la visibilité, constitue pour le « gouvernement » le seul langage commun, apparemment objectif, neutre, universalisable, moral et démocratique. Mais nous ne refusons pas l'évaluation. « Nous » n'avons cessé et ne cessons de la pratiquer. Nous refusons cette évaluation-là. « On peut toujours changer le thermomètre, ce n'est pas efficace pour faire baisser la température quand même[3]. » En l'occurrence pourtant, la température est le nom de l'effet produit par le thermomètre. Je vous le décris.

Le modèle de l'évaluation par performance, c'est, rappelons l'évidence, la recherche menée avec un moteur comme Google. Avec cette pratique, recherche fondamentale et recherche d'un moteur de recherche n'ont plus rien d'homonyme. L'algorithme PageRank, qui hiérarchise l'ordre des réponses dans la page et fait l'une des grandes supériorités de Google sur les autres moteurs de recherche, fonctionne, à en croire Bryn et Page, sur le modèle académique de la citation : les plus cliqués-cités sont classés en tête[4]. Il y va même d'une *doxa* élevée au carré : sont en tête les sites les plus cités par les sites les plus cités – « démocratie culturelle », selon Google ; avec une pondération toutefois, qui *pipolise* la démocratie : le lien provenant d'un site qui cite peu vaut plus que celui d'un site qui cite à tout-va. Or cette hiérarchisation-là est très précisément celle qu'opère le fameux facteur H, l'*impact factor* de Hirsh, plus ou

1. Voir Henri Audier, « Crédit impôt recherche et mensonge d'État », p. 183.

2. Stratégie nationale de la recherche et de l'innovation, Élysée, 22 janvier 2009.

3. Hommage au professeur Albert Fert, Prix Nobel de Physique 2007, Orsay, 28 janvier 2008.

4. Voir Bryn et Page, *The Anatomy of a Large-Scale Hypertextual Web Search Engine* ({sergey,page}@cs.stanford.edu), cité et commenté dans Barbara Cassin, *Google-moi. La deuxième mission de l'Amérique*, Paris, Albin Michel, 2007, en part. p. 94-104.

moins amendé pour éviter le ridicule absolu (Faurisson évidemment mieux classé que Lévi-Strauss), qui détermine déjà la recevabilité des dossiers de *senior researcher* soumis à l'European Research Council à Bruxelles, comme les grilles et les rapports de l'AERES[1] et du CNRS. On insistera sur le fait qu'il s'agit de l'extension indue, voire de l'importation sauvage, d'une pratique à sa place dans la bibliométrie, introduite au Canada pour les collections bien contrôlées et numériquement importantes que sont les publications médicales[2]. Il classe, les chercheurs par exemple, par le nombre de publications dans des revues elles-mêmes classées et cotées, en pondérant par le nombre de citations qui sont faites de ces publications, dans des revues elles-mêmes classées et cotées. Le classement des revues fait évidemment l'objet d'une bataille acharnée, et internationale, puisque c'est une partie du thermomètre. « Dites-nous donc combien d'articles vous avez publiés dans des revues à comité de lecture classées A et combien de fois ces articles eux-mêmes ont été cités dans des revues à comités de lecture classées A, et nous vous dirons ce que vous valez ! » Bien entendu, nous ne tiendrons pas compte du biais linguistique qui fait que vous ne publiez pas nécessairement en anglais, ou plutôt en *globish*, et que peut-être il faudrait veiller à ce que continuer à parler français, donc à le maintenir comme langue et non comme simple dialecte, ne vous pénalise pas. Bien entendu, nous ne tiendrons pas compte non plus du biais disciplinaire, qui fait que les sciences humaines et sociales, à moins d'être strictement cognitives, peuvent exiger des publications plus longues et plus lentes (vous avez dit des « livres » ?). Et nous ne préoccuperons pas de ce qu'il puisse s'agir, y compris pour évaluer, de lire et de penser, non de comptabiliser des impacts oubliés demain. Temporalité longue et originalité de *La Princesse de Clèves*, qui fait conjoncturellement exploser l'audimat avant de redevenir *La Princesse de Clèves*.

Un modèle académique donc, basé sur la citation généralisée pondérée : non pas tant démocratique que *people* et *parochial*, tel que l'entre-citation en langue anglaise constitue le biais par excel-

1. Agence d'évaluation de la recherche et de l'enseignement supérieur.

2. Eugene Garfield a crée en 1960 le *Journal Impact Factor* pour aider avec le *Garfield Impact Factor* à sélectionner les revues pour la Canadian Medical Association.

lence. Pour faire monter son facteur H, il faut et il suffit de prendre l'instrument de contrôle comme objectif de son activité : publier en anglais dans les revues les mieux cotées appartenant au corpus sur des sujets porteurs des opinions paradoxales par rapport auxquelles les chercheurs du domaine seront contraints de se positionner en bien ou en mal (peu importe qu'on dise que c'est idiot du moment que c'est cité). On peut faire cela, et cela se fait tous les jours. On peut évaluer comme cela, et cela se fait tous les jours.

La qualité devient alors une simple propriéte émergente de la quantité. Que cette trouvaille commode fasse la fortune d'un Google, qui subordonne tout, y compris la soi-disant démocratie culturelle, aux « fins commerciales légitimes », c'est la règle du jeu – d'un certain jeu. Mais que cette « recherche » telle que pratiquée par un moteur de recherche devienne règlementairement la norme de l'évaluation dans la recherche fondamentale, il faut s'y opposer par tous les moyens et jusqu'au bout. Car c'est évidemment contradictoire avec l'idée même de recherche émergente. Par définition, le bas, trop singulier, d'une courbe de Gauss est invisible. Performance et facteur H sont incapables de mesurer l'originalité comme telle. Comme disait Jérôme Lindon, son éditeur, à propos de Beckett : on ne remarque pas l'absence d'un inconnu. Or l'innovation voudrait que les chercheurs produisent des prototypes, non des stéréotypes : aucun facteur H ne saurait en assurer ni la cotation ni la conformité.

Il est très dommageable d'étendre ce modèle imposé par la technique pour s'en servir comme modèle d'évaluation. Or c'est là ce qui nous arrive, c'est même là ce qui nous arrive ici et maintenant, en France et à nous chercheurs. C'est pourquoi il faut lancer un cri d'alarme, et tout faire pour qu'il soit entendu. Lorsque le président de la République soutient, dans son discours sur la recherche de sinistre mémoire, que « à budget comparable, un chercheur français publie de 30 à 50 % en moins qu'un chercheur britannique dans certains secteurs. Évidemment, si l'on ne veut pas voir cela, je vous remercie d'être venus, il y a de la lumière, c'est chauffé… On peut continuer, on peut écrire », c'est sur ce type d'évaluation qu'il s'appuie. Il nous engage, à la stupéfaction de nos voisins anglo-saxons qui ont vu depuis longtemps les défauts d'une telle évaluation, à publier *short and dirty*, à co-signer et à nous « entreciter », pour nous financer moralement et avec égalité. Je veux croire que l'Europe, via Bruxelles, via la pression intelligente d'un monde anglo-saxon comprenant aujourd'hui les États-Unis d'Obama, peut nous aider à nous faire entendre. Car ce modèle anglo-saxon n'est déjà plus le monde anglo-saxon : comme d'habitude, nous sommes en retard d'une guerre. Anne-Wil Harzing (le logiciel *Publish or Perish*, raffinement du facteur H à partir de GoogleScholar) appelle au « moratoire » des classements, *Science* ridiculise le goût prononcé du CNRS pour la bibliométrie. Les directeurs des meilleures revues britanniques d'histoire et de philosophie des sciences demandent depuis juillet 2008 à ce qu'elles ne figurent plus sur les listes de l'European Science Foundation[1]. C'est plus qu'une abstention, c'est de l'objection de conscience. Les revues françaises commencent à faire de même, certaines sections de l'AERES refusent de produire des listes. C'est ce qu'il faut faire : il faut *ne pas* ou, comme le dit Roland Gori avec Bartleby, *not to*[2].

Je, ils/nous : nous aphasique et nous raisonnable

I would prefer not to. S'abstenir de : une politique active, qui fait que ne-pas. Je suis d'accord, sans rétrécissement suicidaire, modulo « nous ». *We would prefer not to*. Et modulo *can*. *We can not to*. Si bien que *Yes we can not to*, nous pouvons faire autrement, être autrement.

Yes, we can, a dit Obama. Son performatif a réussi en cela que non seulement « nous », à savoir le nous des Américains, avons effectivement pu, mais simultanément et radicalement, parce qu'il a produit le « nous ». Le performatif, qui portait sur la capacité, portait en vérité d'abord sur le « nous » à constituer comme condition de possibilité de l'être capable de. Double performatif, qui produit le sujet dans l'acte. Toute sa réussite est qu'il devient alors un constatif, comme le « Je-t-aime », selon Barthes. « L'énoncé est l'acte », ou presque. En tout cas, l'énoncé ainsi produit « agit

1. *Cf.* Nancy J. Adler, Anne-Wil Harzing, « When Knowledge Wins : Transcending the Sense and Nonsense of Academic Rankings », *Academy of Management Learning & Education,* vol. 8, n° 1, à paraître (2009), et l'éditorial de *Science* du 10 octobre 2008.

2. Voir ci-dessus, p. 276.

autant qu'il exprime », pour reprendre la définition que Benveniste donne du langage de la psychanalyse. C'est tout l'art du dispositif politique que le performatif devienne aussitôt un constatif. J'ai souvent pris l'exemple contemporain du peuple arc-en-ciel créé à l'issue de la Commission Vérité et Réconciliation en Afrique du Sud : il n'y a peut-être pas eu toute la vérité (quoique une magistrale partie ait été révélée, étant donné les tonnes d'archives détruites), il n'y a certainement pas eu de pleine réconciliation (quoique comment qualifier après l'apartheid une coexistence sans bain de sang ?), il y a eu trop peu de réparation et de transformation économico-sociétale, mais le *rainbow people* a surgi de ce « assez de vérité pour » constituer un passé commun[1].

C'est le nous qu'il faut créer. Nous, en France, sommes en déficit extrême de « nous ». Comment ne le serions-« nous » pas, quand règne le « je, ils » ? Et si nous sommes malheureux, c'est que le « je » omniprésent ne cesse de décrédibiliser le « ils » sans produire de « nous ».

Le « je » est omniprésent, parce que sa liberté de parole, liée à sa position hégémonique de *primus* sans *pares*, fait la différence : « Ma parole est plus libre que celui qui produit et qui doit faire attention à ce qu'il dit parce qu'il retrouvera au coin du chemin de la création, celui dont il a pu critiquer l'institution ou la politique. C'est donc à moi de donner un coup de pied dans la fourmilière. C'est à moi de bousculer les choses[2]. » Si bien que le bruit de fond (seul le prononcé fait foi) est ce qu'on dit du Président, ce qu'on dit au Président, et que le Président relate : « Là, regardez comme cela est difficile. On ne dit pas : "Ah mon dieu, comme il a raison de prendre le temps du dialogue" et les mêmes qui disent : "Oh, il va trop vite", là ils disaient : "Il recule trop tôt". Il fallait trouver un équilibre entre tout cela ! Remarquez, vous me dites, le Président de la République, à toi de te débrouiller avec cela. Bien, mais ce sont vos enfants. Ce sont vos lycées, ce sont vos écoles, c'est votre travail[3]. » Modèle et litanie, tétanisants sur un coin de comptoir : « Toute la

1. Voir par exemple « Amnistie et pardon : pour une ligne de partage entre éthique et politique », dans *Vérité, Réconciliation, réparation*, *op. cit.*, p. 37-57.

2. Installation du Conseil pour la Création Artistique, Élysée, 2 février 2009.

3. Allocution du président de la République lors des vœux aux personnels de l'Éducation nationale, Saint-Lô, 12 janvier 2009.

stratégie économique que je souhaite, c'est prendre des initiatives, être volontaristes [*sic*]. Je vois les articles : “Ah, c'est son tempérament.” J'aimerais qu'on le laisse tranquille, mon tempérament. C'est vrai j'ai un peu d'énergie mais franchement, si je n'en avais pas face à la crise à laquelle on est confronté, eh bien, il y aurait moins d'initiatives qui auraient été prises en Europe et dans le monde, parce que face à la crise que nous connaissons aujourd'hui, si le président de la République n'a pas d'énergie et se laisse abattre, alors qu'est-ce qu'il va penser l'ouvrier de l'entreprise que l'on ferme ? Est-ce que vous croyez qu'il en a besoin ? Et que moi je sois fatigué ou sans idée, ou sans ressort, ou sans initiative ? Je ne crois pas à la fatalité[1]. »

Entre le « je » d'une part, le « on » et le « ils » qui font « vous » d'autre part, ce qui est très choquant est l'incapacité radicale à dire « nous », à constituer un « nous », même quand l'occasion s'en présente sans aucun doute possible. La parole présidentielle est liée aujourd'hui en France à un nous aphasique.

Je prendrai deux exemples d'occasions manifestement loupées.

À Saint-Lô, à propos de l'autonomie des universités : « *Je* m'étais dit : bien sûr [...]. *Je* m'étais dit comme c'est chaud comme sujet, on va y aller progressivement [...]. *Je* pensais que cela *nous* permettrait de passer, eh bien on a eu une bronca parce qu'*ils* voulaient tous l'autonomie tout de suite. *Je* propose le statut d'autonomie. *Je* dis : je ne cèderai pas là-dessus, *vous* le choisirez : mobilisation sur le thème de l'unité de la République, on veut tous l'autonomie. Plutôt une bonne nouvelle. L'autonomie de l'Université et la réforme de la gouvernance, c'est voté depuis quatre mois[2]. » « Je-nous », avec un « nous » croupion mis pour le seul « je » gouvernemental, face à « ils-vous », alors que ce « vous » est d'accord, et que nous, vous et nous, gouvernement et professionnels, aurions pu tous ensemble pour une fois dire « nous » (sous bénéfice d'inventaire évidemment, car ce que « je » dis n'est pas dépourvu d'inexactitude).

À Montrichard, devant les ouvriers de Daher (intervention qui commence par le sidérant « Et tous ceux qui sont importants, bon-

1. Montrichard, discours sur le fonds stratégique d'investissement, 30 novembre 2008.

2. Élysée, discours sur la croissance, 23 janvier 2008 (mes italiques).

jour »), le discours est tantôt très préparé et tenu, tantôt parlé à la va comme j'te pousse, mais il se conclut par une phrase magnifique modulée comme un alexandrin : « *Je* laisse aux commentateurs ou à mes concurrents – car il semble que *j'*en ai – le soin de dire tout le mal qu'*ils* pensent de ce qu'*ils* auraient tant aimé faire et que *je* fais[1]. » Quel dommage, une si belle phrase pour une fois, une conclusion frappée sans faute (avec un évitement de subjonctif, mais cela ne rend que plus factuel), hélas quelle belle occasion manquée de dire « nous » puisque tout le monde est d'accord et qu'on n'a pas besoin de savoir qui imite qui. Un pas vers l'union sacrée face à la crise. Nous : à condition de ne pas renvoyer le « ils » dans les cordes pour que règne le « je ».

Juste le contraire d'Obama, quand il plaide pour *« a better union »*, et nomme les altérités différentes en sorte qu'elles constituent les parties du « nous » :

« If there is *anyone* out there who still doubts that America is a place where all things are possible ; who still wonders if the dream of *our* fonders is alive in *our* time ; who still questions the power of *our* democracy, tonight is *your* answer. [...] It's the answer spoken by young and old, rich and poor, Democrat and Republican, black, *white*, Latino, Asian, Native American, gay, *straight,* disabled and *not disabled* [...] This is *our moment.* This is *our time* [...] to reaffirm *that fundamental truth – that out of many, we are one*[2]. »

Ce nous détaillé où la norme n'est jamais qu'un prédicat parmi d'autres est le seul nous politiquement raisonnable. L'Appel des appels est d'abord un appel à le constituer, à partir des cœurs de métier choqués par ce qui vient.

1. Montrichard, fonds stratégique d'investissement, 30 novembre 2008 (mes italiques).

2. *Election Night*, Chicago, 11 avril 08 (mes italiques) : « Si jamais *quelqu'un* doute encore que l'Amérique est un endroit où tout est possible, qui se demande si le rêve de *nos* pères fondateurs est encore vivant à *notre* époque, qui doute encore du pouvoir de *notre* démocratie, ce soir, *vous* donnez la réponse. [...] C'est la réponse que donnent jeunes et vieux, riches et pauvres, démocrates et républicains, noirs, *blancs*, latinos, asiatiques, indiens, gays, *hétéros,* handicapés et *non handicapés* [...]. C'est *notre* moment. Le temps est venu pour *nous* [...] de réaffirmer cette *vérité fondamentale* – qu'*à partir de plusieurs, nous ne faisons qu'un* ».

Post-scriptum

« Mesdames et Messieurs, comment ne pas voir que nous avons un problème ? »

Coup de théâtre, au grand amphithéâtre de la Sorbonne, le 14 septembre 2009.

C'est la présentation des conclusions du rapport de la Commission Stiglitz, commission de mesure de la performance économique et du progrès social. Elle préconise, sans surprise, de prendre le PIB pour ce qu'il est, une mesure du produit intérieur brut, et non pour ce qu'il n'est pas, une mesure du bien-être de la population, et recommande d'autres indicateurs pour mesurer le bien-être, d'autres quantités pour évaluer la qualité. Recommandation 9 : « proposer des indices statistiques chiffrés permettant de refléter les différentes dimensions de la qualité de vie », recommandation 10 : « intégrer la dimension subjective dans les statistiques ». Nul doute que les grilles seront complexes, difficiles à élaborer et à interpréter, mais il faudra toujours cocher des cases pour répondre. On se félicite que la mesure soit plus intelligente et qu'il y ait moins de mésusage de cette mesure, mais il est bien clair que le registre quant à lui ne change pas.

Où est le coup de théâtre alors ? Le président de la République a « une conviction profonde » : « Nous ne changerons pas nos comportements si nous ne changeons pas la mesure de nos performances. Et nos comportements doivent absolument changer. » Voici qu'il martèle un « nous » : « *Nous* avons construit une religion du chiffre. *Nous* nous y sommes enfermés. *Nous* commençons à apercevoir l'énormité des conséquences de cet enfermement. » « Nous », pour faire oublier le « je » – souvenez-vous (je n'ose dire : souvenons-nous) du 28 mai, à peine cinq mois plus tôt : « La culture du résultat et de la performance a toujours été au centre de mon action. Nous ne devons avoir aucun tabou à l'égard des chiffres. »

Acrobatie radicale, avec ingestion du discours de l'autre. Le Dieu de la *Monadologie* a compris aujourd'hui même qu'il faut questionner « la finalité de ce que l'on fait », « ce que l'on mesure réellement » et « les leçons qu'il faut en tirer » ; sinon, « on se met à croire que l'on sait alors que l'on ne sait pas » : nous avons un roi-philosophe. « L'individu moyen n'existe pas » (« car la moyenne, c'est une façon de ne jamais parler des inégalités »), et il faut donner « de la valeur dans nos comptes à la qualité du service public ». Bref, l'Appel des appels a rédigé son discours…

Il a tout compris, il change le thermomètre pour faire baisser la température. Et cette France, qui était à la traîne dans l'évaluation précédente, se retrouve grâce à lui à la tête du « combat […] pour que le monde de demain ne ressemble plus à celui d'hier ». Ouf ! Nous n'avons plus qu'à remplir les grilles de la RGPP 2 radicalisant les indicateurs de la RGPP 1, car sa mise en œuvre commence.

B. C.

Les auteurs

Alain Abelhauser est psychanalyste, professeur des Universités, directeur de recherche, vice-président (CEVU) de l'université Rennes II, président du *Séminaire Inter-Universitaire Européen d'Enseignement et de Recherche en Psychopathologie et Psychanalyse* (SIUEERPP). Il a publié *Le Sexe et le Signifiant* (Le Seuil, 2002), ainsi que de nombreux articles dans *Ornicar ?, La Cause freudienne, Le Nouvel Âne, Études freudiennes, L'Évolution psychiatrique, Cliniques méditerranéennes, Psychologie clinique, Adolescence, Les Annales médico-psychologiques, New Formations, Journal of Clinical Psychology*, etc.

Henri Audier est chimiste, directeur de recherche émérite du CNRS, ancien membre des conseils d'administration du CNRS et du Conseil supérieur à la recherche et la technologie.

Barbara Cassin est philologue et philosophe. Elle est directrice de recherches au CNRS, directrice du Centre Léon Robin de recherches sur la pensée antique (UMR 8061, CNRS-Paris Sorbonne-ENS Ulm). Elle préside la commission 35 du CNRS ainsi que la commission « Philosophie, psychanalyse, sciences religieuses » du Centre national du Livre. Elle est l'auteur, notamment, de : *L'Effet sophistique*, Gallimard, 1995 ; *Politique et pensée. Hannah Arendt*, Petite Bibliothèque Payot, 1996 ; *Vérité, réconciliation, réparation*, coll. « Le Genre humain », Le Seuil, 2004 ; *Vocabulaire européen des Philosophies, Dictionnaire des intraduisibles*, dir., Le Seuil-Le Robert, 2004. Elle a publié « J'en ai 22 sur 30 au vert. Six thèses sur l'évaluation » avec Philippe Büttgen (*Cités,* « L'Idéologie de l'évaluation. La grande imposture », n° 37, janvier 2009)

Franck Chaumon est psychiatre et psychanalyste. Il est notamment l'auteur de *Lacan : la loi, le sujet et la jouissance*, Michalon, 2004 ; (sous sa dir.) *Psychanalyse, vers une mise en ordre*, La Dispute, 2006.

Michel Chauvière est directeur de recherche au CNRS, membre du CERSA, université Paris-II. Ses travaux portent sur les politiques du social et du familial. Il est l'auteur de plusieurs ouvrages dont, notamment, *Le Travail social dans l'action publique. Sociologie d'une qualification controversée* (Dunod, 2004) et *Trop de gestion tue le social. Enquête sur une discrète chalandisation* (La Découverte, 2007). Il a codirigé avec Jean-Michel Belorgey et Jacques Ladsous, *Reconstruire l'action sociale* (Dunod, 2006).

Stefan Chedri, psychanalyste, Université Paris-IV, membre d'Espace analytique et euro-psy.

Laurence Croix est psychanalyste à Paris, membre d'Espace analytique. Maître de conférences en psychologie et sciences de l'éducation à l'université Paris-Ouest, elle est attachée au laboratoire CNRS-Paris-VII intitulé « Psychanalyse et pratiques sociales » et consacre l'essentiel de ses recherches aux « enfants du désordre » (hyperactifs, a-sociaux, violents, récidivistes). Engagée depuis vingt ans auprès des étrangers résidant en France en difficulté de régularisation de leur statut administratif, elle milite à Réseau éducation sans frontière (RESF). Elle est l'auteur de *La Douleur en soi, de l'organique à l'inconscient* (Erès, 2002).

Pierre Dardot est professeur de philosophie, il enseigne en classe de khâgne au lycée Jules-Ferry à Paris. Il est l'auteur de *Sauver Marx ? Empire, multitude, travail immatériel* (avec Christian Laval et El Mouhoub Mouhoud) et de *La Nouvelle Raison du monde. Essai sur la société néolibérale* (avec Christian Laval, La Découverte, 2009).

Marie-José Del Volgo est maître de conférences à la faculté de médecine d'Aix-Marseille II, praticien hospitalier au CHU Nord de Marseille et directeur de recherche dans le laboratoire de psychopathologie clinique et psychanalyse à l'université d'Aix-Marseille. Elle a notamment publié *L'Instant de dire* (Erès, 1997) et *La Douleur du malade* (Erès, 2003), et avec Roland Gori : *La Santé totalitaire* (Denoël, 2005 ; Flammarion, coll. « Poche », 2009) et *Exilés de l'intime* (Denoël, 2008).

Didier Dreyfuss est professeur des Universités à l'UFR de médecine Paris-Diderot, chef du service de réanimation médicale de l'hôpital Louis-Mourier de Colombes. Il est chercheur associé dans l'EA 35-22 : « Centre de recherches psychanalyse et médecine » (Université Paris-Diderot). Il est l'auteur de nombreux articles, notamment : avec F. Crémieux et C. Lejeune, « Un oublié de la santé publique : l'accès aux soins », *Esprit*, février 2004 ; avec A. Garapon, G. Le Blanc, J.-M. Morin, « Médecin-justice : quelle responsabilité ? Table ronde », *Esprit*, janvier 2007 ; avec F. Lemaire, « Fin de vie : pour une entente des malades et des médecins », *Esprit*, janvier 2007.

Pascale GIRAVALLI est psychiatre des hôpitaux exerçant en Secteur de psychiatrie en milieu pénitentiaire, à la prison des Baumettes, à Marseille. Elle est coauteur de nombreuses communications, notamment avec Sophie Sirère, sur les pratiques de la psychiatrie et sur la santé mentale en milieu pénitentiaire : « Pratiques de la psychiatrie en milieu pénitentiaire ou comment être partenaire sans perdre son âme... de soignant ! », les Assises de la Psychiatrie médico-sociale, Marseille, mai 2007.

Roland GORI est co-initiateur avec Stefan Chedri de l'Appel des appels. Il est psychanalyste, membre d'Espace analytique, professeur à l'Université d'Aix-Marseille I. Parmi ses ouvrages récemment publiés : *Exilés de l'intime* (avec Marie-José Del Volgo, Denoël, 2008), *La Santé totalitaire* (avec Marie-José Del Volgo, Denoël, 2005 ; Flammarion-Poche 2009), *L'Empire des coachs* (avec P. Le Coz, Albin Michel, 2006), *Logique des passions* (Denoël, 2003 ; Flammarion, coll. « Poche », 2005), *La Preuve par la parole* (Puf, 1996 ; Erès, 2008).

André GRIMALDI est professeur des Universités à l'UFR de médecine Pierre et Marie Curie, chef du service de diabétologie au CHU Pitié-Salpêtrière. Il est l'un des animateurs du Mouvement de défense de l'hôpital public et à ce titre auteur de nombreux articles. Il a publié *L'Hôpital malade de la rentabilité*, Fayard, 2009.

Louise L. LAMBRICHS est écrivain. Elle a écrit notamment : *Le Cas Handke, conversation à bâtons rompus*, Inventaire/Invention, 2003 ; *Nous ne verrons jamais Vukovar*, Philippe Rey, 2005 ; *À ton image*, Le Seuil, 2005 ; *L'Invention sociale : à l'écoute de Bertrand Schwartz*, Philippe Rey, 2006 ; *L'Effet papillon*, Inventaire-invention, 2007.

Laurie LAUFER est psychanalyste, maître de conférences à l'université Paris-VII Denis-Diderot. Elle est l'auteur de *L'Énigme du deuil*, PUF, 2006.

Christian LAVAL est sociologue, chercheur à Paris-Ouest et à l'Institut de recherches de la FSU. Il est l'auteur de *L'école n'est pas une entreprise, Le néolibéralisme à l'assaut de l'enseignement public*, La Découverte, 2003 et de *L'Homme économique, Essai sur les racines du néolibéralisme*, Gallimard, coll. « NRF Essais », 2007. Avec Pierre Dardot, il a publié *Sauver Marx ? Empire, multitude, travail immatériel* (avec El Mouhoub Mouhoud) et *La Nouvelle Raison du monde. Essai sur la société néolibérale* (La Découverte, 2009).

Samuel Legendre est diplômé de l'ISTOM, École supérieure d'agro-développement international (promotion 2009).

Victor Legendre a fait des études d'ethnologie et de sociologie. Il a travaillé en Afrique du Sud.

Daniel Le Scornet vice-président de l'Appel des appels, est l'initiateur de la Fraternelle de recherches et de propositions (Maison des métallos, Paris), administrateur mutualiste et du Conseil des entreprises employeurs et groupements de l'économie sociale (CEGES).

Laurent Le Vaguerèse est psychiatre, psychanalyste, compétent en psychiatrie de l'enfant et de l'adolescent. Responsable du site oedipe.org.

Marie-José Mondzain est philosophe, directrice de recherche au CNRS (Groupe de sociologie Politique et Morale, Institut Marcel Mauss). Elle est notamment l'auteur de : *Le Commerce des regards*, Le Seuil, 2003 ; *L'image peut-elle tuer ?*, Bayard, 2009.

Philippe Petit est philosophe et journaliste à *Marianne*. Il anime une émission sur France Culture : « Science et conscience », et produit pour cette radio de grands entretiens. Il est l'auteur de *La Cause de Sartre* (PUF, 2000), de *La France qui souffre. Enquête sur la souffrance mentale et ses traitements dans la France contemporaine* (Flammarion, 2008), ainsi que de nombreux ouvrages d'entretiens avec des penseurs, notamment : Jean Baudrillard, *Le Paroxyste indifférent* (Grasset, 1997) ; Paul Virilio, *Cybermonde, la politique du pire* (Textuel, 2001-2007) ; Bernard Stiegler, *Économie de l'hypermatériel et psychopouvoir* (Mille et une nuits, 2008) et Pierre Legendre, *Vues éparses* (Mille et une nuits, 2009).

Serge Portelli est magistrat, vice-président au tribunal de grande instance de Paris et membre du Syndicat de la magistrature. Il est notamment l'auteur de : *Traité de démagogie appliquée : Sarkozy, la récidive et nous*, Michalon, 2007 ; *Récidivistes, chroniques de l'humanité ordinaire*, Grasset, 2008 ; *Le Sarkozysme sans Sarkozy* (Grasset, 2009)

Rémy POTIER est maître de conférences en psychopathologie, université Lumière-Lyon II. Il anime le site de l'Appel des appels : http://www.appeldesappels.org/

Michel SAINT-JEAN est physicien, directeur de recherche au CNRS.

Sophie SIRÈRE est psychiatre des hôpitaux exerçant en Secteur de psychiatrie en milieu pénitentiaire, à la prison des Baumettes, à Marseille. Elle est coauteur de nombreuses communications, notamment avec Pascale Giravalli, avec A. Daniel, « Dangerosités : de quoi parlons-nous ? », CIFAS, Paris, septembre 2007 ; « Pratiques de la psychiatrie en milieu pénitentiaire et nouvelles dangerosités : attention, danger ! », colloque organisé à l'ENAP, janvier 2008.

Nicolas ROMÉAS, ancien journaliste et producteur à France Culture, est fondateur et directeur de *Cassandre*/Horschamp, revue culturelle et centre de ressources art et société, créés en 1995. Cassandre/Horschamp a consacré son numéro 77 à l'Appel des appels. Site de la revue : www.horschamp.org

Valérie de SAINT-DO est journaliste, auteur et codirectrice de la revue *Cassandre*/Horschamp.

Marie-Jean SAURET, psychanalyste (Association de psychanalyse Jacques Lacan), professeur de psychopathologie clinique à l'université de Toulouse Le Mirail. Principaux ouvrages : *Croire, approche psychanalytique des phénomènes de croyances* (Privat, 1982), *De l'infantile à la structure* (Toulouse, PUM, 1992), *Psychanalyse et politique, huit questions de la psychanalyse au politique* (Toulouse, PUM, 2000), *L'Effet révolutionnaire du symptôme* (Toulouse, Erès, 2008), *Malaise dans le capitalisme* (Toulouse, PUM, 2009). Il collabore à de nombreuses revues dont *Analysis* (Melbourne), *L'Évolution psychiatrique, Cliniques méditerranéennes, Desde el Jardi de Freud (Bogota), Clinique lacanienne*, *Esaim, Psychanalyse...*

Bernard STIEGLER est philosophe. Il dirige l'Institut de recherche et d'innovation (IRI, Centre Pompidou) à Paris. Il a fondé l'association Ars Industrialis (ars-industrialis.org). Il est notamment l'auteur de : *Économie de l'hypermatériel et psychopouvoir* (avec Philippe Petit, Mille et une nuits, 2008) ; *Réenchanter le monde : la valeur esprit contre le populisme industriel* (Flammarion, 2008) ; *Prendre soin* (Flammarion, 2008) ; *Pour une nouvelle critique de la politique économique* (Galilée, 2009) ; *Pour en finir* *avec la mécroissance, quelques réflexions d'Ars Industrialis* (Flammarion, 2009).

Isabelle This Saint-Jean est professeur à l'université Paris-XIII et présidente de Sauvons la Recherche. Elle écrit de nombreux articles, notamment sur le site de Sauvons la Recherche : http://www.sauvonslare cherche.fr/, notamment : « Pour une véritable réforme de l'enseignement supérieur et de la recherche », http://www.sauvonslarecherche.fr/ spip.php?article2644.

Table

I
« Nous, professionnels… »

II
Des réformes qui aggravent

Intermède

III
À logique globale, résistance transversale

Photocomposition Nord Compo
Villeneuve-d'Ascq

Pour l'éditeur, le principe est d'utiliser des papiers composés de fibres naturelles, renouvelables, recyclables et fabriquées à partir de bois issus de forêts qui adoptent un système d'aménagement durable.
En outre, l'éditeur attend de ses fournisseurs de papier qu'ils s'inscrivent dans une démarche de certification environnementale reconnue.

Dépôt légal : octobre 2009
Achevé d'imprimer en octobre 2009
sur les presses de la Nouvelle Imprimerie Laballery
58500 Clamecy
Numéro d'impression : 910193
49-47-3921-1/01
Imprimé en France